河南省“十四五”普通高等教育规划教材

排球（第二版）

主编　赵子建　谢国臣

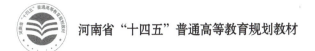

重庆大学出版社

图书在版编目（CIP）数据

排球/赵子建，谢国臣主编.--2版.--重庆：
重庆大学出版社，2024.1
ISBN 978-7-5689-0390-5

Ⅰ.①排… Ⅱ.①赵…②谢… Ⅲ.①排球运动—高
等学校—教材 Ⅳ.①G842

中国国家版本馆CIP数据核字（2023）第220750号

排　球（第二版）
PAIQIU
主　编　赵子建　谢国臣
策划编辑：唐启秀
责任编辑：李桂英　　版式设计：唐启秀
责任校对：谢　芳　　责任印制：张　策
*
重庆大学出版社出版发行
出版人：陈晓阳
社址：重庆市沙坪坝区大学城西路21号
邮编：401331
电话：（023）88617190　88617185（中小学）
传真：（023）88617186　88617166
网址：http：//www.cqup.com.cn
邮箱：fxk@cqup.com.cn（营销中心）
全国新华书店经销
重庆新荟雅科技有限公司印刷
*
开本：787mm×1092mm　1/16　印张：20.25　字数：433千
2024年1月第2版　2024年1月第4次印刷
ISBN 978-7-5689-0390-5　定价：54.00元

本书编委会

主　编：赵子建　　谢国臣

副主编：孙学斌　　郭　亮　　彭　昆

参　编：王　鑫　　巩月迎　　张汪洋　　张孟原
张俊勇　　陈　展　　栗振华　　崔建军
焦　帅

修订前言

排球运动作为我国三大球中唯一获得过世界各大赛事冠军的一项现代体育运动项目，深受不同时代、不同性别、不同年龄、不同层次人群的热爱。其原因不仅仅是受到 20 世纪 80 年代中国男排激发的“团结起来、振兴中华”的民族精神、中国女排“五连冠”创造的无可替代的“女排精神”的感召，关键原因是其具有集健身、休闲、娱乐、竞技、教育、审美等价值于一体的多元化功能以及动作简练易学、组织比赛便利等特点。特别是中国女排在 2016 年里约奥运会比赛中顽强拼搏、艰难逆转、力克强敌，时隔 12 年重夺奥运会冠军，重回世界排坛巅峰，无疑再次点燃了我国广大人民群众特别是青少年参与排球运动的热情。党的二十大报告强调“广泛开展全民健身活动，加强青少年体育工作，促进群众体育和竞技体育全面发展，加快建设体育强国”，着力推进健康中国建设，倡导文明健康生活方式。要实现群众排球运动和竞技排球运动的全面发展，不断实现人民对美好生活的向往，就需要培养出更多优秀的精通排球运动理论知识与实践技能的高层次专业人才。

党的二十大报告指出要办好人民满意的教育，全面贯彻党的教育方针，落实立德树人根本任务，培养德智体美劳全面发展的社会主义建设者和接班人。为适应高等学校体育学类本科专业排球运动课程改革与发展以及新时代专业人才培养的要求，根据“健康第一”的教育理念和《高等学校体育学类本科专业类教学质量国家标准》（修订稿）规定的专业课程体系要求，在汲取中外诸多优秀教材的优点和近年来国内外排球运动最新科研成果的基础上，并基于编者多年从事排球运动教学与训练的实践经验总结和一流课程建设的需要，特对本教材进行了修订，精心录制了视频，突出了线上和线下教学资源的深度融合。本书是河南省普通高等教育“十四五”规划教材，全面系统地介绍了排球运动基础知识、排球运动技战术教学与训练的理论与方法、排球运动员体能、运动损伤与康复、心理技能训练方法，以及排球运动竞赛规则等内容。本书坚持以教师的教学与训练为主导，兼顾知识的系统性和实用性的原则，力争做到通俗易懂、结构清晰、层次分明、由易到难、图文并茂，纸质教材与信息资源相融合，包括教学视频、多媒体课件、教案等多种授课资源，使教材既有利于初学者自学自练逐步提高排球运动的技战术水平和竞赛组织能力，又有利于排球专业人才系统地学习和掌握排球运动的理论知识、技术和技能，把握发展规律和未来动态，提升后备选材、教学训练、竞赛组织及科学研究的能力。

本书由郑州大学赵子建教授，河南省体育局竞训处处长、原中国国家男排队主教练谢国臣担任主编，河南财政金融学院郭亮副教授（原中国国家男排队队员、国家级健将）、郑州大学孙学斌（国家级裁判员）、河南工学院彭昆副教授担任副主编，河南财经政法大学原党委副书记刘纯献教授、河南师范大学体育学院原院长许瑞勋教授担任主审。本书具体编写分工如下：第一篇由赵子建、孙学斌、彭昆编撰；第二篇由赵子建、谢国臣、孙学斌、郭亮编撰;第三篇由赵子建、焦帅（中国国家男排队原队长）、孙学斌编撰；第四篇由赵子建、孙学斌编撰；第五篇由赵子建、孙学斌编撰。文中技术和裁判图示、视频由焦帅、崔建军、孙学斌示范。其中，王鑫、张汪洋、巩月迎、栗振华、张俊勇、张孟原、陈展等同志参加了具体章节的编撰工作。

本书在编写和出版中，得到了重庆大学出版社雷少波和唐启秀等同志的大力支持、指导与帮助，在此致以最诚挚的谢意！同时，本书在编写中参阅了大量的相关文献（含网络文献），在此，对文献作者表示衷心的感谢！虽然本书编者参阅了大量文献资料，汇集了最新的排球运动理论知识和实践经验，但是限于编者水平和能力，书中难免会有不妥之处，恳请广大师生以及阅读者提出宝贵意见，以利于教材的再次修订。

编　者

2023 年 6 月

目录

第一篇　排球运动导论

第二篇　排球运动技术论

第一篇

排球运动导论

排球运动自1895年在美国诞生以来，至今已经走过120多年的发展历程。从最初仅是少数人的一种以游戏、消闲、娱乐为主要目的的活动手段，发展到现在已经成为遍及五大洲、为各阶层人们所喜闻乐见的集竞技性、娱乐性、休闲性和健身性于一体的体育运动项目。如今，世界排球运动在参与规模和技战术水平方面都达到了前所未有的高度。同其他事物一样，排球运动也经历了一个由简单到复杂、由低级阶段到高级阶段的发展过程。重新追溯世界排球运动的发展历史，总结传承国内外优秀的实践经验，展望未来的发展趋势将对建立中国特色的排球运动理论与实践体系具有深远的影响，有利于推动与促进我国排球运动的提高与发展。通过本篇内容的教与学，学生沿循学习地图导引，达到学习目标和完成学习任务。

学习目标

了解排球运动的起源、传播的演变历史，世界和中国排球运动发展的整体状况以及排球运动其他类型的概况，并掌握现代排球运动的概念、特点与发展趋势。

学习任务

了解排球运动的起源、传播与演进的历史；了解世界和中国排球运动在不同发展阶段的技战术特点。掌握现代排球运动的概念、比赛方法、特点和功能，不同发展阶段的特征和驱动因素及未来发展的趋势。

学习地图

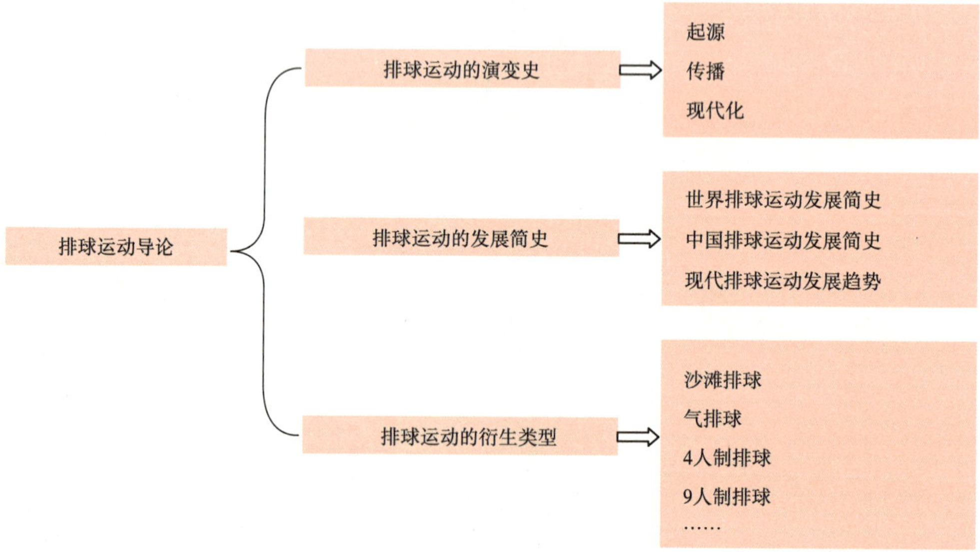

第一章

排球运动的演变史

第一节 排球运动的起源

排球运动的起源

19世纪末的美国经济迅速发展，大量的劳动力得到解放，人们开始追求身体健康，富有趣味性和深刻文化内涵的体育运动项目。而当时盛行的橄榄球、篮球等运动比较紧张激烈，相对适合青年人参加，而对于多数中老年人来说就只能是望而却步。1895年，美国人威廉·基·摩根在经过一段时间的摸索之后，创造了一种运动量适当，又富有趣味性、男女老少都能参加的室内娱乐性新项目——排球游戏。最初的排球游戏以网球和篮球为基础，游戏时在篮球馆里把网球网架到6英尺6英寸的高度（约1.98 m），然后让人们用篮球内胆当作游戏用球，像打网球一样隔着球网来回击打，使其在空中飞来飞去，直至球在一方场地落地为失败一次。此即排球运动的雏形，当时只是作为人们的一种消遣活动。

由于篮球内胆太轻，在空中飘忽不定，不易控制球的方向、路线和落点，而改用篮球和足球又太大太重，不能用手部击打，并极易挫伤参与者的手指、手腕，因此必须设计出轻而小的球。于是，摩根找到了当时美国规模较大的“司堡尔丁体育用品公司”，要求他们设计出一种既不伤手指、手腕，又不会一触球就跑的用软牛皮包制的球。司堡尔丁体育用品公司按摩根的要求，设计制作了与现在排球相接近的，外表是皮制的，内装橡皮胆，圆周为25~27英寸（约63.5~68.6 cm），重量为9~12盎司（约255~340克）的第一批排球。

摩根把这种游戏式的运动取名为“Mitontte”，意思是“小网子”，据说是因为他发明的这种新的运动从羽毛球运动借用了很多东西。1896年，在美国马萨诸塞州斯普林菲尔德基督教青年会体育指导大会上进行了这种游戏的首次示范表演赛，博得了在场观众的赞赏。当时，观看比赛的春田市的阿尔福德·T.哈尔斯戴德博士发现这种打法和网球有些相似，因而建议把这一运动命名为“Volley ball”，即“空中连续截球”之意。这个名称更加符合游戏的本意：使球在空中飞来飞去，而参与者在来回不断地“Volley”（截击），因而得到了摩根及表演者的一致同意。1951年，“Volleyball”这个复合词第一次正式出现在印刷物上，一直被沿用至今并成为现代的国际通用名。同年，春田市的两支排球队进行了第一次公开比赛，并采用了美国人J.Y.卡麦隆出版的排球比赛规则，两场比赛均是5人对5人。

在排球运动的早期历史上，对比赛的场地面积、球网高度以及双方参赛人数都没有统一规定，只要比赛双方人数对等就可。1897年，第一版官方排球规则汇编出版了，美国《体育》杂志上公开介绍了排球比赛的打法及简单规则，但当时并没有对排球运动的统一产生太大影响。直到1912年对早期的比赛规则修订之后，排球运动才开始蓬勃开展起来。1916年，规则除了把室内排球比赛每方上场队员限定为6人外，还把排球网高定为8英尺（约2.44 m），并且采用轮转发球。这些规则的修改，为1922年在纽约城举办的第一届全美男排冠军赛铺平了道路。1928年，美国排球协会成立，成为美国排球运动的主要组织者。同年，在女子排球比赛中采用了独立的规则，其中的一些规则（如比赛双方每队上场8名队员以及每次发球轮转采用双发制）一直延用到20世纪50年代。1949年，美国举办了第一届女子排球比赛，从那时起，女子排球运动得到了迅速普及。

在社会、学校纷纷热衷于排球运动的同时，排球运动也引起了美国军队的重视，被列入军事体育项目。第一次世界大战以来，排球运动在军队中得到了广泛的开展，在空军中一度达到了狂热的程度。但是，排球运动在美国一直带有强烈的娱乐性，因而长期以来只是当作娱乐项目对待，直到1942年，也就是排球运动诞生的第47个年头，才举行了第一届全美排球锦标赛。1952年，全美陆军举行排球淘汰赛，从此才超出娱乐范围，朝着运动竞赛的方向发展。

第二节
排球运动的传播

排球运动的传播

美国的春田学院是排球的发源地，通过军队的活动逐渐把排球运动传播到世界各地。由于各地传入排球运动的时间及采用的比赛规则不同，因此运动水平的提高程度也不尽相同，排球运动的形式也随之迅速发生了演化。

排球运动的传播主要受到了地理位置的影响，1900年，加拿大成为第一个在美国以外开展排球活动的国家。排球运动1905年传入古巴，1909年传入波多黎各，1912年传入乌拉圭，1914年传入墨西哥，1917年传入巴西。在美洲各国，人们习惯地将排球运动看作一项消遣娱乐活动，并没有看重它的竞技体育性质，直到1964年被列为奥运会项目，排球运动在美洲所受的冷遇才得到改善，运动水平也随之提高。

排球运动传入亚洲的时间较早，1900年传入印度，1905年传入中国，1908年传入日本，1910年传入菲律宾。排球运动在亚洲的发展过程中先后经历了16人制、12人制、9人制的比赛形式及相应的规则，直到20世纪50年代初才正式开展6人制排球运动。亚洲排球技战术的发展对世界排球运动的发展作出了巨大的贡献。

排球运动传入欧洲的时间迟于美洲和亚洲，是参加第一次世界大战的美国士兵将排球运动带到了欧洲大陆和地中海沿岸。排球运动1914年传入英国，1917年传入法国、意大利、俄国，1918年传入南斯拉夫，1919年传入捷克斯洛伐克、波兰，1922年传入德国。排球运动传入欧洲虽晚，但传入的是6人制，而且当时已经成为一项竞技性运动，所以该项运动很快在欧洲得以发展，技术水平较高，在相当长的一段时间里，欧洲国家的排球运动水平名列世界排坛的前茅。

排球运动传入非洲的时间最晚，1923年传入埃及、突尼斯、摩洛哥等国。由于起步较晚，传入后又没能广泛地开展，因此至今非洲的排球运动的技战术水平在世界排坛中还处在落后的位置。尽管近几年，非洲的肯尼亚和阿尔及利亚两队自身的进步不容否认，但是非洲球队的整体水平较之欧美和亚洲确有差距，非洲排球要想有所作为尚需时日。

排球运动自1895年创始到20世纪30时代，已经逐步发展成为普及世界五大洲、为广大群众所热衷的体育运动项目。尽管开始时这项运动的水平不高，并且大都只是作为一种游戏性的健身活动，但是却奠定了排球运动的世界性发展和向高水平发展的基础。

第三节 排球运动的现代属性

排球运动的现代化

随着开展和参加排球运动赛事的国家和地区数量的逐渐增加，需要一个国际性的管理组织来监督这项运动的进一步发展。1947年，国际排球联合会（FIVB）在巴黎成立，共有14个创始国，自此，排球运动开始在全世界范围内蓬勃开展起来。1964年，排球运动首次进入奥运会，正式成为奥林匹克运动大家庭的一员，其技战术、规则和功能也发生了飞速的变化。时至今日，排球运动在得到快速发展的同时，也确立了现代化的属性，即概念、比赛方法、特点与功能的共性。

一、排球运动的概念

排球运动是参与者以身体的任何部位（以手、手臂为主）在空中击球，使球不落地，既可隔网进行集体攻防对抗性的比赛，又可不设球网相互进行击球游戏的一种体育运动项目。

排球运动形式多种多样，主要以竞赛规则、比赛形式、参与人数、运动目的来进行分类。一般来说，通过运动训练来提高技战术水平，以获取最佳竞赛成绩为目的，并在国际上有统一竞赛规则的运动形式称为竞技排球，如6人制排球、沙滩排球、残奥会坐式排球等。而主要以健身娱乐为目的，享受运动的乐趣，国际上还没有统一竞赛规则的运动形式称为娱乐排球，如软式排球、气排球、4人制排球、9人制排球、雪地排球、墙排球、地排球等。

二、排球运动的比赛方法

排球运动有多种比赛方法，其基本方法是由两支人数相等的球队在被球网隔开的两块均等的场区内站成两排，根据规则以身体任何部位，将球从网上击入对方场区。比赛开始时由后排右边的队员在发球区内用一只手或手臂将球击过网，以后每方最多击球3次（拦网触球除外）使球过网，不能持球和连击。比赛应不间断地进行，直至球落地、出界或某队犯规。

发球队胜一球后，该队发球的队员继续发球。接发球队胜一球后，场上队员先按顺时针的方向轮转一个位置后，再由后排右边的队员发球。排球比赛有五局三胜制、三局二胜制和一局胜负制。国际6人制排球比赛采用五局三胜的每球得分制，前四局每局比分为25分，最后一局决胜局比分为15分，但每局只有在超出对方2分的情况下（比分没有封顶）才为胜一局，胜三局为胜一场。

三、排球运动的特点与功能

（一）排球运动的特点

排球运动属于技能主导类隔网对抗性的集体项目，与其他球类运动相比，具有自身的特点。

1. 击球技术特点

（1）空中击球且触球时间短促。无论是在排球比赛，还是在排球游戏中运用的各种击球方式，都必须是击空中的球。因此，参加排球运动的人在时间和空间感觉上得到的锻炼和提高是其他球类项目不可比拟的。排球竞赛规则始终不允许“持球”，即不允许在击球部位停留的时间过长。这一特点既能提高运动员在短暂的触球时间内对来球的力量、速度、角度因素的准确判断能力，又能提高运动员把来球准确地击向预定目标的控制能力。

（2）身体任何部位均可击球。目前所有的球类运动都有其规则限定的身体合法触球部位，唯独排球竞赛规则规定运动员全身任何部位均可触球。因此，排球运动能使参加该项运动的人在击球过程中充分体现自我才能和展现各种高超的击球技巧。

2. 战术配合特点

排球比赛双方都可以利用规则允许的3次击球机会，通过精心设计和巧妙配合，在瞬间完成精彩的战术组合和激烈的攻防转换，体现了运动员高度的战术意识、队员之间合作的默契程度和准确程度，具有激烈的对抗性、高度的技巧性和严密的集体性。

3. 竞赛规则的特点

（1）独特的记分方法。在每球得分制的比赛中，发球队胜1球得1分，接发球队胜1球得发球权同时得1分。

（2）攻防技术的双重性和全面性。在比赛过程中，各项排球技术既能得分，又能失分，具有攻防双重性。也就是说，每项技术攻中有防、防中有攻，相互转化、相互制约，这就要求排球运动员必须具有扎实的基本功，熟练和全面地掌握技术。

4. 场地器材设备的特点

排球运动的场地要求比较简单，既可设在室内，又可设在室外。只要有一块空间，在地板上、沙地上、草地上、雪地上，甚至水中都可以进行排球活动。根据运动的目的，可选择多种球（如软式排球、气排球等），比赛规则也易于简化和变通，其形式多种多样。参加人数可多可少，运动负荷能大能小，适合不同年龄、性别、体质和训练程度的人，在不同的场地上进行活动，因此有广泛的群众性。同时，排球比赛隔网进行，双方斗技，没有身体接触，安全性高，是人们休闲的理想方式，具有休闲性。

因此，排球运动具有形式的多样性和广泛的群众性；技术的全面性和高度的技巧性；激烈的对抗性和严密的集体性；休闲的娱乐性和活动开展的便利性等特点。

（二）排球运动的功能

1. 健身功能

排球运动具有竞技与娱乐并存的特点，不同年龄、不同性别、不同技术水平的人都能参与活动或比赛。排球运动随着社会发展持续存在并且长盛不衰，很大原因就在于其所具有的增强体质，促进人们身心健康发展的功能。通过排球运动的参与，掌握其基本技能并学会参与排球运动的健身方法，不仅能提高人体心血管系统和呼吸系统的机能水平，促进骨骼和肌肉的生长发育，提高人的力量、速度、弹跳、灵敏、耐力等专项身体素质和运动能力，而且能调适和保持心理健康，培养与锻炼良好的心理素质，达到延年益寿、提高生活质量的目的。

2. 教育功能

（1）传授排球运动的文化知识。通过排球运动向人们传授关于身体健康的知识，使人们了解排球运动的由来和发展、规则与方法、规范的技术要领以及其中的科学道理、健身方法以及欣赏比赛的知识等。培养人们正确的体育观和体育意识，养成终身体育锻炼的习惯，为其今后形成健康的生活方式奠定基础。

（2）培养团结协作、顽强拼搏的优秀品质。排球运动比赛中的球不能落地而且击球至多3次必须过网的特有规则，使参加排球比赛的人要随时准备弥补同伴判断错误而无法接或因其他原因没有接到位的球，为了发挥本方的进攻力量而不惜奔跑扑救，给下一次击球的人创造便利条件。因此，经常参加排球运动，可以培养人们良好的爱国主义精神、体育道德作风、团结协作的集体主义精神以及顽强拼搏的优秀品质。

（3）培养人的瞬间判断和应变能力。排球运动在某种意义上是一项依靠判断决定行动的运动，尤其是在现代排球比赛中，准确的判断已成为制胜的重要因素之一。判断的基础是眼观六路、耳听八方，通过观察对方和同伴的动作、击球的声音、场上的布局等，预测将要发生的事情而迅速作出决策。排球比赛也是一项靠集体配合取胜的球类竞赛，个人特长的发挥往往是在同伴发挥特长的前提下取得的。因此，运动员在场上要相互协调，并不断观察同伴的意图，才能默契地与之合作。而排球比赛中，球既不能落地，又不能持球，参加比赛的人必须具备应变能力，因此经常参加排球运动的人，既锻炼了体魄，愉悦了身心，又提高了机敏、应变、协调、配合的能力。

3. 提高国家威望，振奋民族精神

追溯历史，排球运动对国人的精神产生过重大的影响。1981年3月20日，中国男子排球队在争夺世界杯排球赛亚洲区预赛的关键一战中，先输两局，后奋起直追，连扳3局，终以3∶2战胜韩国队，取得参加世界杯排球赛的资格。比赛结束后，激动的北京大学学子喊出了“团结起来，振兴中华”的口号，一夜之间，传遍大江南北，极大地鼓舞了刚刚开始改革开放，努力建设“四个现代化”的国人。

20世纪80年代，中国女排在夺得五连冠之后的经验总结凝练出了时代最强音：女排精神。女排精神很好地诠释了“为国争光、无私奉献、团结友好、顽强拼搏”的中华体育精神。女排精神之所以备受推崇，最重要的是那种足以流芳百世的不畏强敌、顽强拼搏、永不言弃的精神，远远比“五连冠”本身更加能鼓舞国人。2003年中国女排重新夺得世界冠军，2004年中国女排在雅典奥运会上，团结拼搏，上演大翻盘，以3∶2战胜俄罗斯队，又一次夺得奥运会冠军，女排的胜利给中华民族伟大复兴增添了光彩。

在2016年里约奥运会上，中国女排以荡气回肠的完美逆袭，为祖国赢得一枚弥足珍贵的金牌。中国女排的出色表现，生动诠释了奥林匹克精神和中华体育精神，为祖国争了光，为民族争了气，为奥运增了辉，为人生添了彩，激发了全国人民的爱国热情和全世界中华儿女的民族自豪感，增强了中华民族的凝聚力、向心力、自信心。正如习近平总书记在接见参加里约奥运会中国体育代表团全体成员时指出的，“中国女排不畏强手、英勇顽强，打出了风格、打出了水平，时隔12年再夺奥运金牌，充分展现了女排精神，全国人民都很振奋”。中国女排以高昂的斗志、顽强的作风、精湛的技能和敢于争第一、敢于挑战和超越自我的行动，诠释和刷新了“无私奉献、团结协作、艰苦创业、自强不息”的女排精神，引发了一场触及国人灵魂的精神洗礼，有力地弘扬了中国精神。在国家由大向强发展的关键阶段，我们尤其需要大力弘扬女排精神，凝聚起实现中华民族伟大复兴的磅礴力量。

4. 经济功能

排球运动发展至今天，已经在200多个国家和地区得到了广泛的开展，围绕排球运动已经产生了大量的物质财富和精神财富，包括与排球运动相关的场地器材、各种排球实体等。而这些相关的物质实体生产实际上需要花费大量的人力物力，也伴随着大量的经济活动。随着大众传媒的发展，各国的排球联赛以及国际排球赛事都蕴含着经济活动，吸引了大量的赞助商。排球运动相关产业已经成为体育产业的主要组成部分，室内排球、沙滩排球都产生了可观的经济效益。随着社会经济的发展，排球运动本身所蕴含的巨大的经济功能与价值越来越被人们所认同。

第二章

排球运动发展简史

第一节 世界排球运动发展简史

世界排球运动发展简史

一、世界排球运动发展的阶段

世界排球运动发展一百多年来大体经历了3个阶段，即从娱乐排球向竞技排球过渡阶段；竞技排球迅速发展阶段；竞技排球的多元化和娱乐排球再度兴起阶段。

（一）从娱乐排球向竞技排球过渡阶段

排球运动诞生之初，是为中老年人锻炼身体而创造的一种娱乐性的游戏活动。人们对球进行隔网拍打，相互嬉戏，以使球不落地为乐趣。初始时，技术简单而粗糙，双方只是争取用手一次将球击过网，若不能一次将球击过，会有同伴再击。在游戏过程中人们逐渐体会到，一次击球过网不一定是最佳方式，有时从前场近网处甚至跳起击球过网，反而能创造更好的获胜机会。这样便出现了多次击球的打法，以寻找最佳时机或为技术更好的同伴创造得分机会，即形成了有意识、有目的、有组织的集体配合战术的雏形。

后来人们又认识到，一方无休止地击球也不合理，于是产生了每方击球至多3次必须过网的规定。这一规定的产生使单一的拍击动作，开始分化为传球和扣球两种技术。富有攻击性的扣球技术的出现，吸引了更多的年轻人参加，使得单纯以娱乐、游戏为目的的排球运动逐渐增添了激烈对抗的色彩，为对付扣球又产生了拦网技术，发球也采用了增加力量的侧面上手球，至此排球运动产生了质的飞跃。

随着排球运动竞技性、对抗性的加强，人们对比赛规则更加重视。1921—1938年，规则进行了多次修改和完善，发球、传球、扣球和拦网已成为当时的四大基本技术。在运用各项技术的同时，形成了有意识、有目的、有组织的战术配合，场上队员也出现了位置分工。到了20世纪30年代末和40年代，排球战术进一步发展，为了对付集体拦网，大力扣球和吊球相结合的打法相继产生，与之相适应的拦网保护战术系统初步形成。

这一阶段排球运动的特点是从开始时的娱乐游戏性质逐渐向竞技过渡，国际比赛还没有形成统一的竞赛规则、竞赛制度和竞赛组织。

（二）竞技排球迅猛发展阶段

第二次世界大战后，一些国家已相继成立了排球协会。人们希望国际上有个统一的组织来开展国际上的排球竞赛与交流。1946年8月26日，法国、捷克斯洛伐克、波兰三个国家的排球代表在布拉格召开会议，倡议成立国际排球联合会（简称“国际排联”）。1947年4月，国际排联在巴黎正式召开成立大会，有14个国家的排协负责人出席了会议，选举了法国的保尔·黎伯为第一任主席。此次大会制定了国际排联宪章，成立了技术委员会、竞赛委员会和裁判委员会，并正式出版了通用的排球竞赛规则。国际排联的成立标志着排球运动从此摆脱了娱乐游戏的性质而进入竞技排球的新阶段。

国际排联成立后组织了一系列国际性的大赛，如第一届欧洲男子（1948年）、女子（1949年）排球锦标赛，第一届世界男子（1949年）、女子（1952年）排球锦标赛，第一届世界杯男子（1965年）、女子（1973年）排球赛，第一届世界青年男、女（1977年）排球锦标赛和奥运会男、女（1964年）排球赛。这些国际比赛以后每隔4年举行一次，一直延续至今。此外，国际排联下属的各洲联合会也定期举办锦标赛、洲运动会排球赛、洲青年锦标赛等。在众多的大型比赛和广泛的国际交往促进下，排球运动的技战术得到了蓬勃的发展。20世纪50年代，东欧一些国家排球运动技术水平较高。苏联男、女排均以身高体壮、扣球力量大且凶狠而成为当时“力量派”的代表，曾多次蝉联世界冠军。捷克斯洛伐克男排是当时“技巧派”的代表，他们以扣球线路变化多和控制球的落点为特色，扣球轻重结合，是“力量派”的主要对手，但在实际抗衡中仍是“力量派”占上风。

20世纪60—70年代初是排球技术和战术发展较快的一个时期，世界排坛呈现不同流派各显特色，不同风格先后称雄的局面。60年代初，日本女排在大松博文教练的带领下创造了滚动救球、小臂垫球及勾手飘球技术，突破了以苏联、东欧为代表的技术模式，从此改写了苏联女排独霸世界冠军的历史。日本女排在技术上的三大发明是排球技术和战术上的一次重大革命，为排球运动的发展作出了极大的贡献。这一时期的女子排球，是以日本为代表的“防守加配合”和以苏联为代表的“进攻加力量”打法的抗衡，她们平分了八届大赛的金牌，世界女排进入了日苏对垒的时代。

1965年，国际排联对规则进行了修改，允许手过网拦网。规则的这一改变，使如何突破拦网，提高网上控空权成为比赛取胜的关键。当时男子“力量派”打法已不占优势，德意志民主共和国队因以突出高大队员的“超手扣球”解决了这一问题并连续两年取得世界冠军而被称为“高度派”。当时中国男排针对拦网规则的变化，创造了“盖帽拦网”和“平拉开扣球”技术，开创了“小个子打大个子”的先河，引起了世界排坛的哗然。日本男排很快在学习我国“平拉开扣球”和“近体扣球”的基础上创造了“短平快”“时间差”“位置差”等进攻打法。1972年在第20届奥运会上，日本队击败以高度著称的德意志民主共和国队，为亚洲夺得了首枚奥运会男子排球赛的金牌。至此，以中国队和日本队为代表的“速度派”开始形成。这一时期男子排球四大流派的对峙，繁荣了排球的技战术打法。这时的排球运动逐渐以其激烈的对抗性和高度的技巧性展现自己的魅力。国际排联为了推动排球运动的发展，1977年再次修改了规则，即拦网触手后仍可击球3次，这样又给组织进攻提供了更多的机会，进一步促进了攻防的激烈程度。20世纪70年代后期中国男排首创了“前飞”“背飞”等空间差系列打法，中国女排发明的“单脚背飞”技术，波兰男排创造的后排进攻战术，使排球运动进攻战术配合从二维空间发展到三维空间，从平面配合发展到立体配合的新阶段。在这一阶段美洲的排球运动也得到迅猛发展，古巴男、女排和美国女排迅速崛起并跻身于世界强队之列。随着国际交往的不断增多，各种流派在相互取长补短中逐渐融合。欧洲各队吸取了亚洲的快攻打法，向强攻加快攻、力量加技巧方向发展。亚洲各队在进一步发展快变战术的同时，重视提高运动员的高度以增加进攻威力。总之，20世纪70年代是竞技排球发展速度最为突出的时期，由单一模式到不同流派的产生，由重攻轻守到攻防兼备，由追求高度和力量到追求技战术，由注重个人技巧到讲究集体配合，竞技排球技战术产生了质的飞跃。

（三）竞技排球的多元化和娱乐排球的再兴起阶段

1. 竞技排球的多元化

进入20世纪80年代的竞技排球已度过了它的成长、发育时期而逐步走向成熟，当初那种只要在技战术的某一环节能够超群的队就有可能问鼎的时代已一去不复返。中国女排之所以在1981—1986年连续5次夺冠，正因为她们是一支既有高度又有灵活性，既能攻又能防，既能快又能高的全面型球队，练就了一套攻防全面、战术多变，以高制矮、以快制高的技战术打法，中国女排在世界排球运动发展史上写下了最辉煌的篇章。这一时期，美国男排创造性地运用了沙滩排球中的二人接发球战术，发明了摆动进攻战术。在比赛中，队员还大胆地运用跳发球和后排进攻技术，使前排的快变与后排的强攻有机地结合成纵深立体进攻战术，该队队员不仅文化素养高，善于改革创新，而且防守积极，作风顽强，终于使这支过去一直默默无闻的球队连续4次获得世界冠军。

中国女排和美国男排的成功，标志着排球运动技战术观念的革命，它预示着排球运动进入了全攻全守的新时期。全攻全守已不仅是个人攻防技术的称谓，而是指整体全方位的攻守。全攻首先从观念上打破了传统的进攻模式，意味着进攻的手段是从发球开始并包含拦网。西欧男排继美国男排崛起后，在职业联赛的交流中进一步发展了美国男排的攻防体系，使跳发球和纵深立体进攻战术达到运用自如且很少失误的程度，尤其是意大利、荷兰等国，跳发球空中飞行时间仅为0.5 s，速度达到30 m/s，且拦网的成功率很高，因此进攻已不再是第3次击球的专利了。

全攻意味着进攻的变化已不局限在网前的二维空间内，而是充满整个场地的三维空间。意大利、荷兰等国的男排不仅有高快结合的前排进攻，而且有在前排进攻配合下从二传出手到扣球仅用0.8 s的背平快后排进攻，形成了高、快结合，前、后结合的全方位进攻局面。

全守即体现全方位的防守，首先是技术动作的全方位。当今由于进攻水平的不断提高，那种单纯依靠手和手臂击球的动作要防住迅雷不及掩耳般的扣球是相当困难的。为了促进攻守平衡，国际排联本着积极鼓励防守技术的发展，同时又不消极地限制进攻技术的原则，从1984年开始，先后从规则上放宽了对运动员第一次击球时判断连击犯规的尺度，1992年将合法的触球部位从髋关节以上改为膝关节以上，1994年又由膝关节以上改为身体的任何部位均可触球，于是出现了手、脚、身全方位的防守动作，扩大了队员的防守面积，提高了防守质量。1999年规则又增加了后排自由防守队员。其次，体现在当代防守观念的转变，即由预判的“出击防守”代替了固定位置的“等待防守”，“高位防守”的取位则更需要运动员具有高水平的判断、反应及控制球的能力。最后，全方位的防守还体现在针对对手的进攻特点，随时调整拦网与防守的配合，打破原有的防守阵型模式，从而兼顾防守效果和防后的反攻布阵。

20世纪90年代，意大利、荷兰男排以惊人的速度在国际上确立了领先的地位，标志着竞技排球走向社会化、职业化的时代已经到来。由于排球运动的职业化趋势，排球运动的技战术水平又跃上了一个新的台阶。职业俱乐部的实施使意大利排球水平突飞猛进，男排水平尤为突出。1988年以前的历次世界大赛中，意大利男排只有 4次进入前8名，而1988年后每次都打入大赛的前8名（其中4次荣登冠军宝座，4次获亚军），意大利女排也获得2002年世界锦标赛冠军。在女排方面，古巴女排在高举高打的同时，也加快了进攻速度，并克服了情绪波动的弱点，在90年代独领风骚，1989—2000年先后夺得8次世界冠军。

进入21世纪，世界排坛的格局发生了根本的变化。女子排球方面，古巴女排走下神坛，不再有一枝独秀的实力，中国、俄罗斯、意大利、巴西、美国女排呈多强林立的局面。男子排球方面，从诸强纷争变为巴西队异军突起，自雷纳多执教巴西男排以来，他们先后夺得了2002年世界锦标赛、2003年世界杯和世界男排联赛及2004年奥运会的冠军。

2. 娱乐排球的再兴起

随着时间的推移，排球运动的娱乐性逐渐被其竞技性所取代。进入20世纪80年代以来，竞技排球的技术和战术都发生了质的变化，全方位的攻、防更增加了比赛的观赏性。但随着现代经济的发展，人们对物质文化消费的需求也在不断提高，健身娱乐逐渐成为人们消除疲劳的有效方法。人们在观看比赛中获得赏心悦目的享受之余，也渴望亲自体验参与这项运动的乐趣。排球运动本身的高度技巧性，往往使前来参加运动的人望而却步。因此，人们希望有一种大众都能够参加的排球运动尽快诞生，于是人们开始从球的性能、比赛规则上进行了适合各自需要的修改，全球性的娱乐排球便应运而生。

国际排联在竞技排球中的一系列改革，虽然吸引了更多的观众，但参与的人还不多，这无疑会影响人们对该项运动的喜爱，于是国际排联对一些适合大众开展的排球运动形式给予了积极的支持和重视。20世纪90年代，国际排联把沙滩排球列入了整体发展规划，并成立了沙滩排球委员会，1993年出版了第一部正式竞赛规则。1996年，沙滩排球成为亚特兰大奥运会正式比赛项目。目前软式排球、迷你排球（小排球）都组织过世界性的青少年比赛。总之，娱乐排球的再兴起，标志着现代排球运动进入了竞技排球与娱乐排球共存的新时代。

二、排球运动发展的驱动因素

排球运动从问世之日起，就是以双方隔网用手相互击球，进行攻防对抗的形式来区别于其他的球类运动。时至今日，虽然竞技排球仍是双方在隔网进行攻防的击球对抗中来决定胜负，但其对抗的形式和内容都发生了质的变化。排球运动之所以能从单纯的娱乐游戏发展到今天既具有技术的高技巧性、战术复杂多变的竞技性，又具有休闲、健身、游戏的娱乐性，其主要因素不外乎以下两个方面。

（一）观念的转变促进了排球技、战术的发展

1. 攻防观念的转变促进了排球技战术的发展

排球运动自从传、扣技术分开后，人们就把那种在网前跳起后将球扣到对方的技术看成是向对方的进攻。20世纪50年代，人们的进攻观念发展到通过“中、边一二”战术的形式形成两个不同的进攻点给对方以威胁，后来由于拦网技术的出现，人们认识到不能一味由一两点往下扣，若不避开对方的拦网，就很难发挥进攻效果，于是出现了60年代的“线”，即扣直线、斜线、高弧线的球。扣球个人战术也应运而生，如转体、转腕扣球等，70年代随着运动员的身高及弹跳力的增长，进攻只限于点、线的也很难通过拦网，于是人们的进攻观念开始走向充分利用网长的整个垂面。当时的集中与拉开、高球与快球、时差与位差等战术扣球形成了70年代的“面”，但当时的进攻观念仍不能摆脱拦网的威胁，于是进攻观念从网前向场地的纵深转变，远网扣球、后排扣球、跳发球的相继出现，说明进攻区域已从网前

扩大到了端线。另外，此时的排球比赛已把发球和拦网列入了向对方发起进攻的形式和手段。现代竞技排球已摆脱了“中、边一二”和“插上”的进攻形式，二传可在场上的任何位置上组织进攻，扣球队员可在场上任何位置上扣球，形成了一种新的“中、边一二”和“插上”的进攻形式。场上主攻与副攻的分工已不明显，主攻常打快攻，副攻参与强攻与后排攻，两翼队员在前后排的跑动进攻已成为比赛的主要得分手段（由于接应二传的职责发生了根本性的变化，因此当前称其为两翼队员，其意思就是指该位置要承担起在阵型的另一翼向对方发起进攻的任务）。

人们对排球运动进攻观念的不断变化，促进了防守观念的转变。当初在点、线、面的进攻时代，防守是从固定位置采用低姿的以单、双臂击球的各种救球动作，在“心跟进”“边跟进”防守阵型的位置分工下进行的。由于防守阵型有了“扩大”和“压缩”型的变化，于是前扑、鱼跃、滚翻垫球及挡球技术也随之而生。当进攻战术发展到全方位的立体进攻时代，人们的防守观念又发生了突变，即认识到要将过去那种被动的、等待型的防守动作，变成积极的、出击型的防守动作，把固定位置分工的防守模式变成针对型、变换型、动态型乃至全方位的防守动作和全方位的拦网整体配合。

2. 排球竞赛规则的修改，使竞技排球运动发展得更理想、更完美

排球运动从游戏活动向竞技运动发展的过程中，规则的不断修改和增补起了很大的推动作用，尤其是对规则的修改和增补在认识上的变化促进了排球运动向着更完美、更理想的方向发展。最初对规则的修改和补充只是以适应技战术发展和维护排球运动特性为目的，如在最初的规则中取消了球在网前落地一次的规定，以保护排球运动“空中击球”“球不落地”的特点。随着传扣技术的分化，规则又补充了发、传、扣球的技术概念，以后的规则规定在场地上设置中线是为了适应扣球和拦网技术的发展。1977年规定标志杆内移和允许拦网后再击球3次，促进了快速反攻战术的形成。进入20世纪80年代，人们对规则修改的原则进行了重新认识，在对待攻防平衡的认识方面，认为应积极地鼓励防守技术的发展，而不能消极地限制进攻技术的发展。因此，在放宽了对第一次击球时连击的判罚和允许身体任何部位（包括脚）均可触球后，规则又减小了比赛用球的球内气压，以适当降低球速而有利于防守。从此，全方位的防守技术动作相继出现，由手臂的击挡到身体各部分的击挡，直至脚击球动作的产生，扩大了防守的控制范围，为有预判的出击式防守取代固定位置的等待式防守创造了先决条件，同时促进了前排拦网和后排防守更有针对性的配合，使防守阵型产生了质的变化，从而使防守质量大大提高。1999年规则增设“自由防守人”，更利于接发球和后排防守。

排球运动的社会化和商业化在很大程度上要借助电视等传播媒介。为了成功地把排球运动推向市场，人们意识到规则的修改要利于电视转播。1992年规则补充了每局有1 min的技术暂停时间，就是为了适应赞助商播放广告的需要。另外，为了有利于电视转播又不影响比赛的精彩程度，1997—1998年，国际排联试行了各种竞赛制度修改方案，最终以当

前的每局25分的每球得分制代替了发球权得分制，从而加强了比赛时间的可控性。

总之，排球规则的每次修改，都是对排球运动发展的又一次促进，使排球运动向更完美、更理想的方向发展，使之更快成为人们最喜爱的体育项目之一。可见排球运动的发展和演变与规则有着密切的关系，排球规则的不断修改、完善和变化，促进了排球运动向前发展。

（二）物质文明的发展，促进排球运动向着竞技性和娱乐性共存的方向发展

随着高科技时代的到来，科技工作也逐步介入排球运动中，体现在将其他学科的新理论、新方法应用于排球运动的研究越来越多，其中许多科研成果为世界排球运动作出了很大的贡献。意大利男排主教练以先进的理论和实践确立了“排球场上没有防不起的球”这一训练指导思想，并提出了防重扣的有效方法，使意大利男排在1990年世界排球联赛中，防起率达64.3%，该队水平也从1989年至今始终保持在世界前列，并且多次夺得冠军称号。古巴排球运动科研工作最富有成效的方面，是他们总结了一套快速提高运动员身体素质的方法，体现在能使运动员具有惊人的腰腹力量、卓越的弹跳力及风驰电掣般的挥臂速度。然而，随着物质文化消费水平不断提高，健身、娱乐、休闲逐渐成为人们的一种生活需要，人们已经不满足于从观赏精彩排球比赛中愉悦身心，更渴望能亲自参与到该项运动中去体现自我、健身娱乐，因此单纯开展6人竞技排球已不能满足人们日益增长的需要，于是全球性的以各种形式出现的娱乐排球悄然兴起。当今的排球运动已不再是6人竞技排球的专称，它体现了竞技排球与娱乐排球的共存。

第二节 中国排球运动发展简史

中国排球运动发展简史

19世纪末20世纪初，随着西方文化的大量传入，西方的一些竞技运动项目逐步在中国开展起来，排球运动也是在这一时期传入中国。在传入初期，排球运动只是作为一项游戏用于娱乐活动，很少有竞赛活动。直到1913年远东运动会中国、菲律宾进行首次排球比赛后，中国各地才逐渐开展起排球运动的竞赛活动。

一、中华人民共和国成立前排球运动的发展概况

1905年，排球运动首先在广州南武中学和香港皇仁书院流行起来，后来主要通过留学生、外籍人士等以教学、游戏、训练班及表演赛等方式进行传播，排球运动逐步在我国部分

城市的一些学校中开展起来。人们根据Volleyball的译音，把空中击球称为“华利波”。1913年，我国参加了在菲律宾举行的第1届远东运动会排球赛，这是世界上第一次正式的排球国际比赛，虽然参赛队只有中国和菲律宾，我国的代表队又是临时从田径、足球队中抽调的一些运动员拼凑起来的，但比赛打得精彩、激烈，引起了人们的兴趣。这些队员回国后，将正式的排球运动带到了广州、台山、文昌等地。

男子排球从1914年的第2届，女子排球从1924年的第3届全国运动会开始被列为正式比赛项目，并将“华利波”改称为“队球”，取成全队比赛之意。1915—1934年，我国男排参加了10届远东运动会，曾获得5次冠军和5次亚军。而我国女子排球比赛开始较晚，1921年在广东省运动会上首次出现，1923—1934年曾参加了5次远东运动会，均获亚军。1930年中国第4届全运会之前，经中华全国体育协进会研究，根据其球在空中被来回击打和参加者成排站位这两个特点，将“队球”改称“排球”。从此，排球这一名称和运动形式在我国传播开来并沿用至今。

受远东运动会的影响，我国排球运动经历了16人制—12人制—9人制—6人制的演变过程。1915—1919年，我国排球比赛采用16人制，每方上场16名队员，分成4排，每排4人进行站位，比赛中位置固定不轮转。1919—1927年，我国排球比赛采用12人制，双方各12名队员上场，分成3排，每排4人站位，场上位置仍固定不进行轮转。当时已出现上手发球、正面扣球、单人拦网及倒地救球等技术动作。1927—1951年，我国排球比赛采用9人制，双方各9名队员上场，分成3排，每排3人站位，位置同样采用固定不进行轮转。当时又出现了勾手大力发球、勾手扣球和鱼跃救球等技术动作，尤其在第8届、第9届远东运动会上，为了突破菲律宾高大球员的拦网，我国队员创造了“快板球”技术和快球及快球掩护下的两边拉开进攻战术。9人制排球在我国延续了24年之久，是在采用6人制之前，我国开展排球运动时间最长的一种比赛形式。

我国正式采用6人制排球是在中华人民共和国成立以后。虽然，此前排球运动已在我国开展了40余年，但因国家贫穷落后，普及程度不高，只是在几个大城市和东南沿海地区得到开展，所以技术水平不高，战术也非常简单。

二、中华人民共和国成立后排球运动的发展概况

1. 初露锋芒阶段

中华人民共和国成立后，排球运动很快被国家作为重点体育项目在全国进行推广、普及，成为发展较快的体育运动项目之一。为了适应国际体育文化交流和比赛的需要，1950年7月在全国体育工作者暑期学习会议上，中华全国体育总会第一次向与会人员介绍了国际排联制定的6人排球竞赛规则和方法。1951年1月，组建了中国青年男子排球队，并赴柏林参加第11届大学生冬季运动会和第3届世界青年联欢节。1951年5月，在北京举行的第1届全国

篮、排球比赛大会上正式采用6人制排球比赛，并组建了国家男、女排球队，即当时的“中央体训班男、女排球队”。1952年，国家男、女排到全国14个城市进行6人制排球比赛的示范表演，为6人制排球运动在我国的普及起到积极的推动作用。1953年，中国青年女子排球队首次随中国代表团参加在布加勒斯特举行的第1届国际青年友谊运动会排球赛。1953年，中国排球协会成立，1954年1月1日，我国加入国际排联，成为正式会员国。为了向当时排球运动处于领先地位的东欧各国学习，中国男、女排球队在赴布达佩斯参加第12届大学生运动会途经苏联时，曾到莫斯科、基辅等城市边训练边比赛，系统地学习苏联排球队先进的技战术打法和训练方法，对中国排球运动的发展起到了很大的推动作用。

中国排球除了走出去外，还采取请进来的方法学习外国的先进技术及理论，在这一时期，捷克斯洛伐克军队男排和保加利亚男、女排球队先后应邀来我国访问。1956年，国家体委邀请苏联专家戈洛马佐夫在京、津两地举办的“全国排球教练员训练班”讲课，学员们全面系统地学习了苏联排球运动训练的理论与方法，为我国排球运动的发展起到了重要的促进作用。同年建立了全国联赛的竞赛制度，并颁布了《中华人民共和国运动员、裁判员等级制度条例（草案）》，教育部颁布的《一般高等学校体育课试行教学大纲》《中等学校体育教学大纲（草案）》和《师范学校体育教学大纲（草案）》，均把6人制排球列为必修课程。

20世纪50年代，我国排球按照普及与提高相互促进，以普及促提高，以提高带普及的发展思路，在继承9人制排球技战术基础上，首创了快球和快攻战术，使得我国排球运动水平迅速提高。1956年中国男、女排球队首次参加巴黎世界锦标赛（男子第3届、女子第2届）就取得了女子第6名，男子第9名的好成绩，在国际排坛上初露锋芒。

1964年，周恩来总理邀请大松博文教练率领当时的世界冠军日本女排访华，并请他亲自指导排球运动员训练。贺龙副总理要求我国排球界要学习大松博文教练的严格要求和日本女排刻苦顽强的训练作风，明确提出“三从一大”即“从难、从严、从实战出发，坚持大运动量训练”的训练原则，极大地推动了我国排球运动的训练工作，使我国排球运动水平又有了显著的提高。当时我国不仅学习了日本女排的勾手飘球、垫球及滚动救球技术，而且创造了“盖帽拦网”和“平拉开扣球”技术。

20世纪60年代前后，我国各省、市队根据自己的特点开始形成各自不同的风格和技术打法。例如，以广东队为代表的快速配合，以四川队为代表的细腻稳健，以北京队为代表的高打强攻，以解放军队为代表的勇猛顽强，以上海队为代表的灵活多变等，充分体现了我国6人制排球技战术水平的明显提高。

1966—1976年，我国的体育事业受到了严重摧残，排球运动也同样遭此厄运，这期间运动队都停止了训练，甚至有的队被解散，排球运动的整体技术水平下降，运动队出现青黄不接的局面。在1974年的世界排球锦标赛上，我国男女队分别降至第15名和第14名，我国与世界强队之间缩小的差距又被拉大了。

2. 腾飞辉煌阶段

1972年，在周总理发出“要把体育运动重新搞上去”的号召下，国家体委以举办五项球类运动会的形式恢复了体育竞赛，并于同年召开“三大球训练工作会议”。会议总结以往工作的经验，找出存在的差距，进一步明确今后排球训练工作的指导思想及发展规划，建立排球训练基地，并开始有计划地组织各省市队的集中训练工作。通过每年的冬训，各省市队有了较长时间能够集中在一起相互学习、相互促进，这对提高技战术水平，迅速培养后备力量起到了一定的催化作用。1976年，我国开始组建新的国家男、女排球队。

1977年中国男排在第3届世界杯排球赛中力压巴西、美国等欧美球队获得第5名，1978年又在第9届世界排球锦标赛中获得男子第7名，1979年我国男排在亚洲锦标赛中战胜韩国队获得冠军，并取得参加奥运会的资格。1981年，男排第4届世界杯预选赛，中国男排在0∶2落后的局面下，连扳三局逆转战胜韩国队，从而进军该届世界杯，并在赛事中再次获得第5名。逆转战胜韩国队的消息传到北京后，北大学子喊出了“团结起来，振兴中华”的时代最强音，传遍大江南北，为我国20世纪80年代的改革开放事业注入强大的号召力。

20世纪70年代末到80年代初，是我国男排技战术水平提高较快的时期，在继承传统快攻打法的基础上，又大胆创新了“前飞”“背飞”“拉三”“拉四”等新战术，形成了一套自己的快变战术打法。当时，中国男排的实力不仅冲出了亚洲，而且具备了与世界强队抗衡的能力。

1977年中国女排在第2届世界杯排球赛中获得第4名，1978年又在第9届世界排球锦标赛中获得第6名，1979年我国女排在亚洲锦标赛中战胜当时的亚洲和前世界冠军日本队获得冠军，并取得参加奥运会的资格。1981年我国女排在日本举行的第3届世界杯排球赛中以7战7捷的战绩，第一次获得世界冠军的称号，为三大球翻身打响了第一炮。1982年女排在秘鲁举行的第9届世界女排锦标赛中再次夺冠，1984年中国女排继续发扬顽强拼搏精神，在美国举行的第23届奥运会排球赛中再次问鼎，第一次在奥运会排球比赛馆内升起了中国的五星红旗。1985年在日本举行的第4届女排世界杯、1986年在捷克斯洛伐克举行的第10届世界女排锦标赛中，我国女排又相继夺得冠军，创造了世界大赛中五连冠的新纪录。

这一时期我国的排球运动可谓以“全攻全守、能高能快”的战术特点，显示了世界排坛的新潮流，从此中国男、女排开始冲出亚洲，走向世界，实现了中国排球运动的腾飞。

3. 低谷徘徊阶段

20世纪80年代，当世界男子排球运动迅猛发展的时候，我国男排由于种种原因运动水平下降。1982年世界锦标赛的分组本来对中国男排非常有利，但因关键时刻队员的心理承受能力差，失去了进入前4名的机会，仅获第7名。1984年洛杉矶奥运会又以1胜5负的战绩排名第8。1985年世界杯亚洲区预选赛又以1∶3负于韩国，从而失去参加世界杯的资格。1987年亚洲锦标赛上负于日本而失去参加第24届奥运会的资格。1989年在亚洲锦标赛上负于日本队和韩国队名列第3。

1997年，中国男排在新任主教练汪嘉伟的带领下重新夺得亚洲锦标赛的桂冠，并在世界锦标赛预赛中取得了参赛资格。1998年世界锦标赛中，中国男排虽然较好地发挥了自己的水平，但因体能、体力和技术上的差距，在前12名中仍没找到自己的位置。1999年亚洲锦标赛上中国男排成功卫冕，但在同年上海举行的亚洲区男排奥运会资格赛中失去了一次绝好的依靠自己实力冲进奥运会的机会。从1984年到2016年的9届奥运会，我国仅有两次因特殊情况取得奥运会参赛资格，第一次是1984年以苏联为首的东欧国家抵制洛杉矶奥运会获得额外参赛资格，第二次是2008年北京奥运会以东道主身份自动取得，30多年来尚未有一次靠自己的能力取得参赛资格。

随着男排成绩的下降，女排在20世纪90年代初运动成绩也急转直下，跌入低谷。1988年汉城奥运会，我国女排失去了冠军的宝座。1988—1991年两次世界杯和一次世界锦标赛分别获第2、第3、第2名。1992年奥运会和1994年世界锦标赛仅获第7名和第8名，而且在1994年亚运会上负于韩国而名列第二，此时中国女排的运动成绩又倒退到“冲出亚洲”的起点。

我国男、女排运动成绩下滑的原因，主要在于指导思想跟不上世界排球运动的发展。

首先，对“进攻”和“进攻战术”认识的滞后。20世纪80年代的欧美男排就已普遍运用了跳发球和后排进攻打法，形成了在排球场上的全方位进攻，紧接着欧美女排也开始效仿。但此时中国男女排的进攻观念仍停留在70年代的认识上，总是在前排二、三点进攻变化上寻求突破，致使进攻战术既无创新也无借鉴，与国际先进水平逐渐加大了距离。

其次，20世纪80年代末国际排坛商业化的趋势日渐明显，职业化趋势日渐成熟，而我国竞技体育的体制仍保持着50年代向苏联、东欧国家学来的旧管理模式。在世界体育职业化和国内市场经济浪潮的冲击下，运动队的管理问题突出地暴露在人们的面前。

最后，伴随着国家的“奥运战略”的出台，各省、市的“全运战略”也应运而生，所有的运动项目均以拿金牌为目的。排球运动是集体项目，拿不到更多的金牌，因此很多省市都将砍掉排球队作为首选。

1995年，国家体委召开了重振排球雄风研讨会，会上总结了失败的教训，找出了问题所在，并且探讨了今后的发展方向，同年重新组建了国家女排，并请郎平回国执教。中国女排在郎平主教练的率领下，严格训练，增强了全队的凝聚力，树立了重新攀登世界高峰的信心。中国女排先于1995年获得亚洲锦标赛冠军，并于同年获得世界杯赛的第3名，1996年又获得奥运会排球赛亚军，1998年世界锦标赛再次获得亚军，1999年世界杯获得第4名，2000年奥运会成绩下降至第5名。

4. 重铸辉煌阶段

在经历了2002年世界锦标赛的第4名后，中国女排在2003年世界杯女排比赛上，以11战全胜的佳绩，时隔17年再次夺得世界冠军。2004年雅典奥运会排球赛中，中国女排力克各路劲旅，勇夺阔别20年的奥运冠军。2015年女排亚锦赛决赛中，中国队以3∶0战胜韩国队，时隔4年重回亚洲巅峰，同时也是中国队历史上第13次获得亚锦赛冠军。2016年9月20日，第

5届女排亚洲杯在越南永福落下帷幕，中国女排二队在决赛直落三局以3∶0击败哈萨克斯坦成功卫冕，继2008年、2010年和2014年后荣膺第4冠。2015年第12届女排世界杯决赛中，中国女排以3∶1战胜日本队，第四次将世界杯冠军的奖杯收入囊中。2016年里约奥运会女排赛中，中国女排在小组赛成绩不佳的情况下，先以3∶2力克卫冕冠军巴西队挺进4强，接着以3∶1战胜荷兰女排打进决赛。在决赛中，中国女排在先失一局的情况下连扳三局，以3∶1逆转战胜塞尔维亚女排，时隔12年再次获得奥运冠军，也是第三次获得奥运会金牌。

中国女排重夺世界冠军宣告了女排精神的回归，诠释和刷新了“无私奉献、团结协作、艰苦创业、自强不息”的女排精神。在新的历史背景下，女排精神也被郎平所率领的团队赋予了新的含义。在刻苦训练、顽强拼搏的基础上，郎平将国际化、专业化的团队合作形式和科学训练的理念引入中国女排无疑是重回巅峰的关键因素。而坚持“从制度入手，高标准、全方位齐抓共管”的工作思路和“走全面快速多变的道路，技术上更加精细全面，整体配合上更加默契娴熟，快速多变的特点更加突出”的指导思想，发扬敢打硬仗、敢于胜利和团结协作、顽强拼搏的精神。

与中国女排重回世界巅峰的辉煌相比，面对与世界先进水平之间的差距，中国男排经历了一个较长的痛苦和摸索时期。在2003年世界杯上仅仅获得第10名。2004年奥运会落选赛，负于澳大利亚队而无缘雅典奥运会。2008年中国男排以东道主的身份参加了北京奥运会男子排球比赛，并最终获得第5名，取得了历史性突破。2016年5月，在日本举行的里约奥运会男排落选赛中，中国男排以7战2胜5负积9分的成绩位列第6而无缘里约，依旧未能打破32年来从未靠资格赛成绩打进奥运会的魔咒，再次与奥运会失之交臂。本次落选赛前半段中国男排的表现可谓惊艳，表现出一定的技战术能力和素养，进攻拦防打得有板有眼，士气高涨，让人看到中国男排明显的进步。面对实力相差悬殊的法国队和波兰队，中国男排不再被动挨打处于绝对下风，往往能有令人惊喜的出色表现，为中国男排日后的复兴和发展留下了广阔的空间。

2016年5月，国家体育总局公布的《体育发展“十三五”规划》给出了排球的发展行动计划：“进一步推进青少年训练教学大纲的修订与推广应用工作，全面把握专项特点与竞技规律，构建符合现代运动训练发展要求的训练体系，以创新带动训练水平的提高，加强国家队复合型教练员团队建设和基础建设，强化保障机制，取得更多优异的运动成绩。在推动我国排球运动整体水平明显提高的基础上，中国女排保持在亚洲的领先地位和世界先进水平，在2016年里约奥运会和2020年东京奥运会上保持在领先水平行列；中国男排逐步缩小与世界强队的差距，力争获得2020年东京奥运会参赛资格。”

中国男排要想冲出亚洲，走向世界，就必须有所改变。不仅是技战术要更加完善和全面，在思想和意识上也应该有一定的提高。要紧跟世界排球排坛发展潮流，要有现代排球意识和先进的排球训练理念，要增加新技术、新打法的研究开发和改革发展思路。中国男排只要踏踏实实地从青少年培养抓起，能形成从地方到国家队的良性循环，学习世界男排训练与管理的先进理念，完全可以达到世界一流水平，能够与世界排球强队相抗衡。

第三节 现代排球运动发展趋势

现代排球运动发展趋势

随着世界经济和现代化社会的发展，与社会经济息息相关的体育领域，也在发生着变化，排球运动亦不例外，进入新世纪，现代排球运动呈现出多元化的发展趋势。

一、排球运动技战术的发展走向

从排球运动120多年的发展历程中可以看出，排球竞赛规则的变化始终是其发展趋势的指挥棒。竞赛规则的变化对排球技战术、运动员的身心条件、训练方法和科学研究都提出了更高的要求。整体上来讲，排球运动的技战术朝着全、高、快、变的方向快速发展。

（1）全。它是指攻防各项技术都必须全面掌握并运用自如，能全方位地攻和守，即能攻能防、能扣能拦、能高能快、能前排能后排等，每个队员都要技术全面并各有特长，能够有效地组合不同的战术，使战术组合更具个性化，发挥整体优势。“全面性”和“立体化”已经成为进攻战术的主体。

（2）高。它是指运动员身材高、弹跳高。扣球时击球点高、过网点高、威力大；拦网时跳得高、滞空时间长、拦阻范围大。“前高位”防守成为防守战术发展的方向。

（3）快。它是指快速的进攻与防守、调整和配合。不仅一攻快，反击也快，不仅副攻快，主攻和接应二传也能参加快攻。防守中的拦网移动、起跳要快，后防移动、倒地等动作也要快，以及整个队的技战术运用随场上的变化而变化要快。

（4）变。它是指排球技战术运用的多变。有大力跳发球和各种变化的飘球等的发球多变，有强攻突破和各种快攻的进攻战术多变，有稳健的后排防守和高大拦网的防守战术的多变等。

二、排球运动全面职业化的发展走向

（一）国际排球运动的职业化发展

1984年，墨西哥人阿科斯塔当选为国际排联主席，为实现把排球运动发展成世界上最受欢迎的运动项目之一的目标，他领导国际排联对机构本身和排球运动进行了一系列的改革和调整。通过改革赛制、修订规则、配合并利用现代化传播媒介、创办世界男排联赛和女排大奖赛等，将排球运动推向了市场，推到了竞技体坛的高端，取得了巨大的社会效益和经济效益。市场经济的主要特点就是一切遵循价值规律，排球运动进入市场就意味着再也不能保持原有的业余性质，而必须向着职业化方向发展。

意大利在国际排联的倡导下率先走上了职业化道路，大力推行排球运动员职业化和俱乐部制度。意大利的各俱乐部都有不同的工商巨头资助，高薪招募世界各国的优秀教练员、运动员为各自的俱乐部效力，由于俱乐部集聚各国的明星选手和优秀教练员，所以意大利的排球运动水平飞速提高。科学的理念和运营机制带来了巨大的成功，意大利排球水平在职业化后显著提高，原先战绩平平、连进入前8名都困难的男排甚至获得了4次世界冠军和4次世界亚军。随后，法国、德国、荷兰等西欧国家的排球运动职业化也获得了巨大发展，中国、韩国、日本、美国及拉美国家也都先后建立了各国的排球职业联赛。

排球运动的社会化和商业化在很大程度上要借助电视等传播媒体的介入，促使排球运动商业化趋势日益加强。同时，随着排球运动的竞赛形式越来越多样化，大众化趋势日益明显。国际排联主席阿科斯塔指出：职业化代表着排球界的发展方向，巨额奖金促使比赛更精彩，而紧张激烈的比赛既能吸引广大观众，又能创造出更大的经济效益。为了成功地把排球运动推向市场，国际排联几次修改竞赛规则，从而把排球运动彻底推向市场。排球运动商业化，带来运动员的高薪，明星运动员就是排球社会化、职业化和商业化的必然产物。

（二）我国排球运动的职业化发展走向

为了适应国际排球改革潮流以及适应市场化、职业化发展的需求，1996年在全国排球工作会议上，确定了以赛制改革为突破口的基本方针，继而带动中国排球赛事全面改革。同年，全国排球甲A联赛实行主客场制，新举措的实施使冷落了多年的排球赛场又重新拥有了观众，运动员在场上又找回了拼搏奋进的感觉，因此各队技、战术水平都有明显提高。1997年，国家排球管理中心的成立意味着排球运动的改革又向前迈进了一步。1998年，中国排球协会先后下发了《中国排球协会俱乐部运动员转会暂行规定》《中国排球协会关于发展排球俱乐部的意见》《中国排球协会关于排球俱乐部管理暂行规定》等文件，提出排球俱乐部的性质为公益性的社会团体，可以是赞助式、体委与企业联办或股份制形式。

为了适应市场，2000年中国排球协会召开全国排球俱乐部研讨会，下发了《2001年步步高无绳电话杯全国女排赛和2001年步步高DVD杯全国男排赛方案（草案）》，全面修改了比赛方法，一改以往排球联赛由组委会大包大揽的做法，明确规定各俱乐部为承办单位，承办权属于各参赛俱乐部，俱乐部承办主场各项组织工作并支付全额比赛费用。这进一步明确各俱乐部的市场主体地位，促使俱乐部开始开展经营活动，推动排球职业化进程和俱乐部建设。2001年的全面排球联赛出现了少有的火爆球市，许多主场的观众上座率达100%，中央电视台的部分现场直播超过了甲A足球和篮球，表现出强劲的发展势头。2002年，高水平外援引进的出现，说明我国职业排球运动员的国际流动进入一个新阶段。

为了吸引观众，从2001年开始，中国排协采取了一系列积极措施，如创作联赛会歌、会徽，推出形象代言人，进一步规范和统一联赛整体形象等，同时加大改革力度，给各参赛俱乐部更大的自主经营权，拓宽经营范围，实行俱乐部办赛。联赛市场在整体形象、办赛质量、开发意识、管理水平等方面取得了很大进步。目前，全国排球联赛已经形成比较稳定的竞赛市场和相对固定的消费群体，具备了一定规模的球市。

然而，中国排球联赛作为中国最高级别的排球职业联赛，同足球和篮球联赛相比，其职业化进程缓慢一直被舆论批评。中国排球联赛自1996年创立以来已经举办过19届，除了因为第2届香港精英集团撕毁协议退出全国排球联赛的推广活动，中国排球联赛经历了“金施尔康”“维达”“步步高”“安踏”和“361°”五个冠名赞助商。赞助商安踏和361°在冠名联赛的同时还提供联赛装备。然而，随着这两大体育用品公司的成长，电视直播日渐缩水的全国排球联赛已经无法满足他们在提升人气和增加企业曝光度方面的需求。2015—2016赛季排球联赛在与原冠名赞助商合同到期之后，未能找到新赞助商，经历了没有冠名赞助商的尴尬。直至2016年7月，经过将近半年的招标谈判，中国排球联赛商务运营伙伴才尘埃落定，体育之窗从2016—2017赛季起负责联赛的商务运营推广工作，但2016年联赛的主赞助商依然难产。2016—2017赛季启动仪式上，中国排协和运营公司体育之窗对联赛未来发展提出了目标：趁着中国女排重回巅峰的热度，试图打造一个英超之于世界足球、NBA之于国际篮坛地位的世界级排球联赛。事实上，以水平而论，中国的女排联赛绝对能排进世界前三，然而，目前中国排球运动的职业化进程却并不顺畅。

2016年，联赛高调推出了多项改革措施：除了比赛场地普及“鹰眼”裁判挑战系统、LED电子广告屏、试点裁判电子记录系统等硬件举措外，恢复举行全明星赛活动、球员转会制度、奖金体系和商业开发模式等改革最引人关注。新的球员转会制度下，排球联赛将取消一个运动员在一个赛季只能代表一个俱乐部参赛的规定，新赛季设置了三个转会期。另外，新赛季联赛将设立总额不少于1500万元的总奖金，除了针对运动员、教练员及优秀赛区的各种奖励，还增设最佳外援奖。商业方面，新赛季的排球联赛将不再采用冠名赞助的模式，而是借鉴奥运会合作伙伴的分级系统，分为官方联合创始合作伙伴、官方赞助商和官方供应商三个等级，不同的等级享有不同的商业权益。从赛制变化到球员转会制度改革，再到奖项和商业开发的改进，显示出联赛试图以全新的面目在新赛季亮相，即将开始的排球联赛新赛季充满诸多亮点，也标志着中国排球联赛的职业化改革迈出了第一步。

然而高水平球员的自由转会市场的封闭一直是排球联赛职业化受到制约的关键因素，其症结在于以全运会为核心的金牌与成绩评价体系。国内排球联赛的参赛队伍常年以地方队为班底，球员完全归属于省队，这导致的后果就是优秀选手“有价无市”，直接影响了国内球员的收入。2016—2017中国排球联赛，虽说转会制度放宽，但从目前联赛各参赛队的构成来看，没有一家是摆脱政府体制的纯职业俱乐部，球员转会市场的核心症结丝毫没被触碰。国内转会的诸多分歧和障碍，也成为里约奥运会MVP得主朱婷远走土耳其联赛的重要因素。2016年5月，朱婷正式转会瓦基弗银行俱乐部，年薪为110万欧元，在世界女子排坛年薪榜单上仅次于韩国名将金延璟。

其实对于联赛本身的品牌来说，冠名赞助并不是很好的形式，失去冠名赞助商的排球联赛应该更好地规划未来的商业愿景，效仿CBA和国外成熟排球联赛的运营和市场开发模式。借着中国女排世界杯和里约奥运会夺冠的东风，中国排球迎来了极佳的发展机遇，中国排球联赛也不要再错过这样的职业化改革良机。

三、高新科技成果在排球运动中全方位运用的发展走向

现代科学技术的迅猛发展，使现代体育运动各方面都发生了巨大的变化，传统的主观性因素逐渐减少，而高新科技含量日益增加。特别是计算机和信息处理技术等高科技成功地运用于排球运动的教学、训练、竞赛和管理中，极大地提高了排球运动的发展水平，成为该项目取得优异运动成绩的保证。

20世纪80年代初，美国女排教练与艾里尔博士合作，采用生物力学和电脑分析系统对各种情报、资料、信息进行处理，然后将结果用于指导美国女排的训练，从而使美国女排一跃进入世界先进行列，开创了排球运动领域的电子时代。

在对排球技术动作分析方面，科研人员研制了计算机技术动作分析系统，运用计算机技术、计算机图像处理技术、计算机数据库软件、图形学和录像技术与运动生物力学分析方法，用现代科学方法描述运动的过程，把运动特征数量化、规格化，然后精确完整地进行分析和比较。其具体过程是用高速录像系统，首先摄入运动员的排球技术动作，然后将技术动作图像送入计算机图像处理系统，在计算机图形工作站将原始图像、三维生物力学的人体立体动作分析结果和文字说明的混合画面送入录像带，在屏幕上同时显示。教练和运动员可在训练场所设置的现场查询终端，查看运动员的技术动作分析结果。如中国科学院计算机所研制的“数字化三维人体运动计算机仿真系统（CAS软件）”，通过先进的数字视频采集与传播技术，将模拟结果与运动员训练视频对比分析，帮助运动员认识到自身技术动作与教练心中“理想”动作的差异，然后从系统中获取正确的模拟动作，使教练在指导运动员的过程中有的放矢。在排球训练比赛技术统计方面，现场通过计算机的统计数据处理，可即时反映出场上每位队员的技术状态和发挥情况，将这些信息及时传达到主教练手中，有助于主教练更好地协调队员和掌控大局。

国际排联从2012年世界杯开始引进“鹰眼挑战系统”“耳机对讲系统”“电子记录系统”等一系列高科技于裁判员执裁中，此后在世界杯、世锦赛、奥运会等高水平赛事中陆续启用。协助裁判员判断，提高判罚的准确性，使比赛更加公平公正，极大地推动了排球比赛的科技化进程。中国排球协会也于2016年1月18日面向社会公开征集共同研发“鹰眼挑战裁判辅助系统”的行业服务商。2016年3月21日，北京瑞盖科技有限公司、南京再胜电子科技有限公司成为中国排协商务洽谈的单位。“鹰眼挑战裁判辅助系统”在“2016—2017中国排球联赛”中投入使用。

计算机多媒体技术在排球技战术教学中已经被广泛运用。CAI课件可实现问与答、分步骤演示、灵活的查询和仿真教学、模拟实验等功能，从而改变以课堂传授为主的传统教学方式，可以动态地模拟排球技战术的时空状态和连续变化过程，提高直观教学效果。目前，计算机网络技术也在排球运动中被广泛运用，极大地促进了排球运动水平的普及、提高与发展。

四、排球运动的科研成果与实践应用日益紧密结合的发展走向

科研直接为排球教学训练和比赛实践服务，是排球运动科学研究活动的一个显著特点和发展方向，也是促进排球运动科学研究发展的过程。从方法论来看，科研人员越来越多地从文献研究、思辨研究，走向实证研究，从不同层面去关注学校、关注课堂，关注运动训练实践，提高研究的实际应用价值。从科研的功用来看，越来越多的排球科研人员不再满足于排球教学训练的一般抽象理论论述，开始更多地追求排球运动研究成果的推广应用，促进排球教学训练的改革与发展。同时，排球运动科研方法和手段不断丰富和发展也推动了排球运动科研的发展和水平的不断提高。随着相关学科科研成果向排球科研领域的不断渗透和现代科技的应用，排球运动科研的方法和技术将会得到长足的发展。

五、排球运动的“大排球”观念的发展走向

如今，国际排联已拥有200多个会员，是世界上最大的单项体育协会之一。高水平的竞技排球已在全球范围被广泛关注，但国际排联的目标并不是将排球变成只有少数人“表演”、多数人“观赏”的“一条腿”运动项目，排球运动需要全面的普及和推广。

为了更好地在全世界范围内扩大排球运动的影响，国际排联已开始有计划、有目的地开展和推广各种形式的排球运动，如沙滩排球、软式排球、气排球、迷你排球、雪地排球、地排球等。现代排球将朝着竞技排球与娱乐排球并存，高水平职业排球与群众排球共举的“大排球”方向发展。目前，沙滩排球的发展已经具有相当的规模，从1996年亚特兰大奥运会成为奥运会正式比赛项目后，不仅拥有自己的管理机构——国际排联沙滩排球委员会，还创办了规范的世界沙滩排球锦标赛和职业巡回赛。

第三章 排球运动的衍生类型

现代竞技排球运动越来越高的技巧性，战术配合的复杂性和激烈的对抗性对参与者提出了很高的要求，网上争夺高度的加剧将排球运动发展成为一项“巨人”运动，使得一些排球运动爱好者望球兴叹、却而止步。为满足不同层次、不同群体排球爱好者参与到排球运动的愿望，适应不同环境条件下进行排球活动的需求，一些规则简单、要求不高、娱乐性较强的排球运动形式应运而生。排球运动经过不断的分化、繁衍，形成了多种多样的排球形式。目前，沙滩排球、软式排球、气排球、9人制排球、4人制排球、残疾人排球、地排球、小排球等娱乐性的排球运动已经成为人们喜闻乐见的排球运动形式。

第一节 沙滩排球

一、沙滩排球的发展概况

（一）起源与传播

沙滩排球诞生于20世纪20年代美国西部的南加利福尼亚的圣·莫尼卡海滩。当时，沙滩排球纯粹是一项民间自发组织的休闲、娱乐活动。每到夏季，人们成群结队地涌向沙滩，架起球网，在柔软的沙滩上、明媚的阳光下尽情地跳跃、滚翻，享受大自然的阳光和打沙滩排球的乐趣。

当时虽然是娱乐、健身、休闲的项目，但已具有相当的规模。沙滩排球由于具有较强的娱乐性、健身性和群众性，运动负荷可大可小，越来越受到不同年龄、不同性别、不同水平、不同体质人们的喜爱。经过几十年的发展，沙滩排球已在世界各地广泛流行，参加者愈来愈多，水平也愈来愈高，逐步演变成一项新的竞技体育运动项目。

20世纪20年代，沙滩排球穿越大西洋传入法国，进入捷克斯洛伐克，并逐渐风靡美洲的巴西、阿根廷以及大洋洲的澳大利亚和新西兰。1940年左右，美国的加利福尼亚海滨和巴西的沿海地区便出现了沙滩排球比赛。20世纪50年代以后，沙滩排球逐渐向地中海沿岸及太平洋沿岸国家传播开来。1951年，在加利福尼亚的五个海滨浴场举行的沙滩排球巡回赛已具有相当规模，参加的选手达数百人。这时，沙滩排球已在美国政府的计划中被列为娱乐、表演和健美项目。与此同时，南美的巴西也举办了首届沙滩排球锦标赛。20世纪60年代，法国举行了奖金为3万法郎的三人制沙滩排球巡回赛。1965年，加利福尼亚沙滩排球协会成立，第一次对沙滩排球规则作出了统一规定，规定的比赛有2人制、3人制、4人制和男女混合制等多种形式。沙滩排球以其精彩纷呈、引人入胜的特殊魅力吸引着成千上万的爱好者。尤其是较大规模的比赛都是在世界上最著名、最优美的海滩上进行，因此吸引着无数的世界著名排球运动员和球迷，加之高额的奖酬、慷慨的赞助和大范围的电视转播，使沙滩排球运动得到了迅速发展。沙滩排球比赛凭借其高超的运动竞技性、独特的艺术观赏性和强烈的个人表现性，被誉为“21世纪最杰出的运动”。

（二）世界沙滩排球运动的发展

20世纪70年代至80年代初是沙滩排球从单纯的民间活动发展成集娱乐、健身和竞技于一体的时期。1974年，首届商业化两人制沙滩排球巡回赛在美国圣地亚哥举办，这表明沙滩排球从此进入商业化运作轨道，拉开了沙滩排球商业化、竞技化和职业化的序幕。1976年在美国加利福尼亚举办的设有奖金的沙滩排球比赛被称为“职业沙滩排球比赛的源头”，1979年出现了一批优秀的职业沙滩排球选手，1980年有商业赞助的全美沙滩排球巡回赛第一次被列入美国官方体育日程计划，1982年美国成立职业沙滩排球联合会，这些都已成为沙滩排球转型的标志。

20世纪80年代，国际排联开始在世界范围内宣传、普及和推广沙滩排球运动。1987年2月，国际排联在巴西里约热内卢举办了第一届世界男子沙滩排球锦标赛，共有巴西、美国、意大利、阿根廷、智利、墨西哥、日本7个国家参加比赛。1988年，国际排联正式成立“世界沙滩排球委员会”。1989年2月，巴西里约热内卢举行了第一届世界沙滩排球系列大奖赛。1990年，“世界男子沙滩排球锦标赛”更名为“世界男子沙滩排球巡回赛”，由巴西、意大利和日本负责承办，每站奖金高达5万美元。这种巡回比赛办法大大增加了现场人数，提高了比赛的收视率，加快了沙滩排球的普及速度。

从20世纪90年代开始，沙滩排球进入一个快速发展的历史阶段。承办男子世界沙滩排球巡回赛的国家由3个扩大为4个。1991年至1992年，又增加了西班牙和澳大利亚两个国家。1992年，沙滩排球成为巴塞罗那奥运会的表演项目，同年，首届世界沙滩排球锦标赛也在西班牙举行。经过国际排联的不懈努力，1993年9月18日，国际奥林匹克委员会第101次会议确定了沙滩排球作为第二个排球比赛项目被列为1996年亚特兰大奥运会的正式比赛项目，沙滩排球进入奥运会比赛的梦想终于成为现实。

1996年和2000年，沙滩排球在奥运会上获得巨大成功，沙滩排球的国际影响力进一步加大。1996年，国际排联举办27站赛事，总奖金430万美元。世界沙滩排球系列赛事被国际排联用新的概念确定为三种不同级别的比赛：大满贯、世界锦标赛和挑战赛，使得国际排联官方赛事进一步健全。同时，国际排联为中等水平的运动员和主办者提供参加和举办较低水平比赛的机会，除了世界巡回赛、大满贯和公开赛外，还举办挑战赛、卫星赛和业余赛。同时，女子沙滩排球赛事和男子赛事一样受到国际排联的重视。国际排联举办的沙滩排球赛事和许多职业沙滩排球运动员都获得公司和企业的赞助，SPEEDO服装成为国际排联沙滩排球比赛服的赞助商，MIKASA成为国际排联沙滩比赛专用球提供商。2003年，SWATCH冠名世界沙滩排球巡回赛。2004年，NIKE公司为世界沙滩排球巡回赛提供运动装备，知名大公司介入世界沙滩排球比赛极大提高了沙滩排球比赛的知名度。沙滩排球在第27届和第28届奥运会中获得巨大的成功后，成为奥运会中广受关注的运动项目。随着沙滩排球运动商业化和职业化步伐的加快，沙滩排球运动在世界上的影响力也在日益增大。目前，沙滩排球运动，开展最普及、竞技水平最高的当属巴西和美国，澳大利亚、意大利和德国等国家近几年进步也很快。

（三）我国沙滩排球运动开展现状

我国沙滩排球起步较晚，普及程度较低。1987年7月，我国首次组队参加了沙滩排球国际邀请赛。在以后的几年里，我国先后在北戴河、深圳、海南、烟台等地举办了一些形式不同和水平不同的沙滩排球赛。1993年，中国派出男女各两名队员参加了亚洲排球联合会举办的沙滩排球巡回赛。这一系列活动使沙滩排球在我国逐步被人们所认识和喜爱，掀起了中国沙滩排球史上的一个高潮。

虽然我国沙滩排球的竞技水平与世界强队相比还存在着一定差距，但随着沙滩排球被列为奥运会正式比赛项目，中国排球协会正加强沙滩排球的普及和提高，我国竞技沙滩排球的发展速度也不断加快。1994年的广岛亚运会上，沙滩排球作为表演项目，中国男女队均获得了第5名。1994年，我国举办了首届全国沙滩排球巡回赛。1995年，上海举办了亚洲沙滩排球系列赛，中国派出4支队伍参赛。1997年，沙滩排球被列为第8届全国运动会正式比赛项目，共有32支队伍参加了预赛。1997年，中国首次派出4支沙滩排球队参加了世界女子沙滩排球巡回赛日本大阪站、韩国釜山站的比赛。1998年8月，国际排联女子沙滩排球巡回赛第一次在中国举行，第一站为大连，我国共派出了3支队伍参加比赛。

自2001年以来，我国已有20多个省市区及解放军开展沙滩排球项目。随着沙滩排球项目从室内排球中完全分离出来，我国已经建立起自成体系的运动员、教练员和裁判员队伍。我国沙滩排球运动员从1994年参加世界沙滩排球锦标赛以来，进步飞速，连创佳绩。尤其是女子选手多次获得世界沙滩排球巡回赛分站赛和总决赛冠军以及北京奥运会的亚军和季军。两队女选手世界排名升至世界第二、三位，在亚洲基本确立了“老大”的地位，标志着中国沙排女子队已经迈入了世界顶级强队的行列。男队也在不断发展壮大，虽然整体实力偏下，但从参赛情况看，也得到了长足的发展。2006年世界巡回赛波兰站比赛中，中国男子沙排选手徐林胤、吴鹏根发挥出色，夺得中国男子沙排史上首个世界巡回赛季军，取得了到目前为止的最好成绩。

二、沙滩排球的比赛方法和主要竞赛规则

（一）沙滩排球比赛场地、器材与设备

1. 比赛场地

沙滩排球比赛场地包括比赛场区和无障碍区。比赛场区为16 m×8 m的长方形，其四周至少有3 m宽的无障碍区。场地边线外和端线外的无障碍区至少宽5 m，最多6 m，比赛场地上空无障碍空间至少高12.50 m。比赛场地的地面是水平的沙滩，尽可能平坦划一，没有石块、壳类及其他可能造成运动员损伤的杂物和隐患。比赛场区上所有的界线宽为5 cm。界线带与沙滩的颜色必须有明显的差别，应该由抗腐蚀材料制成，露在地面的固定装置必须是柔软和有韧性的。

2. 球网

沙滩排球比赛的球网设在场地中央中心线的垂直上空，球网上下沿的全长各缝有双层帆布带。帆布带的颜色最好是深蓝色或颜色鲜明。高度为男子2.43 m，女子2.24 m。球网长8.50 m，宽1 m（±3 cm），网眼直径10 cm^2。球网上有两条宽5 cm（与场地界线同宽）、长1 m的彩色带子为标志带，分别系在球网的两端，垂直于边线。标志杆是有韧性的两根杆子，长1.80 m，直径10 mm，由玻璃纤维或类似材料制成。两根标志杆固定在每侧标志带的外沿，位于球网的不同侧面。

3. 网柱

在安装网柱时，除应符合规则外，更需安装牢固。两根网柱是高为2.55 m的光滑圆柱，最好可以升降，便于调节球网高度。网柱固定在两条边线外0.7~1 m的地方。国际排联比赛及正式的国际比赛，要求网柱固定在两条边线外1 m的地方。禁止用拉线固定网柱，其装置

必须无妨碍和危险，网柱必须用保护垫包裹起来。

4. 比赛用球

沙滩排球比赛所使用的球是圆形的，由柔软和不吸水的材料制成外壳（皮革、人造皮革或类似材料），以适合室外条件，即使在下雨时也能进行比赛。球内装橡胶或类似材料制成的球胆，合成皮革材料的认证应根据国际排联标准。球的颜色是浅色或彩色。球的圆周为66～68 cm，质量为260～280 g，气压为0.175～0.225 kg/cm^2（171～221 mb或hPa）。在一次比赛中所用的球，其圆周、质量、气压、型号、颜色等规格都必须是统一的标准。国际排联比赛及正式国际比赛必须是国际排联批准的球，特殊情况须经国际排联许可。国际排联正式比赛应采用三球制，设6名捡球员，在无障碍区的四个角落各一人，第一、二裁判后面各一人。

5. 其他附加设备

沙滩排球比赛是在户外进行的，经过长时间的太阳直射，场地沙子的温度会升高而烫脚，运动员、裁判员和工作人员大量出汗，容易脱水。因此，比赛场地附近应有水源，便于在比赛间隙向场地上洒水降温。记录台一侧、两边无障碍区应设置太阳伞、椅子，供运动员暂停、局间休息使用。比赛场内保证有饮水供应。

（二）沙滩排球比赛方法和主要规则

1. 比赛方法

沙滩排球比赛为每球得分制，胜两局的队为胜一场。

前两局：每局21分，赢得对手2分或2分以上的队伍为胜队，比分没有上限，当比分为20∶20时，比赛继续进行至某队领先2分（23∶21，24∶22，…）为止。

决胜局：如前两局出现1比1的局分，进行第三局比赛。第三局为15分，赢得对手2分或2分以上的队伍为该场比赛的胜队，比分没有上限，当比分为14∶14时，比赛继续进行直至某队领先对手2分（16∶14，17∶15，…）为止。

2. 主要规则

（1）一个队由两名队员组成。每队的两名队员必须始终在场上，没有换人。当发球队员击球时，除发球队员外，双方队员必须在本场区内，可随意站立，没有固定的位置，没有位置错误或轮转错误，但有发球次序错误。一局比赛每队首次发球时，记录员必须正确指示发球次序，并纠正错误的发球队员，提示发球次序。比赛中，提示员应展示发球队员1号或2号的号码牌，指明该队的发球次序。记录员发现发球次序错误，应在发球击球后立即通知裁判员。

（2）每队最多可击球三次，拦网触手也计为一次击球，第三次必须将球从球网上空击回至对方场区。

(3) 队员不得用手指吊球的动作来完成进攻性击球，但允许用手指戳或指关节击球。

(4) 队员用上手传球完成进攻性击球时，传球轨迹不垂直于双肩连线，即犯规。

(5) 用上手传球防守重扣球时，允许球在手中有短暂的停滞。当双方队员网上同时触球时可以“持球”。

(6) 在不妨碍对方比赛的情况下，允许队员穿入对方空间、场区和无障碍区。

(7) 任何队员在本场区空间都可以对任何高度的球进行进攻性击球，但触球时必须在本方场区空间。

(8) 每局每队最多可请求1次暂停，请求暂停必须在比赛中止后、裁判长鸣哨允许发球前，并使用相应的手势。每次暂停时间为30 s。既可单独使用，也可连续使用。正常的比赛间断只有队长才可以提出请求。国际排联比赛及正式国际比赛中，在第一局和第二局，每当双方比分之和为21分时，有一次30 s的技术暂停。

(9) 在任何方式的比赛中，每当比赛双方比分累积达7分（第一、二局）、5分（第三局）或7分、5分的倍数时，双方交换场地。交换场地时，两队必须立即进行，不得延误，若未及时交换场地，则在发现错误时立即交换。交换场区时比分保持不变。

(10) 三局两胜制比赛时，所有局间休息时间均为1分钟。

(11) 第一局比赛抽签的失利者，在第二局开始时有权先进行选择。如进行第三局比赛时，则重新抽签。

(12) 每场比赛中，每名运动员只有一次受伤暂停；队员在比赛过程中受伤，可给予5 min的恢复时间，队员5 min内没有恢复，则宣布该队为阵容不完整。

(13) 每场比赛中，对运动队的判罚不累积计算，但每局比赛中累积计算。每局开始时，重新计算该局的判罚次数。

第二节 气排球

一、气排球的发展概况

气排球是我国土生土长的一项集运动、休闲、娱乐为一体的群众性体育项目。气排球相对于室内6人制排球运动而言，技巧性要求降低，比赛中球的飞行速度减慢，来回球的次数增加，击球花样增多，初学者对球的恐惧感消失，因而大大提高了气排球比赛的趣味性、吸引力和可观赏性。这些特点尤其适合老年人健身需要和少年儿童活动的需要。

1984年，呼和浩特铁路局济宁分局为了开展老年人体育活动，在没有规则限制的情况下，组织离退休职工用气球在排球场上进行活动。由于气球过轻且易爆，他们将两个气球套在一起打，最后改用儿童软塑球。随后又参照6人排球规则制定了简单的比赛规则，并将这种活动形式取名为“气排球”。1991年，北京举行的全国铁路老年体育工作会议决定在全路老年人中推广气排球。火车头老年体协依据排球规则，编写了第一本《气排球竞赛规则》，并在上海特制了比赛用的气排球。1992年3月，石家庄举办了第一期全路气排球学习班。同年4月，全国老年人体协秘书长会议在北京召开，呼和浩特铁路集宁分局的老年气排球队为大会做了示范表演，受到参会者的一致好评。同年11月，武汉举行了首届全路老年人气排球比赛，共有7支男队和6支女队参赛。1993年3月，火车头老年人气排球协会在北京正式成立。同年7月，全路第2届老年人气排球赛分别在齐齐哈尔和锦州举行。从此，一年一届的老年气排球赛在全路带领下逐步形成。1995年5月16日，天津世乒赛期间，国际奥委会主席萨马兰奇在国家体委、体育总局等领导的陪同下，到北京铁路局和铁道科学研究院观看了老年人气排球比赛表演，并给予了高度评价。

在几十年的发展过程中，气排球运动技术与战术不断得到提高和完善。在运动中，为适应比赛的要求，各地产生了不同的气排球运动竞赛规则。2004年，中国老年人体育协会在浙江丽水市举行了第一届全国老年人气排球比赛，随后在各省市行业已有的规则基础上，于2005年7月制定了全国统一的《老年气排球竞赛规则》，并在全国中老年气排球比赛中施行，弥补了规则在统一性、规范性和全面性方面的缺陷。2013年，中国排球协会提出对规则进行修改，并制定了《气排球竞赛规则》，在全国气排球比赛中施行。气排球运动是我国首创的项目，这项集健身性、娱乐性、竞技性和观赏性为一体的运动，历经 30 多年的发展，在技战术、竞赛规则、竞赛开展以及科研等方面都得到了较大的发展并逐渐得到完善。2017年，气排球成为中华人民共和国第13届运动会群众体育比赛项目。

二、气排球的比赛方法和主要竞赛规则

（一）气排球的比赛场地、器材与设备

1. 比赛场地

（1）比赛场地长12 m、宽6 m，四周至少有2~3 m的无障碍区，并且在比赛场地上空，从地面量起至少有7 m的无障碍空间。

（2）场地所有的界线宽为5 cm。界线的颜色须区别于地面颜色。边线和端线的宽度包括在比赛场地以内。

（3）发球区短线。端线后两条边线的延长线上各画一条长 15 cm，垂直并距离端线

20 cm的短线，两条短线（包括短线宽度）之间的区域为发球区，发球区深度延至无障碍区的终端。

2. 球网与网柱

（1）球网架设在垂直地面中线上空。球网为黑色，长7 m，宽0.8 m，网孔为8 cm见方。网的上沿缝有5 cm宽的双层白色帆布，中间用柔软的钢丝绳穿过，网的下沿用绳索穿起，上下沿拉紧并固定在网柱上。球网的两端各系一条宽5 cm、长0.8 m的标志带，垂直于边线。在两条标志带外沿、球网的不同侧面，分别设置长1.80 m，直径1 cm的标志杆，高出球网1 m。标志杆每10 cm涂有红白相间的颜色。

（2）球网高度。男子球网高度2.1 m、女子球网高度1.9 m。球网高度用量尺从场地中间丈量。球网两端离地面必须相等，不得超过规定高度2 cm。

（二）比赛方法和主要规则

1. 比赛方法

实行每球得分制。不论发球队或接发球队，胜一球时即得1分。

胜一局：第 1、2 局先得 21 分同时超过对方 2 分为胜一局，当比分 20∶20 时，比赛继续进行至某队领先两分（22∶20, 23∶21, …）为胜一局。决胜局，先得 15 分同时超过对方 2 分的队获胜，当比分 14∶14 时，比赛继续进行至某队领先两分（16∶14, 17∶15, …） 为胜一局。决胜局 8 分时双方队员交换场地进行比赛，比赛按照交换时的阵容继续进行。

胜一场：比赛采用三局两胜制，胜两局的队为胜一场。如果 1∶1 平局，进行决胜局（第三局）的比赛。

2. 主要规则

（1）一个队由 10 人组成，其中有 1名领队，1 名教练员，8 名运动员；领队、教练员可兼运动员。

（2）教练员和队员应遵守规则，并尊重裁判、尊重对手、尊重观众，服从裁判的判决，不允许争辩。教练员和队长对全队成员的行为和赛风赛纪负责。如有疑问只有场上队长可向裁判员请求解释，教练员不得对判定提出异议或要求解释。教练员和队员必须尊重裁判和对方队员。不得以任何行为影响裁判员的判断。不得以任何行动和表现去拖延死球时间或被认为有意延误比赛。

（3）第一局和第三局（决胜局）比赛前，由第一裁判员召集双方队长抽签选择场区或发球权。第一局与第二局间休息2 min，第二局与第三局间休息3 min。决胜局中某队获得 8 分时，两队交换场区，不休息，队员在原来的位置继续比赛。

（4）双方队员各分为前排三名，后排二名。前排左边为4号位，中间为3号位；右边为2号位，后排左边为5号位，右边为1号位。每局比赛开始，场上队员必须按位置表排定的次序站位，在该局中不得调换。

（5）每局比赛中，每个队可请求两次暂停，每次暂停时间为30秒。在比赛死球时，裁判员鸣哨发球前，教练员或场上队长用正式手势，请求换人或暂停。

（6）每局比赛中，每队最多请求 4 人次（四人制）或 5 人次（五人制）换人，所换队员不受位置限制。

（7）每队最多击球三次,无论是主动击球或被动触及，均作为该队的一次击球。一名队员不得连续击球两次，同队的两名（或三名）队员同时触到球时，被记为两次（或三次）击球（拦网除外）。如果只有其中一名队员触球，则只记一次。

（8）队员的身体任何部位都允许触球。击球时（包括第一、二、三次击球），允许身体不同部位在一个动作中连续触球。两名不同队的队员在网上同时触球，比赛继续进行，获球一方可再次击球三次。如果该球落在某方场区之外，判对方击球出界。

（9）发球时，球被抛起或持球手撤离后，必须在球落地前，用一只手或手臂将球击出。发球队员在发球击球时，不得踏及端线和发球区以外地面。跳发球起跳时，脚不得踏及或超越跳发球限制线。起跳空中击球后，脚可以落在任何位置。发球队员必须在第一裁判员鸣响发球后8秒钟内将球发出。发球队员将球抛起，未触及发球队员而落地，允许再次发球，时间连续计算在 8 秒钟内。

（10）球的整体必须通过球网上空的过网区进入对方场区。过网区是球网垂直面，其范围：上至天花板，下至球网上沿，两侧至标志杆及其延长线。

（11）队员的一只（两只）脚部分越过中线触及对方场区的同时，其余部分接触中线或置于中线上空是允许的，不判为犯规。队员除脚外，身体其他部位触及对方场区为犯规。比赛中断后队员可以进入对方场区。在不干扰对方比赛的情况下，队员可以穿越进入对方的无障碍区，但不得击球。队员触网即犯规，比赛过程中在任何情况下都不得触网。

（12）进攻线后（后场区），队员可以对任何高度的球完成进攻性击球，但击球起跳时脚不得踏及或越过进攻线；队员可以在进攻线前（前场区）完成进攻性击球，但球的飞行轨迹必须高于击球点，有明显向上的弧度过网进入对方场区；接发球队队员不能对在本场区内高于球网上沿的对方发球完成进攻性击球。

（13）拦网是队员靠近球网，在高于球网处阻挡对方来球的行为，与触球点是否高于球网无关，只有前排队员可以完成拦网。触及球的拦网行动被认为完成拦网。允许拦网队员的手过网拦网，但不得干扰对方击球。过网拦网的触球必须在对方进攻性击球之后，在对方进攻性击球同时或之前拦网触球均为犯规。当球飞向过网而尚未过网，有同队队员准备击该球时，不能过网完成拦网。两名或三名队员彼此靠近进行拦网为集体拦网。其中一人触球则完成拦网。在一个动作中，球可以迅速而连续触及一名或更多的拦网队员。拦网的触球不算作球队三次击球中的一次击球。拦网后可以由任何一名队员进行第一次击球，包括拦网时已经触球的队员。

第三节 9人制排球

一、9人制排球发展简况

排球运动传入亚洲初期，由于当时亚洲各国室内运动场馆远不如欧美普遍，室内排球运动的开展受到了很大的制约。来自亚洲的基督教青年会的体育干事们因地制宜，传授了在室外开展的16人制排球。亚洲前三届远东运动会排球比赛都采用的是16人制比赛。1919年第3届远东运动会后，比赛规则有了较大的修改，将16人制改为12人制，场地由90 ft×45 ft（约27 m×14 m）缩小为80 ft×40 ft（约24 m×12 m）。1921年第5届远东运动会在上海举行，因上场人数过多，技术不精，参赛者缺乏兴趣而改为12人制。1927年第8届时，采纳了日本队代表的提案，改为9人制，并沿用到20世纪50年代。从 50 年代初开始推行6人制排球，并制定了 6 人制竞赛规则，其主办的世界锦标赛等已全部按6人制进行，但1955年的亚洲锦标赛和1958年的第3届亚运会男子组比赛除6人制外，仍保留9人制，且参赛队数后者多于前者。直到1966年在泰国曼谷举行的第5届亚运会，9人制比赛才正式被6人制排球比赛所替代。

我国从1951年起为了适应国际比赛的需要，正式推广和采用6人制排球运动的技术和比赛规则，但因9人制排球1927—1951年在我国流行了24年之久，有着广泛的群众基础。我国的一些沿海地区，特别一些“排球之乡”，如广东台山，仍然有不少爱好者参加9人制排球活动。9人制排球运动不仅在排球运动发展历程中起到承上启下作用，充分体现了自己的价值，而且在促进中国群众体育事业中也起到一定的作用，同时中国排球的发展也在中国体育运动的发展中得到了一定的提升。

二、9人制排球的比赛方法与主要竞赛规则

（一）比赛场地、器材和设备

9人制排球比赛是双方各上场9名队员，在一个长22 m、宽11 m（女子九人制排球比赛场地长18 m、宽9 m）的场地上进行的集体攻防对抗。球网高度男子2.30 m，女子2.10 m，比赛场区内无中线和进攻线。

（二）比赛方法和主要竞赛规则

1. 比赛方法

正式比赛采用五局三胜制，比赛采用每球得分制，以某队先得21分并领先对方2分（如21∶19，24∶22）为获胜，无最高分限制。9人制排球比赛的突出特点是队员在比赛中场上位置不轮转，因此对参加者技术的全面性要求不高，更多的是要求参加者具有技术特长。

2. 主要规则

（1）比赛场上位置不轮转，不分前后排，无位置错误，只按事先排定的发球顺序依次发球。任何队员都可以在任何高度进行进攻性击球和拦网。

（2）任何队员2次机会，第一次发球失误，还可以再发球。

（3）持球和连击尺度放宽，但不鼓励捞、捧、携带球等动作。

本篇小结

本篇从理论视角阐述了排球运动的演进史、排球运动发展简史以及排球运动的衍生类型，介绍了排球运动的起源、传播及其共性，世界排球运动和中国排球运动的发展历程、不同发展阶段的技战术特征和驱动因素及现代排球运动的发展趋势等。介绍了现代排球运动的概念、特点、比赛方法和功能，以及现代排球运动衍生的其他类型，如沙滩排球运动、气排球、四人制排球等其他排球运动形式的发展概况、比赛方法和主要竞赛规则。

回顾与练习

1.现代排球运动的概念、比赛方法和特点是什么？

2.简述世界排球运动的发展阶段以及驱动因素。

3.论述排球运动在我国发展的历程以及我国对世界排球运动发展作出的贡献。

4.现代排球运动发展的趋势是什么？

参考文献

[1] 刘江，魏琳洁.高科技的运用对排球比赛裁判员裁判方法的影响[J].体育学刊，2016，23（5）：136-139.

[2] 钟秉枢，郑晓鸿，邢晓燕，等.“十三五”我国足球、篮球、排球发展研究[J].上海体育学院学报，2016，40（2）：7-12.

[3] 许瑞勋.排球运动文化导论[M].北京：人民体育出版社，2014.

[4] 黄汉升.球类运动:排球[M].3版.北京:高等教育出版社,2015.
[5] 赵子建.排球[M].北京:化学工业出版社,2012.
[6] 吴国正,董雪芬.排球[M].北京:北京体育大学出版社,2009.
[7] 侯玉鹭.排球[M].广州:华南理工大学出版社,2009.
[8] 里泽,巴尔.运动医学与科学手册:排球[M].葛春林,等译.北京:人民体育出版社,2006.
[9] 葛春林.最新排球训练理论与实践[M].北京:北京体育大学出版社,2003.
[10] 陈小蓉.排球[M].北京:高等教育出版社,2007.
[11] 虞重干.排球运动教程[M].北京:人民体育出版社,2009.
[12] 全国体育院校教材委员会.排球运动[M].北京:人民体育出版社,1999.
[13] 吴中量,李安格.球类运动:排球[M].北京:高等教育出版社,1997.
[14] 黄辅周,等.排球运动科学探蹊[M].北京:北京体育大学出版社,1996.
[15] 李安格,黄辅周.现代排球[M].北京:人民体育出版社,1995.
[16] 国家体委体育文史工作委员会,中国排球协会.中国排球运动史[M].武汉:武汉出版社,1994.

第二篇

排球运动技术论

排球运动是一项对抗性和集体性比较强的运动，要在比赛中得心应手、运用自如地发挥技战术水平和能力，就必须全面、熟练地掌握各项基本技术。排球运动各项技术都有得分和失分的两重性，因此，学习排球运动技术必须贯彻全面、熟练、准确和实用的技术指导思想。排球运动的各项技术对身体都有锻炼的价值，练习技术能发展人的各项身体素质；发球、扣球等技术能给人以力量、健美、阳光健康向上的美感；高难度的防守动作能给人带来视觉享受。本篇主要阐述了排球运动技术的基本理论，分析了准备姿势与移动、传球、垫球、发球、扣球、拦网等基本技术动作，使学生循着学习地图，达到教学目标和完成学习任务。

学习目标

了解排球运动各项技术的概念、基本原理、指导思想与发展趋势；熟练掌握各项基本技术的动作方法；能熟练地在教学和训练中讲解、示范各项基本技术；在比赛中有综合运用各项基本技术的实战能力。

学习任务

掌握排球运动各项基本技术的动作概念、发展趋势和基本理论；熟练掌握各项基本技术的动作方法；在比赛中运用各项基本技术的能力。

学习地图

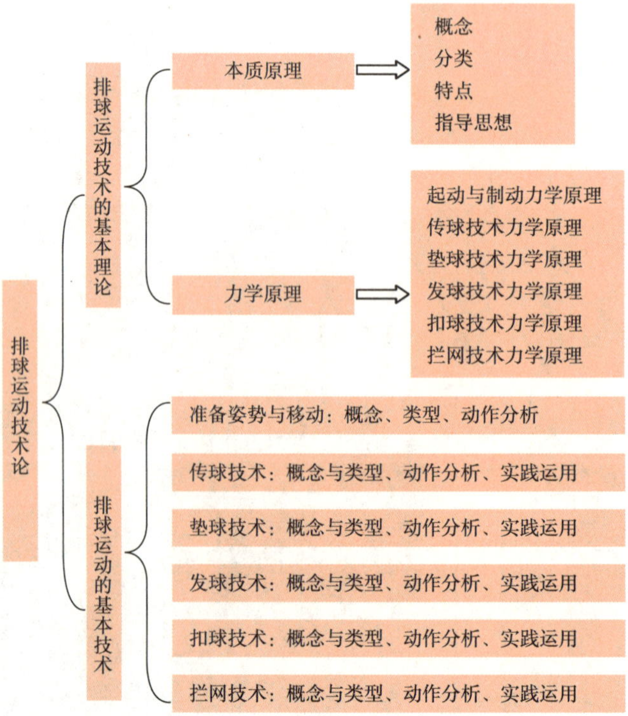

第四章 排球运动技术的基本理论

第一节 排球运动技术的本质原理

排球运动技术的本质原理就是有关排球运动技术本身所固有的根本属性的理论，即排球运动技术的概念、分类、特点等属性的理论。它是我们研究排球运动技术发展规律的根本与基石。

一、排球运动技术的概念

排球运动技术是指在排球规则允许的条件下，运动员采用的各种合理的击球动作和其他配合动作的方法总称。它是排球运动的基础和重要组成部分，并且每一种排球运动技术都是由击球前动作、击球动作和击球后动作方法组成的。从广义上讲，除了身体某一部位击球时的动作外，都称为无球技术（即配合动作方法）。但从狭义上讲，只把准备姿势、移动方法等称作无球技术，而把击球动作前后较连续的动作方法也称为有球技术，如扣球技术中的助跑、起跳等。

二、排球运动技术的分类

排球运动技术按照是否触球状态一般分为有球技术和无球技术两类，传球、垫球、发球、扣球、拦网等技术称为有球技术；而各种准备姿势、移动以及各种掩护动作方法称为无球技术。排球运动技术按照肢体部位运用形式一般分为手法和步法两部分，同时与视野活动、躯干活动和意识活动相配合融合为一体。手法是指击球时手指、手腕、手臂用力和控制球的动作方法；步法是指快速灵活的脚步移动、助跑和起跳的动作方法。

三、排球运动技术的特点

随着排球运动的发展以及竞赛规则的不断变化，排球运动具有自身的技术特点。其主要表现在以下几个方面：第一，完成各种技术动作的时间短促；第二，各种技术动作都是球在空中飞行时完成；第三，大多数技术具有攻防两重性，如拦网、传球、垫球等；第四，身体各部位都能触球。

随着世界排球运动技术水平的迅猛发展和竞赛规则的不断修改完善，运动员体能和技能的不断提高，世界各个国家的男女排球队在发挥各自特长和优势的同时，积极借鉴、改造、创新技术战术，不断完善各自的独特风格和打法，尤其在发球、垫球、传球、扣球、拦网等技术方面都表现出了很高的水准，并呈现出以下的发展趋势：

一是传球技术娴熟、动作隐蔽、分球合理、传速快；

二是垫球技术多样、合理、实用；

三是发球技术趋于高点、力大、速度快、弧度平、落点刁；

四是扣球技术体现全、高、快、狠、变；

五是拦球技术高度化、滞空化、手型合理化。

四、我国排球运动技术的指导思想

技战术指导思想，或称训练指导思想，是一个队在训练和比赛中的理论原则与行动指南，是高水平队伍必不可少的取胜因素。正确的指导思想来源于运动训练与比赛实践，又反过来指导训练与比赛实践，并在实践中不断丰富与发展。随着排球运动规则的不断创新与实施，人们在研究和探讨其对排球技战术影响的同时，更关注直接关系到技战术训练的指导思想。先进的指导思想，应该符合排球运动发展的规律，适应其发展趋势，并反映本民族的特点。当前，世界排坛劲旅都有自己的一套技术战术指导思想，并在此基础上形成各自不同的打法。

我国排球运动技术的指导思想概括为八个字：全面、熟练、准确、实用。

全面：就是要求每个队员全面地掌握各种技术，做到能攻能守，能扣能拦，能高能快，能垫能传，在各个位置上都能胜任，各种技术动作都掌握；并在全面的基础上有特点、有特长，从全队整体上来说就要掌握各种战术变化。

熟练：指完成技术动作娴熟，达到自动化程度，动作轻松省力，基本功扎实，成功率高，在紧张、激烈的比赛中能稳定地发挥出自己的水平。

准确：指技术合理，动作规范，控制球的能力强，准确性高，并符合战术要求。

实用：指运动员的比赛意识强，技术动作简练，适应球的能力强，运用效果好，讲求质量和实效。

第二节 排球运动技术的力学原理

排球运动各种技术动作中都包含着力学问题。认真研究排球技术中影响人体运动的起动、制动、起跳、挥臂等技术动作的力学原理及影响球飞行的影响因素，有利于找出排球运动技术动作的关键和难点，有利于学习者正确领会动作要领，提高掌握、运用技术的能力。

一、起动和制动技术动作中的力学因素

（一）稳定角

人体重心与地面的垂线和人体重心与支撑面边缘连线所形成的角称为稳定角。稳定角越大，越平衡稳定；反之，平衡性和稳定性越小。排球运动员在场上的平衡、稳定与支撑面大小、重心高低、稳定角大小三个因素有密切关系。运动员在场上不是静止不动的，而是随着场上的变化，随时采用各种形式作出快速的起动，然后变动步法及制动起跳等动作。例如，后排防守准备姿势多用于接发球、拦网和各种传球。因此要求运动员在场上保持基本的站立姿势是“两脚左右开立，稍比肩宽，两膝微屈，上体稍前倾，两臂放松，自然弯曲，双手置于腹前”。

（二）蹬地角

人体蹬地作用力与地面的夹角称为蹬地角。在支撑反作用力一定的条件下，蹬地角越小，支撑反作用力的水平分力越大，即起动时的速度越快，初速度越大。例如，防守时为了提高向前的速度，除增加蹬地的作用力外，适当缩小蹬地角，有利于获得最大的速度。

(三)起动

起动是队员在球场上由静止状态变为运动状态的一种脚步动作。起动是移动的开始，起动的快慢是移动的关键。在进攻中，突然快速的起动是加快进攻节奏、提高进攻效果的有效手段；防守时，迅速的起动是保持或抢占有利位置、防起对手进攻的首要环节。据统计，在防守中，向前和向侧前方的移动最多。因此，身体重心的投影点应落在两脚支撑面的前部或适当超出支撑面，这样更有利于加快向前移动的起动速度。排球比赛中要求运动员要起动快、移动快。要完成这项技术动作必须符合以下几个原理：

(1)起动的力学原理是破坏原有的身体平衡。人体向前抬腿使身体失去平衡而向前倾，起到移动的目的，加之收腹，上体前倾，有利于身体重心前移，从而使后蹬角度减小，增大了后蹬的水平分力，达到加速起动的目的。

(2)在起动方向上的稳定角要小。如向前启动时，上体迅速向前倾斜，或提起一只脚，使身体重心垂线远离支撑点。运动员做起动准备姿势时，前稳定角要接近于零度。稳定角的大小，与支撑面成正比，与重心的高低成反比。

(3)支撑反作用力要大。支撑作用力是队员蹬地的反作用力，运动员的蹬地力量越大，静止惯性的动力也就越大。启动时的主要用力在于蹬地腿的肌肉爆发式的收缩的速度和力量。蹬地腿预先拉长的肌肉爆发力越大，起动速度就越快。

(4)蹬地角要小。在支撑反作用力一定的情况下，蹬地角的大小，决定这个水平分力的大小。重心前移，蹬地角减小，蹬地的水平分力增加。所以，启动时应采用较小的蹬地角，以获得较大的支撑反作用力的水平分力。为了使身体重心迅速前移，有时还可以在抬腿之前，后腿适当向后垫一步，起到减小蹬地角，增大水平分力的作用，如向左移动，则抬左腿，身体向左移动并倾斜，右脚蹬地起动。

蹬地角的支撑反作用力是互为影响的。当蹬地角发生变化时，人体的发力条件也发生改变。如果蹬地角过小，蹬地力也会减小，支撑作用力也随之减小，其水平分力也会减小。此时起动的加速度会受到影响，因此应选择适合的蹬地角。一般腿部力量强的队员，其蹬地角可小一些；腿部力量弱的队员，其蹬地角可适当大一些，以使身体在短时间内获得最大的加速度，但其前提是掌握好适宜的重心倾斜角度，爆发力才能具备有效的水平分力。

(四)制动

人体从运动到静止的过程叫制动。制动与起动是完全相反的过程。制动时，最后跨出一大步，跨出脚蹬地，从而获得一个地面对人体支撑反作用力，其与重力形成合力的方向与人体运动方向相反，从而使身体移动速度减慢，直到停止。影响制动快慢的因素有两个：

(1)支撑反作用力的大小。支撑反作用力越大，制动越快。

(2)支撑反作用力与地面夹角的大小。夹角越小，制动越快。

二、传球技术动作的力学分析

传球技术动作的作用力顺序是蹬地、伸膝、伸腰、伸臂、伸肘、抖腕、弹指的屈伸，以及触及来球的反弹力等，将球传出。最重要的是伸臂和手腕、手指的紧张用力，球压在手指上产生的反弹力将球传出。传球时要根据来球的速度、弧度、力量，而适当控制手臂、手指和手腕的紧张程度，加强或缓冲出球速度，控制好传球的弧度和距离，提高准确性。研究表明，击球瞬间，手触球至离手时间一般为0.075 s左右，但传球手型的拇指形状不同，其时间略有差异，“一字”型为0.073 4 s，“朝前”型为0.077 5 s。在传球瞬间怎样控制球速和力量及准确性方面，除上述要求外，手臂、手腕、手指对球的本体感觉和进行精确而巧妙的微调，也是传好球的关键。

根据传出球的弧度、距离的不同，全身协调用力击球的技术规格，也有所差别，如传远距离和调整传球时，主要由踝关节和膝关节的伸展蹬地所产生的作用力来增加传球力量，即下肢用力较多。从生理学的角度分析，肌肉收缩时产生的力量与收缩前的初长度有关。若在收缩时肌肉适当被拉长，其收缩时产生的力量更大，因而获得一个加速度。传平拉开、背传、变向传球时，依靠腰腹力量展体送髋，转体动作使用较多。

从运动学角度分析，传球出手是一个匀速运动，它应遵循牛顿第二定律的运动规律，物体在力的作用下，产生加速度，球的质量是个常数，因而加速度的大小取决于作用力的大小。因此，传球手法和全身的协调用力是传球中不可忽视的重要环节，它关系到出球的速度，可增加出球点，扩大出球面，提高传球的灵活性，从而提高传球的质量。

传球主要是依靠蹬地、展体、伸臂的全身协调动作所形成的推力和手指、手腕的击球力量，构成一个合力作用于球体，而缓冲技术的关键是手指、手腕控制球的能力，它是衡量优秀二传手技术水平的高级技巧的重要标志。

三、垫球技术动作的力学分析

（一）手臂角度对垫击球的影响

手臂垫击平面与地面夹角的大小直接影响着击球的效果。夹角大，垫击球弧度低，夹角小，垫击球弧度高。若来球不旋转，可利用入射角与反向角的原理击球；来球弧度高、球体由上向下落时，手臂与地面所形成的夹角应小；来球弧度平低，则手臂角度应大，使来球以适当弧度反弹飞向目标。若来球旋转、碰击手臂时，除球给手臂一个作用力和手臂给球一个反作用力外，球的旋转力也作用于手臂，而手臂也要给球的旋转一个大小相等、方向相反的反作用力，这样球触手后反弹方向为反弹力和旋转反作用力的合力方向。因此，垫球时手臂垫击平面与地面夹角的大小有关。手臂与地面夹角大，垫球时弧度平；手臂与地面夹角小，垫球弧度较高。总之，手臂角度对控制垫球的方向、弧度和落点的影响较大。

（二）垫球技术中对反弹力的控制

在比赛中，常常可以看到虽然手臂垫击的角度很好，但由于没有控制好球的反弹力量而垫不到位或垫过网。其主要原因是没能根据来球力量，掌握和调整好手臂垫击球的力量和垫球时的缓冲动作。一般情况下，球体在与固定的垫击面碰撞后，反弹的速度将小于碰撞前的速度。但当来球的力量大、垫球的距离短时，则必须采用相应的缓冲动作，避免因反弹力过大而使球飞越过网的现象。反之，如果来球力量小，要求垫球的距离又远时，则应加大抬臂迎击球的力量，才能将球送到位。这是因为来球力量相等的条件下，当球碰撞手臂时，球体形变的大小和形变速度的快慢与手臂主动迎击球的力量成正比。如果手臂迎击球的动作速度快、撞击球的力量大，则缩短球与手臂的接触时间，球体的形变大、速度快，反弹力也就大；若手臂迎击球的动作慢、速度均匀、力量小，并伴随着一定的缓冲动作时，则将能延长球与手臂的接触时间，球体的形变小、速度慢，反弹力就小。因此，垫球中要想得到理想的反弹速度和控制好垫出球的落点，必须根据来球的力量，运用适当的缓冲动作和掌握好击球的力量，才能将球准确地垫向目标。

四、发球技术的力学分析

（一）加速与缓冲

排球运动中的各种击球动作按用力特点来分，有加速和缓冲两种。扣球、发球、拦网、垫球、传轻球等基本上属于加速动作；垫重球、传重球等基本属于缓冲动作。

无论是加速动作，还是缓冲动作，都是根据运动员的具体情况进行调整作用力的大小及其作用力时间的长短。根据动量定理，$F\Delta t=mv_2-mv_1$，物体动量改变的大小是内力和外力作用时间的乘积决定的。由于规则的限制，击球时力的作用时间的变化不明显，而主要通过作用力的变化来使球体获得不同程度的动量变化。在完成发球动作时，手（或手臂）的运动方向与球体原来运动的方向相反，二者呈相向运动。球体受到很大的作用力，使冲量的值大大增加，从而使球体的动量变化很大，球出手的速度加快。

（二）角度

球的飞行轨迹受开始飞行时的角度影响，如发球时，假设用同等力量击球，作用力与水平线所形成的仰角大小不同，球飞行的抛物线和落点也不相同。当球飞行的始点和落点在同一水平线时，仰角为45° 时，球的落点最远，大于或小于45° 时，球的落点都较近。当球的初速度方向一定时，初速度越大，球的落点也就越远。

（三）作用力

在击球角度固定的情况下，球飞行抛物线受击球时作用力大小的影响。作用力大，球的落点远，作用力小，球的落点近，如发球时仰角固定，击球用力越大，球飞得越远。

（四）旋转

旋转球是由于球体表面并非绝对光滑，击球动作产生的作用力在作用到球体时，未通过球的重心，使球在飞行过程中发生偏离。球旋转时，空气黏滞性和摩擦力的作用，球体外部一定区域内可产生与球体旋转方向一致的空气环流，越靠近球体表面，空气环流的旋转速度与球体的旋转速度相差越小。球如此旋转向前运动，在球体环流与空气流线相互作用的影响下，球体将以曲线的运行轨迹向前飞行，即马格努斯效应。它的力学依据是流体力学的柏努利定律。当旋转着的球体向前运行时，空气流与球流相互作用，使流线分布产生变化，与球体环流方向一致的空气流线速度快，球体一侧的压力降低，形成低压区；球体另一侧的空气流线方向与球体环流方向相反，流线速度慢，这侧压力升高，形成高压区。在球体向前运行中，球体两边压力差的结果是球体受到合力作用，使球逐渐偏离直线运动路线，变成为曲线飞行。

假如用同样的角度、同等力量击球，球飞行的路线还受到球体本身旋转的影响。旋转有上旋、下旋、左侧旋和右侧旋，各种旋转都会影响球的飞行轨迹。在排球运动比赛中，运用旋转的原理指导具体实践，对提高排球运动技术有很大的促进作用。例如，发球时，使作用力通过球体的上半部，利用手和球皮的摩擦，加之手腕的推压作用，可发出上旋球。同理，作用力通过球体的下半部就可以发出下旋球，作用力通过球体的左半部，就可以发出左侧旋球，作用力通过球体的右半部，就可以发出右侧旋球。其原因是球体表面与周围空气的相互作用导致球的飞行轨迹发生变化，产生各种偏离原来方向的曲线运动。

（五）飘球

关于飘球成因，目前尚无定论，还有待进一步深入研究、探索。国内外进行了大量的理论分析，介绍如下。

（1）当作用力通过球体重心，球将不旋转向前飞行。由于没有旋转轴，其物体的飞行轨迹是不稳定的，因此球体会摇摇晃晃地前进。

（2）球体的振动，可以使球体变形。球体的变形与击球时球体所受到的单位面积的压力有关。球体振动时一侧凸起，一侧凹陷，并不断地振动变形。凸起的一侧和凹陷的一侧，空气的流速不同，球体两侧空气流速又不断发生变化，这样球体两侧不断地产生不同的压强差，使球的飞行路线随着球体振动的变形而随时改变，从而产生飘晃。

（3）不旋转的球，因受空气阻力影响，速度逐渐减慢，到飞行5～10 m/s时，球就会遇到近两倍的强大压力。因此，球会突然失速，改变飞行路线。

(4) 当不旋转的球飞行时，球体后面的空气稀薄，压力迅速降低。因此，压力大的气流就向压力小的地方压缩，在球的后面形成许多旋涡，旋涡越大，对球产生的阻力就越大。它能阻止和干扰球的飞行，造成球体在空中飞行时出现摇晃现象。

(5) 球体表面黏合线与空气的流动方向顺逆不一，引起空气对流速的变化，而造成阻力差，改变了球的正常轨迹。

(6) 经过试验，在确保球在飞行中不转动的情况下，击球的同一部位，给同样的力，向同一方向发出球，球嘴向上，过网点高，球易出界；球嘴向下，过网点低，球不易过网；球嘴向左，球过网后向左偏；球嘴向右，球过网后向右偏。

此外，影响飘晃的因素还有球体自身的质量、球的形状、球内的气压和球的外皮质量等。从现象上看，飘球的运动轨迹类似周期摆动，或是以突然失速下掉的方式运动，而不是沿抛物线轨迹运动；从发球技术上分析，发飘球时，要使作用力通过球体的中部，使球不发生旋转。击球时手和球接触面要小，发力突然、短促，手腕击球的时间要短。因此，关于飘球的原理分析，随着现代科学技术的理论与方法应用到排球科研领域中来，必将会揭开长期以来的对该原理研究的“奥秘”。

五、扣球技术动作的力学分析

扣球技术包括准备姿势、助跑、起跳、空中击球和落地，其中空中击球动作是扣球技术动作结构中的关键环节，它直接影响着扣球的质量和效果。以下着重讨论起跳和空中击球的技术动作的生物力学原理。

(一) 制动和起跳

制约人体从运动状态恢复到静止状态的整个过程称为制动。制动与起动是完全相反的过程。制动时是最后跨出一大步，跨出脚支撑地面，地面对人体产生支撑反作用力，这时支撑反作用水平分力与原重心移动的方向相反，从而使重心移动速度减慢，直至停下。制动时，支撑反作力越大，即人体向前的蹬地力越大，减速越快。在支撑反作用力相同的情况下，身体重心越低，蹬地角越小，越容易制动。重心下降、蹬地角减小、上体后倾等都可起到制动作用。在现代排球比赛中，若要控制球的方向、路线和落点，就必须在快速移动之后，击球之前做制动动作，才能顺利地完成击球动作。

起跳是指排球技术中的各种跳跃动作，跳跃动作是利用下肢猛烈地蹬地而产生地面对人体的支撑作用力，及上体和手臂向上做加速动作而引起的向下的惯性力，通过支点作用于地面而产生的支撑反作用力。这些支撑反作用力和重力的合力产生了使人体向上的加速度，推动人体跳离地面。下肢各关节肌群的蹬地爆发力越大，地面产生反作用力也越大，身体重心离开地面的加速度也越大，跳离地面就越高。上体和手臂的加速度越快，地面的支撑反作用力也越大，跳离地面的速度也越快。

原地起跳时，蹬地速度越快，起跳越高，使人体跳离地面的合力F是支撑反作用力R和重力w的差，即$F=R-w$。

助跑起跳时，主要借助身体重心向前移动的速度，发挥上体和手臂向上的加速作用，通过制动增加踏跳时给地面的作用力，从而增加了支撑反作用力。因此，在助跑起跳的发力中，双腿给地面以向前下方的作用力，从而获得向上方的支撑反作用力。支撑反作用力的水平分力，使人体获得向后的加速度，以减小向前的冲力（即助跑速度）。而垂直分力和重力的合力，使人体获得向上的弹跳力。另外，许多体育科学家们的研究结果表明，一般认为下蹲时，髋关节角度为90°～100°、膝关节角度为100°～110°、踝关节角度为80°～90°，才能获得更高的弹跳高度，从力学角度讲，这样的角度容易发挥各肌肉群的最大力量。因此，助跑起跳要特别强调下蹲的角度。影响助跑起跳的原因有：

（1）助跑速度过大，来不及制动。

（2）支撑反作用力太小，造成支撑反作用力的水平分力小，向后的加速度也小，故不能迅速减小向前的速度。

（3）蹬地角过大，造成支撑反作用力的水平分力小。因此，在教学训练中应注意制动速度加强：减小助跑速度，加大下肢的蹬地力；加速上体和上肢的上摆；减小蹬地角，并使重心下降，上体后倾。

（二）挥臂击球中的鞭打动作

鞭打是指队员手臂挥动击球时，以上臂带前臂、前臂带手腕的抽打动作。从力学观点看，一个链状物体，其质量大的一端先微加速运动，在制动过程中，其动量向游离端传递，使其末梢部分产生极大的运动速度，即鞭打动作的力学原理。

人体运动链在鞭打动作中动量的传递，也同样是这个原理，但人体上肢并不是一个简单的鞭子或是一个机械的链状物，而是有许多块灵活而有力的肌肉附着在上肢上，动量传递仅仅是上肢鞭打动作快速有力的一个原因。另一个主要原因是上肢各个环节的依次发力，斜方肌上部、下部在前锯肌接近固定下肢收缩做克制工作，使肩胛骨上回旋，实现上臂上举，随后胸大肌和三角肌前部猛然牵引上臂内收和向前下方运动。与此同时，肱三头肌和肘部肌肉在近端固定下快速收缩，以做克制工作完成伸前臂动作。同时前臂屈肌群的屈腕、屈指肌群爆发式收缩，做克制动作，使手及手指在腕、掌指、指关节处屈曲，这样使上肢各环节的动量逐步积累。而末梢环节（手、掌及指）的运动速度就是由其各近侧环节的运动速度的依次叠加而成。

从力学角度分析，在挥臂初期手臂在肘关节的弯曲是必要的，这样能缩短半径，增加大臂转动的角速度。然后大臂制动，肱三头肌及时收缩引起小臂在肘关节处迅速伸直，以增加线速度，向前上方猛烈摆动，最后小臂突然制动，小臂的力量经手腕传递给手掌，以满掌击球，以最后力量击中球体，整个挥臂动作就像一根鞭子。“鞭打”的各环节依次连续摆动可使手获得最大运动速度，即符合多环节摆动速度叠加原理。古巴队的路易斯，扣球的平掌击球瞬时速度为15.0 m/s，美国女排克罗克特为17.50 m/s，她们扣球时肩、肘、腕三个关节的最高速度分别为4~6 m/s、8~12 m/s、16~19 m/s，扣出的球速均值为30 m/s左右，具有挥臂击球点高、下手快的特点。

扣球技术中的空中击球动作，人体的展体屈臂后振或拉臂动作，依据转动惯量和转动定律，以及v线=ωr的力学原理，先是屈臂减小转动半径r，从而增加角速度ω。在转动角速度保持较大值的条件下，加大半径r，从而增大上肢末端手掌的线速度v线，获得最大的转动惯量，即快速的屈体挥臂，击球动作，要求动作连贯，以期获得最大的击球力量。

同时前臂肌群的屈腕，屈指肌群爆发式收缩，做克制工作，使手及手指在腕、掌指、指关节处屈曲，这样使上肢各环节的动量逐步积累。而末梢环节（手及掌、指）的运动速度就是由其各近侧环节的运动速度的依次叠加而成。

值得指出的是，非击球臂在“鞭打”过程中的作用也不可忽视。非击球臂在“鞭打”前，在“背弓”形成过程中同时上摆，在躯干摆振前应先前摆非击球臂，使击球臂肌群进一步被动拉长，在加大击球挥臂力量的同时，加长挥臂肌群的工作距离，从而加大躯干、击球臂前摆角动量、非击球臂的前摆，减少非击球臂对腰轴的转动惯量，加大击球臂的角速度。

上肢鞭打的特点是大关节带小关节，大小关节依次活动，每一环节的最大活动速度，都是在前一环节达到最高速度之后获得的。因此，手臂挥动击球时，上臂带动前臂，前臂带动手腕的抽打动作（即鞭打动作的末端环节）是快速有力的。在做上肢鞭打前，各环节的肌肉放松才能加快挥动臂的速率，只有加速挥动，才能有较大的爆发力。

六、拦网技术动作的力学分析

拦网起跳前，要充分利用手臂的摆动协助起跳，若来不及，可在体侧前方划小弧用力上摆，以带动身体垂直向上起跳。要充分利用身体前倾姿势处理好人、球、网三者之间的关系。腰的角度为90°，膝的角度为100°~110°，踝的角度为80°~90°，一般腿部力量强的队员下蹲可深一点。

国外学者曾对拦网起跳动作的生物力学特征进行研究，结果发现在拦网纵跳时的预备阶段，即下蹲阶段指向地面的加速度值是越大越好。因此，要获得其加速度最大值，要求肌肉应尽量放松，使下蹲阶段近似于自由落下，拦网起跳时下蹲阶段加快速度，有利于起跳蹬地腾空时，能更好地利用拉长着的肌肉的收缩力。

第五章

准备姿势与移动技术

第一节
准备姿势动作技术分析

准备姿势

一、准备姿势的概念与分类

运动员在起动、移动、制动等击球前所采用的合理的身体姿势，称为准备姿势。合理的准备姿势是指既要使身体重心处于相对稳定的状态，又要便于移动和完成多项击球动作，为迅速起动、快速移动及击球创造最好的条件。依据比赛中（或练习中）完成各项技术动作的需要，按照身体重心的高低，准备姿势可分为一般准备姿势（稍蹲）、后排防守准备姿势（半蹲）和前排保护准备姿势（深蹲）三种。

（一）一般准备姿势（稍蹲）

两脚左右开立与肩同宽，一脚在前，两膝微屈，上体前倾，脚跟自然提起，身体重心位于两脚之间，并稍靠近前脚，两臂放松，自然弯曲置于腹前。两眼平视，注意来球，并兼顾场上随时发生的各种情况，两脚始终保持微动状态（图5-1）。

图 5-1　一般准备姿势（稍蹲）

（二）后排防守准备姿势（半蹲）

两脚左右开立与肩同宽，一脚在前，两膝微屈，上体前倾，脚跟自然提起，身体重心位于两脚之间，身体重心比一般准备姿势稍低，两臂放松，自然弯曲置于腹前。两眼平视，注意来球，并兼顾场上随时发生的各种情况，两脚始终保持微动状态（图5-2）。

图 5-2　后排防守准备姿势（半蹲）

（三）前排保护准备姿势（深蹲）

身体重心比后排防守准备姿势更低更靠前，两脚左右、前后的距离更宽一些，膝部弯曲的程度大于前排保护准备姿势，身体重心要更靠前，肩部垂直线过膝，膝部垂直线超过脚尖，两手臂置于胸腹之间（图5-3）。

图 5-3　前排保护准备姿势（深蹲）

二、准备姿势的实践运用

（一）一般准备姿势的运用

一般用于当对方正在组织进攻，或球虽在本方但离自己较远不需要及时移动击球时，以及在进行二传、扣球和接速度较慢弧度较高的发球、处理球时可运用一般准备姿势。

（二）后排防守准备姿势的运用

后排防守准备姿势是排球比赛中最基本的准备姿势，在接发球时运用最多，在传球、拦网时也常运用，同时为短距离移动和防较低的来球时做准备。

（三）前排保护准备姿势的运用

前排保护准备姿势主要运用于后排防守（接扣球）与前场保护（接拦回球）以及接低远的球和衔接各种倒地动作的接球，以扩大防守范围。

第二节 移动动作技术分析

一、移动技术的概念

运动员从起动到制动之间的位移和动作方法称为移动技术。移动的完整过程包括起动、移动、制动三个环节。起动是移动的开始，它是在准备姿势基础上交换身体重心的位置，破坏准备姿势重心的稳定，使身体便于向某一方向移动步法；移动则是在起动的基础上，利用脚步动作来改变运动员在场上的位置，完成技术动作和战术配合的行动；制动是移动的结束，要及时克服身体的惯性冲力，保持好击球前的身体姿势。

移动的目的是及时接近球，保持好人与球的位置关系以便击球，同时也是为了迅速占据场上有利位置。

二、移动步法及动作方法分析

（一）起动

起动是指从静止到移动发生的过程。它是移动的开始，是在准备姿势的基础上变换身体重心的位置，破坏准备姿势的平衡，使身体向目标方向移动。以向前起动为例，在正确准备姿势的基础上，迅速抬起前腿，收腹使上体向前探出，同时后腿迅速用力蹬地，使整个身体急速向前起动。起动的快慢是移动的关键，起动的速度取决于反应能力和腰腿部的速度力量。

（二）移动步法

起动后，应根据临场技术战术的需要，灵活地采用多种移动步法进行移动。移动的主要步法和动作方法如下：

1. 并步

两脚前后站立与肩同宽，两膝微屈，上体稍前倾，两手自然放松置于腰腹。并步时，前脚向来球方向跨出一步，后脚迅速蹬地跟上，并作好击球前的姿势（图5-4）。并步的特点是容易保持身体平衡，便于做击球动作。并步可向前、后、左、右各方向移动。

并步

图 5-4　并步

2. 滑步

连续并步就是滑步。

滑步　交叉步

3. 交叉步

两脚左右开立。向右侧交叉步移动时上体稍向右转，左脚从右脚前向右交叉迈出一步，然后右脚再向右侧方向跨出一大步，同时重心移至右脚，身体转向来球方向，保持击球前的准备姿势（图5-5）。交叉步的特点是步子大，动作快，便于制动。

图 5-5　交叉步

4. 跨步

跨步前膝部弯曲，上体前倾，身体重心移至跨出脚上。跨步时，一腿用力蹬地，另一腿向来球方向跨出一大步，后腿随重心前移自然跟上，两臂作好迎球动作（图5-6）。跨步的特点是跨距大，便于向前、斜前方降低重心进行低

跨步

点击球。

图 5-6　跨步

5. 跑步

跑步时一脚蹬地起动，另一脚迅速向前边迈出，二脚交替进行，两臂配合摆动，不要过早作击球动作的准备，以免影响跑步速度。球在侧方或后方时，应边转身观察球边跑，跑步的特点是移动速度快，便于随时改变方向。

（三）制动

由快速移动转为突停状态的过程称为制动。制动是移动的结束，也是击球动作的开始。制动的方法有一步制动法和两步制动法。

1. 一步制动法

一步制动时，在移动的最后跨出一大步，降低身体重心，膝部和脚尖适当内转，全脚掌横向蹬地，以抵住身体重心继续的惯性力。同时以腰腹力量控制上体，使身体重心的垂直线停落在脚的支撑面以内。

2. 两步制动法

两步制动时，以倒数第二步开始做第一次制动，紧接着跨出最后一步做第二次制动，同时身体后倾，两膝弯曲，重心下降，双脚用力蹬地，使身体处于有利于做下一个动作的状态。

三、移动步法的实践运用

（一）并步的运用

并步主要用于近距离的移动，如传球、垫球、拦网等技术。同时，经常与跨步或其他倒地击球技术结合使用。

（二）滑步的运用

滑步主要用于短距离移动，即来球距体侧稍远，并步不能接近球时运用滑步移动接球。

(三)交叉步的运用

交叉步主要用于体侧2~3 m的来球，或二传手和拦网者在网前移动及防守两侧来球时接球。

(四)跨步的运用

跨步移动可以单独使用，可以与滑步、交叉步、跑步的最后一步结合运用。当来球低、速度快、距离身体1 m左右时运用较多。

(五)跑步的运用

跑步移动经常与交叉步、跨步等结合起来运用。如向侧跑步时，常采用交叉步转身的方法来起动，在接近球时，又常用跨步、倒地和各种跳跃动作来制动使之完成击球动作。

第六章

传球技术

第一节
传球技术的概念与分类

一、传球技术的概念

利用全身协调力量并通过手指手腕的弹力，将球传至一定目标的击球动作称为传球，完成传球的方法即传球技术。传球技术是排球运动中的一项重要的基本技术，是组织进攻战术的基础。自排球运动诞生以来，传球技术就被广泛采用。20世纪60年代以前，由于前臂垫球没有出现，传球是比赛中主要的击球技术之一，许多现在用垫球来完成的击球都要靠传球来解决。垫球出现以后，传球运用的范围减少，但它在比赛中的地位仍十分重要。传球技术也随着排球技术的不断进步和战术的日趋丰富不断发展。现代排球比赛中，除正面传球外，背传、侧传、跳传、单手传及各种传快球广泛使用，使各种进攻战术丰富多彩，防不胜防。二传手被现代排球推崇为全队的“核心”“灵魂”。

传球是用双手的配合动作来完成击球的，触球的面积大，加上手指手腕灵活、感觉灵敏，因而容易掌握传出球的方向、速度、弧度和落点，准确性高，变化多。由于传球的上述特点，因此在排球比赛中，传球主要用于二传。另外，传球也常常被用来接对方的推攻球、被拦回的高球和轻发球及轻扣球，还可用于二传吊球和处理球。

二、传球技术的分类

传球技术是排球运动中最基本、最重要的一项技术。传球由准备姿势、迎球、击球、手型、用力5个动作组成。其中较难掌握的是触球时的手型。因为触球时手型正确与否直接影响手控制球的能力和传球的准确性，对初学者来说掌握了正确手型才能保证正确击球点和较好地运用手指、手腕的弹力。按照不同的分类方法，排球传球技术一般可以分为以下几种类型（表6-1）。正面传球技术是最基本的传球方法，因此传球技术学习必须从正面传球技术开始。

表6-1　传球技术的基本分类

分类方法	传球技术类型	
传球方向	正面传球技术	
	背向传球技术	
	侧向传球技术	
传球用途	二传技术	顺网二传技术
		调整二传技术
		背面二传技术
		侧面二传技术
		跳起二传技术
		倒地二传技术
	其他运用	传快球技术
		一传技术
		二传吊球技术
		第三次传球过网技术
	二传假动作	

第二节 传球技术的动作分析

正面传球技术

一、正面传球技术的动作

面对目标的传球称为正面传球，完成正面传球的方法即是正面传球技术。它是传球中最基本的方法，是掌握和运用其他各种传球技术的基础。

（一）动作方法

1. 准备姿势

看清来球的方向、路线和落点后，迅速移动到球的落点处对正来球。采用一般准备姿势，身体站稳，上体适当挺起，仰头看球，两手自然抬起，屈肘，放松置于额前。

2. 迎球动作

当来球接近额前时，开始蹬地、伸膝、伸臂，两手微张从脸前向前上方迎球，全身各部位动作应协调一致。

3. 击球点

在额前上方约一球距离处。

4. 手型

手触球时，两手十指自然张开使两手成半球形，使手指与球吻合。手腕稍后仰，以拇指内侧，食指全部，中指的二、三指节触球的后下部，无名指和小指在球两侧辅助控制球的方向。手指手腕要保持适当的紧张度，以承担球的压力。两拇指相对成“一”字形，两手间保持一定的距离，以便扩大控制球的面积，但又不能过大而漏球（图6-1、图6-2）。

图 6-1　正面双手传球

图 6-2　传球手型

5. 用力方法

在迎球动作的基础上，当手和球即将接触前，手腕和手指要有前屈迎球的动作，当手和球接触时，各大关节应继续伸展，最后用手指手腕的弹力将球击出。

（二）技术分析

1. 击球点

初学传球时，击球点尽量要求在前额的正前上方约一球距离处。其优点：一是便于在观察来球的同时，也能看清手和传球的目标，有利于对准球和控制传球方向；二是便于全身协调用力，击球点与两肩保持相等的距离，有利于提高传球的准确性和稳定性；三是肘关节尚有一定弯曲度，便于继续伸臂用力，有利于变化传球的方向。如击球点过高或太前，则两臂已伸得太直，不便于向前上方发力做伴送动作；若击球点过低，则不便于运用全身的协调力量。

2. 手指手腕的击球动作

手指、手腕灵巧的击球动作是传球技术的难点，也是进一步提高控球能力的关键。手指手腕屈伸动作的大小和紧张度对传球的质量影响很大。触球前，手指手腕配合其他关节应有一个前屈的迎球动作，其动作要小，但要做得很及时，动作顺序应由手腕的前屈带动手指的前屈。传球时，手指、手腕应根据来球的速度和传球的距离，保持适当的紧张度。一般情况下，来球轻时，手指手腕的迎球动作应柔和些；来球重时，指腕要紧张些，用力也应大些。

3. 全身协调用力

传球主要是靠伸臂和手指手腕的反弹力，配合蹬地的力量。传球的动作从下肢蹬地到手指击球，由下而上要连贯协调，一气呵成。如果全身力量不协调一致，单纯以手臂和指腕动作来传球或是全身用力不连贯，有脱节现象或用力与传球方向不一致，将直接影响传球效果。所以初学者必须养成蹬地、展体、伸臂用全身协调的伸展动作来击球的习惯，并在这一基础上不断提高手指、手腕的控球能力和技巧。

（三）技术要领

蹬地伸臂对正球，额前上方迎击球；触球手形成半球，指腕缓冲控制球。

二、背向传球技术的动作

背对传球目标的传球称背向传球，完成背向传球的方法即背向传球技术。背向传球技术是传球技术中的一种基本方法，在比赛中较多用于2号位扣球以及背飞、背溜、背快等扣球技术中。

(一)动作方法(图 6-3)

背向传球技术

1. 准备姿势

上体比正面传球时稍后仰,身体重心稳定在两脚之间,双手自然抬起,放松置于脸前。

2. 迎球动作

迎球时,靠抬上臂、挺胸、上体后仰的动作,击球点保持在额头上方,以便观察和向后方用力。

3. 击球点

在额头上方,比正面传球略偏后。

4. 手型

与正面传球相同,但触球时手腕要稍后仰,掌心向上,拇指托在球下,击球的下部。

5. 用力方法

利用蹬腿、展体、抬臂、伸肘和手指手腕的弹力,把球向后上方传出。

图 6-3　背向传球

(二)技术分析

(1)背传时,下肢蹬地的方向是接近与地面垂直的,通过展体、挺胸、抬头的动作,使抬臂、伸肘、送肩的协调用力方向偏向后上方。因此,背传的击球点应保持在头上方的位置,这样更便于向后上方用力。

(2)由于背传是与正面传球完全相反的方向将球传出,因此,传球时腕要始终保持后仰,掌心向上击球的下部,手指手腕应向后上方抖动用力,其中拇指成反八字形并用力更多些。

（3）由于背传时看不到传球的目标。因此，传球前必须先观察判断好传球的方向和距离，尽量使背部对正传球目标。同时，要重视运动员良好的方位和空间感觉的培养。

（三）技术要领

上体稍直臂上抬，掌心向上腕后仰；背部对正目标处，协调传球后上方。

三、侧向传球技术简述

身体侧对传球目标，在不转动身体的情况下，靠双臂向侧方传球的动作称为侧向传球，完成侧向传球的方法即侧向传球技术。侧传的准备姿势、手型及迎球动作同正面传球，但击球点应偏向传出方向一侧。迎球时，通过下肢蹬地使身体重心向上伸展，上体和双臂向传球方向一侧伸展。异侧手臂动作的幅度要大些，伸展的速度也应快些，以双臂和上体侧屈的协调动作将球传出。

侧向传球技术

第三节 传球技术的实践运用

一、二传队员的特点与要求

传球在组织进攻中一般是第二次击球，故称为二传。二传是从防守转入进攻的桥梁和纽带，二传的好坏直接影响着进攻技术和战术的发挥。二传质量好，可以弥补一传和防守的不足，还可用假动作迷惑对方、牵制对方，达到助攻的目的。有时还可用二传直接吊球，起到出其不意，攻其不备的作用。因此，二传在比赛中的作用是十分重要的。一个队必须要有优秀的二传队员和全队较高的调整传球水平，才能取得好的成绩。

（一）二传的特点

1. 网前传球多

二传队员在组织进攻时，绝大多数是在近网进行传球，传球前后的身体动作都受到球网的限制。为了避免触网和过中线犯规，移动、制动、转身和靠近球网一侧的肩、肘动作都要有一定的控制，要求二传队员移动取位要及时，身体平衡能力要强。

2. 移动、转身动作多

二传队员不论是后排插上传球，还是网前换位后的传球，以及拦网、扣球、保护后的接应传球，都需要移动、取位和转身。移动的目的是快速取位，做好传球准备；转身是为了对正传出球的方向，提高传球的准确性。

3. 身体位置和传球手法变化大

由于一传来球是不规律的，因此二传队员必须根据来球的方向、速度、落点、弧度等具体情况，采用不同的身体姿势、不同的手法来对待，才能将球传到预定的位置，达到有效进攻的目的。

（二）二传队员的要求

1. 移动快，取位好

二传队员应根据一传情况，准确判断，及时起动，迅速移动到最佳的传球位置，作好传球的准备。这样才可以利用传球前的瞬间观察双方场上的情况，组织有力的战术配合。二传队员快速移动取位的能力，还可弥补一传的不足，提高二传的质量和进攻战术的组成率。

2. 传球手法好，应变能力强

二传队员应掌握在同一击球点位置上传出各种方向、高度和落点的球，做到“一点多线”。因此，要求二传队员必须掌握“送”“压”“抖”“翻”等多种传球手法，使传出的球更具应变性、隐蔽性和攻击性。

3. 头脑冷静，视野开阔

二传队员在传球过程中应具有很好的环视能力，既要能看到本方队员的情况，又要能观察到对方的布局，思考好战术打法，做到知己知彼，胸有成竹，快速决断，对策有效。观察时机应在一传出手后，二传出手前。

4. 调整节奏，主动配合

二传队员应根据进攻队员的助跑起跳情况，主动调整变化传球的动作和节奏积极进行配合。调整传球的方法有二：一是改变身体姿势，采用跳传、提高击球点、缩短二传距离等方法来加快二传节奏；采用下蹲传球、降低击球点、延长球的飞行时间等来放慢二传节奏。二是改变传球动作，采用加速伸臂或主动加快屈指、屈腕动作来缩短球在手中的停留时间以加快传出球的飞行速度；或放慢伸臂速度和适当放松手指、手腕，以加长球在手中的缓冲时间来放慢球的飞行速度。

5. 意志顽强，任劳任怨

二传队员是全队的核心、灵魂，必须做到在任何情况下，胜不骄，败不馁，冷静沉着，临危不乱，善于战斗，敢于胜利。还要有立足本职，任劳任怨，不计得失，甘当配角的精神，通力协作，为同伴创造良好的进攻机会。

二、二传技术的实践运用

（一）二传技术的重点运用

1. 顺网正面二传

这是二传中最简单、常用的技术。当一传来球时，二传队员身体不宜正对来球方向，要适当转向传出方向，尽量保持正面传球，使球顺网飞行。顺网正面二传可根据扣球手的需要和对方的拦网情况将球传高一点或低一点，拉开一点或集中一点。

2. 调整二传

将一传不到位或离网太远的球，调整成便于扣球队员进攻的球，称为调整二传。在比赛中，场上每个队员都有做调整二传的任务。调整二传以传高、远球为主，所以要充分利用蹬地伸膝、伸臂及屈指腕的全身协调力量将球平稳传出。调整二传应根据扣球队员的位置来调整传球的角度、弧度和落点。传球路线与球网形成的夹角越小越利于进攻队员扣球。一般来说，调整二传时，传球的落点应在扣球队员的前方，离网不宜太近或太远，也不宜太拉开。

3. 背向二传

背向二传可利用球网全长，增加进攻点，使进攻战术更丰富，且有一定的隐蔽性和突发性。传球时，主要靠“手感”来控制传球的方向、速度和落点。背传拉开高球时，要充分利用蹬地、挺胸、展腹和向后上方提肩伸臂动作将球平稳传出。

4. 侧向二传

这种传球适应于一传来球近网或平冲飞向球网的球。侧向二传可增加进攻的隐蔽性，有时还用来作二传吊球。侧向二传球难度较大，准确性较差。

5. 跳起二传

主要用于传网上高球和即将过网的传球，分为以双手、单手和晃传3种。

跳起二传

（1）跳起双手二传。跳起双手二传可以正传、侧传和背传。主要是掌握好起跳时间，在身体上升到最高点时传球，尽量提高击球点。这样既可提高进攻节奏，还有利于两次球进攻。

（2）跳起单手二传。当一传高而将飞过球网，跳起后难以运用双手传球时，可用单手进行二传。单手传适于传近距离的低、矮球，不适宜传高远球。当一传球飞向球网上空时，二传队员侧身对网起跳，在空中最高点时，靠近球网一侧的手臂屈肘上举，手腕后仰，掌心向上，五指适当收拢，构成一个半球状手形，用伸肘动作传球，五指托住球底部向上弹击。

（3）晃传。前排队员跳起做扣球动作，突然改扣为传，把球传给同伴进攻，这种传球称为晃传。晃传技术有两种：一种是在空中做佯扣动作后，仍面对球网用侧传方法将球转移给同伴进攻；另一种是在空中做扣球假动作以后，转身肩对球网，用正面传球方法将球传给同伴进攻。

6. 倒地二传

用于传很低的一种球，分为侧倒和后倒两种，以侧倒为主。

（1）侧倒传球。向来球方向跨出一大步，降低重心，人插入球下，身体重心落在跨出腿上。在身体即要失去平衡时，用快速伸臂和单脚支撑的转体动作将球传起。向前传球时，击球点宜保持在脸前；向侧后方传球时，击球点应保持在额前上方。击球后，身体顺势侧倒下，再迅速收腿起立。

（2）后倒传球。面向传球方向以全蹲姿势使身体插入球下，传球时上体顺势后仰，身体重心移至后脚，利用身体在失重前的瞬间平衡，在胸前或脸前部位，以快速伸臂和翻腕动作将球传起。传球后顺势后倒，并随即团身压腿回滚，迅速起立。

7. 传快球

二传队员在传快球时，必须根据扣球队员的特点和扣球队员上步速度、起跳时间、弹跳高度和挥臂击球动作的快慢等，来决定传球的速度、高度、距离和出手时间，投其所好，主动把球“喂”到扣球队员最方便扣球的位置上。目前传快球技术方法较多，但按其特点可分为两大类：一类是传低球，一类是传平球。分述如下：

（1）传低球。一般指传近体快球、背快球、调整快球和快球掩护以及自我掩护后的实扣球（即半高球）。低快球的特点是球向上传，高度低，主要靠手指和手腕的“抖”“翻”等动作加上适当的伸肘动作来传球。传球动作宜小，但击球点应高些，以提高快攻的节奏。

（2）传近体快球。传球高度为高出球网20 ~ 40 cm。根据扣球队员的特点和助跑起跳的情况，掌握好传球的速度和高度。一般是在扣球队员起跳同时，二传队员传球离手。击球点较高、肘关节微屈，手腕后仰程度较大。当扣球队员跳起在空中最高点时，球也传到了最高点。

快球

（3）传背快球。传球的弧度和高度应尽量固定，以便扣球者主动去适应。传球时，队员侧对球网站立，击球点保持在头上方，手腕后仰，用“抖”的动作将球传向头后上方。

（4）传调整快球。二传队员需要迅速移动到球的落点上，上体稍向右转，使击球点保持在右侧上方，用正传或侧传动作将球传到扣球队员的前上方。击球时，要适当增加指腕的主动用力，掌握好传球方向和落点，使传出球的路线与扣球队员的助跑路线在网上相遇。

（5）传后排快球。这种球的高度要比近体快球稍高，离网的距离可根据后排扣球队员的冲跳能力而定，一般为1 ~ 2 m。

（6）传交叉半高球。在近体快和背快球的掩护下，将球传向前或后稍拉开一点的距离，并稍高一点，就可组成各种交叉进攻战术。传球的高度、速度和距离应以对方拦网队员来不及连续起跳拦网，本方队员又能及时扣球为准。传球时，在击球点不变的情况下，稍加大指腕的弹击力量。

（7）传时间差快球。在传近体快球的基础上，不改变任何动作，适当加大指腕的弹击力量，将球传得稍高一点，变近体快球为半高球，以便使佯扣近体快球的队员在晃过对方拦网后再原地起跳扣半高球。

（8）传位置差快球。二传队员佯做传短平快球，却突然翻腕向上传出半高球，把球传到离扣球队员假跳地点的侧面约一步远处。

（9）传前飞快球。以传短平快球的姿势，突然向上翻腕将球传至身前近体快球的位置，传球高度可略高于近体快球，距离应视扣球队员起跳位置的远近和冲飞能力而定。如采用单脚起跳扣前飞球时，传球的节奏还可加快些，高度可稍低。

（10）传平快球。指传短平快、平拉开、背平快等。传平快球的特点是传出的球成接近水平方向快速飞行，扣球点与传球点之间有一定的距离。因此，在正面传平快球时，要适当降低击球点，充分运用伸肘和指腕的推压动作以加快球的飞行速度；背传时，要充分利用抬臂、翻腕、展腹和挺胸动作。

（11）传短平快球。传短平快球是指二传队员向前传出快速飞行的平弧度球，扣球队员在离二传队员体前约3 m处扣球。传球前要侧对球网，面向传球方向，击球点降低至脸前高度，以便伸肘压腕传出快速的平弧度球。

（12）传平拉开快球。二传队员在2、3号位之间的位置向4号位标志杆附近传出速度快、弧度平的拉开球。这种球传出的距离6 m左右，从二传出手到扣球位队员击球的时间0.8~1.3 s。传平拉开快球与传短平快球的技术动作基本相同，但需要更多地运用后脚蹬地和伸肘压腕的力量。传平拉开快球的弧度有高、中、低三种，其中以中间的弧度为佳。因这种弧度在标志杆以内处有一段平飞过程，可加宽击球区。

（13）传背平快球。二传队员向背后传出短平快球，叫背平快球。传这种球时，二传队员要凭方向和空间感觉来调整传球的力向、弧度、速度和距离。传球时，要迎击球的下部，击球点适当后移，利用抬臂、翻腕、展腹和挺胸的动作把球向后传到2号位标志杆附近。传球的速度和弧度都要求尽量固定，以使扣球队员主动判断上步，选择起跳点和起跳时间。

（二）传球技术的其他运用

1. 一传

在接轻发球、接推送过来的球以及接吊球较高和拦回较高的球时，可采用传球的方法，更能保证一传的准确到位。接速度较快的来球时，手指、手腕应保持适当紧张，伸臂动作要及时、快速，两手必须同时触及球体，以防止漏球和“倒轮”现象的产生。接对方推过来或吊过来的高球以及拦起的高球时，可用正面上手传球方法将球准确送到位，还可以直接传两次球进攻，或突然直接将球快速传入对方空当。

2. 二传吊球

二传吊球是指二传队员在进行二传前的瞬间，突然改变传球动作和方向，将球传入对方空当。它是二传队员应该掌握的一项攻击性很强的传球技术。二传吊球分为双手和单手两种。

（1）双手吊球：以侧传吊球效果更好。当迎球动作开始时，突然改用侧传或背传的动作，将球传向对方空当。传出的球弧度要低，应紧挨着球网上沿飞向对方。

（2）单手吊球：在双手二传动作开始前的瞬间，突然高举一只手臂，五指稍并拢，轻拨球的侧下方，使球落入对方空当。单手吊球的击球点应稍靠近球网并尽量升高，吊球的速度要快，攻击性才大。

3. 第三次传球

当第三次击球无法组织进攻时，常用传球方式将球推向对方场区。传球时，手指、手腕要适度紧张，用蹬地、伸膝、伸臂和压腕的动作，将球快速地传入对方空当或后场区。

第七章

垫球技术

第一节 垫球技术的概念与类型

一、垫球技术的内涵

用除手指弹击动作外的身体任何部位击球的动作称为垫球，完成垫球的方法称为垫球技术。垫球技术是排球运动的基本技术之一，最常用的是前臂垫球技术。

垫球技术出现于20世纪50年代，当时叫下手传球，是用手掌、虎口、手腕等部位来击球，主要用来接各种大力发球和扣球。60年代初，由于飘球技术的问世和普及，为了对付接飘球，便出现了前臂垫球技术。采用前臂垫球，不仅适宜于接飘球、接扣球和吊球，而且大大提高了垫球的准确性，使排球运动的进攻与防守进入了一个新的平衡阶段。90年代以来，由于规则修改后允许队员身体的任何部位均可击球，给垫球技术的运用和发展开辟了一个新的领域，它不但可用手、臂、头、肩等部位来击球，还可用大腿、脚背、脚内侧以及其他任何部位来击球，使垫球的实用性、应变性更强，技术种类更趋多样。随着排球运动的发展，垫球的方法和技术动作也将会不断地创新和发展。

垫球动作简单易学，由于可用身体任何部位来击球，因此，控制范围大，对迎击各种困难的来球时使用比较方便。垫球在比赛中主要用于接发球、接扣球、接拦回球以及防守和处理各种困难球。接发球是组织一攻的基础，对得分夺权，争取少失分具有重要意义。接扣球是组织反攻的基础，是争取得分，由被动转为主动，稳定情绪，鼓舞士气，促进排球攻防平衡的重要手段。此外，在比赛中有时还可用垫球来组织进攻，从而弥补传球的不足，辅助进攻。

二、垫球技术的类型（表 7-1）

表7-1　垫球技术的类型

垫球技术的分类标准		
按动作方法		按击球用途
正面双手垫球	体侧双手垫球	
背向双手垫球	让垫	接发球
单手垫球	低姿垫球	接扣球
跨步垫球	侧倒垫球	接拦回球
前扑垫球	滚翻垫球	接其他球
鱼跃垫球	挡球垫球	
脚踢球	其他部位垫球	

第二节　垫球技术的动作分析

正面双手垫球技术

一、正面双手垫球技术动作

正面双手垫球技术是指运动员移动对准来球后，用双手在腹前将球垫起的动作方法。它是最基本的垫球方法，是各项垫球技术的基础，适合接各种发球、扣球和拦回球，有时也用于不能用上手做二传时的垫二传。正面双手垫球在轻垫球、垫中等力量球和垫重球时，其动作方法具有差异性。

（一）动作方法（图 7-1）

1. 轻垫球

（1）准备姿势：面对来球，成后排防守准备姿势或一般准备姿势站位。

（2）垫球手型：常用的双手垫球手型有叠指式、抱拳式和互靠式（图7-2）。

叠指式：两手掌根相靠，两手手指重叠，手掌互握，两拇指平行向前，手腕下压，两前臂外翻成一个平面。

抱拳式：两手抱拳互握，两拇指平行向前，两掌根和小臂外旋紧靠，手腕下压，使前臂形成一个垫击平面。

互靠式：两手腕紧靠，两手自然放松，手腕下压，两臂外翻，前臂形成一个垫击平面。

图 7-1 正面双手垫球

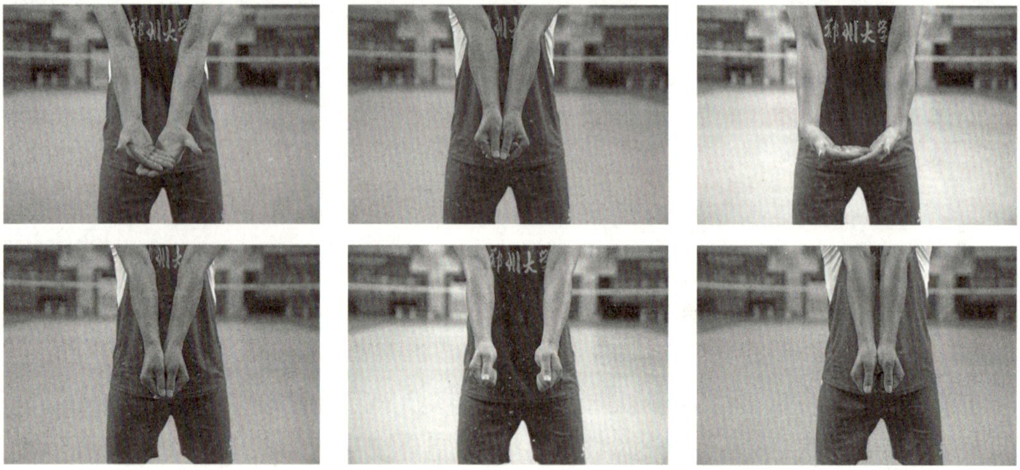

图 7-2 垫球手型

（3）垫球动作：当球飞到腹前约一臂距离时，两臂夹紧前伸，插入球下，同时配合蹬地、跟腰、提肩、顶肘、压腕、抬臂等全身协调动作迎向来球，身体重心随着击球动作向前上方移动。

（4）击球点：保持在腹前高度。

（5）球触手臂部位和击球部位：用前臂的手腕关节以上两小臂桡骨内侧所构成的平面击球的后下部。

（6）击球后动作：在击球瞬间，两臂要保持稳定，身体重心继续协调地向抬臂方向伴送球，垫击动作结束后，立即松开双臂做好下一动作的准备。

2. 垫中等力量球

准备姿势、击球点和手型与垫轻球相同。由于来球有一定的力量，手臂迎击球动作的速度要慢，手臂要适当放松，主要靠来球本身的反弹力将球垫起。击球时，要运用蹬地、跟腰、提肩压腕、向前抬臂的动作击球的后下部。

3. 垫重球

采用后排防守准备姿势或前排防守准备姿势，两臂放松置于腹前。击球用力时，由于来球速度快，力量大，触球后球体自身的反弹力也大，因此，不但不能主动用力迎击来球，还应采用含胸收腹的动作，帮助手臂随球后撤并适当放松肌肉，以缓冲来球力量。同时，用手臂和手腕动作来控制垫球的方向和角度。击球的手型和部位，应根据来球的情况而作变动。当击球点稍高并靠近身体时，仍可用前臂垫球；当击球点低而距身体较远时，就要用屈肘翘腕的动作把球垫在手腕部位的虎口处。

（二）技术分析

（1）准备姿势的运用要根据不同情况而有所变化。垫击一般的轻球，身体重心可稍高。接扣球和吊球时，应采用后排防守准备姿势或前排保护准备姿势，两膝的弯曲度和重心的高低应根据来球的高度和角度以及腿部力量大小而定，要求在不影响快速起动的前提下，重心适当降低，这样有利于快速插入球下垫低球，也便于高点挡球。

（2）正面双手垫球的击球点应尽量保持在腹前高度，离身体不宜太远或太近，这样便于控制用力，也便于调整手臂角度和垫出球的方向、落点。如果来球高于腰部以上时，可用高位正垫，垫击球时利用蹬地伸膝提高身体重心，必要时还可跳起在腹前用小臂垫出。

（三）技术要领

两臂前伸插球下，两臂夹紧腕下压；蹬地跟腰前臂垫，击点尽量在腹前；撤臂缓冲接重球，轻球主动抬送臂。

体侧双手垫球技术

二、体侧双手垫球技术动作

在身体侧面用双手垫球的击球动作称为体侧双手垫球。当来球飞向体侧，队员来不及移动对正来球时，可采用体侧双手垫球。其特点是伸臂动作快，控制范围大，但不易控制垫球方向，准确性不及正面垫球效果好。

（一）动作方法

左侧垫球时，先以右脚前掌内侧蹬地，左脚向左跨出一步，重心移至左脚，保持两膝弯曲，同时，两臂向左侧伸出，左臂高于右臂，右肩微向下倾斜。击球时，用右转体和收腹的动作，配合提肩抬臂在身体左侧稍前的位置截住来球，用两前臂垫击球的后下部。来球在右侧时，以相反方向的动作击球（图7-3）。

图 7-3　体侧双手垫球

（二）技术分析

体侧垫球的击球点应在体侧前方，双臂要抢先在体侧稍前的位置截击来球，不能当球飞到体侧时再摆臂去击球，这样容易造成球触手后向侧方飞出。垫球时，要注意调整和控制好两臂组成的垫击面，使球准确地垫向目标。

（三）技术要领

向侧跨步侧前伸臂，向内转体提肩击球。

背向双手垫球技术

三、背向双手垫球技术动作

背对垫球方向和目标，从身前向背后双手垫球称为背向双手垫球，完成背向双手垫球的方法即背向双手垫球技术。在接应同伴垫的飞得较远的球而又无法进行正面垫球时，以及须将球处理过网时运用较多。其特点是垫击点较高，准确性稍差，如果可以快速移动到位时，尽可能采用正面垫球而不用背垫。

（一）动作方法（图 7-4）

背垫球时，要判断好来球的方向，快速移动到球的落点处，背对垫出球的方向，两臂夹紧伸直。击球时，用蹬地、抬头挺胸、展腹和上体后仰的动作带动两臂向后上方摆动抬送，以前臂触球的前下方，将球向后上方击出。背垫的击球点一般应在肩前上方。

(二) 技术分析

(1) 背向垫球中，应根据垫球目标的远近和不同的高度变化来确定击球点的高低。如要垫出高远球时，可适当降低击球点；要垫出平弧度球时，应升高击球点。在无法调整击球点高度时，可利用腰部和手臂的动作来控制出球的高度和距离。若遇低远的来球，需要向后上方高处垫出时，可采用屈肘屈腕的动作，以腕部虎口处将球向后上方垫起。

(2) 由于背垫球是背对垫球的目标，不利于观察场上的情况和垫出球的方向落点，要特别强调垫球时的方位感觉，判断好球、网、目标三者之间的位置关系，才能提高准确性。

(三) 技术要领

蹬挺抬仰两臂摆，背对目标肩上击。

图 7-4　背向双手垫球

四、其他垫球技术

跨步垫球技术

(一) 跨步垫球技术

向前或向侧跨一步垫球的动作叫跨步垫球，完成跨步垫球的方法就是跨步垫球技术。跨步垫球是当来球离身体前方或斜前方较远而低，队员来不及移动对正球时采用，在接发球和防守中运用较多，它又是各种低姿垫球动作的基础。跨步垫球时，在判断来球落点后，同侧脚迅速向来球方向跨出一大步，上体顺势前倾下压，身体重心落在跨出脚上，同时两臂前伸插入球下，用蹬地、提肩抬臂动作击球的后下部。

(二) 让垫技术

当来球弧度平、速度快、前冲而追胸时，队员将身体向侧移动，正面避开来球的飞行路线，让球飞向体侧，用体侧垫球的方法将球垫起叫让垫技术。让垫技术主要是在接弧度较高的平冲飘球时采用。

（三）单手垫球技术

当来球快速飞向体侧较远距离，来不及用双手垫球时采用。单手垫球动作快，手臂伸得远，击球范围大。但由于触球面积小，控制球的能力比双手差，故在能用双手垫球时，尽量不用单手垫球。

运用单手垫球时，应迅速移动接近球。如球在体侧远处，来不及移动步法时，也可向击球方向跃出，用前臂内侧、掌根或掌心击球后下部。如来球很低，也可用手背贴近地面插入球下做铲球动作将球垫起。

（四）低姿垫球技术

当来球低且落点在身体附近时，队员采用深蹲，双手贴近地面处向上垫球的动作方法叫低姿垫球技术。低姿垫球的方法主要有前排防守垫球、半跪垫球和全跪垫球三种。

（1）前排防守垫球。当来球在身体附近较低部位时，队员迅速移动到球的落点上，随即快速降低重心，上体前倾，两臂贴近地面插入球下。跨出腿膝部充分弯曲并稍外展，蹬地腿自然弯曲，脚内侧着地，主要靠球的反弹力将球垫起。有时还可用屈肘、翘腕动作将球垫起。前排防守垫球的特点是身体重心下降快，两臂插入球下和垫球后的还原动作快，故宜于接低而重的球，在接扣球和接发球时运用较多。

（2）半跪垫球。当来球低、速度快、落点离身体稍远时，宜采用半跪垫球方法。垫球时，在前排防守垫球的基础上，继续向前移动身体重心，上体充分前压，塌腰塌肩，后腿以膝部内侧和脚弓内侧着地，两臂贴近地面向球下伸出，用翘腕动作以双手虎口部位将球垫起。其特点是上体前倾大，击球点低，支撑稳，便于防起各种低而快速的来球。

（3）全跪垫球。当来球低而快，落点离身体较远，采用半跪垫球方法难以击到球时，则在半跪垫球方法的基础上，上体继续向前压出，使两膝前倾的投影点明显超过脚尖，随着身体重心前移、降低姿势用两膝内侧跪地，以膝、小腿和脚弓内侧部位支撑地面，跪地后可顺势向前滑动，两臂迅速前伸插入球下，以小臂、虎口，或翘腕动作将球垫起。垫球后可用前臂和手掌撑地迅速起立。

全跪垫球特点是移动距离比半跪垫球大，向前下方伸臂动作快，击球点低，支撑稳，有时还可在向前滑行中垫球。女队员和后排防守队员在前冲保护时常用这种技术。

（五）侧倒垫球技术

侧倒垫球技术

接体侧低远来球时，身体向侧伸展，击球后身体侧转，以侧卧姿势向前滑动着地的动作方法，叫侧倒垫球技术。击球前，以同侧脚向来球方向跨出一大步，身体重心落在跨出腿上，臀部下降，两臂向下方直插球下。击球时，以跨出脚的前脚掌为支撑向内转动，在向内转体转肩的同时两臂上抬击球下部。击球后，迅速以同侧的大腿外侧臀部、背侧依次着地倒。倒地结束后，以收腿和两手撑地帮助快速起立。侧倒垫球的要领可归纳为："一跨、二转、三倒地"。

侧倒垫球除双手垫球外，在来球更远双手难以够到球的情况下，还可采用侧倒单手垫球的方法。其动作方法与侧倒双手垫球动作大致相同。但要求同侧脚跨出的步幅更大些，身体重心下降前压的幅度也更大些，垫球时，跨出腿要继续用力蹬地，使身体向来球方向伸展腾出，击球手臂前伸插入球下，以单手垫球的方法将球垫起，同时身体向内转动。击球后，手臂不回收，并以体侧着地成侧卧姿势向前滑动。

（六）前扑垫球技术

当队员来不及移动接前方或斜前方低远来球时，身体向前下方扑出，击球后失去平衡，向前手臂屈肘撑地扑在地上的垫球方法，叫前扑垫球技术。特点是重心下降快，前扑距离远，但要求运动员有一定的手臂力量基础。根据来球的情况，前扑垫球可用双手或单手击球。

前扑垫球技术

前扑垫球的准备姿势要低，上体前倾，重心偏前，利用两脚先后蹬地，使身体向前下方伸展扑出。同时两臂前伸插入球下，用前臂将球垫起。击球后，两手迅速撑地，两肘顺势弯曲以缓冲身体下落的重量，膝关节伸直以免碰地，最后以胸腹和大腿接触地面。

当来球较远，用双手垫球不能击到球时，可用单手前扑垫球。击球时，手臂应尽量前伸，用手背、虎口或小臂击球下方，另一手屈肘撑地缓冲，并以击球手一侧的胸腹部先着地，顺势向前滑行。

（七）滚翻垫球技术

当来球距身体远而低时，可采用滚翻垫球。它可以充分发挥移动速度，控制更大的防守范围，保护身体不致受伤，还可迅速起立转入下一动作。目前在防守中运用较多，尤其是在女排比赛中经常使用。

滚翻垫球技术

滚翻垫球可分为肩滚翻垫球和横滚翻垫球两种，两种垫球均可用双手或单手击球。

（1）肩滚翻垫球。做肩滚翻垫球时，应迅速向来球方向移动，最后跨出一大步去接近球，重心随之下降并落在跨出脚上，上体前倾，使胸部靠近大腿，手臂伸向来球方向。同时两腿用力蹬地，使身体向来球落点方向伸展，前臂插入球下，用双手或单手的小臂、虎口或手腕部位击球的后下部。击球后，在身体失去平衡的情况下，顺势转体，依次用大腿外侧、臀部外侧、背部、跨出脚异侧的肩着地，同时低头、收腹团身，做一后滚翻动作，并迅速起立。肩滚翻垫球要领可归纳为："一跨、二蹬、三滚翻"。

（2）横滚翻垫球。滚翻前的动作方法与肩滚翻大致相同，但身体应向来球方向充分伸展，可用类似前扑或鱼跃的动作跃出击球。击球后，在空中迅速转体，顺势向前用身体侧面滑动着地，并向侧做横向滚动，经仰卧后转髋收腹，双手撑地立起。

横滚垫球的优点是手臂前伸远，重心下得快，还可避免前冲距离过大而造成越过中线或与其他队员碰撞，但击球后，起立动作较慢。

（八）鱼跃垫球技术

在来球低而远，来不及移步垫球时，采用向前猛然跃出，在空中完成击球动作，然后双手撑地缓冲，使胸腹部着地向前滑行的动作方法，称为鱼跃垫球技术。鱼跃垫球的特点是防守的控制范围大，但动作难度较大，需要队员有勇敢精神和较强的腰背、手臂肌肉力量和灵敏素质。

鱼跃垫球技术

做鱼跃垫球时，应用半蹲准备姿势，上体前倾，前脚掌用力蹬地（大多是在向前移动一至二步后再蹬地），使身体向来球处腾空跃起。在空中手臂向前伸展插入球下，用单手或双手击球后下部。击球后，双手在体前着地支撑，两肘缓慢弯曲，以缓冲身体下落力量，同时抬头、挺胸、展腹，向后自然屈腿，使身体成反弓形，胸腹、大腿依次着地，顺势向前滑行。

为了防止受伤，在落地动作时，两手着地的支撑点应在身体重心向前下方运动方向的延长线上。支撑点太后，易造成身体前翻折腰；支撑点太前，易造成身体平落，使腹部或膝部碰地受伤。

为了扩大防守范围，还可采用单臂滑行鱼跃技术。动作与上述鱼跃垫球相似，在空中用单手的虎口或手背击球后，以击球手掌的外侧和前臂先着地缓冲，另一手屈肘在体侧撑地协助支撑，随之胸、腹、腿依次着地，顺势向前滑行。

（九）挡球技术

来球高，速度快，力量大，不便于传球和垫球时，用双手或单手在胸部以上挡击来球的动作方法称为挡球技术。其特点是伸手动作快，挡击胸、肩部以上高度的来球较方便，可扩大防守范围，是垫球的重要补充。但挡球不便于协调用力，因而控制球的落点和方向比传、垫球差。挡球有双手挡球和单手挡球两种。

（1）双手挡球。多用于挡击胸部以上力量大、速度快的来球，手型有抱拳式和并掌式两种。抱拳式是由两肘弯曲，一手半握拳，另一手外抱，两手掌外侧所组成的平面朝前（图7-5）；并掌式是由两肘弯曲，两手虎口交叉，两手掌外侧合并成勺形的击球面朝前（图7-6）。挡球时，手臂屈肘上举，肘部朝前，手腕后伸，以手掌外侧和掌根所组成的平面挡击球的后下部。击球瞬间，手腕要紧张，用适度的力量将球向前上方挡起，击球点一般在脸额或两肩的前上方。

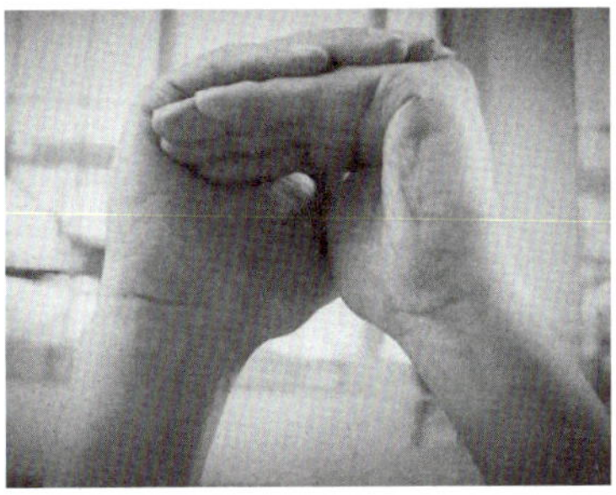

图 7-5　抱拳式

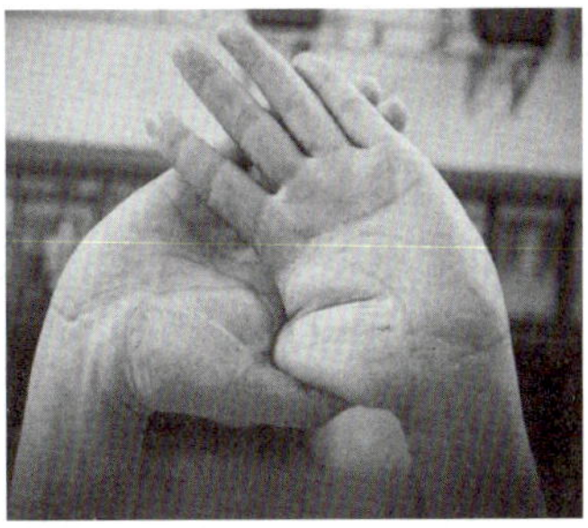

图 7-6　并掌式

（2）单手挡球。击球点高，便于挡头部上方或侧上方的高球，有时对飞向身后的高球，可跳起用单手将球挡回。

（十）其他部位垫球技术

当来球速度快、突然性大，防守队员来不及移步、降低重心、伸臂击球和侧身让垫时，可采用身体其他部位来垫球。例如，体侧屈肘垫球（主要利用大臂外侧部位）、胸部垫球、头顶球等击球技术在比赛中时常可见。自规则允许球可触及身体任何部位以来，脚垫球技术也逐渐发展起来，其运用情况有日益增多之势。脚垫球主要是当来球远而低、变化突然、时间短促，无法用其他垫球技术来击球时采用，属应急性技术动作。脚击球主要有脚背垫球和脚内侧垫球两种。

（1）脚背垫球。是以一脚为支撑，另一脚迅速向来球方向伸去，利用伸大腿、摆小腿的动作，使脚背插入球下。击球时，利用小腿继续上摆、脚踝上挑的动作，以脚背上部触球的下部（或侧下部）将球垫起。脚背垫球后，若身体失去平衡，可采用侧倒坐地或后倒坐地等动作进行自我保护。

（2）脚内侧垫球。动作方法与脚背垫球相似，但在击球时，脚尖要上翘，脚踝紧张，以脚内侧部位垫球的后下部。

第三节　垫球技术的实践运用

垫球技术在比赛中主要用于接发球、接扣球、接拦回球、处理入网球和垫二传等，不同形式的接球动作如下分析。

一、接发球垫球

接发球主要运用正面双手垫球技术动作，但由于各种发球的特点和性能不同，接球的动作方法也有所不同。

(一) 接一般发球

当对方用下手或上手发一般轻球时，由于球速比较慢，接发球队员在判断来球的方向和落点后，应及时取位并做好准备。采用正面双手中位垫球的动作，根据来球的轻重和垫击的距离恰当用力，以协调伴送动作将球垫向目标。

(二) 接飘球

(1) 接一般轻飘球。这种发球球速不快，带有轻度飘晃。接球时，首先要判断来球的落点，迅速移动取位对准球，且适当降低重心，待球开始下落时，将手臂插入球下垫击。

(2) 接下沉飘球。来球的特点是球飞过网后，明显减速下沉并带有轻度飘晃。接发球时，应注意观察，站位适当靠前，判断落点后，要快速移动取位，重心下降前倾，用低姿垫球的方法将球垫起。

(3) 接平冲飘球。来球的特点，是弧度平、速度快、飘晃且平冲追胸，落点偏于后场区。接球时，提踵伸膝，升高重心，有时还可轻轻跳起以提高身体位置，保持在腹前击球。击球前，两臂要稍放松，以便随时转动对准飘晃不定的来球。击球时，主要靠充分提肩、顶肘、压腕的动作。若平冲来球较高，可采用让垫方法垫球。

(三) 接大力发球

大力发球的特点是力量大、速度快、旋转力强，但球的飞行轨迹较规律，容易判断。接大力发球的站位要适当靠近中场，因来球弧线低，接球时身体姿势要低。对力量过大的球，不要抬臂加力，对准球后手臂不动，让球自己弹起。如击球点低时，可以翘腕垫球。

二、接扣球垫球

(一) 接重扣球

接重扣球是接扣球防守技术的重点。由于来球力量大、速度快，接球前应保持较低的准备姿势和采取低姿势移动，要根据对方扣球队员及本方拦网的情况来判断扣球路线和落点，迅速移动卡位对准来球，稳定重心，尽量用正面双手垫球动作将球垫起。如来球落点在体前或斜前方时，可向来球方向跨出一步，上体下压，用上臂或虎口部位击球下部；如来球落点在体前或体侧较远时，可跨步后继续蹬地，使身体贴近地面向来球方向伸展，用单手将球垫起，起球后，可用侧倒、侧滚等动作进行自我保护；如来球较平，在胸、脸、头部附近时，可用双手或单手挡球的动作来击球。总之，接扣球时要运用多种垫球技术和各种动作方法来击球。但不管运用何种垫球技术，接重扣球时都要十分注意缓冲，以期提高到位率减少失误。

（二）接轻扣和吊球

在做好接重扣球准备的情况下，常常来不及向前移动时，可采用原地鱼跃、滚翻或前扑垫球的方法去接球。

（三）接拦网触手的球

拦网触手的球会改变原来扣球的方向，落点也很不固定。无论球落在场内或场外，都要尽力去抢救，有时还需做两次起动或采用各种倒地扑球动作来垫球。接落在网边的球，要注意制动，以免过中线犯规。对触拦网手后飞向后场的高球，可用双手挡球或跳起单手挡球。

（四）接快球

快球的特点是速度快、线路短、落点一般集中在前半场区。接好快球的关键是要预先判定好球的落点，抢先取位。准备姿势要低，但上体不宜过于前倾，两手臂位置也不宜太低，以便向不同方向快速伸臂。击球手法要多样，单手双手，上挡下垫要灵活运用。

三、接拦回球垫球

拦回球是指本方队员进攻被对方拦回的球。

（一）取位

一般拦回球的落点集中在扣球队员身后和两侧，落在进攻线以后的球较少。因此取位的重点应在前场进攻区内。

（二）准备姿势

拦回球大多是自上而下下落的，所以准备姿势的重心要低，但上体要保持直立，不宜前倾，两手要置于胸前，以增加适应范围。

（三）击球动作

拦回球距离短、速度快、突然性大，加上准备姿势重心低移动不便，因此在击球时，应根据不同的来球采用各种不同的垫球动作和击球手法。如接落在头部、头后及头侧附近的球，宜采用双手或单手挡球的方法将球击起，若来不及用手挡时，也可用上臂、肘部外侧及头部和肩部将球顶起；接快速下落且离身体有一定距离的球时，可采用半跪、前扑、侧倒等垫球动作来垫球。但无论采用双手或单手垫球，都应使手伸到球的下部，从贴近地面的低处向上击球。

四、接其他球垫球

（一）垫二传

当一传低而远，队员来不及移动到球下用上手传球作二传时，可采用垫球方法进行二传。垫击二传一般采用正面双手垫球动作。垫球前要降低重心，面向垫出球方向，使前臂的垫击面对准球，击球的下部。击球时要用下肢和身体的协调力量向上抬臂伴送。垫二传在比赛中可以垫高球、垫调整球，甚至还可组织近体快球。

（二）垫入网球

比赛中常有球因失去控制而飞入网内后反弹下落。要接好这种球，首先要判断准其入网的部位掌握其反弹的方向、角度和落地点，再采用正确的方法来垫击。球飞入网后，一般有三种反弹情况：一是，球飞入球网的上半部或从高处下落入网，多为顺网下落，反弹角度很小，速度快，落点靠近中线；二是，球飞入球网中部，则稍有反弹，下落速度较上部入网球稍慢，落点仍靠近中线；三是，球飞入球网下部，因球网底绳的作用，反弹现象明显，且有一定的高度和远度。

对上述第一、二种情况，因球下落速度快，落点靠近中线，比较难接，在接球时要迅速移动到落点上，侧身对网，降低重心，手臂插入球下，以屈肘翘腕动作或脚击动作将球垫起。第三种情况则重心不宜太低，待判断反弹落点后从容将球垫起。如果是第三次击球，要采用外侧臂抬高，用双手向上向侧兜球的动作，使球前旋飞过球网。

第八章

发球技术

第一节 发球技术的概念与类型

一、发球技术的概念

队员在发球区用一只手将自己抛起的球通过过网有效区直接击入对方场区的技术动作称为发球，完成发球动作的方法即发球技术。发球技术是排球比赛的一项重要的进攻性技术，也随着排球运动的发展而不断地得以创新与提高。20世纪50年代，大多采用勾手大力发球和正面上手发球，其特点是发出的球力量大、弧度低、带有上旋。60年代初期，飘球开始出现，正面上手和勾手发飘球的方法被广泛采用。发出的球飞行轨迹不固定，有上下或左右飘晃现象，给接发球带来很大的威胁。70年代，在发球方法上没有大的创新和变化，但在发球战术的运用上有所发展，如采用同一种发球姿势，发出几种不同性能变化的球。80年代，跳发球技术问世，远距离发飘球和高点平冲飘球的出现和广泛运用，加强了发球的攻击性。进入90年代以来至今，跳发球技术已为世界男、女排强队广泛运用，并已由单一的跳发大力球，发展为跳发飘球和跳发各种变化的旋转球，还能根据对方接发球阵容的特点，选择发球区的不同位置进行有针对性的跳发球，来提高发球的得分率和破攻率。

发球是比赛的开始，也是进攻的开始。准确而有攻击性的发球，不仅可以直接得分或破坏对方进攻战术的组成，还可减轻本方防守压力，为防反创造有利条件。有威力的发球，还可鼓舞全队士气，不断扩大战果，从而打乱对方阵脚，在心理上给对方造成威胁，起到破坏对方部署和挫伤对方士气的作用。反之，如果发球攻击性不强或失误较多，不但不能直接得分或破攻，还会失分和失去发球权，也容易给对方轻松地组成进攻战术，大大增加本方防守的难度。因此，发球要强调攻击性和准确性，但首先要保证发球的稳定性和成功率。

二、发球技术的类型

发球技术根据动作结构和性能可以分为不同的种类（表8-1）。无论哪种发球技术，动作结构都包括准备姿势、抛球、挥臂、击球这4个环节。其中正面上手发球是最基本的和运用最多的发球方法，正面和侧面下手发球是初级技术，适合初学者或力量小的少年儿童使用。只有掌握了正面上手发球或侧面下手发球后，才能更好地学习其他类发球技术。

表8-1　发球技术的类型

依据动作结构分类	
正面上手发球、正面下手发球、正面上手发飘球、侧面下手发球、勾手发飘球、跳发球、砍式发球、高吊式发球	
按照发出球的性能分类	
发飘球	发旋转球
正面上手发球、勾手发飘球、跳发飘球	正面上手发球、勾手大力发球、大力跳发球、正面下手发球、侧面下手发球、侧旋球、高吊发球

第二节　发球技术的动作分析

发球成败的关键靠运动员自己掌握，发球技术的熟练程度，发球时的站位都不受距离远近的限制。发球时可运用正面、侧面、上手、下手、助跑或起跳发球。击球手法可用全手掌、掌根、半握拳、虎口和腕部。发球有8 s限制，不得有意拖延比赛时间，发球后，即可迅速入场参加比赛。因此，只有全面熟悉技术分析，才能充分了解并掌握发球技术的动作方法来保证发球的质量。本节以右手发球为例，对排球运动的发球技术动作进行分析。

一、正面上手发球技术动作

正面上手发球技术

正面上手发球技术是指发球队员面对球网站立，利用收腹、转体动作带动手臂加速挥动，在头的右前上方用全手掌击球过网的发球方法。发球运动员面对球网站立，更便于观察对方，发球的准确性大，易控制落点，而且发球击球点高，可以充分利用胸腹和上肢的爆发力，加之运用手掌的推压动作使球呈上旋飞行，不易出界，从而可以加大发球的力量和速度，因此具有较大的攻击性和准确性。身材高大、臂部力量和手臂爆发力强的队员经常采用这种发球更具有威胁性。

（一）动作方法（图 8-1）

1. 准备姿势

面对球网，两脚自然开立，左脚在前，左手托球于体前。

2. 抛球与引臂

左手将球平稳地抛于右肩的前上方，高度适中，同时右臂抬起，屈肘后引，肘与肩平，上体稍向右侧转动，抬头、挺胸、展腹、手掌自然张开。

3. 挥臂击球

利用蹬地，使上体向左转动，同时收腹，以腰胸带动肩、肩带动大臂、大臂带动前臂、前臂带动手腕，最后将力量传送到手上快速挥动。在右肩前上方伸直手臂的最高点处，用全掌击球的后中下部。击球时，手指和手掌要张开与球吻合，手腕要迅速做推压动作，使击出的球呈上旋飞行。击球后，随着重心前移，迅速入场。

图 8-1　正面上手发球

（二）技术分析

1. 准备姿势和发球的取位

准备姿势应把左脚置前，这样便于引臂和身体自然右转。发球的取位应根据对方接发球布阵情况和攻击目标以及发球队员自身的特点来选定，在端线后9 m宽的区域内，可以站在左右两侧，也可站在中央发球。前后位距要根据个人发球特点和性能变化来确定，一般可分远、中、近3种位距：离端线6 m以上为远距离，离端线3 m以内为近距离发球，离端线3 ~ 6 m为中距离发球。

2. 抛球与引臂

抛球应以手臂上抬、手掌平托上送的动作将球抛在身前30 cm处，球离手约1 m高度为宜。球一定要平稳上抛，不要屈腕，以免球体旋转和偏离上抛垂直线，造成击球不准。抛球过前，会造成手臂推球而不易过网；抛球过后，不能充分发挥转体收腹力量；抛球过高，不易掌握动作节奏和击球时机；抛球过低，不能充分发挥击球的力量和提高击球点。右臂后引时，应有屈肘上抬的动作，要充分拉长胸腹和肩关节前侧的肌肉，便于增加工作距离和击球力量。

3. 挥臂击球

挥臂时，发力是从两只脚蹬地开始，使上体向左转动，同时收腹，以腰胸带动肩、肩带动大臂、大臂带动前臂、前臂带动手腕，最后将力量传送到手上快速挥动。击球时，前臂和手腕动作要稳定，不要左右转动。手腕推压动作的大小，应根据击球点的位置进行调整，击球点高或离身体近时，手腕向前推压的动作要稍大，击球偏前或较低时，手腕向前推压动作要稍小，以免击球出界或入网。

（三）技术要领

手托上抛高1 m，同时抬臂右旋体；转体收腹带挥臂，弧形鞭甩应加速；全掌击球中下部，手腕推压要积极。

正面下手发球技术

二、正面下手发球技术动作

正面下手发球技术是指发球队员面对球网，手臂由后下方向前摆动，在体前腹部高度击球过网的一种发球方法。其特点是动作简单，容易掌握，准确性大。但由于击球点低，球速慢，攻击性不强。这种发球方法，在比赛中已很少采用，适合初学者。初学者学习这种技术后，有利于进行接发球练习和教学比赛时使用。

（一）动作方法（图 8-2）

（1）准备姿势：面对球网，两脚前后开立，左脚在前，两膝弯曲，上体前倾，重心偏后脚，左手持球置于腹前。

（2）抛球：左手将球轻轻平稳地抛起在体前右侧，球离手约一球的高度，同时右臂伸直，以肩为轴向后摆。

（3）挥臂击球：利用右脚蹬地向左转体的力量，带动右臂由后向前上方摆动，在腹前用全手掌击球后下部。击球后，身体转向球网，随击球动作重心前移，迅速进场。

图 8-2　正面下手发球

（二）技术分析

（1）击球时，手臂应以肩为轴向后摆起，再以肩为轴直臂向前摆动，在击球前手臂不应有屈肘动作，这样有利于加快挥臂速度和控制击球出手角度和路线并加强准确性和攻击性。

（2）手触球时，手指、手腕要紧张，手成勺形，以掌根部位击球。

（三）技术要领

左手抛球低出手，右臂摆动肩为轴；击球一刹不屈肘，掌根部位击准球。

三、侧面下手发球技术动作

这种发球动作较简单，容易掌握，可借助转体力量来击球，既省力又便于用力，适合女性初学者。虽然发球失误少，但攻击性不强。

侧面下手发球技术

（一）动作方法（图 8-3）

（1）准备姿势：左肩对网，两脚左右开立，约与肩同宽，两膝微屈，上体稍前倾，重心落在两脚之间，左手持球置于腹前。

（2）抛球：左手将球平稳上抛于胸前，距身体约一臂远，球离手高度约一个半球。抛球同时，右臂摆至右侧后下方。

（3）挥臂击球：利用右脚蹬地向左转体的力量，带动右臂由体侧右下方向斜前上方挥动，在腹前用全掌、虎口或掌根击球后下方。击球后，身体转向球网，并顺势进场。

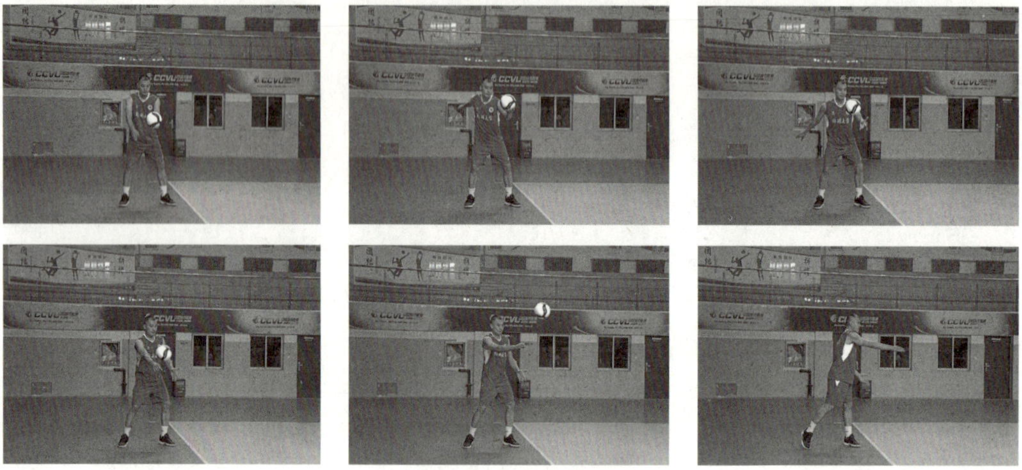

图 8-3　侧面下手发球

（二）技术分析

（1）利用蹬地转体动作带动手臂挥摆，可增加发球的力量，击球时手臂应由体侧右下方向斜前上方挥动。

（2）击球点不应超过肩的高度，并注意控制击球出手的角度和路线，球出手时仰角大，球的飞行路线就高，仰角太小则不易过网。

（三）技术要领

腹前低抛球，转体带摆臂；击球后下部，控制球路线。

四、正面上手发飘球技术动作

正面上手
发飘球技术

正面上手发飘球技术是指采用近似正面上手发球的形式，击球力量通过球体重心，使发出的球不旋转而不规则地飘晃飞行的一种发球方法。这种球使接发球队员难以判断其飞行路线和落点。由于发球队员是面对球网站立，便于观察情况和瞄准目标，所以攻击性和准确性较高，目前在各类水平的比赛中均被男女队员广泛采用。

⋙（一）动作方法（图 8-4）

（1）准备姿势：近似正面上手发球，但左手持球的位置较高，约在胸前。站在离端线的距离变化较大，可站在靠近端线处，也可站在离端线8 m左右处。

（2）抛球与引臂：左手将球平稳地抛在右肩前上方，高度应稍低于正面上手发球，并稍微靠前些。在抛球的同时，右臂上举后引，肘部适当弯曲，并高于肩，两眼盯住击球部位。

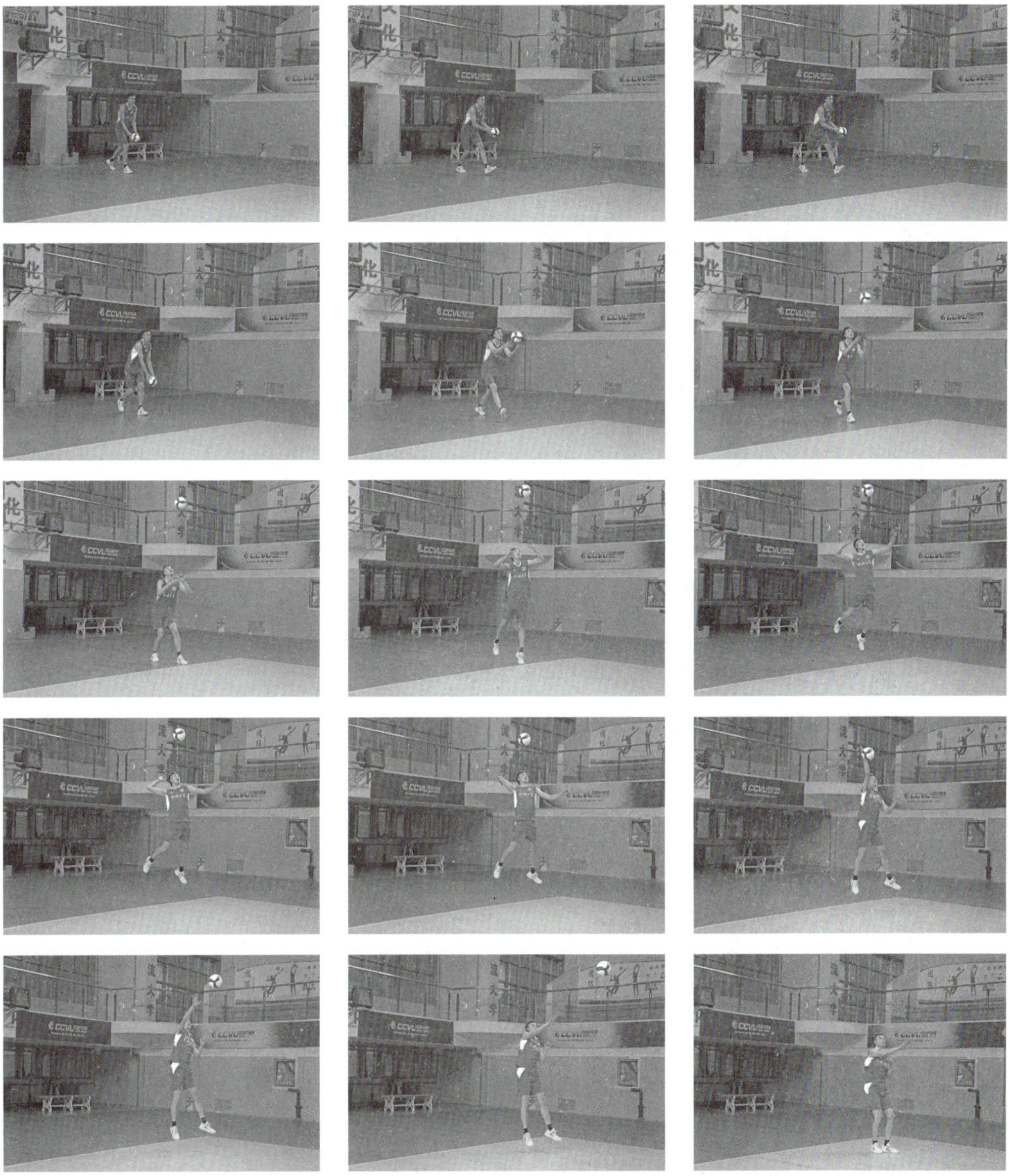

图 8-4　正面上手发飘球

（3）挥臂击球：与正面上手发球一样做鞭甩动作，但击球前手臂的挥动轨迹不呈弧形，而是自后向前做直线运动。击球时，五指并拢，手腕稍后仰，用掌根的坚实平面击球的中下部，使作用力通过球体重心。击球用力要快速，击球面积要小，触球瞬间，手指、手腕要紧张，不加推压动作。击球结束，手臂要有突停动作。

（二）技术分析

（1）为了击准球，抛球要平稳且不宜过高。抛球时，左手应将球向上托送一段距离，将球平稳地抛在右肩前上方，抛球高度以略高于击球点为宜，并稍靠前些。

（2）发球仰角的大小，主要根据运动员身材的高矮来变化。身材高、力量大、爆发力强的队员，发球的仰角应小些；反之，仰角应大些。

（3）发飘球的用力主要靠挥臂动作的速度，挥臂动作幅度不宜过大，但发力要突然、快速、短促。如果发远距离飘球，动作幅度可相应增加，以获得较大的初速度。击球时，触及面积宜小，力量要集中、短促，手腕不能前屈或左右晃动。

（4）为了提高击球点，提高攻击性，可采用跳起发飘球。跳起发飘球不需要全力起跳，当球抛至最高点时，队员应及时跳起至最高点击球。击球时，挥臂动作小而快速，使作用力通过球体重心，使球不旋转地向前飞行。

（三）技术要领

抛球稍低略靠前，挥臂轨迹呈直线；掌根击球穿重心，击后突停不屈腕。

五、勾手发飘球技术动作

勾手发飘球技术是指发球队员侧对球网站立，利用转体动作带动手臂挥摆，使发出的球不旋转而飘晃不定地向前飞行的一种发球方法。这种发球，由于发球队员采用侧面站立，可充分利用腰部扭转带动手臂加速挥摆，便于发力，对肩关节负担较小，具有较强的攻击性，适合各种距离的发球。

（一）动作方法（图 8-5）

（1）准备姿势：侧对网站立，两脚自然开立，左手持球于胸前。

（2）抛球与摆臂：左手采用托送动作，将球平稳地抛至左肩前上方，略高于击球高度，这样可以缩短抛球距离，减慢球体上升速度，使抛球平稳，容易击准部位。在抛球的同时，右臂放松向体侧后下方摆动，身体重心稍向右移。

（3）挥臂击球：击球时，右脚蹬地，上体向左转动发力，带动手臂挥动。挥动时，手臂要伸直，在左肩的前上方，用掌根、半握拳或拇指根部等部位击球的后中下部，并使身体重心移至左脚。在击球前，手臂挥动的轨迹，应有一段直线运动。手触球瞬间，五指并拢，手腕后仰，并保持紧张。击球后，手臂挥动有突停动作，使球与手很快分离。

图 8-5　勾手发飘球

(二)技术分析

(1)抛球时，左手应将球自下向上托送一段距离再抛送离手，以缩短抛球距离，减慢球体上升速度，使抛球平稳，容易击准部位。

(2)勾手飘球不能像勾手大力发球那样使用全身最大爆发力去击球，而是在下肢和腰部协调动作的基础上，以肩为轴，运用放松、快速的挥臂力量来击球。击球时，力量要集中，作用力要通过球体重心，手腕不能有任何附加动作，切忌屈腕和转腕动作。

(三)技术要领

抛球不宜高，抛击要协调；击球莫屈腕，突停容易飘。

六、跳发球技术动作

跳发球技术是指发球队员在端线后发球区，利用助跑跳起在空中像扣球似的将球击入对方场区的一种发球方法。跳发球技术是近年来世界排球劲旅越来越普遍采用的一种攻击性很强的发球技术。由于队员跳起在空中身体能充分展开并向前游动，不仅可以升高击球点，而且缩短了击球点与球网的距离，从而增强发球的力量和攻击性。但与其他发球技术相比，跳发球的技术难度和体力消耗较大。

跳发球技术动作同远网扣球相似，它可运用一步、两步或多步助跑起跳的方法，可正对网助跑或斜对网助跑。本节主要介绍的是正面助跑跳发上旋球技术方法。

(一)动作方法(图 8-6)

(1)准备姿势：队员面对球网，站在离端线3～4 m处，以右手或双手持球置于体侧或腹前。

跳发大力球技术

（2）助跑起跳：随着抛球动作，队员迅速向前做2～3步助跑起跳。起跳时，两臂要协调而积极地摆动，摆幅要大。

（3）挥臂击球：挥臂击球动作类似正面扣球。

（4）落地：击球后，尽量使双脚同时落地，两膝顺势弯曲缓冲，迅速入场。

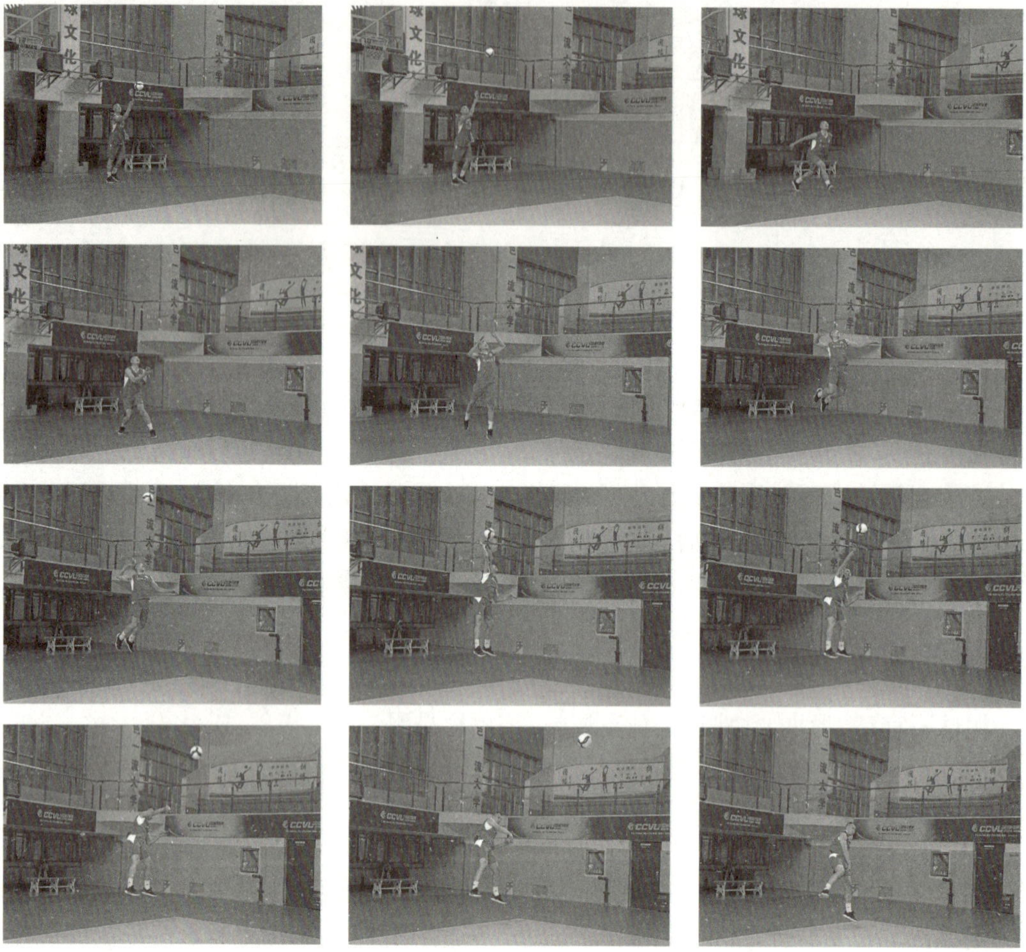

图 8-6　跳发大力球

（二）技术分析

（1）抛球是发好跳发球的基础。球一定要抛在助跑方向的前上方，用右手或双手将球抛至右肩前上方，抛球高度一般为肩上方2 m左右，落点在端线附近。离身体太近，不利发挥助跑速度，影响起跳高度；离身体太远，容易引起踏端线犯规或击不到球。抛球的高度和距离应根据队员的具体情况而定，个子高、冲跳能力强的队员，可将球抛得高一点，离身体远一点，这样更可以发挥队员点高力大的优势。一般宜用击球手臂单手抛球，这样有利于助跑动作的协调配合。

（2）挥臂击球动作似正面扣球。空中击球动作近似远网扣球，但身体展开的幅度应更大些，全掌包球和手腕推压的动作也应更充分些，这样才能更好地发挥击球力量又不致使球不过网或飞出界外。

（三）技术要领

抛球前上助跑跟，两臂摆动两脚蹬；腰腹带动手臂甩，满掌击球落地稳。

第三节 发球技术的实践运用

一、发球技术运用的要点

（一）抛球要稳

抛球应根据不同的发球方法和个人的特点，平稳地向上抛球，尽量使球不旋转。每次抛球的高度、位置和离身体的距离都应基本固定。忽高、忽低、忽左、忽右、忽近、忽远，都是影响发球准确性和攻击性的重要原因。

（二）击球要准

无论用何种发球方法发球，都要以正确的手形击准球体的相应部位，使用力方向和发出球的飞行方向一致。如正面上手发上旋球时，要用全掌击球的后中部；勾手大力发上旋球时，要用全掌击球的后中下部；发飘球时，要击准球的重心。

（三）手法、手型要正确

不同的发球方法，需要用不同的手法和手型，不同的手法和手型发出的球，其性能也各不相同。如发上旋球，击球时要全手掌包满球，手腕还要有积极的推压动作；发飘球时，只能用掌根或手的其他坚硬部位击球，而且要缩小击球面积，手腕不但不能推压，还必须后仰，击球动作短促有力。

（四）力量要适当

发球队员应根据自己站位的距离，发球的目标位置，发出球的性能，掌握好击球的力量，这是减少发球失误的一个重要方面。

二、发球技术的运用策略

发球时应根据比赛中的具体情况，灵活运用各种不同性能的发球技术，力争做到发球稳定、凶狠、准确相结合，找人、找区相结合。

（一）提高发球的成功率

发球的成功率和攻击性就是准确率高、攻击性强。在排球运动比赛中，攻击性强的发球往往失误率相对较高，而准确性高的发球，又会使其攻击性相对减弱，要解决这个矛盾，首先强调发球的攻击性，再强调发球的准确性，只着眼于准确性，而不注重攻击性，就不能最大限度地攻击对手，就会处于被动挨打的地位，拼发球就是拼发球的攻击性。每球得分制的出现，实质上是将发球作为一个进攻手段，拼发球和接发球进攻系统的对抗成为比赛双方争取比赛主动的首回合较量，为有效的进攻和防守反击创造条件。

（二）提高发球的攻击性

发球的攻击性就是能对对方的接发球造成威胁，破攻术使本队获得有利的反攻机会，破战术可以使本队能组织有效的拦网和防守，争取到有效的反击机会，最理想效果就是发球直接得分。发球攻击力的强弱，取决于击球点的高低、击球力量的大小、球的飞行速度和弧线、性能等。就击球的力量来说，是指球对接发球手臂的冲击力，力量越大球的飞行速度就越快，球速越快，对接发球人的判断能力、移动能力等要求就越高。击球点对发球的成功率起到重要作用，击球便于加力，球飞行速度加快，力量加大，攻击性随之加强。稳定的抛球和相对固定的击球点是增加发球攻击性和成功率的重要方法。

（三）善于临场变化

善于根据临场比赛的情况，灵活运用突出攻击性或稳定性的发球。根据场上变化、对方站位、场上队员的技术和比赛状态，采取以下发球技术：①找区域和空当进行发球攻击；②瞄准对方的弱点位置进行发球攻击；③变换发球方式和性能进行发球攻击；④根据场上每局比赛的变化和实际情况选择恰当的发球战术进行攻击。

当然，要运用好发球技术，除了熟练掌握发球技术，具备良好的控球能力外，还必须有敏锐的观察判断能力，良好的心理素质，才能把发球技战术运用得恰到好处，取得良好的效果。

第九章

扣球技术

第一节 扣球技术的概念与类型

一、扣球技术的内涵

队员跳起在空中，用一只手或手臂将本方场区上空高于球网上沿的球击入对方场区的一种击球方法叫扣球技术。

扣球技术是排球运动的基本技术之一和攻击性最强的一项技术，在比赛中占有十分重要的地位。扣球是得分的主要手段，是一个队争取主动摆脱被动，鼓舞士气，抑制对方的最积极、最有效的武器。因此，扣球的水平，最能体现一个队的进攻质量和效果，是能否取胜的关键。扣球的攻击性和威力主要表现在击球点高、速度快、力量大、变化多、突然性以及各种假动作和佯攻等方面。运动员可以扣各种不同性能、不同时间、不同角度、不同落点的变化球，使扣球更具进攻威力。

目前，扣球技术正朝着高度、速度、变化、力量、突然性以及各种假动作的方向发展，女队向男队扣球技术变化的方向发展。

二、扣球技术的类型

扣球技术按动作可以分为：正面扣球、勾手扣球、单脚起跳扣球；按区域可以分为：前排扣球、后排扣球；按用途和变化可以分为：快球类、自我掩护扣球类和其他变化类（表9-1）。

表9-1　扣球技术的类型

按动作分类	按区域分类	按用途和变化分类		
		快球类	自我掩护扣球类	其他变化类
正面扣球 勾手扣球 单脚起跳扣球	前排扣球 后排扣球	扣近体快球 扣短平快球 扣背快球 扣背平快球 扣4号位平拉开球	时间差扣球 位置差扣球 空间差扣球 （前飞、背飞、拉三、拉四）	转体扣球 转腕扣球 打手出界 超手扣球 轻吊球 轻扣球

第二节　扣球技术的动作分析

扣球是身体在空中完成的击球动作，每一次扣球需要经过助跑、起跳、空中击球和落地四个相互衔接的过程。扣球要求扣球者必须具有弹跳高度、腰腹力量、手臂挥击速度、手腕控球能力、人球正确关系以及在空中的时空感和滞空力。此外，扣球的效果很大程度上又依赖于二传的密切配合以及扣球的个人技巧和战术运用水平。

一、正面扣球技术动作

正面扣球技术是扣球技术中最基本的一种方法。由于面对球网，便于观察，准确性较高，加之正面扣球挥臂动作灵活，能根据对方防守情况，随时改变扣球的路线和力量，控制落点，因而进攻效果较好。初学者必须掌握好正面扣一般球后，再学习其他扣球技术，现以两步助跑，右手扣球为例来分析其动作方法和技术要领。

（一）动作方法（图 9-1）

1. 准备姿势

扣球助跑前采用一般准备姿势，两臂自然下垂，站在离网3 m左右处，身体转向来球方向，观察来球，做好向各个方向助跑起跳的准备。

正面扣球技术

2. 助跑

助跑开始时，左脚先向前迈出一步，紧接着右脚再快速跨出一大步，左脚及时并上，踏在右脚之前，两脚尖稍向右转，两臂绕体侧向上引摆。

3. 起跳

在助跑跨出最后一步（即第二步），左脚并上踏地制动的同时，两臂自后积极向前摆动，随着双腿蹬地向上起跳，两臂配合起跳有力地向上摆动。

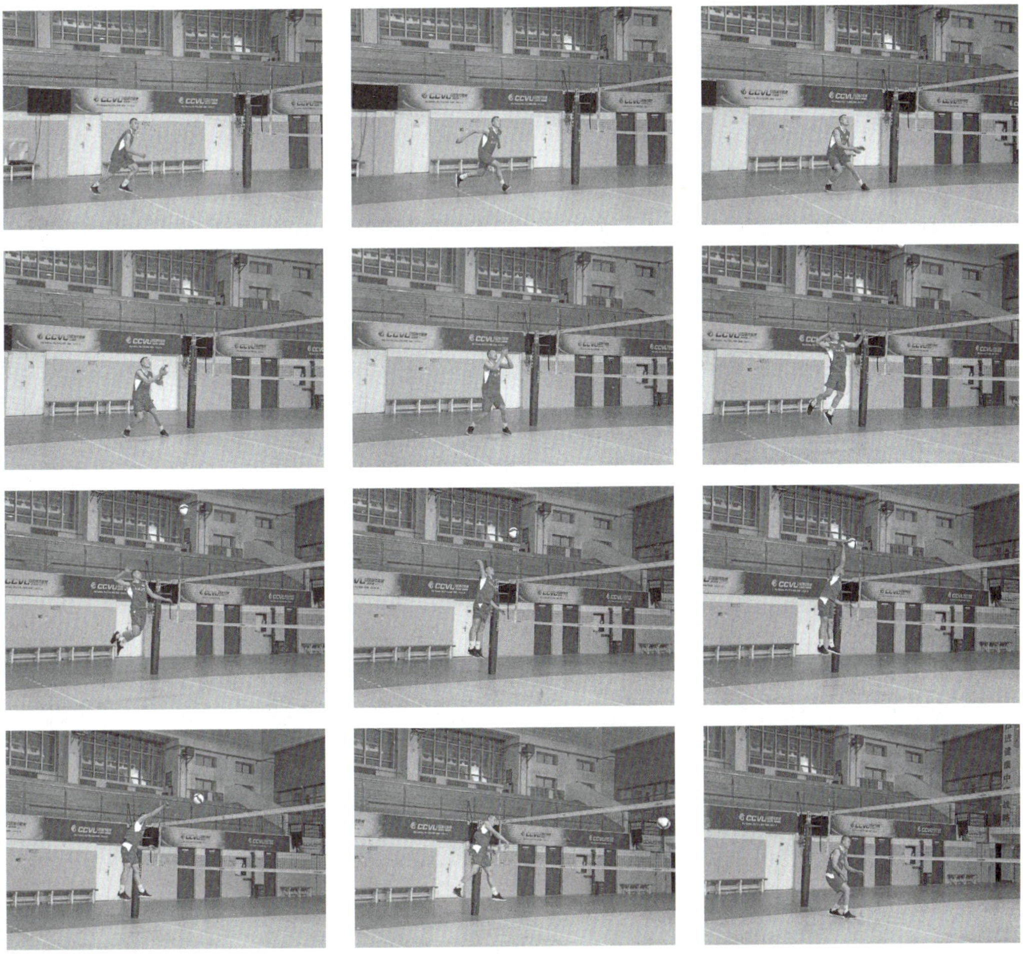

图 9-1　正面扣球

4. 空中击球

起跳后，挺胸展腹，上体稍向右转，右臂向后上方抬起，身体成反弓形协助保持上体的空中平稳，此时，击球手臂应屈肘置于头侧，肘高于肩。挥臂时，以迅速转体、收腹动作发力，依次带动肩、肘、腕各部位关节向前上方成鞭甩动作挥动。击球时，五指微张，以掌心为主，全掌包满球，在手臂伸直的最高点的前上方击球的后中部，同时主动用力屈腕、屈指向前推压使扣出的球呈上旋击出。

5. 落地

落地时，以两脚前脚掌先着地再迅速过渡到全脚掌着地，同时顺势屈膝、收腹，以缓冲下落的力量，立即做好下一个动作的准备。

（二）技术分析

助跑起跳技术

1. 助跑

助跑的目的，一是接近球，选择恰当的起跳点；二是利用助跑的水平速度配合起跳，起到增加弹跳高度的作用。

（1）步法。助跑的步法种类很多，有一步、两步、三步和多步法；有向两侧的跨跳步和并步法；有原地踏跳步和后撤步等。步法的运用要因球而异，因人而异，力求灵活，适应性强。但无论采用几步助跑，第一步要小，最后一步应大。现以两步助跑右手扣球为例，分析如下：

第一步：以左脚向来球的落点方向自然迈出，其主要作用是确定助跑方向。第一步应小，但要对正上步的方向，使静止的身体获得向前起动的速度，故有“方向步”之称。

第二步：步幅要大，步速要快，使支撑点落在身体重心之前，身体后倾，重心自然后移和降低，从而有利于制动。第二步即最后一步，要以右脚的脚跟先着地，再过渡到全脚掌着地，这样有利于制动身体的前冲力，增加腿部肌肉的张力，提高弹跳高度。这一步起着调整身体与球的距离、决定起跳点的重要作用。

（2）助跑路线。由于二传来球的落点不同，扣球队员助跑的方向和路线也不相同。以4号队员扣球为例，其主要的助跑路线有三种：扣集中球采用斜线助跑；扣一般球采用直线助跑；扣拉开球采用外绕助跑。

（3）助跑的时机。由于二传来球的高度和速度不同，扣球队员必须掌握不同的起动时机。二传球低或传球速度快时，起动要早一点，球高则要晚一点。同时，还要根据扣球队员的个人动作特点来确定助跑起动时机，动作慢的队员要早一点起动，动作快的队员则应晚一点起动。助跑起动过早或过晚，都会影响起跳扣球的质量。

（4）助跑的制动。最后一步既是制动步，又是起跳步，起着制动和起跳两方面的作用。

助跑最后一步，双脚落地有三种方法：第一种，由支撑脚的脚跟先着地，过渡到全脚掌蹬地起跳，动作幅度大，制动效果好，有利于增加垂直起跳高度；第二种，由前脚掌着地迅速蹬地起跳，起跳动作快，有利于加快起跳速度，争取起跳时间和向前上方冲跳的高度；第三种，由全脚掌着地蹬地起跳，身体重心较稳定，踏跳有力。

2. 起跳

（1）起跳的步法。助跑的最后一步称为起跳步，它既是助跑的结束步法，又是起跳的准备动作。常用的起跳步法有两种：一种是并步起跳，即一脚跨出一大步后，另一脚迅速向前并步，随即蹬地起跳。这种方法便于调整起跳时间，适应性强，制动效果好，身体重心易保持稳定，但对起跳高度稍有影响。另一种是跨跳步起跳，即一脚跨出一大步的同时，另一脚也跟着跨出去，双脚有一个腾空的阶段，两脚同时着地，蹬地起跳。这种方法能利用人体下落的重力加速度，增加弹跳高度，但不便于加快助跑速度，易影响起跳节奏，不利快攻起跳。

（2）起跳的位置。一般应选择在距离球一臂之远的位置起跳。这样才能保持好身体和球合理的位置关系，便于充分发挥全身的协调力量，保持较高的击球点。

（3）起跳的摆臂。起跳时的手臂摆动一般有两种方法。一种是划弧摆臂：方法是以肩关节为轴，两臂经体侧向后再向前上方划弧摆动。这种摆臂可根据需要来变化划弧的大小，动作连贯协调，便于调整摆臂速度和节奏，适应性强，运用较普遍。另一种是前后摆臂：方法是两臂由体前先向后摆动，然后再由后向前上方直接摆动，这种摆臂振幅较大，摆动较有力，有利于提高弹跳高度，但因动作大，使空中的转体动作不便，对及时快速起跳有影响。

3. 空中击球

（1）挥臂方法。当起跳身体腾空后，左臂摆至身体前方，协助保持上体的空中平衡。此时，击球手臂应屈肘置于头侧，肘高于肩，身体成反弓形。挥臂前合理的屈肘动作，可以缩短挥臂时以肩为轴的转动半径，减少转动惯量，提高挥臂的初速度。随之边挥臂边伸肘，加长转动半径，增加挥臂的线速度。在挥臂转动的角速度不变的情况下，上臂甩得越直，挥动半径越大，线速度也越快，扣球越有力。这种挥臂方法，既能扣高弧度球，也能扣低平弧度的球，适应范围较广。

（2）击球动作。击球时，要求击球的手有巨大的动量和速度，而扣球中全身协调的击球力量是由于手臂的鞭打式动作，最后通过手腕的甩动和加速，由全手掌作用于球体的。因此，只有用全手掌击球，手腕关节才能很好地参与整个鞭打动作，传递并加大击球的力量。

（3）击球点。扣球的击球点应在起跳最高点和手臂甩直的最高点的前上方。手臂与躯干的夹角为160° 左右。也可利用击球点附近的垂直空间和水平空间来扩大击球范围，增加扣球路线和角度的变化。一般近网扣球的击球点应略靠前，远网扣球的击球点应保持在头的上方。

（三）技术要领

助跑节奏慢到快，一步定向二步跨；后步跨上猛蹬地，两臂配合向上摆；腰腹发力应领先，协调挥臂如甩鞭；击球保持最高点，全掌包球击上旋。

二、单脚起跳扣球技术动作

单脚起跳扣球是指助跑的最后一步以单脚踏地，另一只脚直接向前上方摆动帮助起跳的一种扣球方法。这种扣球在现代排球中由于各种冲跳扣球的大量采用，使其更有了新的发展前景。单脚起跳由于第二只脚不再落地面直接上摆，且起跳腿下蹲较浅，因而它比双脚起跳动作快0.2 s左右。还由于它能充分利用助跑速度，加上右腿积极上摆的协调动作，比双脚起跳冲得更远，跳得更高。所以它既能高跳扣定点高球，又能追球起跳扣低弧度球，有利于控制时间和空间，兼有位置差和空间差的特点，这对突破和避开拦网有较大作用。单脚起跳扣球，可采用一步、二步或多步助跑。助跑的路线与球网的夹角宜小，以免造成前冲力过大而碰网或过中线犯规。助跑到最后，以左脚向扣球点位置跨出一大步，身体重心稍后倾，在右脚向上摆动时，左脚用力蹬地起跳，两臂积极配合上摆，起跳后的扣球动作与正面扣球基本相似。

第三节 扣球技术的实践运用

一、扣球技术的运用类型

扣球技术在运用中种类较多（图9-2），常用的有正面扣球、单脚起跳扣球、勾手扣球等。按照运用变化有扣快球、扣近（远）网球与调整球、自我掩护扣球以及其他运用变化的扣球等，其动作要领大同小异。在学习并掌握了正面扣球的基础上，应掌握多种扣球技术，以增加进攻能力。

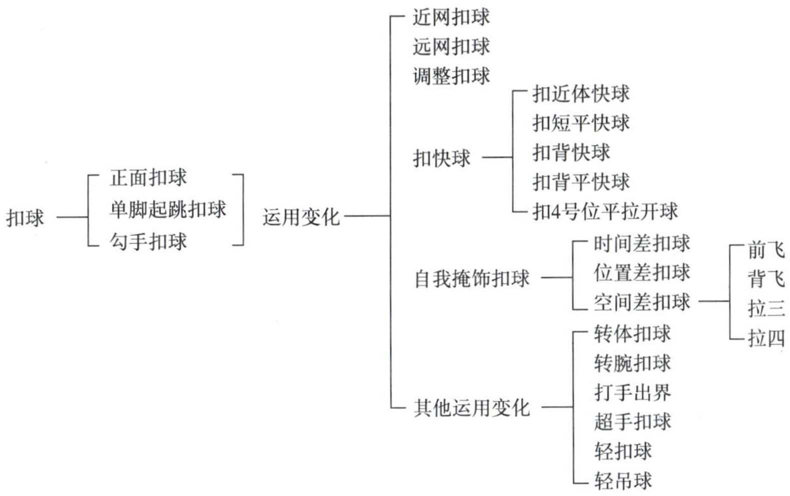

图 9-2　扣球技术运用

跳起二传技术

二、扣球技术的实践运用

(一)近网扣球技术

击球点距网50 cm左右的扣球动作方法称为近网扣球技术。这种扣球的特点是击球点高，路线变化多，威力较大，但对方易拦网。起跳后，抬头挺胸，但上体不宜后仰过大，手臂后拉幅度应稍大。主要利用猛烈的含胸动作发力，以肩为轴，向前挥动手臂，以上臂带动前臂，加强屈肘和甩腕动作，以全掌击球的后中上部。为了防止触网，手击球后，整个手臂要顺势收回。

近网扣球技术

(二)远网扣球技术

击球点距网1.5 m左右的扣球的动作方法称为远网扣球技术。这种扣球可以加大上体和扣球手臂的振幅，充分利用收腹、收肩动作，扣球力量大。由于距网较远，扣出的球角度较平，对方不易拦网。起跳后，抬头挺胸，上体后仰，身体成反弓形，击球点保持在右肩的上方最高点。用全掌击球的后中部，击球瞬间，手腕要有明显的推压动作，使球急速上旋飞入对区。

远网扣球技术

(三)调整扣球技术

扣从后场区调整传到网前的球的动作方法称为调整扣球技术。由于后场区调整传球的方向、弧度、落点不同，要求扣球队员灵活地运用各种助跑起跳方法(如多步、一步、原地踏跳、倒跨步、后撤步等)，调整好人与球的距

调整扣球技术

离，采用不同的击球手法，控制扣球的力量、路线和落点。在助跑时应侧身看球，若球与网夹角小，应后撤斜线助跑；若球与网夹角大，则应外绕助跑。

(四) 扣快球技术

1. 扣近体快球技术

扣球队员在二传队员体前或体侧约一臂距离处扣的快球动作方法称为近体快球技术。这种快球一般在一传到位而靠近网的情况下进行，动作方法与正面扣球大致相同，特点是二传距离短、速度快、节奏快，因而实扣效果和掩护作用好。

扣近体快球技术

助跑路线宜与球网保持45°～60°的夹角。助跑起动时间较早，跑速要快，一般是随一传球同时跑到网前，也可早于一传助跑。在二传队员传球出手时或出手前瞬间快速起跳。要浅蹲快跳，以便于加快起跳速度，跳起在空中等球。击球手臂后引动作要小，主要利用含胸、收腹的动作，带动前臂和手腕快速鞭打式挥动，用全掌击球的后上部。

2. 扣短平快球技术

在二传队员体前2～3 m处，扣二传队员传来的快速平弧度球的动作方法，称为扣短平快球技术。由于这种球飞行速度快、弧度平，因而进攻节奏快，进攻区域宽，有利于避开拦网。扣短平快球一般采用外绕弧形助跑或正对网的直线助跑，与二传队员传球出手的同时起跳。起跳后，左肩侧对球网，当球飞行至击球点时，截住球的飞行路线，利用迅速的含胸动作带动前臂和手腕加速挥动，以全掌击球的后上方。根据对方拦网的位置，还可提前或错后击球。

扣短平快球技术

3. 扣背快球技术

在二传队员背后约50 cm处扣快球的动作方法称为扣背快球技术。其扣球方法与扣近体快球相同。但因二传队员看不见扣球队员助跑起跳的情况，需要扣球队员主动配合，去适应二传。

扣背快球技术

4. 扣背平快球技术

在二传队员背后2 m左右处扣背传来的快速平弧度球的动作方法，称为扣背平快球技术（又称背溜）。这种扣球的特点与扣短平快球相似，击球点一般在2号位标志杆附近。

5. 扣4号位平拉开球技术

在4号位标志杆附近，扣二传队员在2、3号位之间近网传过来的快速平弧度球的动作方法，称为扣4号位平拉开球技术。这种扣球速度快，进攻区域宽，有利于摆脱对方的集体拦网。在二传队员传球前，4号区队员就要开始作外绕助跑，待二传队员传球出手后，扣球队员即在标志杆附近起跳，截击来球。扣球动作与短平快相同，但不能提前挥臂，要看准来球后再挥臂击球。这种扣球既可跳

4号位平拉开扣球

起前冲截打小斜线球，也可等球飞到标志杆附近后再作正面扣斜线或直线球。

（五）自我掩护扣球技术

1. 时间差扣球技术

队员利用起跳时间上的差异来迷惑对方拦网的扣球方法，称为时间差扣球技术。这种扣球要求扣球队员按快球的节奏助跑摆臂，但在踏跳时并不跳离地面，只是做一个起跳的假动作，诱使拦网队员跳起拦网。待拦网队员跳起下落时，扣球队员立即原地起跳扣半高球。时间差扣球可运用于近体快、背快、短平快、背平快等扣球中。这种扣球的佯跳动作要逼真，实跳时动作要协调。

2. 位置差扣球技术

队员利用起跳位置的差异摆脱拦网的扣球方法，称为位置差扣球技术，或称为“错位”扣球技术。常用的位置差扣球技术有4种：短平快向3号位错位扣；近体快向2号位错位扣；近体快向3号位错位扣；背快向2号位错位扣。不论采用哪种错位差扣球，都是以快球作为掩护，再错位扣半快球（或小弧度球），都要做到：助跑起跳的假动作要逼真；变向跨步再起跳的动作幅度要小；速度要快；动作要连贯。

3. 空间差扣球技术

扣球队员利用冲跳动作，使身体在空中有一段移位的距离，把起跳点和击球点错开的扣球方法称为空间差扣球技术，又称为空中移位扣球技术。目前常用的空间差扣球有前飞、背飞、拉三、拉四等。

（1）前飞。队员佯打短平快球，突然改用向前冲跳，“飞”到扣近体快球的击球点上扣半快球。采用角度较小接近顺网的助跑路线，最后一步右脚全脚掌先着地，只做轻微的制动，使身体重心继续前移，随之左脚在右脚前方60～80 cm处着地。起跳时，右脚应先发力蹬离地面，继而左脚再用力向后下方蹬离地面，两臂由后经体侧向前上方用力摆动。当身体在空中向前移位接近球时，右臂上摆与肩齐平，小臂后引，利用向左转体和收腹动作，带动手臂挥动击球。

（2）背飞。队员在扣近体快球的位置上冲跳，“飞”到二传身后1～1.5 m处扣背传的平弧半快球，称为背飞扣球。背飞扣球的技术方法与前飞扣球相同，但起跳点应在二传队员体侧，起跳后身体在空中与球同方向飞进，形成跟踪追球。一般情况下可“飞”至2号位标志杆附近击球。击球时，上体向左转动带动手臂挥动，以全掌击球后上部。

（3）拉三。队员在按扣近体快球助跑，二传队员将球向3号位传得稍拉开一点，扣球队员侧身向左起跳追球，在左前方扣快球，称为拉三扣球。

（4）拉四。队员在扣短平快球的位置上起跳，二传队员将球传向4号稍拉开一点，扣球队员侧身向左跳起追球，在左侧前方扣短平快球，称为拉四扣球。

（六）扣球技术在运用中的变化

1. 转体扣球技术

在起跳或击球过程中，改变上体方向的正面扣球的动作方法称为转体扣球技术，转体扣球与正面扣球的动作方法大致相同，主要区别是将击球点保持在左侧前上方，击球时，队员在空中利用向左转体和收腹的动作带动手臂向左挥动，以全手掌击球的右侧上方来改变扣球的方向，另一种转体方法是在助跑制动起跳前，身体就完成了转体动作，这种方法多用于向右转体扣球，它的隐蔽性和突然性不及空中转体扣球。

转体扣球技术

2. 转腕扣球技术

扣球队员在击球时，突然利用肩、前臂和手腕的转动动作来改变扣球的路线的动作方法称为转腕扣球技术。

转腕扣球技术

（1）向外转腕扣球：扣球时，起跳动作与正面扣球相同，但击球点应保持在右肩前上方，击球时，右肩上提并稍向右转，前臂向外转，手腕向右转甩动，同时上体和头部向左偏斜，以全手掌击球左侧上方，击球时肘关节应伸直以加快挥臂的速度，这种扣球在前排三个位置都可运用。

（2）向内转腕扣球：扣球时，击球点应保持在头的左前上方，前臂内转，手腕向左甩动，以全手掌击球的右侧上方，这种扣球主要用于2号位和3号位扣斜线球。

3. 打手出界技术

打手出界技术指扣球队员有意识地使扣出的球触及拦网队员的手后飞出界外的扣球方法。当球传到两侧标志杆附近上空时，4、2号位队员击球瞬间，运用向内或向外转腕的动作，击球的后侧上方，使球触及拦网者外侧手后飞向界外。当球传在3号位近网上空时，利用转体或转腕动作，向两侧挥臂击球，造成打手出界。

此外，远网球亦可采用打手出界的方法，除对准拦网者外侧手的外侧部位击球外，还可将球扣在拦网者的手指尖上造成出界，扣这种球时，扣球队员要对准拦网者的手指部位用力向远处击出平冲球，使球触及对方手指后飞向端线外。

4. 超手扣球技术

超手扣球技术指利用自己的身高和弹跳优势，将球从拦网者手的上空击入对方场区的一种扣球方法。扣球时，队员应充分利用助跑起跳，来增加弹跳高度，保持好较高的击球点，利用提肩收胸动作带动挥臂。击球时，肩应尽量上提，手臂向上充分伸直，并利用小臂加速挥动和甩腕动作，在右肩前上方，以全手掌击球的后中上部，使球从拦网者手的上方呈上旋长线飞出。

5. 轻扣球技术

轻扣球技术指扣球队员佯作大力扣球，而在击球前瞬间突然减慢手臂挥动速度，将球轻轻击入对方空当的一种扣球方法。轻扣球的助跑、起跳、挥臂动作应与重扣球一样逼真，但在击球前瞬间手臂挥动速度突然减慢，手腕放松，用全掌包满球，轻轻向前上方推搓，使球从拦网者手上呈弧线落入对方空当。

轻扣球技术

6. 轻吊球技术

轻吊球技术指扣球队员以轻巧灵活的单手传球动作，使球避开或越过拦网者的手落入对方场地空当的一种击球方法。扣球队员起跳后佯做扣球，然后突然改变动作，以单手传球的手法击球的后下方或侧后下方，将球吊入对方空当。击球时，手臂应尽量伸直，争取高点击球。

轻吊球技术

第十章

拦网技术

第一节 拦网技术的概念与类型

一、拦网技术的概念

靠近球网的队员，将手伸向高于球网处阻挡对方的来球并触及球的动作方法，称为拦网技术。拦网技术是排球运动的基本技术之一，拦网时应有良好的判断力，准确选择拦网地点、时间和空间。

从1938年规则中允许拦网阻挡开始，拦网技术就不断发展创新，有关拦网的竞赛规则也在不断演变发展，其主要目的是促使进攻与防守的相对平衡，使比赛来回球更多、更激烈、更有吸引力，更好地实现比赛的攻守平衡。1897年7月，美国体育杂志上公开介绍了排球比赛的打法及简单规则；1916年，美国出版发行了第一部排球规则书，其内容中未涉及有关拦网方面的规则。随着排球运动的广泛开展，在实践过程中逐渐修改和完善之前的规则，出现了“击球时手不得过网”的规定，开始对网前拦网行为提出了限定。

1947年，国际排联正式成立，制定了世界6人制排球比赛规则，使世界性的排球比赛在统一的规则限制下进行，推动了排球运动水平向更高的方向发展。随着排球运动的不断发展和提高，为了使比赛更加激烈精彩，更具观赏性，国际排联对规则进行了多次修改，特别是为了适应排球运动攻防“不平衡—平衡—不平衡”这一规律，国际排联在拦网上作了若干次重大修改。其拦网规则的演变历程主要如下：

1938年，规则规定可以拦网，但必须是前排相邻的两名队员参加拦网。1948年，规则规定单人拦网后不能再次触球，否则为连击；集体拦网中没有触球的队员可以再次击球。1956年，规则规定，集体拦网距离为1 m之内。1958年规则规定集体拦网时，触球队员手虽未过网，但同时其他未触球的人手过网，也算过网拦网犯规。1959年，规则对拦网有了明确的界定，特别规定不论是否起跳，只要用腰部以上身体任何部位在本区球网上沿附近阻挡对方进攻的行动都被视为拦网。1964年，国际排联在日本东京举行会议，修改了有关“拦网”的规则。规则条文为：“当一方扣球前，另一方前排队员身体任何部分越过球网上沿以上的垂直平面触球，即为过网犯规。但一方队员扣球或吊球后，另一方拦网队员过网触球不算犯规。”明确地规定在对方扣球后拦网手可以过网去拦球，促使拦网的作用由被动改主动，由防御变进攻。这一规则的修改有利于身材高大的欧美球队，对我国及亚洲国家并不太有利，为了适应排球规则的演变，中国男排创造出了“盖帽”拦网新技术，并利用这项新技术取得了一系列的佳绩。1971年，规则增加了“在球网标志带外增设了两根标志杆”。1977年，拦网不作为一次击球，也就是说在本队拦网触球后，本方还可以击球三次，同时取消了允许“标志杆外拦网”的规定。1979年明确了集体拦网的概念：拦网队员的手不超过网高，就不认为是参加集体拦网。1984年规定不允许拦发球。1999年开始执行自由人规则，拦网规则中增加了“自由人不得拦网和试图拦网”的规定。2005年明确了拦网的概念：拦网是队员靠近球网，将手伸向高于球网处阻挡对方来球的行动，只有前排队员可以完成拦网。2009年，规则对“拦网”的概念作出更有意义的补充：“拦网是队员靠近球网在高于球网处阻挡对方来球的行动，与触球点是否高于球网无关，但其触球时必须有身体的一部分高于球网上沿，只有前排队员可以完成拦网。”

拦网是排球比赛中的第一道防线，也是第一道进攻线。现代排球比赛中网上精彩激烈的争夺战就是扣球与拦网这一对矛盾的展开。高水平的排球比赛中，如果没有有效的拦网，后排防守将是非常困难的。拦网不仅可以将对方的扣球拦回、拦起，减轻后排防守的压力，而且可以直接将球拦死，使之成为得分的重要手段。此外，拦网还能干扰和破坏对方进攻战术的组织，削弱对方进攻的锐气，动摇对方的信心，给对方造成心理上的威胁。因此，拦网水平的高低，直接影响着比赛的胜负。拦网技术的提高和创新，对促进排球运动的发展有着重要的作用。

二、拦网技术的类型

拦网技术按人数可以分为：单人拦网和集体拦网（双人拦网、三人拦网），两者对个人的技术要求是相同的，但集体拦网需要注意拦网队员之间的相互协作与配合；按运用与变化可以分为原地拦网、移动拦网、拦强攻、拦快攻、拦后排攻等。

第二节 拦网技术动作

一、单人拦网技术动作

单人拦网是集体拦网的基础，其动作结构包括准备姿势、移动、起跳、空中动作和落地五个相互衔接的部分。

（一）动作方法

（1）准备姿势：队员面对球网，两脚左右开立，约与肩同宽，距网30~40 cm，两膝微屈，两臂屈肘置于胸前。

（2）移动：常用的步法有一步、滑步、并步、交叉步、跑步等。无论采用哪种移动步法，都要做好制动动作，以保证向上起跳，避免触网和冲撞同队队员。

单人拦网技术

（3）起跳：原地起跳时，两腿屈膝，重心降低，随即用力蹬地，两臂以肩发力，在体侧近身处，划小弧用力向上摆动，帮助身体迅速跳起。移动后的起跳，其起跳动作与原地起跳一样，但要注意制动并使移动与起跳动作紧密衔接。

（4）空中动作：起跳时，两手从额前沿球网向上方伸出，两臂伸直并保持平行，两肩上提。拦网时，两臂应伸过网去接近球。两手自然张开，屈指屈腕成半球状。当手触球时，两手要突然紧张，手腕下压盖在球的前上方。

（5）落地：拦球后，要做含胸动作，以保持身体平衡。手臂要先后摆或上提，从网上收回至本方上空，再屈肘向下收臂，以免触网。与此同时屈膝缓冲，双脚落地，随即转身面向后场，准备接应来球或做下一个动作。

（二）技术分析

1. 拦网队员的选位

在拦网的预判阶段，拦网队员站位可离网稍远些，约距网50 cm。一旦判定对方扣球位置或助跑最后一步制动时，起跳点距网应近些，这样向上起跳，可提高拦网高度，避免漏球。一般情况下，2、4号队员取位距边线1.5 m处，3号位队员居中。但当对方以中路跑动进攻战术为主时，2、4号位队员应相对靠近中间站位，距离边线2~2.5 m处，若对方以近体快或真假交叉进攻结合拉开战术时，4、3号位队员应稍靠近中间站位，而2号位队员则应靠近边线站位。

2. 拦网队员的移动

拦网的移动方向主要是向两侧和斜前方。移动时采用的步法可归纳为："前一步、近并步、中交叉、远跑步"。

（1）一步移动。为了提高弹跳高度或运用重叠拦网，在拦网准备时，站位可离网一步远的距离，这样就便于向前或斜前方作一步助跑起跳，但须做好制动动作，保持垂直向上起跳。

（2）并步移动。向两侧近距离移动时采用。其特点是能保持面对球网，便于观察，也便于随时起跳，但移动速度较慢。

（3）交叉步移动。适用于中距离移动时采用。其特点是移动速度快，制动能力强，控制范围大。交叉步移动后，两脚着地时，脚尖应转向球网。

（4）跑步。移动距离较远时采用。特点是移动距离远、速度快，但对制动要求高。如向右侧跑动时，身体先向右转，顺网跑至起跳位置时，应先跨出左脚（内侧脚）制动，接着右脚再向前跨出一步，使两脚平行站立，脚尖转向球网，随即起跳。若脚尖来不及转向球网，应在起跳过程中边跳边转身，保证跳起后能面向球网进行拦网。为了提高拦网高度，可以将助跑与起跳衔接起来成为助跑起跳。

3. 拦网的起跳

（1）起跳的位置。在正确判断对方扣球路线的情况下，拦网队员应选择能拦住对方主要进攻路线的位置起跳。在拦一般球时，应迎着对方助跑路线起跳；拦近体快球时，选择在二传队员和扣球手之间起跳；拦短平快时，应根据扣球者的助跑路线选择距二传手2~3 m处起跳；拦拉开球时，应选择距边线50~80 cm处起跳；拦后排队员扣球时，应选择对方队员扣球点与本方场区两底角连接线所形成的夹角中央位置起跳。

（2）起跳的时间。掌握正确的起跳时间，是拦网成功的基础。拦网队员的起跳时间，应根据二传球的高度、离网的远近、扣球者起跳时间和扣球动作特点而决定。如果二传是远网高球，起跳应迟些；如果是近网低球，起跳应早些。一般情况下，拦网者应比扣球者晚跳。但如果是拦快球，拦网者应与扣球者同时起跳。

（3）起跳的动作。拦网起跳前，要充分利用手臂的摆动来帮助起跳，如来不及，可在身体前划小弧用力上摆，以带动身体垂直上跳。一般拦快球采用快速起跳方法，做到浅蹲快跳，以小腿发力为主；拦高举强攻球时，采用深蹲高跳方法。

4. 拦网的方法

（1）伸臂动作。拦网击球时，两臂应尽量伸直，两肩尽量上提，前臂要靠近球网，两手间距离应小于球体的直径，以防止漏球。伸臂动作要及时，过早容易被打手出界或者被避开拦网手扣球，过晚不易及时阻拦扣球。一般应在对方扣球瞬间伸臂较好。

（2）拦球动作。起跳时，两手从额前沿球网向上方伸出，两臂伸直并保持平行，两肩上提。拦网时，两臂应伸过网去接近球。两手自然张开，屈指屈腕成半球状。当手触球时，两手要突然紧张，手腕下压盖在球的前上方，两手应主动用力盖帽或捂球，使球反弹角度小，对方保护困难。为了防止对方打手出界，2、4号位队员的外侧手掌应稍向内转。拦网球时，为了提高拦网点，可不采用压腕动作，而是尽量向上伸直手臂和手腕。如对方击点高，不能罩住球时，可采用手腕后仰的方法，堵截扣球路线，将球向上拦起。

（三）技术要领

判断移动及时跳，两臂摆动伸网沿；提肩压腕张手捂，眼看扣球拦路线。

二、集体拦网技术动作

由前排两或三名队员互相靠近，同时起跳组成的拦网，称集体拦网，集体拦网的目的是扩大拦网的截击面。双人拦网是集体拦网的一种，是比赛中最常用的一种拦网形式，主要在对方大力扣球时采用。拦网的技术动作与单人拦网相同，集体拦网除按个人拦网技术的要求外，更重要的是拦网队员之间的配合。

集体拦网技术

双人拦网时，应以一人为主拦队员，另一人为配合队员。但主拦队员不是固定的，一般情况下距对方扣球点近的队员应为主拦队员。主拦队员必须抢先移动到对正扣球点的位置，做好起跳准备，配合队员则迅速移动靠近主拦队员准备同时起跳。两队员之间的距离一定要合适：距离太远，跳起后将出现“空门”；距离太近，起跳时互相干扰，致使双方都跳不高。双人拦网起跳时，两人的手臂应该在体前划小弧向上摆伸，都要尽量垂直向上起跳，要防止互相碰撞或干扰。手臂在空中既不能重叠，造成拦击面缩小，又不能间隔太宽，造成中间漏球。扣球靠近边线时，靠边线近的拦网队员外侧的手应适当内转，以防打手出界。

第三节 拦网技术的实践运用

一、拦网技术的实践运用

（一）拦强攻扣球

强攻扣球的特点是击球点高、力量大、路线变化多。在比赛中一般都是采用双人（或三人）拦网来对待强攻扣球。拦强攻要求拦网队员慢起高跳，充分发挥高度，手尽量伸到对方场区的上空去，扩大有效的拦击面。

1. 拦集中球

集中球的击球点在离标志杆以内一段距离的区域内。拦集中球的近网和远网球时，拦网者应以拦斜线为主，兼顾直线，当发现对方改变扣球路线时，要随即改换手法进行拦截。

2. 拦拉开球

拉开球的击球点多在标志杆附近的上空，应尽量组织集体拦网。如球的落点在标志杆处时，只要拦其斜线和小斜线。如果球的落点在标志杆以内时，外侧队员应拦其直线，在拦击球瞬间，外侧手的手腕应向内转，以防打手出界。

（二）拦快球

快球有许多种，但近体快球和短平快球是快球中最基本和最有代表性的两种。掌握了拦这两种快球的方法后，对拦其他的快球，只要判断准确、移动及时、应变能力强，就可以拦好。

1. 拦近体快球

近体快球的特点是速度快，弧度低，击球点靠近球网。由于速度快，难以组成集体拦网，一般是采用单人拦网。拦网时，拦网队员应与扣球队员同时起跳或稍早一点起跳。起跳后要正对扣球队员，两手伸过球网接近球，力争把球罩住，使其无法改变扣球路线。

2. 拦短平快球

短平快的二传球顺网平弧快速飞行，拦网时，要人球兼顾，重点是根据扣球人的助跑路线和起跳位置，进行取位和掌握起跳时间。一般应对正扣球人的起跳点和扣球人同时或稍早起跳。起跳后，要快速向对方场区上空伸臂，两手靠近球，堵其主要扣球路线。

（三）拦打手出界球

拦打手出界的扣球时，靠近边线拦网队员的外侧手在拦击球的刹那，手掌应转向场内，以防打手出界。若遇对方有明显的打手出界或扣平冲球的动作时，拦网者应及时将手收回，造成对方扣球出界。

（四）拦远网扣球和后排扣球

远网扣球和后排扣球，击球点离网较远，扣球的过网区比近网扣球要宽，加上拦网者的手无法靠近击球点，因此，拦网的难度比拦近网扣球要大，应尽量组成集体拦网。拦网时，手要尽量向高处伸，堵截其主要的扣球路线。此外，拦这种扣球的关键是要掌握好起跳的时间和选择正确的起跳位置。一般情况下应在对方击球的一瞬间起跳（扣球点离网远时，起跳还应稍迟些）；单人拦网时应在正对其主要扣球路线的位置起跳；集体拦网时，主拦队员在选择起跳位置时应留出一定的位置让同伴与自己配合进行拦网。

二、拦网技术运用的注意事项与要求

（一）注意事项

（1）要熟练掌握单人拦网技术。

（2）多做移动拦网练习。

（3）要结合各种扣球进行拦网练习，提高拦网的判断能力。

（4）加强集体拦网的相互配合。

（5）结合比赛实战进行拦网练习。

（二）要求

拦网技术应贯彻“快、准、狠”的要求。

快：判断要快，起动和移动要快，与同伴配合要快。

准：判断准，移动选位准，起跳时间准，与同伴协同动作准，拦击部位准，压腕盖球准。

狠：在快、准的基础上，力求将对方扣球拦死或将球拦起。

本篇小结

本篇由排球运动技术的基本理论、准备姿势与移动、传球技术、垫球技术、发球技术、扣球技术和拦网技术等七章组成，详细阐述了排球运动技术的概念、分类、特点和指导思想，分析了排球运动各项技术的力学原理。系统论述了准备姿势与移动、传球、垫球、发球、扣球和拦网等各项技术的概念与类型、动作方法、技术要领以及在比赛中的具体运用。

回顾与练习

1.熟悉排球运动技术的分类以及各项技术的概念与类型。

2.分析并预测排球运动技术的发展趋势。

3.掌握排球运动各项技术的动作方法以及实践运用的变化。

参考文献

[1] 王文娟.试论现代排球技术发展特点及趋势[J].当代体育科技，2016，6（14）:136-137.

[2] 黄汉升.球类运动：排球[M].3版.北京：高等教育出版社，2015.

[3] 李旭鸿，范年春，韩斌，等.排球运动员落地技术特征研究[J].中国运动医学杂志，2015，34（3）：279-283，312.

[4] 孟春雷，李毅钧.中外优秀女子排球副攻运动员比赛中拦网技术比较研究[J].西安体育学院学报，2014，31（1）：101-107.

[5] 孙平.排球教学文件的制定与范例[M].北京：人民体育出版社，2011.

[6] 杨江明，柯育平，吴佳伟.排球防守技术中的非正规动作研究[J].体育文化导刊，2010，（1）：59-61.

[7] 虞重干.排球运动教程[M].北京：人民体育出版社，2009.

[8] 张然.排球纵谈[M].南京：江苏人民出版社，2001.

第三篇

排球运动战术论

排球运动经过多年的发展与改革，在内容、形式、规则等方面日益革新，并随着社会的进步和传播手段的现代化而广泛普及和大众化。排球运动竞赛规则的不断修改所产生的导向作用促进了排球运动的自身创新。每球得分制的运用，自由人的出现，发球区的扩大，允许身体任何部位击球等，促进了排球运动技战术的创新，充实丰富了排球运动的内涵和表现方式。排球运动比赛的战术内容和形式也随着人们的运动实践和体育科学研究的深入而产生了根本性的变化。从简单的传来垫去到集体之间的默契配合，从粗糙单一的高举高打到精致细腻的灵巧变化，排球运动战术已经形成了较为成熟且具有丰富内涵的攻防体系。本篇主要阐述了排球运动战术的基本理论以及战术的实战应用方法，使学生沿循学习地图导引，达到学习目标，完成学习任务。

学习目标

掌握排球运动战术的概念、类型、指导思想和战术之间的辩证关系，熟练掌握排球比赛阵容的配备、位置交换、信号联系和“自由人”的运用等，熟知排球运动个人战术和集体战术在进攻与防守时不同的站位变化，能在比赛中合理运用个人战术和集体战术。

学习任务

系统掌握排球运动战术的基本理论、战术的实战技能；全面提升学生的排球运动战术水平，使学生能在比赛中合理地运用排球运动战术；提高学生从事排球运动战术教学与训练的工作能力；培养学生勇敢拼搏、团结协作、协同互助的思想品质和团队精神的目的。

学习地图

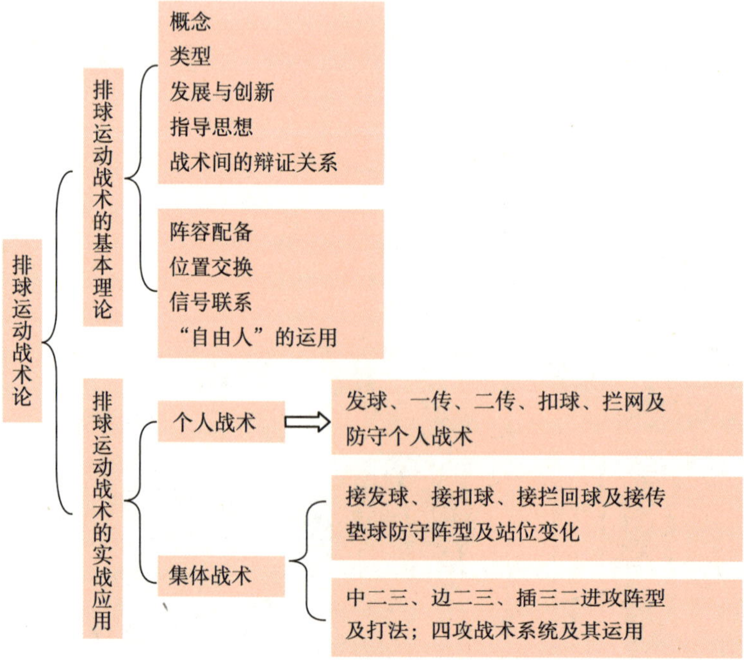

第十一章

排球运动战术的基本理论

第一节 排球运动战术的概念与类型及发展

排球运动战术的概念与类型

一、排球运动战术的概念

排球运动战术是指运动员在比赛中，根据排球竞赛规则和排球运动的规律、比赛双方的具体情况和临场竞赛的变化，合理运用个人技术及集体配合所采取的有意识、有预见、有组织的行动方法的总称。

一名队员根据临场情况有目的地运用技术的过程，为个人战术，如扣球时利用转体、转腕动作扣出球的变线、轻扣、吊球、打手出界等。两名或两名以上队员之间有组织、有目的的集体协同配合，为集体战术。两者相辅相成，相互促进，相互补充。

一个队在选择战术时，首先应该从本队的实际情况出发，根据队员的技术水平、技术特点、身体条件和体能等，选择与之相适应的战术。在运用战术时，还要根据对方的技战术特点以及临场变化情况，采取灵活的行动，打乱对方的战术意图，以掌握比赛的主动权。

二、排球运动战术的类型

（一）按战术的人数分类

排球运动战术分类，就是按排球运动的特点，把排球战术的主要内容分为若干类和若干层次，又将许多类综合构成几个攻防系统，并表明它们之间的关系，以便对排球战术有一个全面的了解。排球战术有多种分类方法，无论进攻和防守，都包含着个人战术和集体战术两大部分这一客观现实。按照参与战术的人数，将战术划分为个人战术和集体战术两大类（图11-1）。

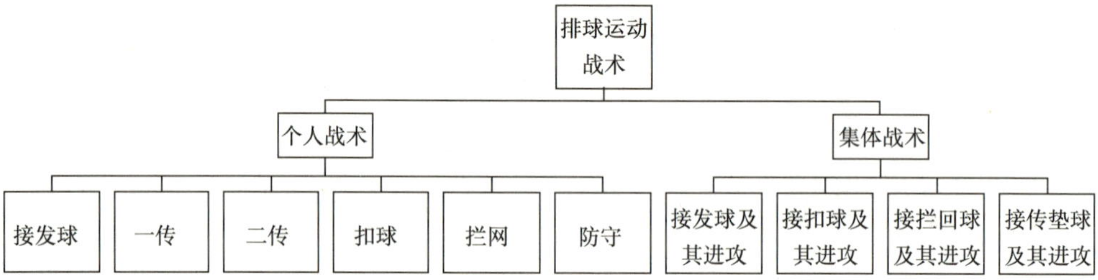

图 11-1 排球运动战术分类（按人数）

（二）按战术的组织形式分类

按照战术的组织形式，可以将排球运动战术分为进攻战术和防守战术两大类（图11-2）。

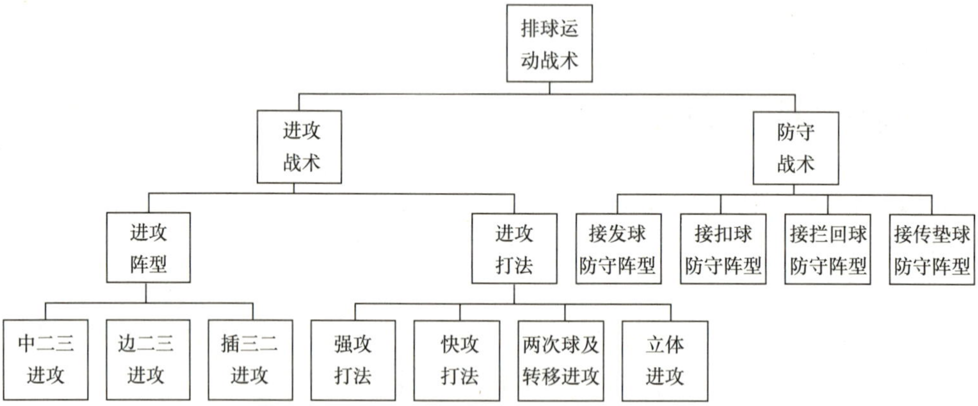

图 11-2 排球运动战术分类（按组织形式）

（三）按战术运用分类

按照战术运用分类，可以将排球运动战术分为接发球及其进攻（一攻）、接扣球及其进攻（防反）、拦回球及其进攻（保攻）和接传、垫球及其进攻（推攻）（图11-3）。

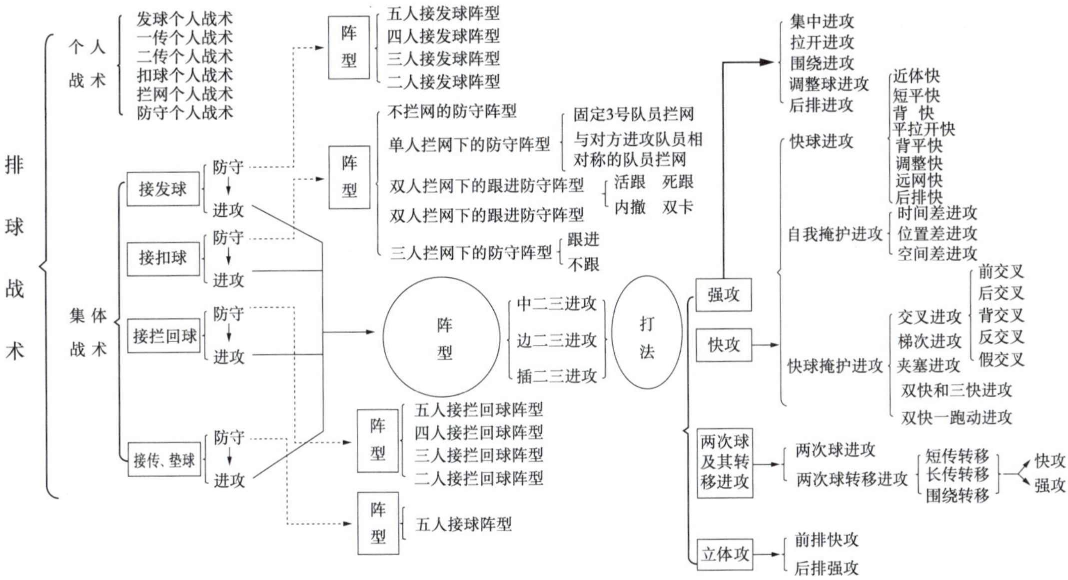

图 11-3　排球运动战术分类（按战术运用）

三、排球运动战术的发展与创新

（一）排球运动战术的发展

世界排球运动经过100多年的发展与改革，在内容、形式、规则等方面日益革新，并随着社会的进步和传播手段的现代化而广泛普及和大众化。排球比赛的战术形式和战术内容也随着人们的运动实践和体育科学研究的深入而产生了根本性的变化。排球战术的不断发展是使排球运动充满活力、展示高水平的重要动力。根据当今排球运动的发展现状，排球战术的发展呈现如下趋势：

1. “全面型”和“立体化”成为进攻战术的主体

排球战术经历了“高→快→高”和“点→线→面→立体”的演变过程。目前，世界排球界均注重“全面型”战术系统的构建和发展，在“全面型”的基础上，突出了“立体化”进攻战术的运用。“立体化”进攻，是指进攻战术既有前排各进攻点的多层次配合，又有后排进攻面的多方位变化，还有发球及调整球线路的全场区延伸和扩展。这是一种占据全方位空间的进攻战术形式，它使“面向纵深、方向扩大、前后一体”的立体化排球战术系统日益充实和完善。可以这样认为，在未来的排球比赛中，谁占有的空间越多，谁就能更好地发挥自己队伍的特长。因此，“立体化”进攻战术将在很长的时间内成为进攻战术的主体。

2. 提倡“前高位”和“后低位”相结合的整体化防守战术

规则的不断变化，使排球比赛攻防力量趋于平衡。防守已成为掌握场上主动或得分的重要方面，防守战术被各队加以充分的重视。目前，“前高位”防守成为防守战术发展的新趋向。“前高位”防守战术是指防守中加强网上、网前的高防，在前排网上争防第一点，并和后排防守一起，加快拦防反击的速度。“后低位”是指在后排防守和前排保护时，身体重心主动降低，赢得防守时间。同时“自由防守队员”防守形式的出现，给防守战术提供了更为灵活的运用条件，使前排、后排共同形成有效的防守网络，获得积极的防守效果。

3.“快”是排球战术的核心

只有快速的进攻，快速的调整，快速的配合，快速的防守，才能掌握比赛场上的主动权，占尽进攻与防守的先机。“快速化”已日益成为世界各支队伍的主导思想。在排球比赛中，“快速化”战术的决定因素有以下几个方面：个体的反应，队员间配合的默契性和熟练性，身体力量等。在“快速化”的排球战术思想中，所强调的应是建立在整体配合基础上的快，具有强大力量的快，队员行动随场上情况的变化而变化的快。

4.采用“多变型”的战术行动

在全面、快速的基础上，多变的战术行动是排球比赛中最具有活力的表现形式。一两种战术组合的比赛特色，早已不适应现代排球运动的发展要求，而多种战术方式的有效组合、创新及临场发挥，使排球运动充满了无限生机和无穷魅力。其具体表现为：发球战术的多变，有力量大的跳发球，也有吊网前的轻飘球；进攻战术的多变，有点高力大的强攻突破，也有快速变化的跑动进攻；防守战术的多变，有高大的移动拦网，也有稳健的后排防守。多变的战术行动要求队员有良好的排球战术意识和整体的协调配合，能够根据比赛的进展情况，做出正确的判断和快速的反应，既能完成预定的战术构想，又能随机应变，巧妙地运用各种战术手段。

5.战术运用趋向合理、简练和实效

排球战术组合和运用的最终目的是获取胜利。在排球运动新规则的导向下，排球比赛的竞争性日趋激烈，各种战术组合和运用都在寻求着更为合理的途径，在全面型、立体化、快节奏、多变化的整体战术体系中，简练、实效的战术运用成为制胜的重要手段。简练是战术配合的节省化和快捷化；实效是临场比赛战术运用的强烈制胜目的性的实现。简练、实效的战术运用是现代排球战术发展的趋势之一。

（二）排球运动战术的创新

1.创新的原则

根据学者陈小蓉提出的观点，排球战术创新应遵循以下三个原则。

（1）超前性原则。超前性体现在超前思维、超前设计、超前试验以及超前运用几个方面，以实现先发制人的应用目的。排球战术创新在构思、设计、试验、运用等各个环节上，必须做到先人一步，只有这样才能达到战术创新的预期效果。

（2）针对性原则。针对性表现在3个方面，一是针对某一确定的比赛对手而设计；二是针对本队某一队员的特点而设计；三是针对某一实际问题而设计。在进行排球战术创新时应主要针对运动员的身体素质、形态、技术特长、战术意识、智力水平等特点；针对本队总体风格打法；针对不同对手在风格打法、关键队员以及发展方向上的特点；针对排球技战术发展趋势、规则修改动向等方面进行创新，只有这样排球战术的创新才更有实效。

（3）可行性原则。可行性是指排球战术创新设计必须符合科学原理、队员条件和比赛实践要求。由于竞技体育的特性，任何一项技战术的创新都必须符合运动员的生理解剖特点，适应实践的需要，适合集体配合，并能够为运动员所掌握，这样才能实现其创新价值。

2. 创新的方法

学者陈小蓉在调查研究了大量排球战术创新案例后，提出排球战术创新的方法包括递进法、组合法、列举法、移植法、非常规动作利用法、联想法、逆向法。

（1）递进创新法：是指在不改变原技战术性质原理的基础上对其内容与形式进行改进，并导出新技战术的方法。

（2）组合创新法：是指为实现一定的目的，将若干独立的事物或其结构部分进行符合体育运动原理及特点的结合或重组，从而获得具有整体功能的新事物的创新技法总称。

（3）列举创新法：是通过对现有事物的原理、结构、功能、优缺点等属性因素的逐一列举展开，从而形成多种构思方案的创新方法。

（4）移植创新法：是指将某一领域的事物或其原理、方法、结构部分或全部地引入另一领域中，并通过一定的改造、进行新目的下的再创造的一种方法。

（5）非常规动作利用创新法：是指对体育运动技战术实践中偶然暴露出的不符合现在技战术动作规范要求，但客观上又存在一定的创新效应的缺陷动作和应急动作进行利用，从而导出新的技战术的方法。

（6）联想创新法：是指根据一定的创新意向，通过由此及彼的思维方式对不同的对象之间进行联系与想象，从而达到开拓思路并实现创新的方法。

（7）逆向创新法：是指从现有事物的组成原理、功能特性、结构形态等方面的相反方向引出问题，展开思考的创新方法。

第二节 排球运动战术间的辩证关系

一、排球运动战术指导思想

（一）排球运动战术指导思想的概念

战术指导思想是一个球队在训练和比赛中，指导战术行动的主导思想和所遵循的基本原则。排球运动战术指导思想是指排球运动队在训练和比赛中，指导战术行动的主导思想和所遵循的基本原则。

正确的指导思想来源于运动训练与比赛的实践经验总结，又反过来指导训练与比赛实践，并在实践中不断丰富和发展。排球运动的技战术指导思想决定了排球运动的发展方向。因此，先进的、正确的技战术指导思想对排球运动的发展起到积极的推进作用，反之，如果技战术指导思想出现偏差，必定会影响排球运动的竞技水平。制定排球运动的技战术指导思想，首先，要掌握排球运动自身的发展规律，并适应其发展规律；其次，要符合排球运动规律的特点和本队的实际，还要考虑客观条件和所处时代的政治经济发展状况。因此，排球运动技战术指导思想不是一成不变和千篇一律的，它具有阶段性的特征。

（二）我国排球运动战术指导思想的形成与发展

我国排球战术指导思想的形成是经过长期实践，逐步地认识排球运动的规律，特别是经过国际排球比赛的锻炼，在总结正反两方面的经验和教训的基础上逐步完善和发展的，从首次制订到最近一次修改完善共经历了8次。这些指导思想成为我国各阶段排球队训练和比赛的理论原则和行动指南，为各球队制订技战术方针和策略提供了依据和参考。

1955年，原国家体委在天津召开的“运动员训练工作会议”上第一次提出了“积极主动、灵活快速”的技战术指导思想，并在1958年排球训练工作会议上提出了“技术全面，战术多样”的技战术指导思想。

1972年，在“全国三大球训练工作会议”上，首次明确提出“在技术全面的基础上，以攻为主，积极防守，发展高度，坚持快速，密切配合，实现快、狠、准、变”的战术指导思想，并在此基础上确立五年的发展规划。

1978年，我国排球工作会议重新修正了我国排球运动的技战术指导思想，即在技术全面的基础上，发挥各队的特点，向全攻全守型发展，坚持快速，发展高度，狠抓扣、拦、发三项得分技术，力争网上优势；以全面、快速、高度、灵活、准确的打法，争取主动，夺取胜利。突出了“全攻全守”的概念，对原先的“以攻为主”的指导思想和方针进行了反思和修正，使我国排球运动水平产生了质的飞跃，迅速达到了世界强队水平。

1989年，在全国排球训练工作会议上又重新制订了“技术全面、突出特点、准确熟练、快速善变，发展高度，不断创新”的技战术指导思想。

1999年，我国排球运动技战术指导思想又进行了新的调整，即：“攻防全面，发展高度，坚持快速，灵活善变，不断创新，培养尖子”。

2001年，在全国排球训练工作会议上，根据世界排坛的发展现状，中国排球确定了新时期的技战术指导思想，即“技术全面，突出特点，准确熟练，快速善变，发展高度，不断创新，加强体能”，作为我国迈入新世纪的排球战术指导思想。同年，国家排球管理中心从战略的高度制定了“2001—2008我国排球运动发展规划”。

2005年，我国提出了“技术全面，准确熟练，战术快变，注重实效，发展高度，突出特点”的技战术指导思想。2009年，国家排球运动管理中心制定了“2009—2016中国排球运动发展规划”，从战略的高度指明了我国竞技排球运动今后一段时期的指导思想和方针。

（三）我国排球运动战术指导思想的内涵

我国排球运动战术指导思想体现了排球运动需要技术全面、准确的基本规律，排球运动向高度、快速、多变和全攻全守方向发展的趋势，也体现了排球比赛中网上争夺日趋激烈和发扬我国排球运动快速的特点，以及要想在国际排坛上占据领先地位就必须不断创新的思想。这一指导思想符合当今排球运动发展的规律，但随着新规则的实施，其内涵需要进一步完善和发展，以适应排球运动的发展需要。

二、排球运动战术之间的辩证关系

（一）技术与战术的辩证关系

技术与战术两者是互相联系、互相依存、互相促进、互相制约的辩证关系。技术是组织与运用战术的基础，没有全面、熟练的技术为基础，战术就无从谈起，有什么样的技术才能打出什么样的战术。战术是技术的合理组织与有效运用。例如，发飘球的出现，改变了接发球站位形式，由过去的密集站位改为疏散站位；有了后排扣球技术，才有可能发展立体进攻战术等。技术决定战术，战术可以反作用于技术，战术又促进技术的创新、发展和提高。因此，在技术训练中，要根据战术的设想和阵容配备，有计划、有目的地把技术训练巧妙地结合于战术训练中，才能巩固和提高所掌握的基本技术，提高技术运用能力，并通过战术训练，不断对技术提出新的、更高的要求。

（二）战术的数量与质量的辩证关系

数量是战术的多样性，质量是指战术的组织和攻击的熟练程度，二者的关系是辩证统一的。任何战术的质量都表现为一定的数量，任何战术的数量都包含一定的质量。队员只有掌握了战术的多样性，才有可能变换和运用战术，才有利于充分发挥每个队员的技术特长，随着战术数量的增加，必然会带来质的飞跃，如果只追求战术数量而忽视战术质量，多而不精，华而不实，就会使战术流于形式而失去了多样性的意义和作用。因此，在训练中既要注意发展战术数量，又要强调提高战术质量。

（三）个人战术与集体战术的辩证关系

个人战术是队员在比赛中根据临场情况的变化，有目的、有针对性地运用个人技术动作。集体战术是指两个或两个以上队员之间有组织、有目的的集体协同配合。个人战术是集体战术的组成部分，集体战术是个人战术的综合体现，二者之间的关系是局部和全局的关系。个人战术要促成集体战术的实现，集体战术要有利于发挥个人战术的特长和作用，二者相辅相成，互相促进，互相弥补。队员在比赛中的技术和个人战术首先必须服从集体战术的需要，并以集体战术为依据，密切与全队配合，在保证实现集体战术的前提下，充分发挥和运用个人战术，丰富全队的打法，弥补集体战术的不足。一个队个人战术与集体战术水平的高低，一般取决于以下几个因素：

（1）基本技术的全面性、准确性、熟练性、实用性的程度。

（2）阵容的配合是否合理，能否发挥每个人的特长，调动全队积极性。

（3）对对方情况预测的准确性、真实性，了解的深度和广度。

（4）对千变万化的临场情况的应变能力和实战经验。

（5）技、战术指导思想是否先进、明确。

（6）是否具有集体主义、团结协作和顽强拼搏的精神。

（四）进攻战术与防守战术的辩证关系

在排球比赛中为了使球在对方场区落地或造成对方失误而采取的一切合法手段，都称为进攻。反之，为了不使球落在本方场区的一切合法手段，均属防守。

现代排球进攻技战术手段，由点到线、由线到面、由面到立体，充分利用时空的变化，形成了各种快慢、掩护、跑动的技战术。进攻是争取得分，取得胜利的主要手段。防守不仅是减少失分的一个重要方面，也是得分的基础。除发球外，每发动一次进攻都是在防守的基础上进行的。例如，接发球进攻是在防起对方发球之后，才能完成；接扣球进攻是在防起对方扣球之后，才有可能组成。因此，可以说，没有防守，就没有进攻。

进攻和防守是排球比赛的两个对立面，攻守交替发展是排球运动自身的规律，进攻水平提高，必然会促进防守水平随之提高，而防守水平的提高，反过来又刺激进攻战术的发展。例如，发飘球与手臂垫击；扣球打手出界与盖帽式拦网；跑动进攻与重叠拦网的对抗发展等。攻守这对矛盾贯穿于排球运动的始终，攻中有防，防中有攻，随着人们对排球比赛规律认识的深化，防守的地位逐渐提高。攻防关系应该是紧密相连和相互依存的，进攻必须以防守为基础，而防守的目的是保证与实现进攻，片面地强调进攻或防守都是不正确的。因此，在训练和比赛中，必须贯彻攻防兼备、全攻全守的指导思想。

（五）快攻战术与强攻战术的辩证关系

快攻与强攻都是进攻的重要手段。快攻战术是运用各种快球和以快球为掩护的各种战术变化，目的是出其不意、攻其不备，以突破对方防御。强攻战术是凭队员的身体高度和弹跳高度优势，利用扣球的力量和技巧，以个人强攻来突破对方防御的战术变化。快攻与强攻是相辅相成的两种战术打法。综观国内外排球比赛成绩，一个队必须具有快攻和强攻两套战术，才能进入世界强队行列。多变的快攻战术是我国排球运动的特长。

（六）"四攻"战术系统之间的辩证关系

学者李安格教授根据排球运动的规律和战术训练需要，把战术系统分为接发球及其进攻、接扣球及其进攻、接拦回球及其进攻、接传垫球及其进攻。

（1）接发球及其进攻系统，简称"一攻"。这个系统主要包括一传、二传、扣球等环节。

（2）接扣球及其进攻系统，简称"防反"。这个系统主要包括拦网、后排防守、二传、扣球等环节。

（3）接拦回球及其进攻系统，简称"保攻"。保攻系统包括保护、二传、扣球等环节。

（4）接传垫球及其进攻系统，简称"推攻"。推攻即对对方没有组成扣球进攻而推过来的球组织进攻，这个系统包括接对方垫过来的球、二传、扣球等环节。

根据实行每球得分制的新规则，在训练和比赛中，重新认识与处理好上述四者的关系，特别是抓好"一攻"与"防反"这两个主要系统，是一个优秀球队的重要标志。

"一攻"的好坏不仅能直接得分或失分，还影响防反能力的发挥，"一攻"质量的好坏与比赛胜负的关系很大。"一攻"水平高，给对方的压力大，抑制对方的防反能力，也就有利于发挥自己的防反水平；"一攻"水平高，突破拦网的能力强，可减少自己"保攻"的次数，因为组成"保攻"较困难，减少"保攻"是有利的；"一攻"水平高，快变战术变化多，配合熟练，可促进"防反"和"推攻"战术的质量和变化；"一攻"水平高，可争取更多的"推攻"机会，反之则给对方更少的"推攻"机会。"每球得分制"新规则的实施，把"一攻"从过去只能得发球权的位置提升到了直接得分的地位，"一攻"的地位和作用比以往更重要，因而必须重视"一攻"的训练和提高。

随着人们对"防反"在排球制胜规律中重要性认识的提高，也会更加重视防守反击。"防反"水平高则容易巩固发球权，从而减少"一攻"的次数，也可弥补"一攻"系统中的薄弱环节；反之，"防反"水平低，易失发球权导致"一攻"次数增加；实行"每球得分制"后，"防反"失误亦失分。"防反"水平高可创造有利的"推攻"机会，减少"保攻"的次数；"防反"水平高可更好地促进和带动"一攻"及"推攻"战术质量的提高；"保攻"水平高可增强"一攻"和"防反"，更好地发挥进攻威力。

三、排球运动战术能力的培养

（一）排球运动战术能力的概念

能力是完成一项目标或者任务所体现出来的素质，是指顺利完成某一活动所必需的主观条件。人们在完成活动中表现出来的能力有所不同，能力是直接影响活动效率并使活动顺利完成的个性心理特征。排球运动战术能力是指排球运动员在比赛中，完成战术活动的本领。其中也包括完成战术活动的具体方式，以及顺利完成战术活动所必需的心理特征。

（二）排球运动战术能力的内容

根据我国学者李安格教授等人的研究，排球战术能力包含着个人战术意识、战术的理论知识、所掌握的战术质量、战术数量以及运用战术的针对性和灵活性5个方面（图11-4）。

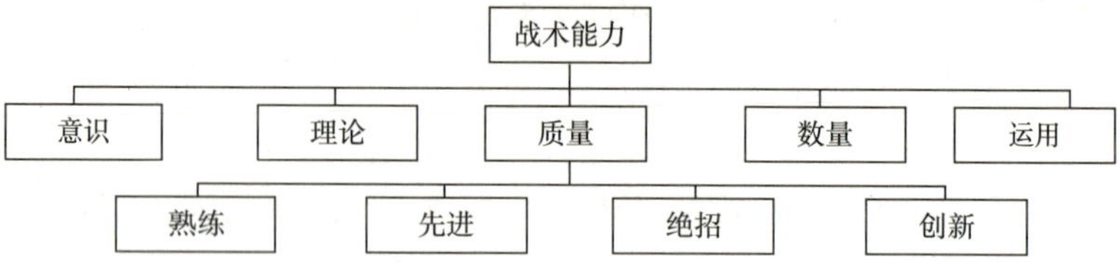

图 11-4　排球战术能力

1. 个人战术意识

个人战术意识是指运动员在临场复杂多变的比赛中，根据比赛的规律和各方面的情况，随机应变，有判断、有目的、有预见性地决定自己与同伴的配合行动和对付对手策略的思维活动。

个人战术意识是战术能力中最基础的、最重要的内容，任何一个战术行动的完成，都是靠人的思维活动予以支配。

2. 战术理论知识

战术理论知识是战术能力的理论基础。内容包括排球技、战术指导思想；运用战术的基本原则；各种攻防战术形式、阵型、套路和这些战术的优缺点；战术发展、演变和今后发展的趋势；对付各种战术的对策及其有效范围；运用各种战术的前提条件；规则对战术的限制与要求；战术在比赛中的作用；以及主要对手的技术、战术、身体、心理、作风的特点等有关理论科研知识。

理论是行动的指南，丰富的理论知识有助于个人战术意识的提高，有助于迅速掌握多种战术和提高战术质量，有助于更合理地选择战术、运用战术，形成绝招和创造新的战术。

3. 战术的质量

每个运动员或运动队都有自己的特点，掌握好几种符合自己特点的基本战术，作为主要的武器来对付对手，是体现战术能力的一个重要措施，也是保证战术质量的一个基本原则。

战术的质量主要体现在，战术运用要熟练，战术要先进，战术运用要有绝招，战术运用要不断创新等四个方面。

4. 战术的数量

一个优秀的运动队和运动员，必须掌握多种战术，才有可能提高应变能力，争取战术运用的主动权。

在掌握多种战术的同时，还必须把符合自己特点的，能形成绝招的或有发展潜力的新战术作为重点。在保证重点战术质量的基础上，努力增加战术的数量。

5. 运用战术的针对性和灵活性

比赛中战术运用是否得当，常常成为决定比赛胜负的重要因素。“兵不厌诈”能迷惑对方，也是战术中的表现。同时运用战术的灵活性还表现在适应对手的能力上。

（三）排球运动战术能力的培养

1. 正确认识排球运动战术能力是运动员竞技能力的重要组成部分

根据我国学者田麦久教授的研究，集体项目中同场对抗和隔网对抗类，战术的运用是最为重要的。在与对手的技能、体能、心理和智能基本相同的情况下，战术能力的作用就更加突出，常常在取胜中占有重要的地位。不同年龄和不同水平的运动员（队），对战术能力的要求也不相同，因而战术能力在竞技能力中占有的地位也不尽相同。如少年儿童或初学者在比赛中的技术能力作用要比战术能力要大得多，在技术水平较低的情况下，还顾不上运用战术。随着年龄的增长和运动技术水平及身体能力的提高，战术能力在竞赛中的作用也会随之加强。

2. 正确认识战术能力与其他竞技能力的关系

战术能力与技术、素质、心理等多种竞技能力都有着密切的关系。技术能力是战术能力的基础，身体能力是提高技术、战术能力，实施“战术”配合的重要先决条件，心理能力则是技术能力和战术能力发挥的保证。运动员思维的敏捷性、灵活性、预见性和创造性等体现智能的重要方面，正是战术意识的基础。另外，战术能力的提高又必然地促进体能、技术能力、心理和智能的更快发展。

3. 正确认识战术意识及培养

战术意识是指运动员在发挥技术的过程中，队员支配自己行动并带有一定战术目的的活动。运动员在比赛中的判断、应变和实践能力，以及每一项技术、战术的正确运用能力，都受一定战术意识的支配，并包含有战术意识的内容。我国学者张然教授根据排球运动的规律与特点，提出了战术意识的培养与提高有以下主要内容：

（1）技术的目的性：在运用技术和实现战术时，目的明确，有的放矢，力求使每一个行为都带有一定的战术目的。

（2）行动的预见性：排球比赛对抗激烈，场上情况瞬息万变，要求运动员根据临场情况和战局变化，分析和预见场上可能出现的各种动态和变化。

（3）判断的准确性：正确的行动来源于准确的判断，准确的判断则是合理运用技术、战术的前提。在场上运动员的行动忌带盲目性，努力提高判断的准确性，争取比赛的主动权。

（4）进攻的主动性：为了取得比赛的胜利，力求创造一切可能的机会去积极进攻，掌握主动权，充分发挥进攻的突然性、攻击性。

（5）防守的积极性：从某种意义上讲，没有防守就没有进攻，一切防守技战术都必须带有强烈的进攻性和明确的目的性。

（6）战术的灵活性：要求运动员要善于根据临场主、客观的发展变化，因势利导，随机应变，灵活运用和变换各种攻防战术。

（7）动作的隐蔽性：利用假动作迷惑对方，使对方摸不清本方技战术意图，达到以假乱真、出其不意的目的。

（8）配合的集体性：排球运动是集体性很强的对抗性竞赛项目，这就要求运动员要密切配合，互相弥补，把个人技术发挥融合于集体的协同配合之中。

培养与提高运动员的战术意识，需要长时间磨炼，要根据战术意识的内容与要求，针对不同对象，有计划、有目的、系统地、严格地、有意识地进行训练，把战术意识的培养列入训练计划中去。

关于少年运动员的球场意识，教练员和教师在少年排球运动教学训练中，要充分认识到少年运动员意识培养对技战术、比赛的重要作用，这是一项长期、耐心细致的工作。因此，在平时教学训练过程中，不但要训练队员各项基本技术，还要加强对队员战术意识的培养与训练，在实践中提高战术意识。少年运动员由于生理、心理发育的特点，对战术意识的培养需要通过反复的实践才能形成和提高，战术意识的培养应贯穿于排球教学训练的始终。

第三节 阵容配备、位置交换、信号联系及“自由人”

一、阵容配备的基本理论

阵容配备、位置交换、信号联系及“自由人”的运用

（一）阵容配备的概念

阵容配备是参赛队根据比赛的任务、本队战术组织的特点及队员的身体情况，有针对性地、合理地安排出场队员及位置分工，充分地调配力量，科学地组合队员的筹划过程。

（二）阵容配备的目的

阵容配备的目的在于把全队的力量有效地组织起来，扬长避短，最大限度地发挥每一

个队员的作用和特长。

»（三）阵容配备的原则

1. 择优原则

选择思想作风顽强，心理品质过硬，身体素质好，技术全面和临场经验丰富的队员组成主力阵容，同时考虑到每个位置上替补队员的安排。

2. 攻守均衡原则

每个轮次，力争做到攻守力量相对均衡，尽量避免弱轮次的出现。

3. 相邻默契原则

要注意把平时合作默契的传、扣队员安排在相邻的位置上，使之能运用娴熟的配合，产生一定的战术效应。

4. 轮次针对原则

根据对方队员的位置，轮次安排要有针对性。如拦网能力强的队员对准对方攻击力强的队员，以遏制对方的进攻；遇对方进攻强的轮次时，可安排发球攻击性强的队员发球，以破坏对方的一传，阻止对方进攻战术的组成，取得先发制人的效果。

5. 优势领先原则

轮次的安排要注意发挥本队的优势。如把攻击力量强的队员安排在最得力的位置上；把发球攻击性最强的队员安排在最先发球的位置上，争取开局取胜，以鼓舞本队士气等。

»（四）阵容配备的组织形式

从目前排球运动发展的情况看，现在标准的阵容配备有以下两种基本组织形式：

1. “四二”配备

由四名进攻队员（两名主攻队员与两名副攻队员）和两名二传队员组成的阵容，他们分别站在对角的位置上。这种阵型配备每个轮次前后排都能保持有一名二传队员，两个进攻队员，便于组织和发挥本队的攻击力量。目前在水平一般的球队中，采用这种配备形式的较多（图11-5）。

图 11-5　“四二”配备

“四二”配备的优点是前排每一个轮次都有一名二传队员和两名进攻队员，便于组织“中二三”“边二三”进攻，战术配合有一定的稳定性。缺点是前排进攻点相对较少，隐蔽性差，不能适应高水平球队的要求。

但是，“四二”配备中如果二传队员具有较强的进攻实力，则可以在每一轮次都安排后排的一名二传队员插上组织前排的三点进攻，使前排的进攻实力得到加强，其缺点是后排防守压力加大，而且进攻队员要适合两名二传手的传球特点。对二传要求比较高，既要能传，又要能攻，难度较大。现今世界排坛诸强中只有古巴女排采用“四二”配备，这是由她们出色的身体素质和惊人的爆发力决定的，二传也能参与进攻之中，使得每个轮次都能保证前排的三点攻，具有很强的攻击性。

2. “五一”配备

由五名进攻队员和一名二传队员组成的阵容。队员的站位与“四二”配备基本相同。只是由一名二传队员作为接应二传主要承担进攻任务，以加强拦网和进攻力量。接应二传也可弥补主要二传队员有时来不及传球所出现的被动局面，但主要还是承担进攻任务。目前水平较高的球队普遍采用这种配备形式。当二传轮转到后排时，可采用插上进攻形式，组织前排进行三点进攻（图11-6）。

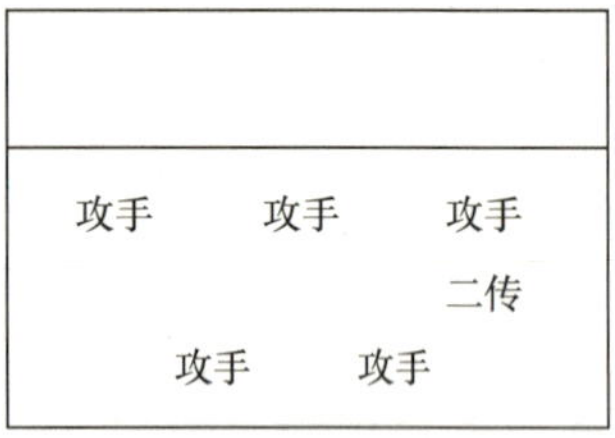

图 11-6 “五一”配备

“五一”配备的优点是加强了拦网和前排进攻力量，使全队的进攻队员只需要适应一名二传队员的技术特点，有利于统一指挥、相互配合，能够更好地控制比赛的进行，使进攻战术富于变化。缺点是当二传队员轮转到前排时，有三轮次前排只有两名进攻队员，进攻点过于暴露，影响了前排整体进攻的威力。

二、位置交换的基本理论

（一）位置交换的概念

为了最大限度地发挥每个队员的特长，调动一切积极因素，加强攻防力量，弥补阵容配备上的某些缺陷，在规则允许的条件下，场上队员进行位置交换用以组织战术的方法即是位置交换。当发球队员发完球后，双方可以在本场区任意交换位置。

（二）位置交换的目的

（1）充分发挥每名队员的特长，以达到扬长避短的效果。

（2）便于进攻和防守战术的组织，发挥攻、防战术的优势。

（3）采用专位分工的进攻和防守，以提高攻防战术的质量。

（三）位置交换的方法

1. 前排队员之间的换位

（1）为了便于组织进攻战术，把二传队员换到2号位或3号位。

（2）为了加强进攻力量，把进攻力量强的队员换到便于扣球的位置上，如右手扣球队员换到4号位，扣快球的队员换到3号位，左手扣球队员换到2号位等。

（3）为了加强拦网，抑制对方的重点进攻，把身材高大或弹跳力好及拦网能力强的队员换到3号位，或与对方主攻队员相对应的位置上。

2. 后排队员之间的换位

（1）为了发挥个人特长，后排队员各自换到自己熟悉的防守区进行专位防守。

（2）为了在比赛中便于运用行进间“插上”战术，把二传队员换到1号位或6号位，以缩短插上时的距离。

（3）根据临场情况，把防守能力强的队员换到防守任务较重的区域，把防守能力弱的队员换到防守任务较轻的区域。

3. 前后排队员之间的换位

后排的二传队员插上时，可1、6、5号位插到2、3号位之间的位置，准备作二传，前排的2、3、4号位队员则后退，准备接球或进攻（图11-7）。

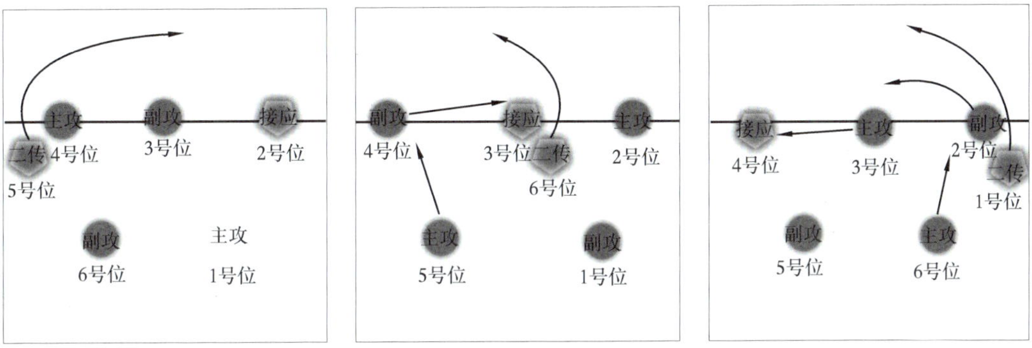

图 11-7　位置交换

（四）交换位置时应注意的事项

（1）换位前的站位，既要防止“位置错误”犯规，又要考虑缩短换位距离。

（2）当发球队员击球后即开始换位，应力求迅速地换到预定位置，立即准备做下一个动作。

（3）在对方发球时，应首先准备接对方的来球，然后再换位，避免造成接发球混乱。

（4）换位时，队员之间要注意配合行动，防止互相干扰，做到互相弥补。

（5）换位后，当该球成死球时，应立即返回原位，各自做好下次接球或进攻的准备。

三、信号联系的基本理论

排球运动是一个集体项目，在实现快速多变的进攻战术时，必须通过信号联系才能统一行动。技术的合理运用和战术的默契配合，必须具有完善的信号联系，没有完善的信号联系系统来统一每个队员的行动，就不可能实现预定的战术意图，获得理想的进攻效果，就有可能发生配合上的失误。队员之间选择何种信号联系要根据本队的战术要求、队员的习惯，经全队统一，可在长期的训练中形成。因而，各队都有自己独特的联系方式和信号。联系信号应简单、精练、清晰，使本队队员熟悉、明了。

（一）信号联系的概念

信号联系是为了统一行动目标，完成集体战术配合，根据本队情况，由教练员和运动员共同制订的一种行动信号。

（二）信号联系的目的

信号联系的目的在于统一行动，便于场上队员了解战术行动意图，从而达到协调一致，取得比赛胜利。

（三）信号联系的方法

1. 语言信号联系

语言信号联系是指队员用简明、扼要、准确、自信、肯定的语言及时提醒队员和明确战术意图的联系方式。使用时语言要精练、清晰，一般只用一两个字，如“快”“高”“背”“交叉”等；也可将战术编成号数，如“1”“2”“3”等，使用时以代号进行联系。在比赛中，队员们不说话，打“闷球”肯定打不出应有的水平。这说明队员之间不能“封闭”，应互通信息才能打好球。其缺点是容易暴露本队的战术意图。因此，运用时应注意语言的隐蔽性，做到真真假假，虚实结合，让对方难以捉摸。

2. 手势信号联系

通过事先确定的各种手势暗号，表明各种进攻战术变化的配合。手势信号一般在接发球进攻时采用，如二传队员在前排或后排插上时，用手势提示其他队员，其优点是较为隐蔽。对手势信号联络的要求是动作简单明了，迅速准确，时机恰当，不出现错误手势，尽量避免被对方窥视和识破。

3. 落点信号联系

根据来球和起球不同落点来决定战术配合的联系方式。它要求全队有默契的配合，良好的战术意识和随机应变的能力。其优点是可根据具体情况确定何种位置最有利于组成何种战术，使全队的战术变化处于自然的联系之中，有利于战术配合的形成和提高战术效果，应在平时训练中不断强化。例如，起球到什么位置，打什么战术；发球的落点在什么位置，采取什么进攻战术组织形式等，都应预先设定好。

4. 仪态信号联系

通过身体姿态和面部表情所产生的暗示效应。如教练员在临场指挥中可巧妙运用各种身体动作和面部表情来弥补语言信号不够隐蔽的缺点，还可以影响、调节运动员的比赛情绪。

5. 综合信号联系

以手势信号为主，以落点信号及语言信号为辅，在特定的情况下使用，可以使联系信号更加完善。

四、“自由防守队员”的运用

（一）“自由防守队员”的定义

“自由球员”或“自由人”是国际排联于1996年世界女排大奖赛中试行的一项规则。是指不经裁判允许、不受换人次数的限制，可以替换后排任何一名队员完成防守任务，并在规则允许的范围内可以自由进出比赛场地参加比赛的队员。

（二）“自由防守队员”的目的

“自由防守队员”的目的是加强后排防守和一传，促进攻守平衡，使排球比赛更具有连续性和精彩激烈。

（三）“自由防守队员”的运用

“自由人”作为排球比赛新规则的产物，在比赛中发挥着巨大的作用，在接发球和防守中有明显的优势。合理地选拔、培养和运用“自由人”，并设计出行之有效的战术，是提高全队战斗力，发挥其优势的有效途径，也是赢得比赛胜利的保证。

（1）替换场上进攻能力强而防守能力较弱的队员。

（2）替换因进攻、拦网而体力消耗大的主力队员。

（3）替换上场后，适时传达教练员的临场指挥意图。

第十二章 排球运动战术的实战应用

第一节 个人战术的实战应用

个人战术和集体战术的实战应用

一、个人战术的概念

个人战术是指在集体战术配合的基础上，队员根据个人的特点和战术的需要，巧妙地运用个人战术的变化，以达到有效进攻和防守目的的行动方法总称。有效、合理地运用个人战术，可以提高个人技术动作的效果和弥补集体战术的不足。个人战术包括发球、一传、二传、扣球、拦网和防守个人战术等。

二、个人战术的实战应用

（一）发球个人战术的实战应用

发球个人战术具有相对的独立性和自主性，发球技术不受对方和同伴的制约，也没有集体配合的问题，全凭个人技术和个人战术的应用。因此，发球时要树立以我为主的观念。

在观察和分析对方的具体情况后，有针对性地采用不同的发球技术来破坏对方的一传，为本方得分或反击创造有利条件，以取得先发制人的效果。具体实战应用如下：

1. 控制落点的发球

（1）找薄弱区域发球：将球发到对方前区、后区、三角区等场区空当及两个队员之间的连接区，以造成对方接一传困难。

（2）找人发球：将球发给一传技术差，或信心不足，或情绪焦躁，或精力分散，或刚刚换上场的队员。

（3）破坏对方进攻战术的发球：将球发给对方二传手，或快攻队员，或换位队员，或落在该队员跑动的必经线路上，打乱对方组织进攻的节奏，或将球发向对方参加进攻的队员，牵制进攻队员全力参与进攻。

2. 改变方式的发球

（1）改变发球的位置：发球时可以调节发球站位与端线的距离，采用近、中、远距离等不同位置进行发球，也可在发球区左、右9 m的范围内改变方位发球。发球距离和方位不同，可以发出不同性能和不同落点的球。

（2）改变发球的弧度：发球时，采取加强上旋、左旋、右旋、高吊、低平的发球手段，改变球的飞行弧度，降低对方的一传到位率。

（3）改变发球的速度：采用击球点高、距网近、速度快的飘球或跳发球技术，也可采用高弧度的、慢速度的发球方法，利用速度造成对方的不适应。

3. 加强不同性能的发球

（1）加强攻击性发球：在保证准确的基础上，尽可能发出弧度平、速度快、力量大、旋转性强、飘晃度高的攻击性球，以达到直接得分或破坏对方进攻的效果。

（2）不同性能的飘球：利用发球位置，有意识、有目的地发出轻、重、平冲、下沉等各种不同性能的飘球。

4. 发球前的注意事项

（1）应根据个人发球的技术水平、战术意识及心理状态实施战术。技术技能是战术的基础，任何脱离实际水平的战术企图往往是得不偿失的。

（2）应根据临场双方比分的增长情况，采用不同的战术。一般在比分领先较多时，可采用攻击性发球，以扩大战果。当比赛处于关键时刻，特别是在决胜局时，发球则要注意准确性和稳定性，不做无谓的失分。

（3）应观察了解对方的接发球的弱点，及时采用找人或找点战术。

（4）应了解对方对不同性能发球的适应程度，针对性地采用发球技术。

（5）应看清对方接发球站位阵型、轮次特点及可能运用的进攻战术。采用找人、找点战术，以打乱对方进攻的节奏。

（6）在室外比赛，要利用自然条件，如阳光、风向对接发球的影响进行发球。

（二）一传个人战术的实战应用

一传个人战术的基本任务是在第一次接对方来球时，为了组织本队的进攻战术而采用有目的、有意识的击球动作。由于各种进攻战术对一传的要求不同，所以一传的方向、弧度、速度、落点和节奏也不一样。具体应用如下：

（1）组织快攻战术时，如本方快攻队员来得及进行快攻，一传的弧度要低平，速度稍快，以加快进攻的节奏。如果来不及（防守后的快速反应）后撤准备，则应提高一传弧度。

（2）组织强攻战术时，前排队员一传时，力量不宜太大，弧度应稍高，如果来球力量不大，可用上手传球，后排队员则相反。

（3）当对方第三次传垫球过网时，一传可用上手传球，以便更准确地组织快速反击或传给网前队员进行二次进攻。

（4）如发现对方场区有较大的空当或对方队员没有准备时，一传可直接用传、垫、挡等动作把球击向目标区域，突袭对方。

（三）二传个人战术的实战应用

二传个人战术的基本任务是有效地组织进攻战术，利用空间、时间和动作变化，给扣球队员创造有利的进攻条件，突破对方拦网，使对方难以组织。具体应用如下：

（1）根据本方进攻队员的特点和布局情况合理进行分球，如采用集中与拉开，近网、中网和远网，弧度高与低等传球战术，合理组织进攻。

（2）根据对方拦网的部署，与进攻队员在时间上、空间上和位置上进行协调配合，避开拦网抢的区域，合理选择拦网的薄弱环节为突破口，在局部造成以多打少、以强攻弱的优势。

（3）根据本方扣球队员的不同起跳时间，采用升点、降点传球给予配合；采用声东击西的隐蔽动作和假动作，打乱对方的拦网布局。

（4）根据本队一传的情况，如到位或不到位，高球或低球，近网球或远网球等，合理运用传球技术组织各种进攻战术。

（5）根据对方防守队员的站位，在有利于自己的情况下，突然将球直接传入对方空当。

（四）扣球个人战术的实战应用

扣球个人战术的任务是扣球队员根据比赛中对方拦网和防守情况，选择合理的扣球技术和线路，更有效地突破对方的防御。扣球是战术配合的最后一环，进攻与反攻的成败主要是通过扣球来体现的。因此在熟练掌握扣球技术的基础上，必须努力提高扣球技术的运用能力和技巧性，才能达到进攻的目的。扣球个人战术实战应用主要有以下几种：

1. 扣球线路的变化

（1）扣球时采用直线与斜线相结合、长线与短线相结合。

（2）利用助跑线路与扣球线路不同的方向，迷惑对方拦网队员。如直线助跑扣斜线、斜线助跑扣直线等。

（3）朝防守技术差的队员或对方空当和防守薄弱的区域扣球等。

2. 扣球动作的变化

（1）运用转体、转腕的扣球技术，突然改变扣球方向避开对方拦网。

（2）运用超手高点扣球技术，从拦网人手上方进行突破进攻。

（3）利用突然性的二次进攻，造成空网或一对一进攻的有利局面。

（4）高点平打，造成球触对方拦网手后飞向后场区或有意向两侧打手出界。

（5）运用轻扣或吊球技术，使球随对方拦网队员一同下落，增加拦网队员自我保护球的难度，或使球落在对方网前或拦网队员身后。

（6）选用正面扣球变为勾手扣球动作，造成对方拦网判断失误。

（7）突然使用单脚起跳扣球，使对方来不及拦网。

（8）有意识地提前或延迟扣球时间，使对方难以判断掌握拦网的起跳时间。

（9）利用“时间差”“位置差”“空间差”个人扣球动作变化，晃开对方拦网。

（五）拦网个人战术的实战应用

拦网个人战术的任务是拦网队员根据对方扣球的情况，利用时间、空间等变化因素，采用不同方法，达到拦阻对方进攻的目的，拦网个人战术有以下几种应用：

（1）拦网队员可采用拦直线起跳向侧伸臂拦斜线，或在拦斜线位置起跳拦直线的方法来迷惑对方扣球队员。

（2）改变空中拦网手的位置，如在空中拦直线时突然移动手臂改为拦斜线等。

（3）制造假象，使对方受骗，如假装露出中路空当，引诱对手扣中路，当对方扣球时突然拦中路球。

（4）当发现对方要打手出界时，可在空中及时将手撤回，造成对方扣球出界。

（六）防守个人战术的实战应用

防守个人战术的任务是队员在防守时，选择最有利的位置，并采用合理的接球动作，按战术要求把球防起。好的防守队员，不仅是单纯的勇猛顽强而且还要善于根据对方进攻的意图及本方拦网的情况，在接球前就作出正确的预判，并采取相应措施。防守个人战术有以下几种：

（1）根据对方二传的方向和落点，迅速地作出判断，并立即移动到相应位置，正对来球，准备接球。

（2）在选择前后位置时，应根据对方二传球与网的距离和扣球队员击球点的高低选择防守。如球离网近，无人拦网时，防守取位可向前；如球离网远或近网球被拦时，其扣短线的机会少，防守队员取位可向后。

(3) 选择左右位置时，主要根据对方扣球队员的助跑路线和扣球队员起跳的人与球所保持的关系来选择防守位置。一般来讲，防守位置应取在对方扣球队员和球连线的延长线处。

(4) 根据对方扣球的特点，采取相应的防守行动，如对方只扣不吊时，则取位要靠后。如对方打吊结合时，要随时准备向前移动。如对方扣球只有斜线，则要放直防斜等。

(5) 防守还应根据本方前排拦网队员的情况，主动选择防守位置加以配合与弥补，重点防守前排拦网的空当。

第二节 集体战术的实战应用

一、排球运动集体战术的内涵

集体战术是指运动员在比赛中，为突破对方防守或抑制对方进攻，灵活地运用合理的攻防技术，按照一定的形式由两名或两名以上队员采取的有组织、有目的、有针对性的集体协同的配合行动。随着世界排球运动的快速发展，进攻战术越来越丰富，单纯地依靠个人技战术能力是难以战胜对手的。从前排队员的活点进攻发展到现在的全方位立体进攻，无不显示出集体战术的威力。

二、排球运动集体战术的类型

(一) 防守战术

1. 接发球防守

接发球防守阵型由6个人的站位组成。当对方发球时，本方处于接发球状态，要事先站好位置，摆好阵型，是接好发球的基础。站位的阵型不仅要有利于接球，也要有利于本方在接起发球时所采用的进攻战术。同时，还要根据对方发球的特点，采取不同的阵型，最有利地将球接起。

2. 接扣球防守

接扣球防守阵型是由前排拦网与后排防守组合而成。组织接扣球防守阵型时，首先要针对对方进攻的特点和变化进行部署；其次要充分发挥本方队员的特长，合理地分配力量。同时，还要结合本方防守后反攻战术的打法进行布防。

3. 接拦回球防守

接拦回球防守阵型，应根据本方的进攻战术和对方拦回的情况，以及参加防守的人数来确定。本方扣球时必须加强保护，尽量组成多道保护防线，积极防起被拦回来的球，并及时组织继续进攻。

4. 接传、垫球防守

接对方传、垫过网的球，根据其运用的时机、条件以及来球性能的差异，一般采用5人、4人接球阵型站位。如对方一传将球垫飞，接应队员将球调整至中、后场附近，第二次无法组织进攻时，可将球调整到中场附近，因高度限制不能扣球时，采用上手平传过网的方法，本方队员应提前作出预判，后排二传要及时插到网前，前排队员迅速后撤或换位，站成5人或4人接球阵型。抓住这种“机会”球，尽量组织多点进攻战术。

（二）进攻战术

1. “中二三”进攻（中一二）

“中二三”进攻阵型：在后排进攻广泛运用之前，称为“中一二”阵型。是指由3号位队员作二传，将球传给4、2号位或后排队员进攻的组织形式。

2. “边二三”进攻（边一二）

“边二三”进攻阵型：在后排进攻大量和广泛运用之前，称为“边一二”阵型。是指由2号位队员作二传，将球传给4、3号位队员或后排队员进攻的组织形式。

3. “插三二”进攻（后排插上）

“插三二”进攻阵型：在后排进攻大量和广泛运用之前，称为“后排插上”阵型。是指由后排队员插到前排2、3号位之间担任二传，将球传给前排三名队员或后排队员进攻的组织形式。有1、6、5号位插上三种方法。这种进攻阵型多被高水平的球队所采用。

三、排球运动集体战术的实战运用

（一）防守战术的实战运用

1. 接发球

(1) 接发球阵型。接发球阵型根据接发球的人数分成4种接发球阵型，即5人接发球、4人接发球、3人接发球、2人接发球，通常采用的是5人和4人接发球。

①5人接发球阵型：除1名二传队员在网前或从后排插上准备二传的队员不接发球外，其余5名队员均承担一传任务的接发球阵型，是一种最基本的接发球阵型，被大多数的球队所采用，初级水平的球队应采用此阵型。其优点是队员均衡分布，每人接发球的范围相对减少；接发球时，已站成了基本的进攻阵型，组织进攻比较方便，适合接发球水平不太高的球队。其缺点是二传队员从5号位插上时距离较长，难度较大；3号位队员接发球时，不便于组成快攻战术；不利于队员间的及时换位；队员之间的中间地带较多，配合不默契时容易互相干扰。

②4人接发球阵型：插上的二传队员与同列的前排队员均站在网前不接发球，其他4名队员站成弧形承担一传任务的接发球的阵型。其优点是便于后排插上和不接发球的前排队员及时换位。其缺点是对接发球的4名队员要求有较高的判断力、移动能力和掌握较好的接发球技术。

③3人接发球阵型：3人接发球可采用前排两名队员和一名插上队员不接发球，或前排3名队员不接发球，而由后排队员担负全场一传任务。3人接发球阵型的优点是快攻队员在网前不接发球，便于后排队员插上和快攻队员换位，有利于组成多变的快攻战术。但3人接发球每人负责的区域较大，对判断、移动等能力要求较高，因此水平低的球队不易采用。

（2）接发球不同阵型的站位。

①5人接发球阵型的站位变化。

“一三二”阵型站位：有利于学习“中、边二三”进攻，是初学者开始进行比赛的最基本站位阵型。优点是均衡分布，每个队员接发球的范围相对减少；缺点是队员之间的交界点相应增多，会出现互抢互让或前后排相互烦扰的现象（图12-1）。

“一二一二”阵型站位：有利于接边、角的发球和弧度高、速度慢、落点分散的球。优点是队员分布均衡，分工明确；缺点是不利于接对方落点集中在场地中、后区的大力球和平冲飘球（图12-2）。

“一字”阵型站位：是对付大力发球和平冲飘球的有效形式。由于落点集中在场地中、后区，接发球时5个队员应“一字”形排开，左右距离较近，一人守一条线，前后互不干扰，加强预判，避免接可能出界的球（图12-3）。

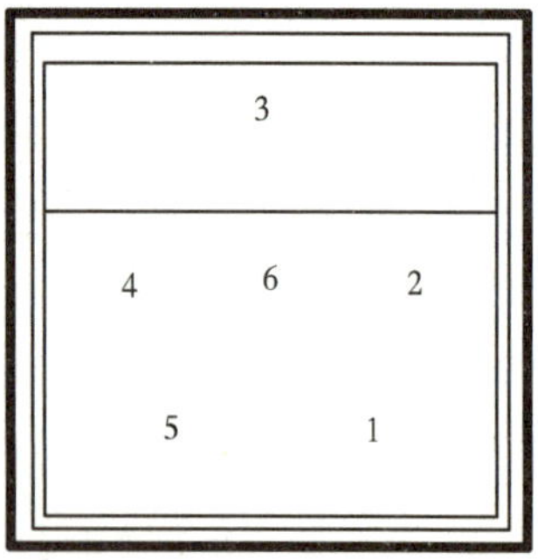

图12-1 “一三二”阵型

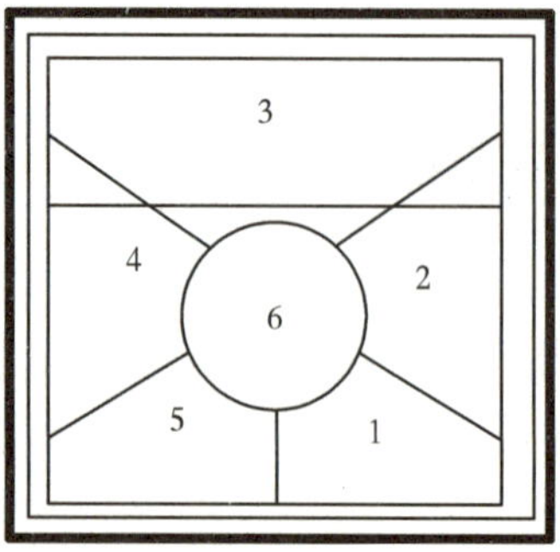

图12-2 “一二一二”阵型

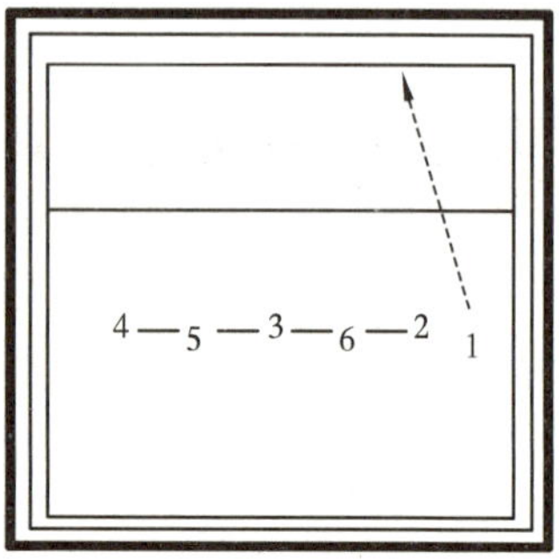

图12-3 “一字”阵型

“假插上”站位：当二传队员在前排时，可以运用假插上的站位方法来迷惑对方。如2号位队员站在3号位队员身后，或3号位队员站在4号位队员身后，假作后排队员插上，当一传球较高而近网时，假插上队员可突然扣两次球或吊球，能起到突然袭击的效果（图12-4）。

“隐蔽”站位：接发球站位时，前排进攻队员隐蔽地站在后排队员接发球的位置上，并把后排队员安排在前排接发球的位置上进行佯攻，达到迷惑对方拦网队员和出其不意袭击对方的目的。如3号位队员隐蔽站位，5号位队员插上，1号位队员假作2号位队员与2、4号位队员隐蔽站位，3号位队员在拦网的空当处偷袭或组织各种进攻战术（图12-5）。

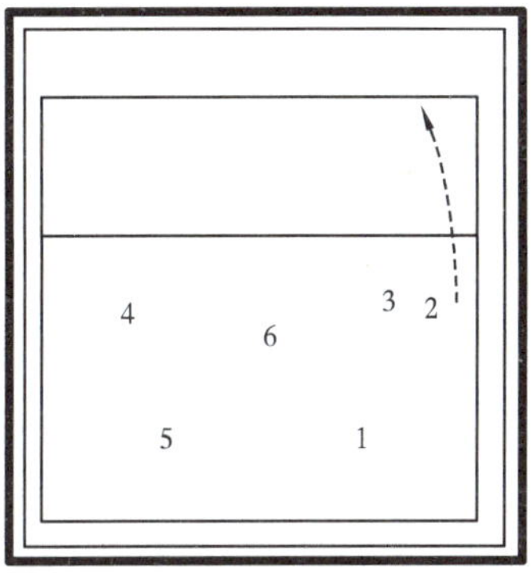

图 12-4　“假插上”阵型

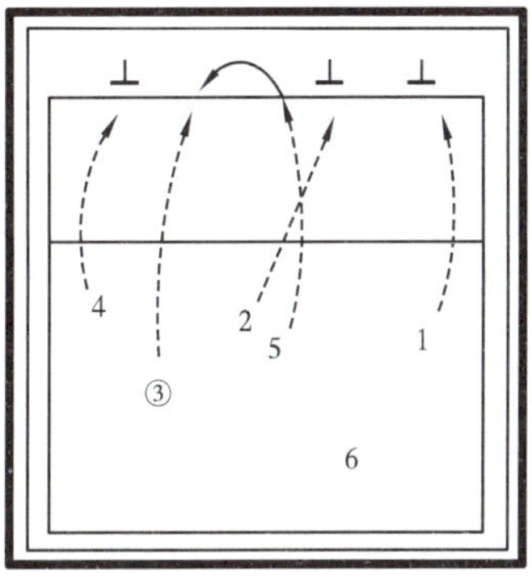

图 12-5　“隐蔽”阵型

②4人接发球阵型的站位。如对方发球落点靠后，速度平快，则可站成浅弧形（图12-6），或者站成一字形（图12-7）。如对方发下沉飘球或长距离远飘球，其落点有前有后，则可以站成深弧形站位（图12-8）。

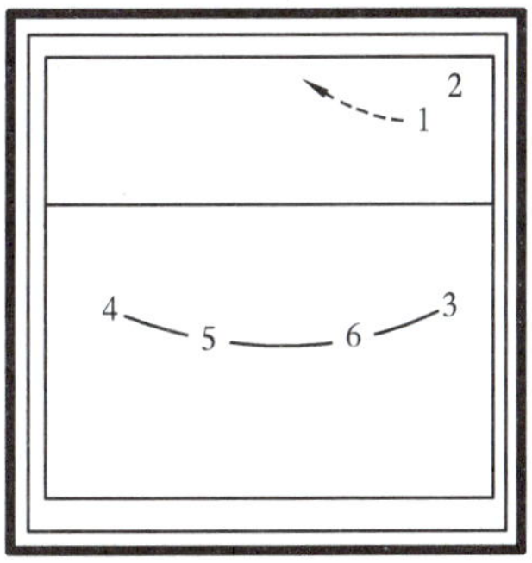

图 12-6　浅弧形

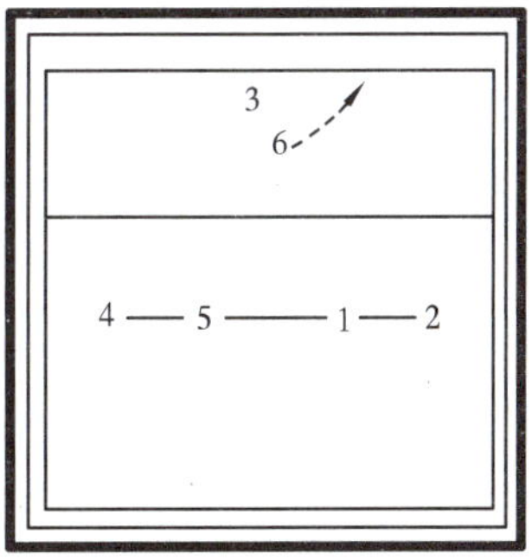

图 12-7　一字形

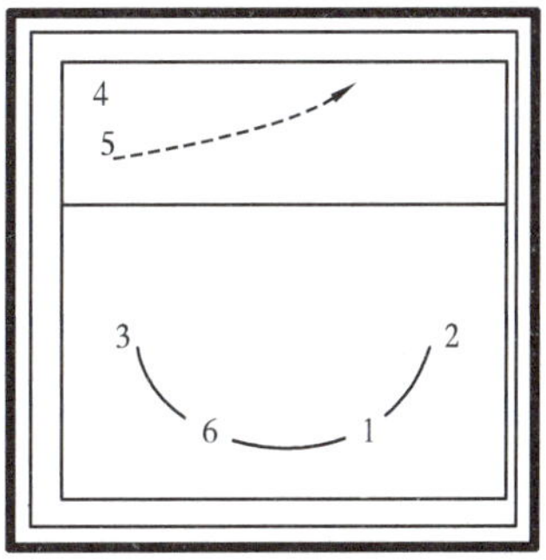

图 12-8　深弧形

③3人接发球阵型。3人接发球可采用前排两名队员和一名插上队员不接发球，或前排3名队员都不接发球，而由后排队员担负全场一传任务（图12-9—图12-11）。

一传技术差的某个后排队员可不接发球（图12-11中的⑥号位队员）。但3人接发球每人负责的区域较大，对判断、移动等能力要求较高，因此水平低的球队不宜采用。

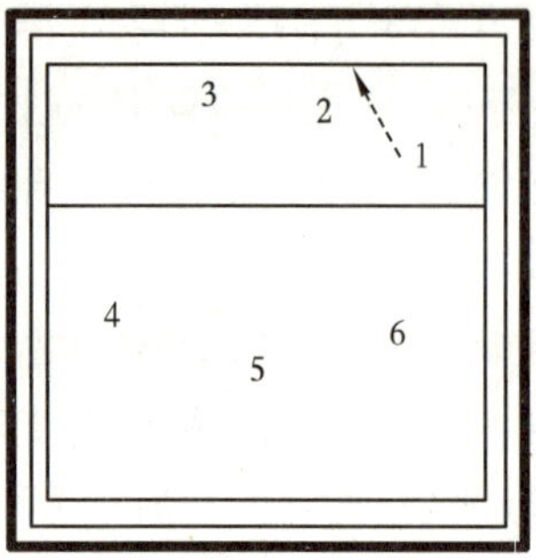

图 12-9

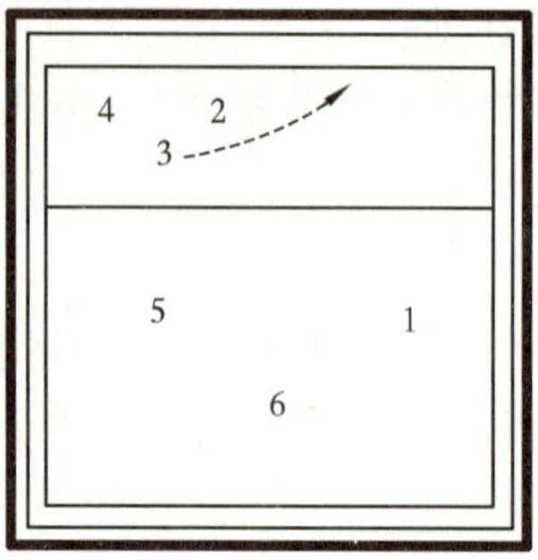

图 12-10

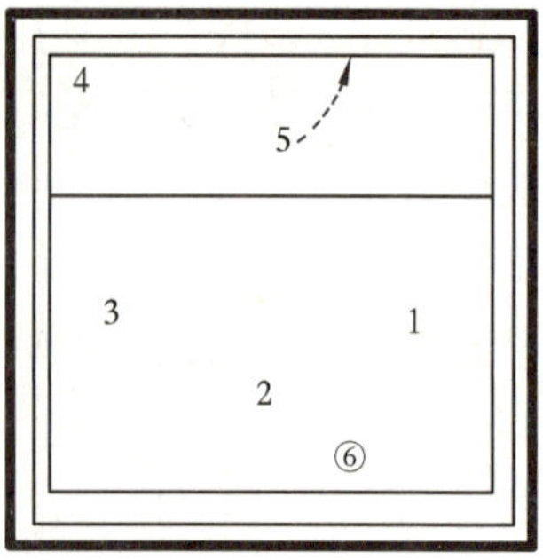

图 12-11

2. 接扣球

（1）接扣球阵型。根据参加拦网人数可以分为无人拦网下的防守阵型、单人拦网下的防守阵型、双人拦网下的防守阵型、三人拦网下的防守阵型。

（2）接扣球不同阵型的站位。

①无人拦网下的防守阵型是一种最初级、最简单的防守阵型，适用于初学者或在对方进攻无力时采用。其站位方法与5人接发球的站位基本相同。根据二传队员站位的不同有两种站位方法：

采用“中二三”进攻阵型时，二传队员在3号位网前，2或4号位队员后撤参加中场的防守，其他队员防守后场。

采用“边二二”进攻阵型时，二传队员在2号位网前，3号位队员与4号位队员后撤，其他队员防守后场。

②单人拦网下的防守阵型一般是在对方进攻威力不大，路线变化不多，轻打吊球较多时，或因受对方战术迷惑，来不及组织集体拦网时采用。其优点是增加后排防守人数，便于组织反攻；缺点是当对方攻击力较强时，单人拦网力量薄弱。单人拦网下的防守阵型有以下两种：

与对方扣球队员相对应位置的队员进行拦网的防守阵型。以对方4号位进攻为例，由本方2号位队员单人拦网，3号位队员后撤防吊球，4号位队员后撤与后排3人组成半弧形防守圈，每人防守一个区域（图12-12）。

固定由3号位队员专门拦网的防守阵型。无论对方从任何位置发动进攻，均由3号位队员拦网，2、4号位队员后撤与后排3人组成防守阵型（图12-13）。如对方3号位队员进攻时，可由6号位队员突前防吊球，2、4号位队员后撤防守（图12-14）。

③双人拦网下的防守阵型。当对方进攻威力较大，进攻路线变化较多，单人拦网不足以阻拦对方进攻时，多采用双人拦网防守阵型，它是接扣球防守中最主要的战术阵型。根据不同后排队员跟进防守的情况和前排不拦网队员的不同取位，双人拦网下的防守阵型有以下4种：

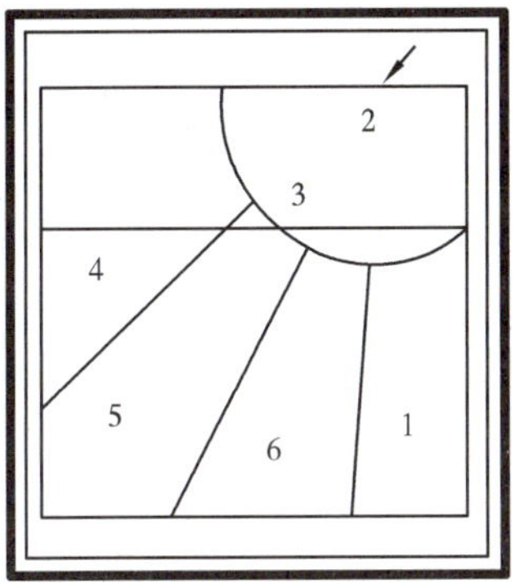

图 12-12

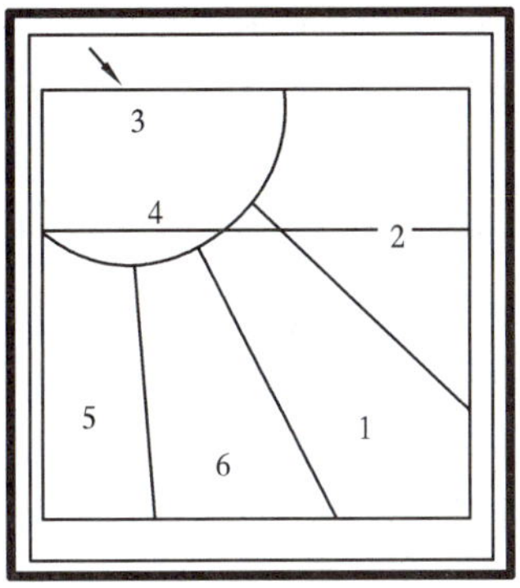

图 12-13

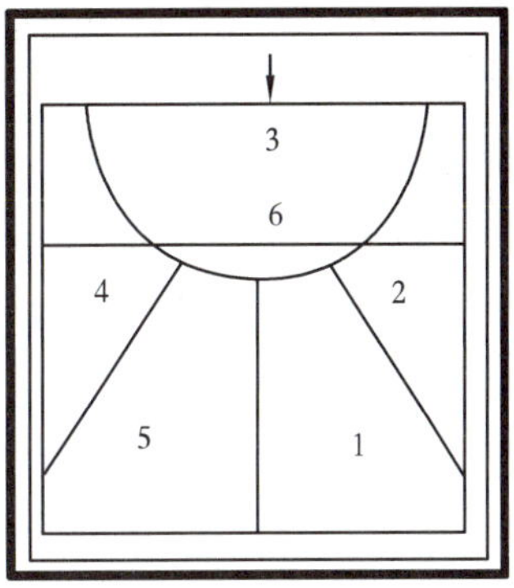

图 12-14

"心跟进"防守阵型：固定由6号位队员跟进防吊球及前区球，称为"心跟进"防守阵型，或称为"6号位跟进"防守阵型。这种防守阵型多在对方采取以扣吊结合为主的进攻战术，为了解决"心"空间题时所采用。其优点是加强了网前的防守能力；缺点是后排防守队员之间的空当较大，防守力量减弱。以对方4号位进攻为例，本方由2、3号位队员拦网，4号位队员后撤到4 m左右防守，6号位队员跟至拦网队员身后3 m附近防守，5号位队员防守后场，每人负责一个防区（图12-15）。

"边跟进"防守阵型：由1号位或5号位队员跟进防吊球及前区球，称为"边跟进"防守阵型，也称为"1、5号位跟进"防守阵型。这种阵型一般是在对方进攻力量比较强，战术变化比较多时采用。这种防守阵型被目前国内外强队广泛采用。

"边跟进"防守阵型有"死跟"和"活跟"两种不同的运用形式。以对方4号位进攻为例，"死跟"的基本站位形式，1号位队员跟进到拦网队员身后防吊球及前区球。如果1号位队员是二传队员，则便于随时插上接应防起的球，组织反攻。6号位队员向右移位补防扣向1号区的直线球，5号位队员防后场6号区，4号位队员后撤防斜线球（图12-16）。"活跟"的基本站位形式，1号位队员防后场直线球，当判断对方吊球或拦网后球落在前区，则及时跟进防守。同时，6号位队员注意弥补1号区的空当。4、5号位队员防斜线，4号位队员还要负责防守吊到前场左区的球（图12-17）。

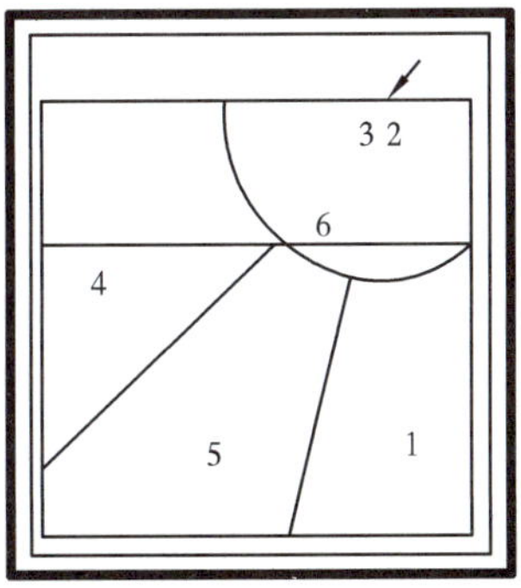

图 12-15

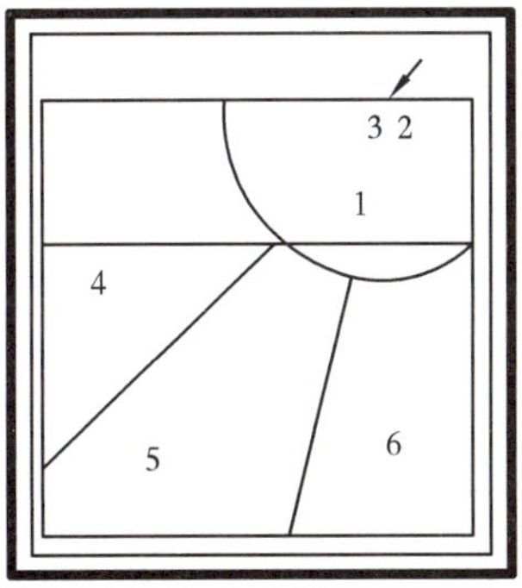

图 12-16

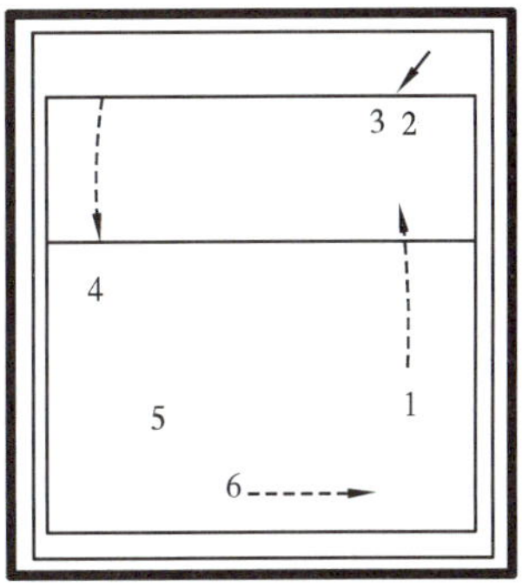

图 12-17

“内撤”防守阵型: 由前排不拦网的队员改后撤防守为内撤保护的一种方法。这种防守阵型多在对方开网进攻，不便扣小斜线球时采用，可以弥补心空弱点，但对内撤保护的队员转入反攻有所不便。当对方4号位进攻时，本方4号位队员向内撤，负责防守拦网队员身后的球。当对方3号位进攻，本方3、4号位队员拦网时，则由2号位队员内撤（图12-18）。

“双卡”防守阵型: 由前排不拦网的队员内撤和后排1或5号位队员跟进相结合的一种防守形式。这种防守形式多在对方以吊球和轻扣为主，可以加强前区的防守，但后场只有两人防守，空当较大。当对方4号位进攻，本方1号位队员跟进，4号位队员内撤；当对方2号位进攻，本方5号位队员跟进，2号位队员内撤（图12-19）。

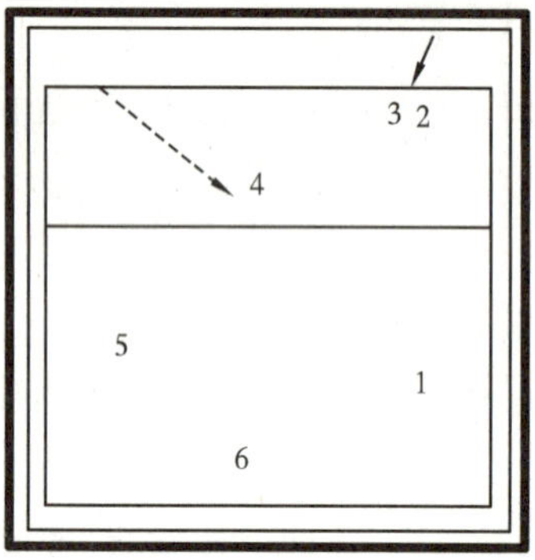

图 12-18

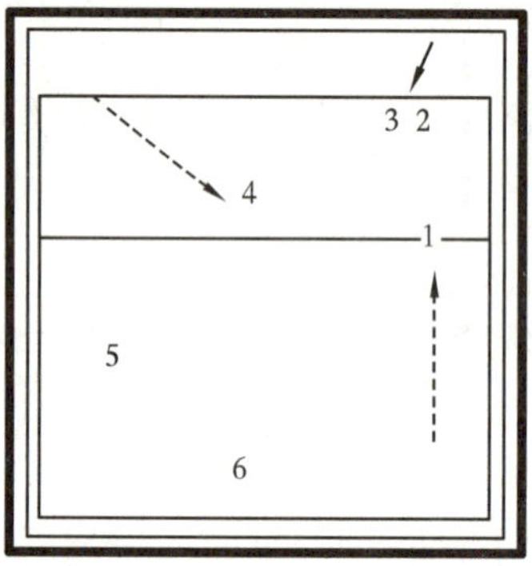

图 12-19

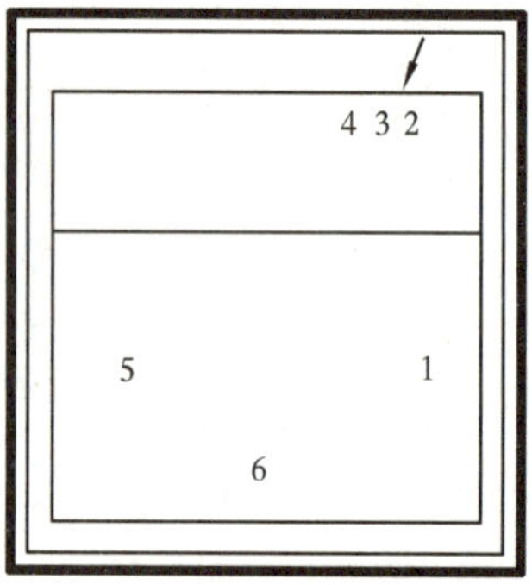

图 12-20

“心跟进”“边跟进”“内撤”和“双卡”4种防守阵型，各有优缺点。在比赛中，应根据本队具体情况和对方进攻情况，以某种阵型为主，结合其他阵型灵活运用。

④三人拦网下的防守阵型。三人拦网下的防守阵型在对方扣球攻击性强，线路变化多，吊球少的情况下采用。三人拦网加强了第一道防线，但增加了后排防守的困难，对组织反攻也有所不便。三人拦网下的防守阵型有两种：

一是“三二一”防守阵型: 由6号位队员防后场，1或5号位队员突前防守场地两腰的一种防守阵型（图12-20）。这种阵型便于防两侧的重扣球和拦网弹到后场的球，但拦网队员身后空当较大，不易防守吊球。

二是“三一二”防守阵型: 由6号位队员跟进防守，1或5号位队员压在后场防守（图12-21）。这种阵型可以防起吊球，便于接应组织反攻，但后场只有两人防守，防守的任务较重。

3. 接拦回球

（1）接拦回球阵型。接拦回球防守阵型，应根据本方的进攻战术和对方拦回的情况，以及参加防守的人数来确定。接拦回球一般采用5人、4人、3人等阵型。

（2）接拦回球不同阵型的站位：

①5人接拦回球阵型的站位。本方强攻时，二传弧度较高，进攻点明确，除扣球队员自我保护外，本队其他5名队员均可参加接拦回球。根据扣拦的情况灵活采用不同的站位。

“三二”站位: 本方4号位进攻时，其他队员均面向进攻方向，5、6和3号位队员组成第一道防线，1和2号位队员组成第二道防线。这种站位一般在对方拦网有高度，落点大多在近网时采用（图12-22）。

“二二一”站位：这种布防方法是把防区分为三道防线。以本方4号位进攻，其他5名队员保护为例。5号位队员向前移动和向左后方移动的3号位队员组成第一道防线；6号位队员向前移动和内撤的2号位队员组成第二道防线；1号位队员保护后场成为第三道防线（图12-23）。这种站位适合对方拦网落点较分散时采用。

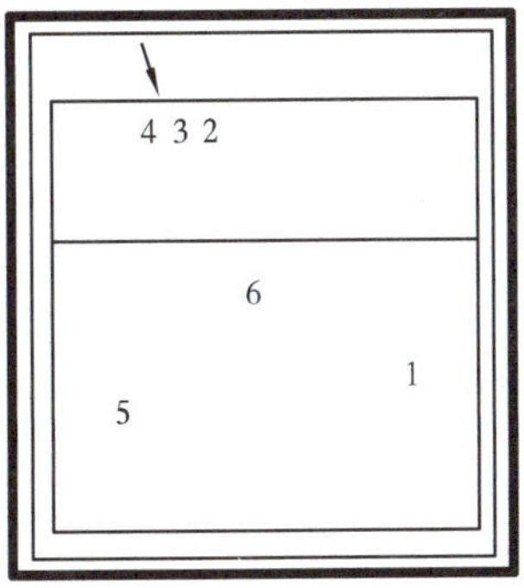

图 12-21

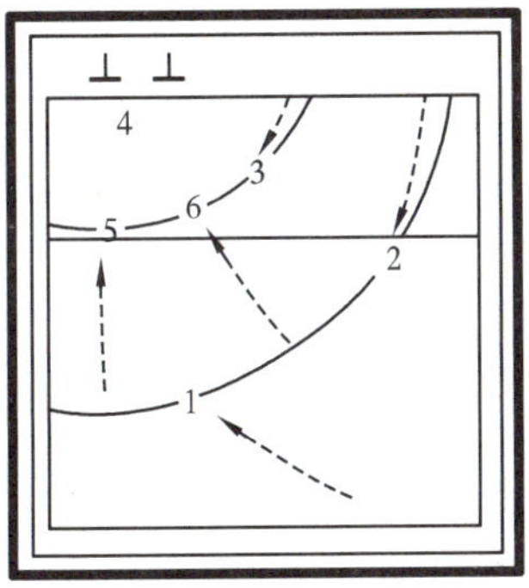

图 12-22　“三二”站位

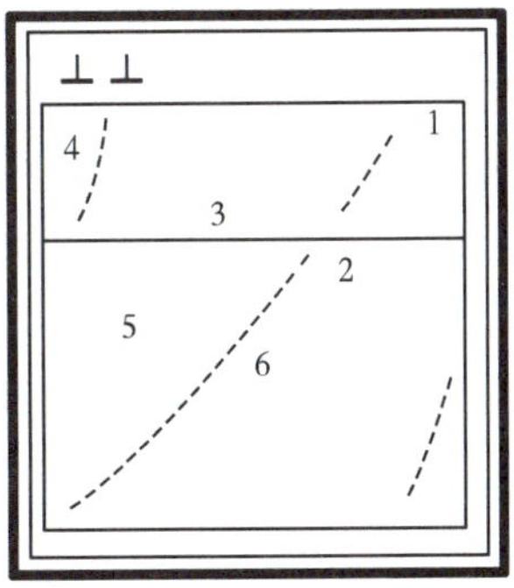

图 12-23　“二二一”站位

“二三”站位：这种站位的第一道防线与“二二一”站位相同，只是后区的1号位队员上前与2、6号位队员共同组成第二道防线。这种站位多在对方拦网力量不强，弹回的球速较慢时采用。当本方队员从2或3号位进攻时，其站位方法基本与4号位进攻时的站位相同。

②4人接拦回球阵型及站位。4人接拦回球一般采用“二二”站位，这种站位多在二传队员传球后或前排快球掩护队员来不及后撤防守时采用。

示例一：当1号位二传队员将球传给2号位队员扣背快球，当他们都来不及接拦回球时，则由3和6号位队员组成第一道防线，4和5号位队员组成第二道防线（图12-24）。

示例二：4号位队员扣球，3号位队员扣球掩护来不及接拦回球时，则由1和5号位队员组成第一道防线，2和6号位队员组成第二道防线（图12-25）。

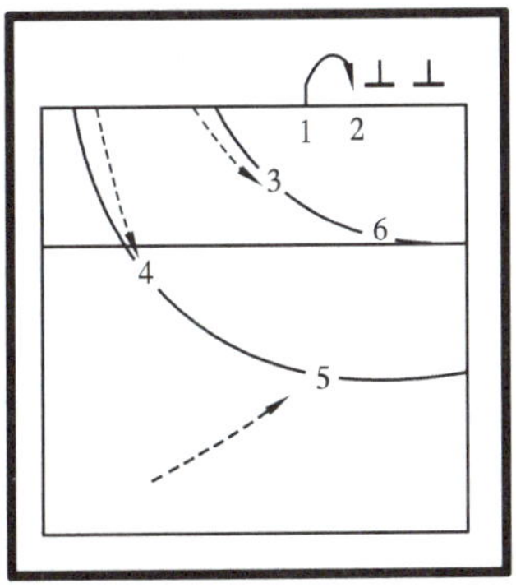

图 12-24

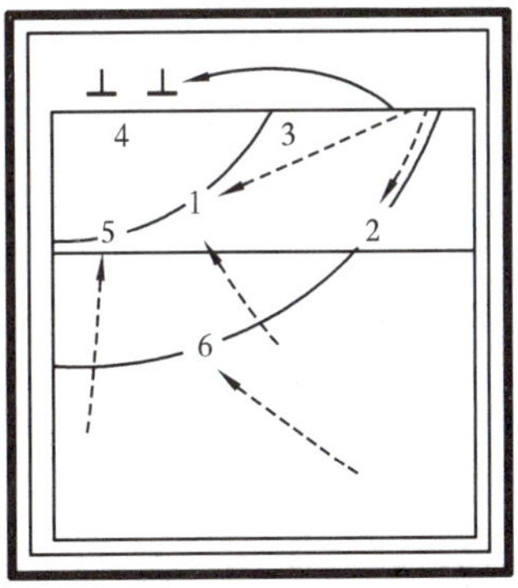

图 12-25

③3人、2人、1人接拦回球阵型的站位。如本方组织更多人的快攻战术，则接拦回球的

人数会相应减少。

示例一：2、3号位队员掩护，4号位队员进攻，则由5、6号位队员和插上的1号位队员组成3人接拦回球阵型（图12-26）。

示例二：本方组织双快一跑动进攻战术，1号位插上的二传队员采用跳传，则由5和6号位队员组成2人接拦回球阵型（图12-27）。

示例三：本方采用立体进攻战术，前排三名队员快球或掩护，5号位队员后排进攻，1号位插上二传队员又采用跳传，则只有6号位队员1人接拦回球（图12-28）。

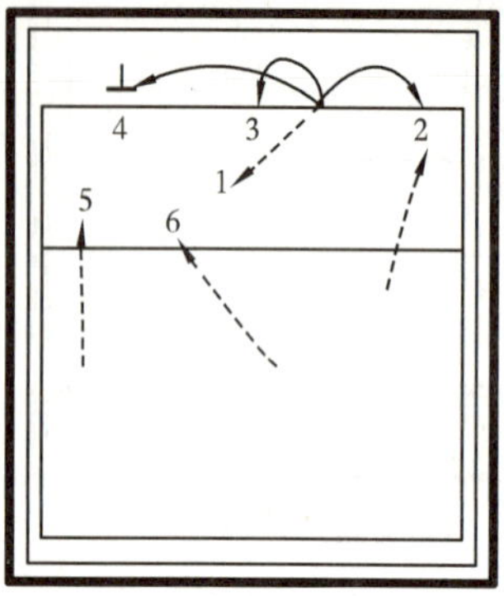

图 12-26

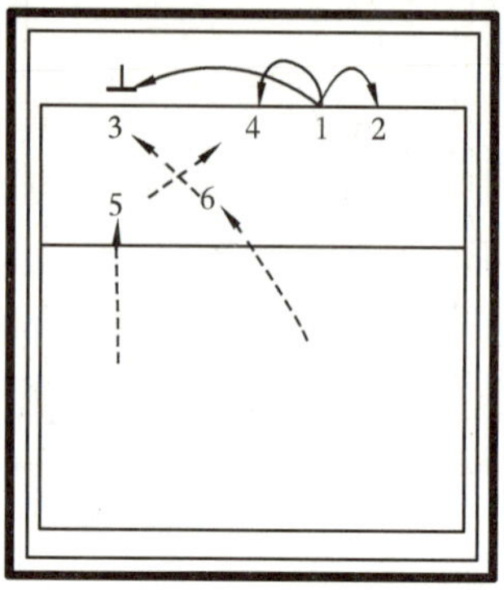

图 12-27

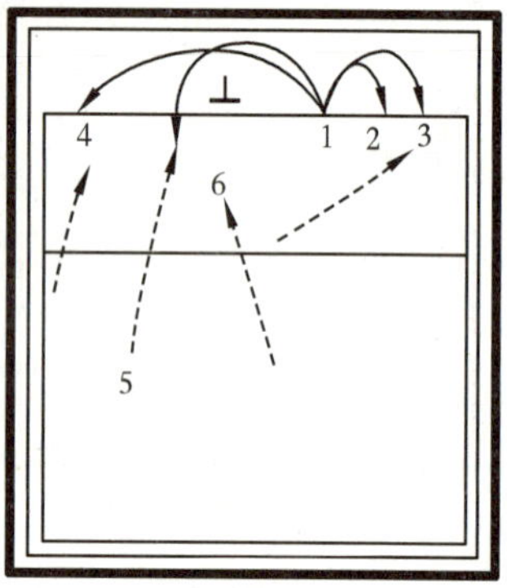

图 12-28

4. 接传、垫球

（1）接传、垫球阵型。接对方传、垫过网的球，根据其运用的时机、条件以及来球性能的差异，可采用以下5人、4人接球阵型。

（2）接传、垫球不同阵型的站位：

①当对方一传将球垫飞，接应队员将球调整到中、后场附近，第3次无法组织进攻时，后排二传队员尽早插到网前，前排队员快速后撤或换位，可以用5人或4人接发球阵型，尽量组织3点战术进攻。

②当对方二传将球调整到中场附近，因高度限制，不能扣球时，常采用上手平推过网，并辅之找空当、弱区的方法，接这种球基本方法同上。

③当对方一传或二传击球时，有意识地将球突然传、垫过网时，本方在接扣球防守阵型的基础上，尽可能组织“边二三”战术，并充分发挥4、3号位队员快攻战术配合的作用。

④当对方传、垫球落在本方前区时，前排队员也已经后撤，这时可组织两次球进攻战术。如对方传、垫球落在后区，前排队员能较充裕地后撤准备进攻，此时组织“插上”战术更为有利。

（二）进攻战术的实战运用

1. 进攻阵型

进攻阵型即进攻时采用的组织形式，合理的进攻阵型有助于某些集体战术的组成。在现代排球比赛中，进攻战术的运用已不是前排进攻队员的专利，而是形成了高快结合、前后结合的全方位立体进攻格局。后排队员参与进攻及后排与前排融为一体的进攻体系，已经在排球比赛中越来越多地呈现出巨大的优势。传统的前排进攻阵型定义已不能涵盖现代排球全面进攻的内涵。因此，以二传队员组织进攻的基本位置和前后排可参与进攻的队员人数为依据，将进攻阵型分为“中二三”“边二三”和“插三二”三种类型。

（1）“中二三”进攻阵型。它是指由3号位队员作二传，将球传给4、2号位或后排队员进攻的组织形式（图12-29）。这种阵型是排球战术中最简单、最基础的一种进攻阵型。其优点是二传队员居中站位，场上移动距离以及传球距离短；一传目标明确、容易，利于组成进攻；战术配合简单，适合初学者采用。其缺点是战术配合方法少，对方容易识破进攻意图。这种阵型在技术水平较低的球队中多被采用，在某些特定条件下，高水平的球队为稳定战局或在来不及组织复杂战术进攻的情况下，也经常采用。

采用“中二三”进攻阵型时应注意以下两点：

第一，当二传队员轮换到4、2号位时，应采取换位的方法，把二传队员换到3号位，以便于组织进攻。

①接发球时的换位站位方法，如图12-30、图12-31所示。

②本方发球时，前排队员要靠网站立，换位时，应便于二传队员取位和跑动。

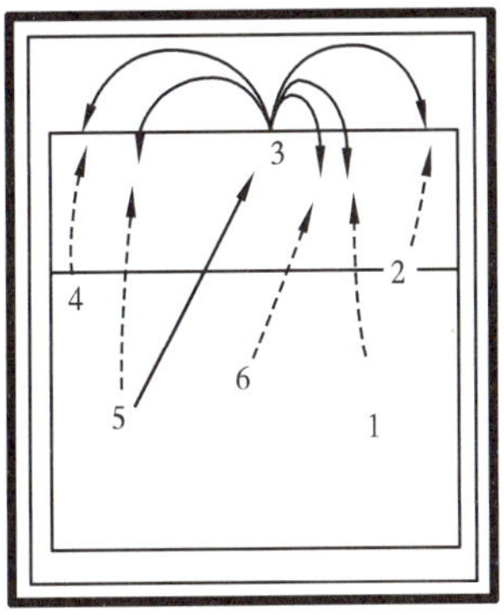

图 12-29　“中二三”进攻阵型

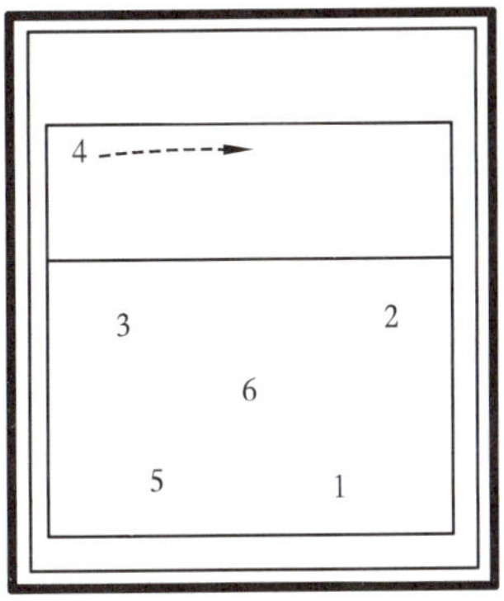

图 12-30

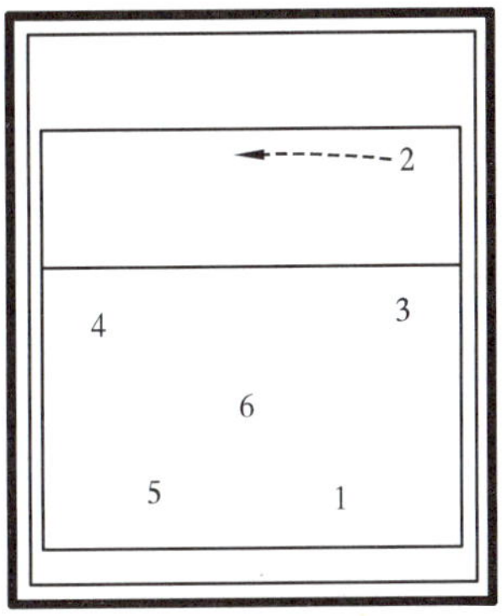

图 12-31

第二，3号位二传队员如果向两边都采用正面传球时，可以居中站位；如果二传队员利用正面长传或背后短传时，站位可偏近2号位区。

（2）“边二三”进攻阵型。它是指由2号位队员作二传，将球传给4、3号位队员或后排队员进攻的组织形式（图12-32）。这种进攻阵型要比组织“中二三”进攻阵型难度大，战术配合也较为复杂。其优点是进攻队员位置相邻便于互相掩护，可以组织较多的快变战术，也有利于掩护后排进攻。其缺点是对一传的要求较高，尤其是对二传队员的传球及分配球，以及场上的组织能力、应变能力要求很高。因此，“边二三”进攻阵型的突然性和攻击性要比“中二三”进攻阵型威力大。

采用“边二三”进攻阵型时，应注意以下三点：

第一，当二传队员轮换到4、3号位时，要采用换位的方法把二传队员换到2号位。

①发球时的换位站位方法，如图12-33、图12-34所示。

②本方发球时，前排队员靠网站立，其取位要有利于二传队员的跑动换位到2号位。

第二，二传队员应在2、3号位之间，不要紧靠边线站立，以便运用背快球战术。

第三，前排二传队员可根据对方拦网情况，采用两次进攻的战术。

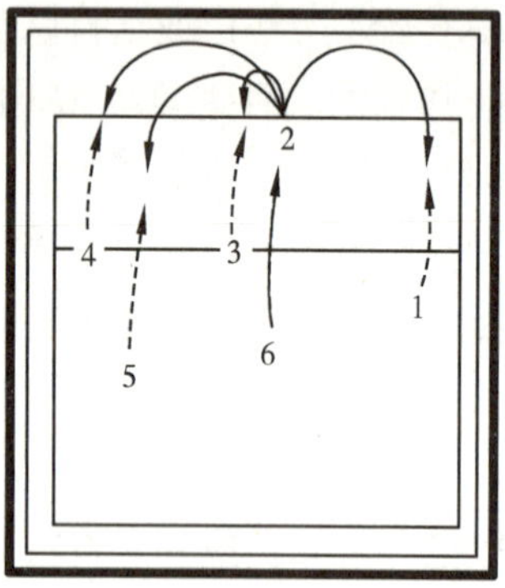

图 12-32 “边三二”进攻阵型

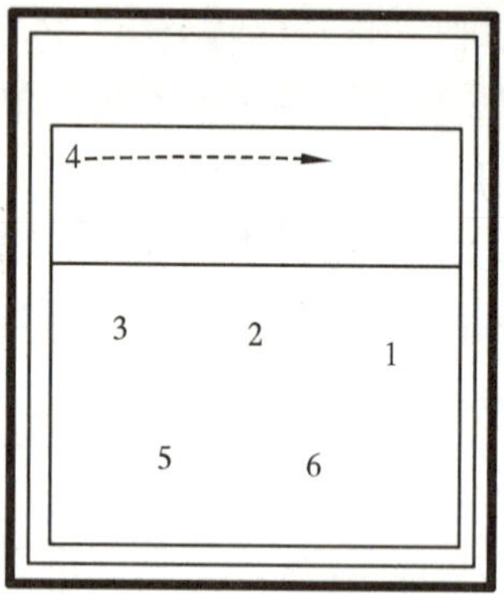

图 12-33

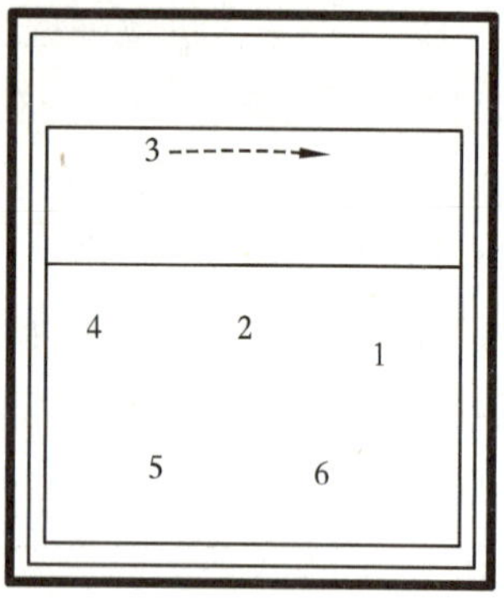

图 12-34

（3）“插三二”进攻阵型。它是指由后排队员插到前排2、3号位之间担任二传，将球传给前排三名队员或后排队员进攻的组织形式，有1、6、5号位插上三种方法。这种进攻阵型多被高水平的球队所采用，最大特点能保持前排三点进攻，可充分利用球网长度，有利于发挥队员的多种掩护配合，加上后排的两点进攻，形成多方位、前后交错的“立体化”进攻，更具有突然性和攻击性，如图12-35、图12-36、图12-37所示。

2. 进攻打法

（1）强攻。强攻指在没有同伴掩护的情况下，在对方有准备的拦防情况下，强行突破的进攻。强攻的二传球较高，根据不同的二传位置，可以分为集中进攻、拉开进攻、围绕进攻、调整进攻、后排进攻等。

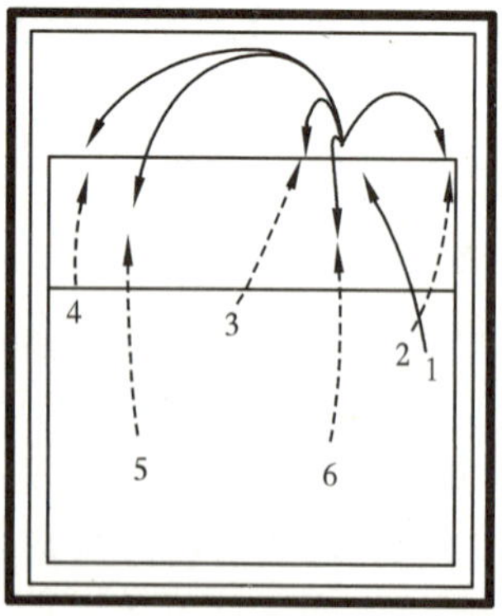

图 12-35 “插三二”进攻阵型

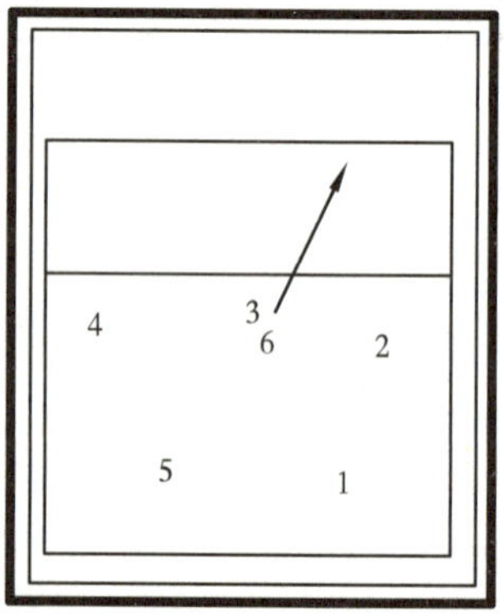

图 12-36

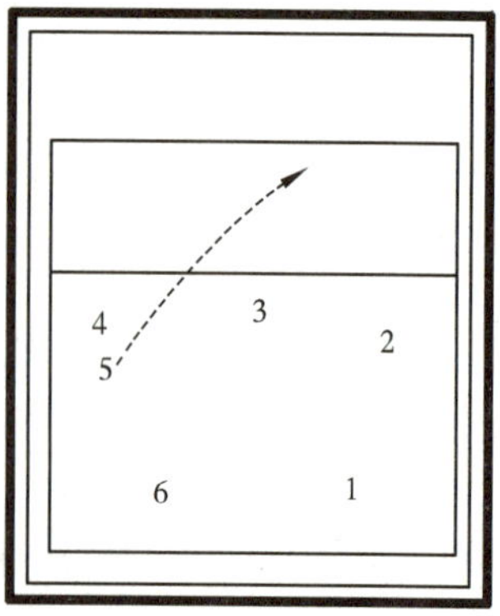

图 12-37

①集中进攻：二传队员向4号位或2号位传出弧度较高，落点较集中在4、3或2、3号位之

间的球来组织扣球进攻。这种打法由于难度小，便于扣球队员助跑和挥臂扣球，一般适合初学者和较低水平的球队运用。

②拉开进攻：二传队员将球传到网边标志杆附近所进行的进攻打法，称为拉开进攻。这种打法能扣直线和小斜线（图12-38、图12-39），既利于避开拦网，又便于打手出界。

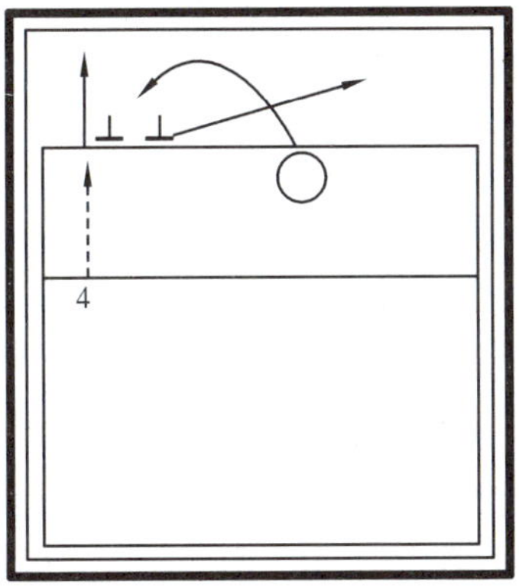

图 12-38　集中进攻

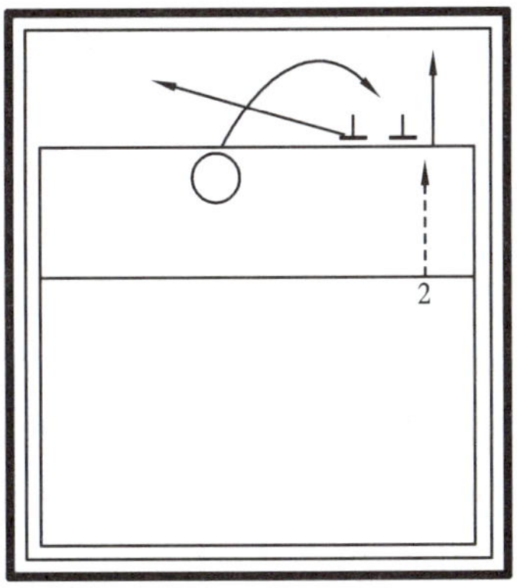

图 12-39　拉开进攻

③围绕进攻：进攻队员从二传队员身后绕到前面扣球，称为前围绕进攻（图12-40）。进攻队员从二传队员前面绕到身后扣球，称为后围绕进攻（图12-41）。围绕进攻换位的目的是充分发挥进攻队员扣球的特长和避开对方的拦网。

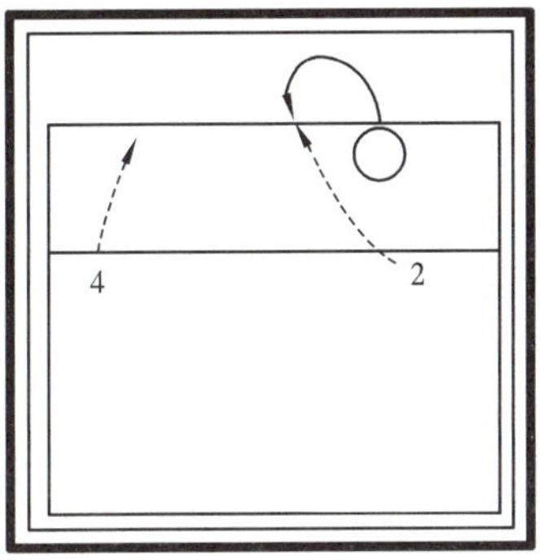

图 12-40　前围绕进攻

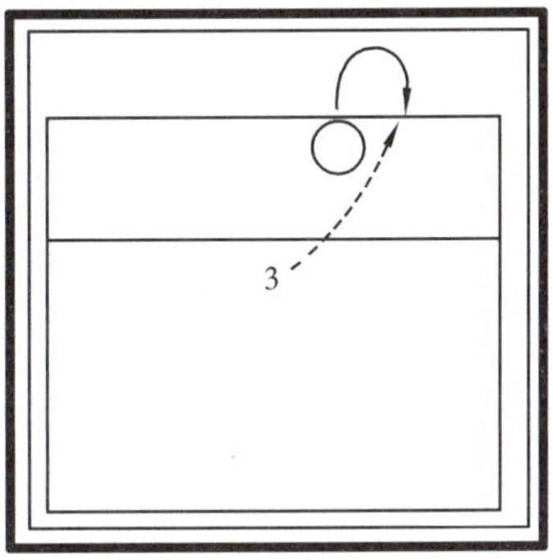

图 12-41　后围绕进攻

④调整进攻：当一传不到位，球的落点离网较远时，由二传队员或其他队员将球调整到网前进行的扣球进攻打法称为调整进攻。这种打法在接扣球进攻中运用较多。

⑤后排进攻：二传队员将球传到距网约1.5 m处，由后排队员从三米线后起跳进攻扣球。这种后排进攻能扣直线或斜线球，由于扣球位置距网较远，对方拦网队员不易判断。

（2）快攻。快攻指各种平快扣球及以平快扣球掩护同伴进攻或自我掩护进攻所组成的各种快速多变进攻战术的总称。快攻是我国排球的传统打法。由于快攻具有速度快和掩护作用强的特点，能在时间和空间上发挥优势，有效地突破对方的防御。快攻可以分为平快球进攻、自我掩护进攻、快球掩护进攻三类。

①平快扣球是指进攻的速度快，即二传传球低或平，与扣球队员的配合节奏快，从时间上造成对方拦网的困难。平快球进攻包括前快A、背快C、短平快B、背平快D、平拉开E、调整快、远网快、后排快和单脚起跳快等9种（图12-42）。

②自我掩护进攻是进攻队员利用自己打快球的助跑、起跳假动作来掩护自己所进行的第二个真扣球动作。自我掩护可分为“时间差”“位置差”“空间差”等3种。

“时间差”： 进攻时，扣球队员第一次进攻的助跑、急停制动和挥臂动作都要做得逼真，在对方拦网队员被晃起跳后下落之际，突然变为原地起跳，进行第二次实扣。这种快攻打法目的是造成对方拦网在起跳时间上的错误，突破对方的拦网。其中包括近体快时间差、短平快时间差。

示例一：近体快“时间差”进攻，是在近体快球的位置上进行“时间差”进攻（图12-43）。

示例二：短平快“时间差”进攻，是在短平快球的位置上进行“时间差”进攻（图12-44）。

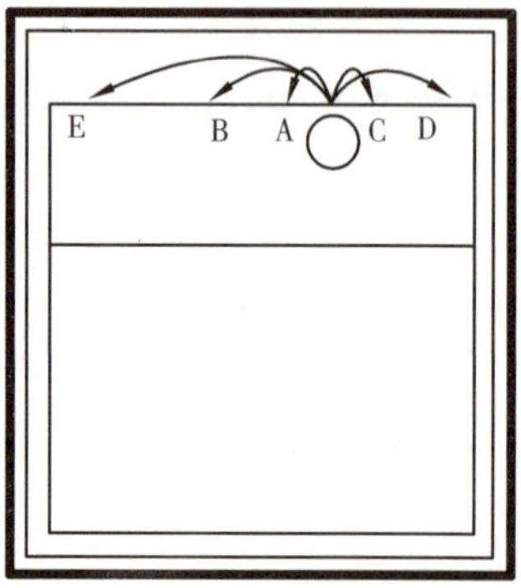

图 12-42　平快扣球

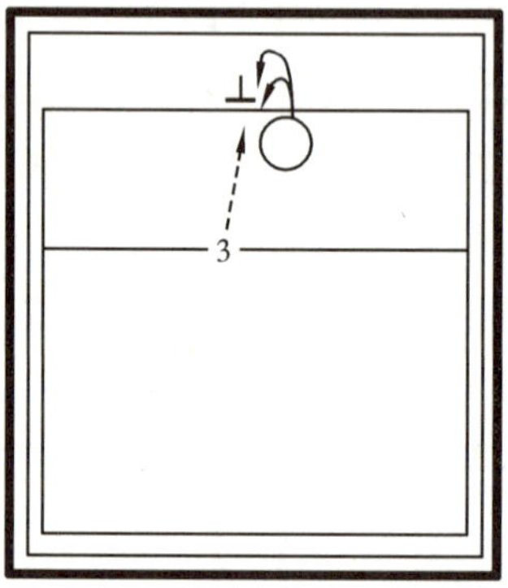

图 12-43　近体快“时间差”

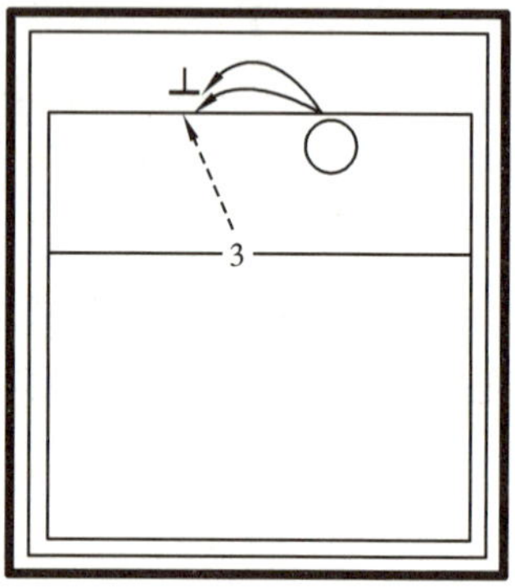

图 12-44　短平快“时间差”

“位置差”： 进攻时，扣球队员动作助跑起跳，当对方拦网队员被诱跳起拦网时，扣球队员突然向侧方跨步起跳扣球，从位置上摆脱对方的拦网，达到空网进攻的目的。“位置差”有短平快错位进攻、近体快围绕错位进攻。

示例一：“短平快错位”进攻，3号位或4号位队员做短平快进攻，然后突然向右跨步起跳扣集中的半高球（图12-45）。

示例二：“近体快围绕错位”进攻，3号位队员近体快进攻，然后突然向右跨步围绕到二传队员身后起跳扣半高球（图12-46）。

“空间差”： 利用起跳后的空间移位，造成时间和击球点的不同进行进攻，称为“空间差”进攻（图12-47）。包括前飞、背飞、拉三、拉四进攻。

③快球掩护进攻是一名进攻队员利用各种平快球进行快攻掩护，然后二传队员将球传给其他进攻队员扣球进攻，均称为快球掩护进攻。在快球掩护进攻中，一般采用近体快、短平快和背快球掩护。快球掩护进攻能帮助其他进攻队员摆脱对方集体拦网，造成以多打少甚至空网进攻的机会。进攻队员就积极跑动进行掩护，二传队员灵活机动进行传球，扣球队员要全力快速跑动实扣，做到虚实并举，才能起到更好的效果。

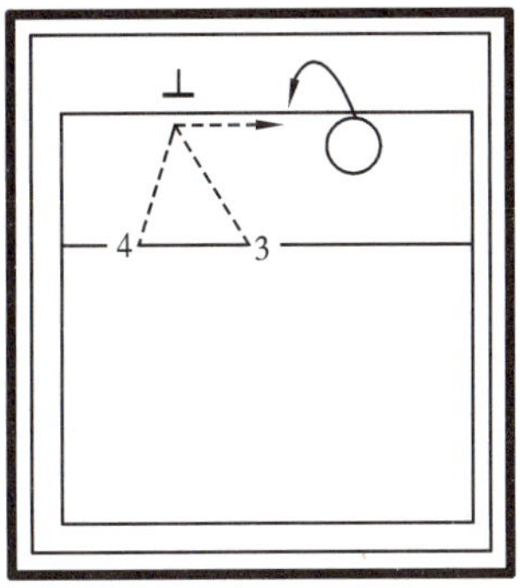

图 12-45　短平快错位

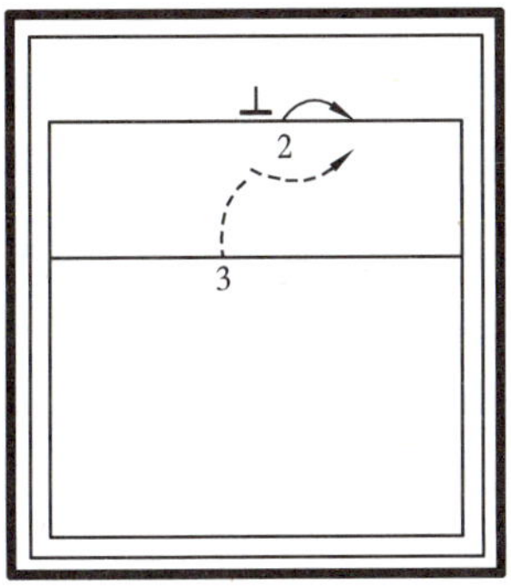

图 12-46　近体快围绕错位

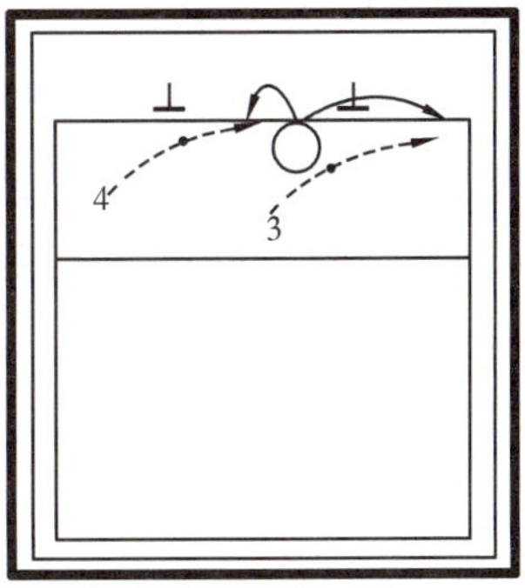

图 12-47　“空间差”进攻

快球掩护进攻除了中间快球掩护，两边拉开进攻外，还有交叉进攻、梯次进攻、夹塞进攻和双快一跑动进攻等。

交叉进攻：一名进攻队员快球掩护，另一名进攻队员与其交叉换位以后扣半高球。包括前交叉、后交叉、背交叉、反交叉、假交叉等5种进攻。这种打法能造成对方两名拦网队员互相阻挡，因而突然性强，攻击性大，效果好，是目前各球队运用较多的一种方法。常用的交叉进攻是前交叉、后交叉和背交叉。

示例一：前交叉是4号位队员内切做近体快或短平快球掩护，3号位队员做交叉跑动到4号位附近扣半高球（图12-48）。

示例二：后交叉是3号位队员做近体快球掩护，2号位队员交叉跑动到二传队员前面扣半高球（图12-49）。

示例三：背交叉是2号位队员做背快球掩护，3号位队员交叉跑动到二传队员背后扣半高球（图12-50）。

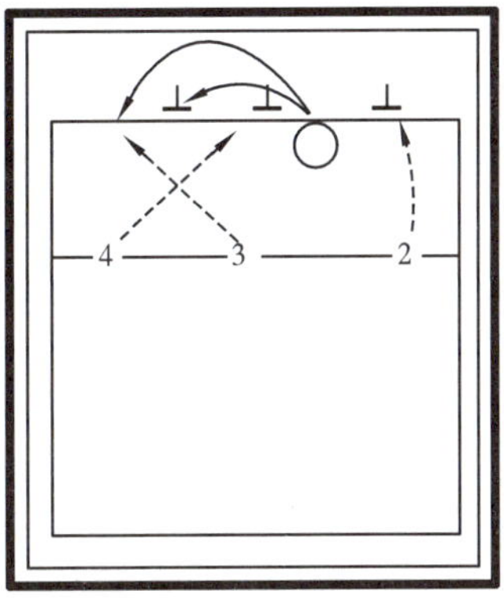

图 12-48　前交叉

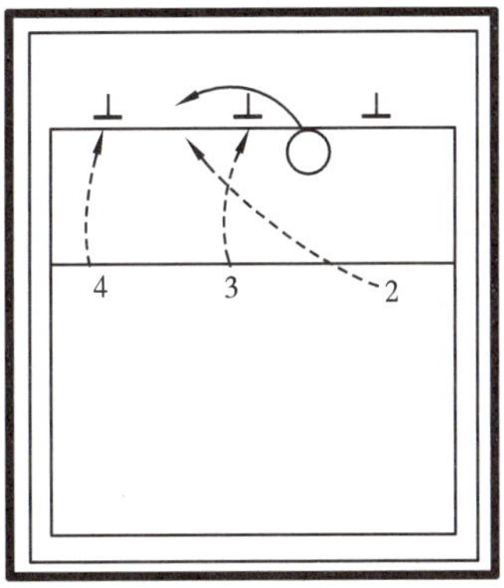

图 12-49　后交叉

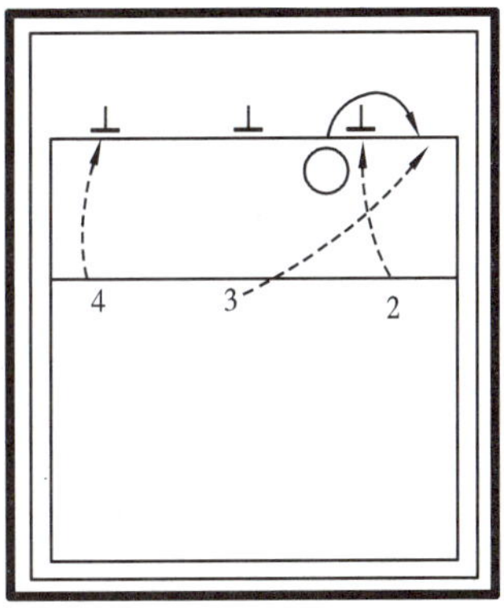

图 12-50　背交叉

梯次进攻：又称为重叠进攻。一名进攻队员快球掩护，另一名进攻队员在其身后扣距网稍远的半高球。这种打法是在同一进攻点上以多打少，利用两名队员扣球时间的变化，造成对方拦网判断错误，晃开拦网队员而进攻。

示例一：4号位队员跑到二传队员前面做近体快球掩护，3号位队员上步到4号位队员背后扣半高球（图12-51）。

示例二：3号位队员做短平快掩护，4号位队员在其身后做梯次扣球，或4号位队员做短平快掩护，3号位队员在其身后做梯次扣球（图12-52）。

夹塞进攻：3号位队员做短平快掩护，吸引对方3号位队员拦网，这时4号位队员内切跑动，夹到3号位队员与二传队员之间扣半高球造成对方无人拦网的局面（图12-53）。

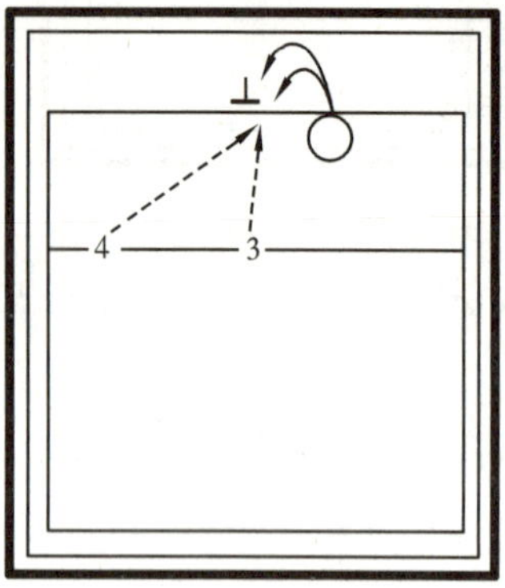

图 12-51

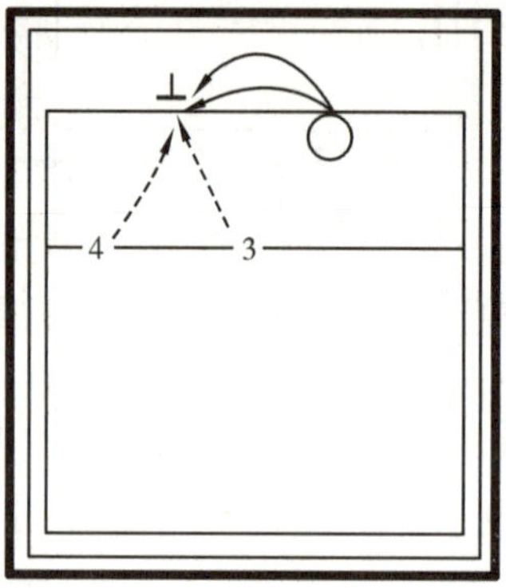

图 12-52

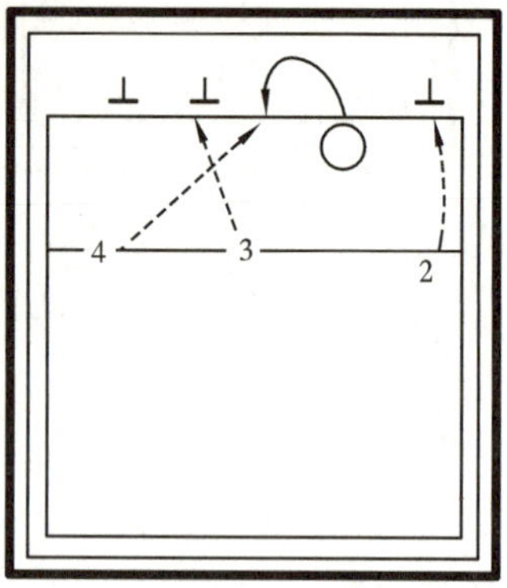

图 12-53

双快一跑动进攻：由两名进攻队员做快球掩护，另一名进攻队员针对对方拦网的空隙，积极跑动，进行活点进攻，并造成对方拦网队员的互相阻挡、给对方以突然袭击，迫使对方拦网队员处于仓促应战、顾此失彼的境地。如4、2号位队员做短平快和近体快掩护，3号位队员可根据对方拦网情况，跑动到4号位或2号位做活点进攻（图12-54）。

（3）两次攻及其转移进攻。当一传来球弧度较高，落点又在网前适合扣球的位置上，前排队员可以直接将球扣或吊入对方场区，或将球在空中转移给其他排的队员的进攻，这种有两次机会进攻的方式称为两次攻。两次攻加快了进攻的速度，改变了进攻的节奏，使对方难于防守。两次转移进攻还能迷惑对方拦网。这种战术对一传的要求较高，技术难度较大，因此在比赛中运用的机会不多，一般在对方发球攻击性小，扣球威力不大或把球垫过来时采用。

示例一：场上任何一名队员一传时将球高弧度地垫到2号位近网处，前排二传队员在原地跳传的基础上，突然运用两次球进攻。

示例二：当进攻队员跳起做扣球动作时，发现对方进攻拦网，可以虚晃一下，在空中变扣球为传球，转移给邻近的前排3号位队员进攻，这种打法叫短传转移。如果跳传将球转移给较远位置的前排队员进攻，称为长传转移（图12-55）。短传转移准确性高，而且转移速度快，突然性大，便于避开对方拦网，因此在比赛中经常被采用。

（4）立体进攻。立体进攻是指前排队员运用各种快变战术组织进攻，同时也掩护后排队员从进攻线后跳起进攻，形成横向、纵深、全方位的进攻，这种打法称为立体进攻。由于这种打法突然性大，攻击性强，容易突破对方的防线，已是当今进攻战术的发展方向。其特点是形成进攻队员在人数上的优势，增加了进攻点，既有近网进攻，也有中、远网进攻，扩大了进攻的范围，给对方拦网起跳和后排防守的取值造成困难。

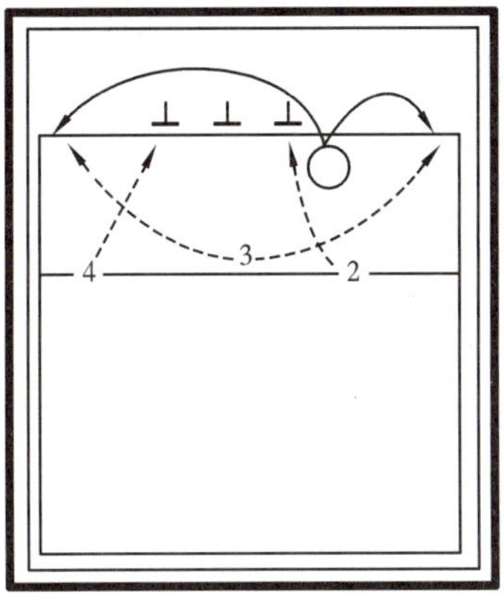

图 12-54　“双快一跑动”进攻

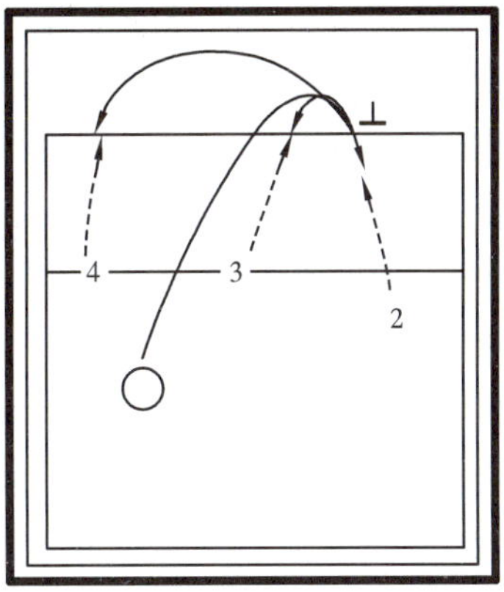

图 12-55　“转移”进攻

采用这种打法应以前排队员进攻为主，后排队员进攻为辅。前排队员的快速突破是核心部分，只有前排队员快攻掩护逼真，才能吸引对方拦网，为后排队员实扣创造有利的机会。

示例一：当2号位队员作二传时，4、3号位队员同时作短平快和近体快掩护，后排1号位队员从后排冲跳到2号位扣半高球（图12-56）。

示例二：4、3号位队员同时做平拉开和短平快掩护，2号位队员做背快掩护，后排的6号位队员从后排冲跳到二传队员前面扣半高球（图12-57）。

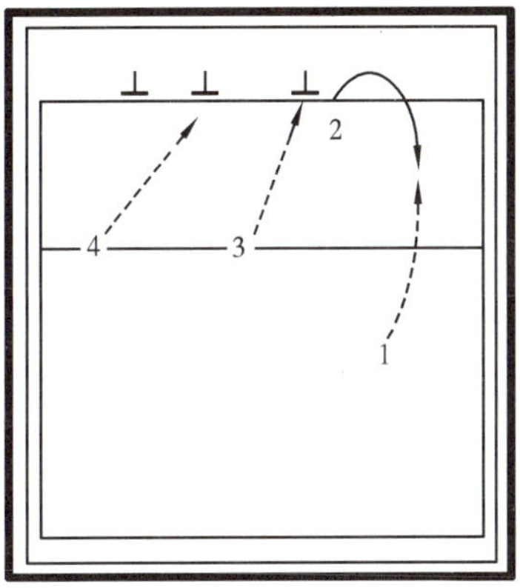

图 12-56

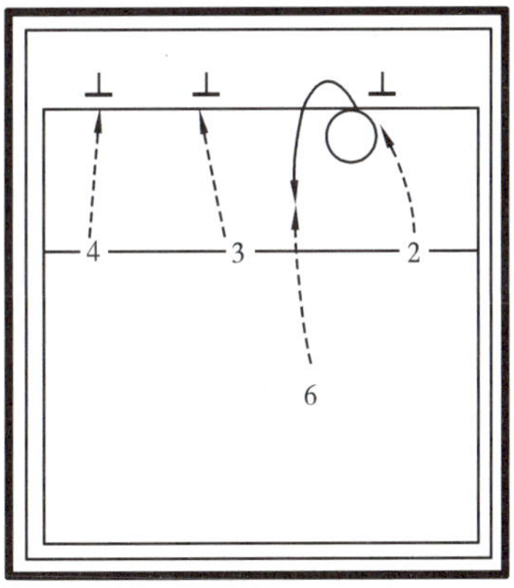

图 12-57

（三）“四攻”战术系统及实战运用

1. 接发球及其进攻（一攻）战术系统

接发球及其进攻，也称为“一攻”，它包含防守和进攻两方面。“一攻”这个系统主要包括一传、二传、扣球等环节。接发球及其进攻的基本任务是将对方发过来的球接起来，并尽量准确地传给二传队员来组织各种进攻战术，直接得分或保证不失分。

（1）接发球的基本要求：

①正确判断：应根据发球队员的位置进行第一次判断，以确定合理的取位。发球队员击球后，再根据其发球手法、球的飞行路线和性能进行第二次判断，及时移动进行位置的调整。

②合理取位：如对方发球弧度高，落点分散，接发球站位应前后分散均衡站位（图12-58）。如对方发球速度快、弧度平、落点比较集中，接发球的位置要压后，队员前后靠近（图12-59），不要站在阴影区内。

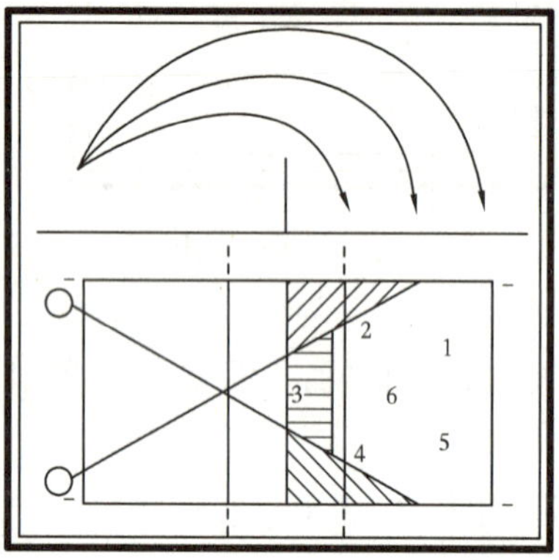

图 12-58

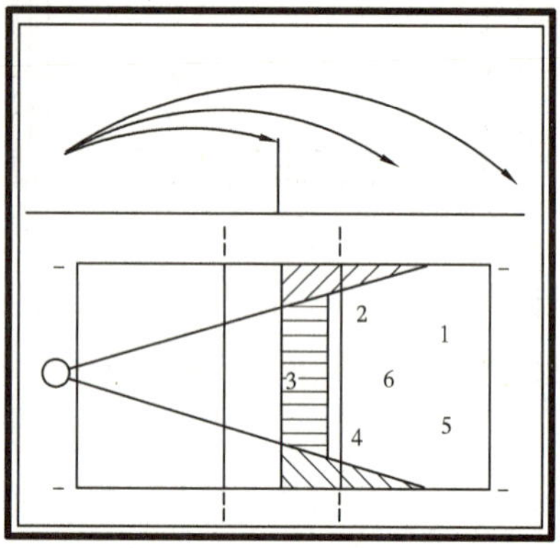

图 12-59

③分工与配合：后排队员接发球的范围可相对扩大些，接发球技术好的队员分工范围可大些，反之可小些。接发球的配合是互相保护，互相弥补。当一人接发球时，其他队员特别是相邻队员应注意保护，随时准备接应。一旦球打手飞出界外、平冲入网或飞过球网时，其他队员都要全力抢救，这样既可减少失误，又可鼓舞士气。

（2）接发球进攻的战术变化。强攻战术是基础，快攻战术是重点，应根据队员的技术、战术水平以及临场的实际情况，合理地运用快攻、强攻和两次攻，灵活组织多种多样的战术配合，给对方出其不意的攻击，以取得良好的进攻效果。

①"中一三"进攻的战术变化：不同水平的球队可采用不同的变化法。水平较低的球队，可采用2、4号位队员定位进攻的方法；中等水平的球队可在采用定位进攻的基础上，利用集中、拉开、平拉开、背传半高球进攻的方法；水平高的球队，不但可以运用定位和活点相结合的进攻形式，还可以采用两点跑动换位的后排进攻的方法。

定位进攻：

示例一：3号位二传队员传球给4或2号位队员集中或拉开进攻，1号位队员后排进攻（图12-60）。

示例二：3号位二传队员传球给4号位队员平拉开或传给2号位队员背后高球或3号位队员短平快球、2号位队员背平快球，6号位队员后排进攻（图12-61）。

定位与跑动换位两点进攻：4号位队员扣定位球，2号位队员跑动换位（如有前快、短平快、背平快、背后的平拉开等）进攻，5号位队员后排进攻（图12-62）。

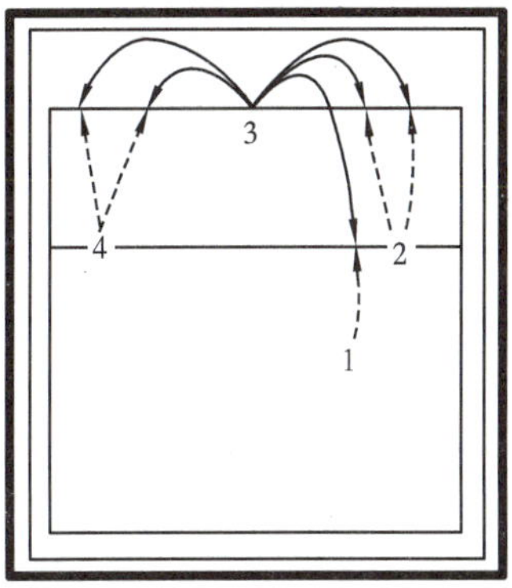

图 12-60

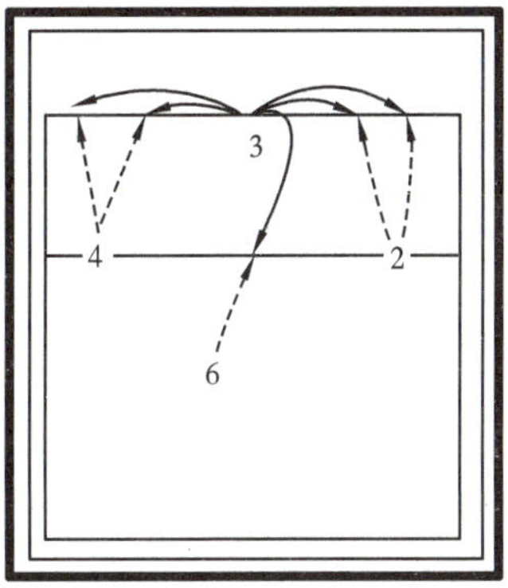

图 12-61

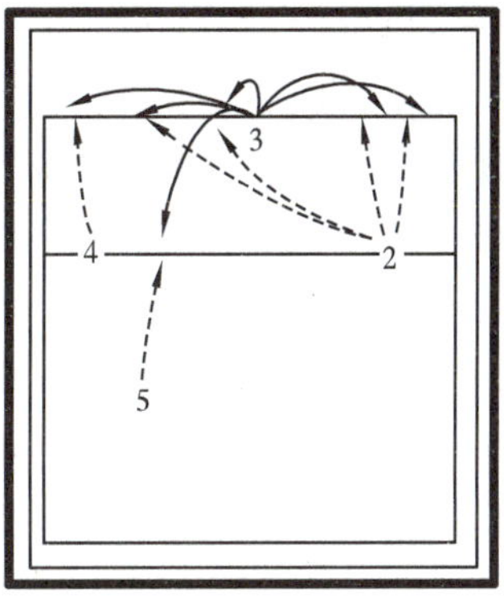

图 12-62

两点跑动的活点进攻：为了增加突然性，可以通过主、副攻的跑动换位或相互掩护，由定点进攻变为活点进攻，以此摆脱对方的集体拦网。如2号位队员跑动到3号位二传队员体前扣快球或进攻快球掩护，4号位队员扣平拉开或短平快球，1号位队员后排扣球（图12-63）。

②"边二三"进攻的战术变化："边二三"进攻战术可根据本队水平的变化而变化，除组织前排两名队员定位进攻外，还可以组织定位与跑动换位进攻；两名队员同时或先后跑动的双活点进攻和后排进攻。

定位进攻：

示例一：3号位队员扣一般集中球，4号位队员扣一般拉开球，5、6、1号位队员后排进攻，即是"边二一"进攻的基本形式。

示例二：4号位队员扣定位拉开高球或平拉开球，3号位队员进行前快或短平快的实扣或掩护，1号位队员后排进攻（图12-64）。

定位与跑动换位两点进攻：

示例一：4号位队员扣定位球，3号位队员围绕跑动到2号位后扣背快球或半高球，5号位队员后排扣球（图12-65）。

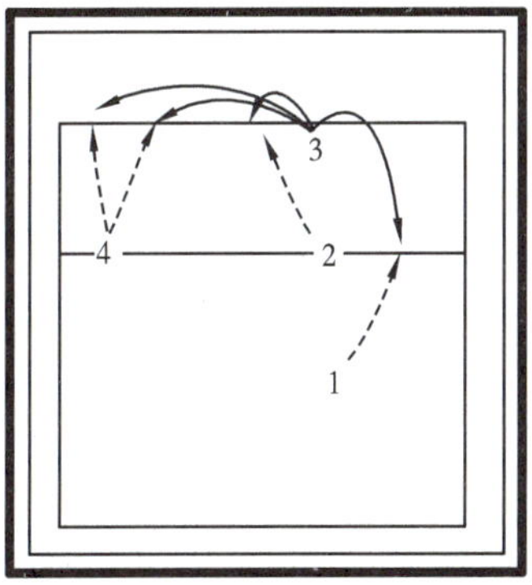

图 12-63

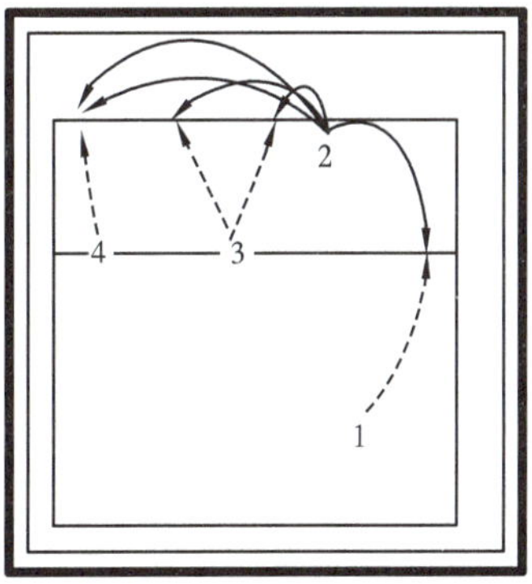

图 12-64

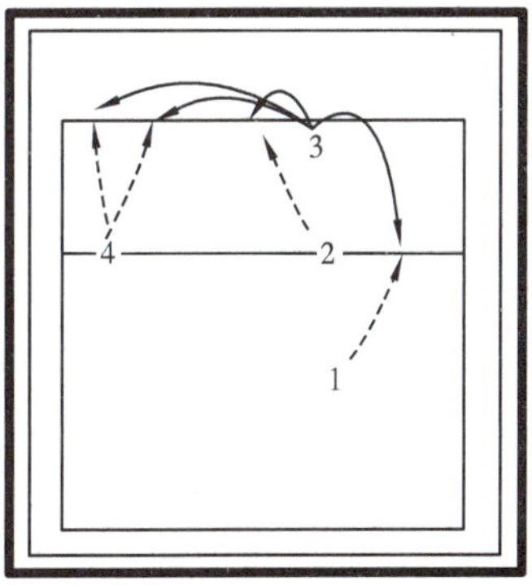

图 12-65

示例二：4号位队员内切跑动进行前快或短平快实扣或掩护，作梯次进攻，6号位队员进行后排进攻（图12-66）。

两点跑动的活点进攻：运用“边二三”进攻形式时，在前排只有两进攻的情况下大多数采用两点跑动的双活点进攻方法，以设法摆脱对方的集体拦网。

示例一：4号位队员与3号位队员作交叉进攻，1号位队员后攻（图12-67）。

示例二：3号位队员跑动扣背快球，4号位队员大跑动围绕到2号位二传背后扣背拉开高球，5号位队员后排进攻（图12-68）。

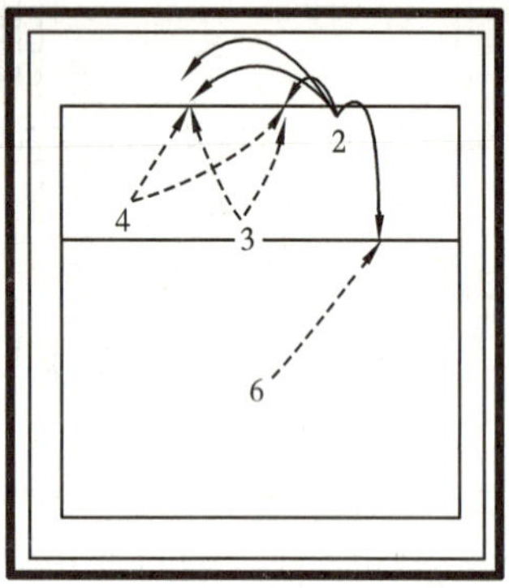

图 12-66

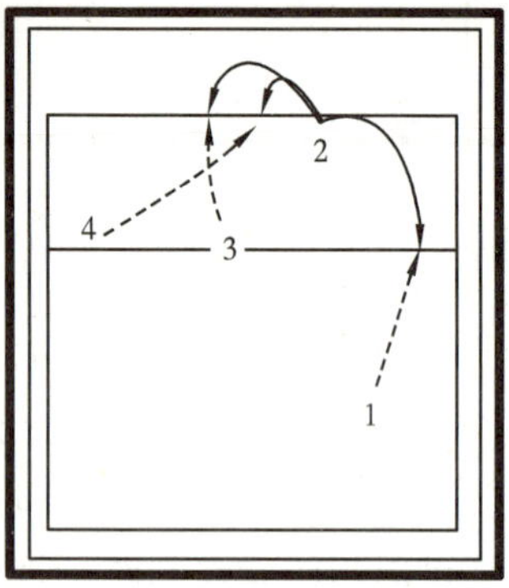

图 12-67

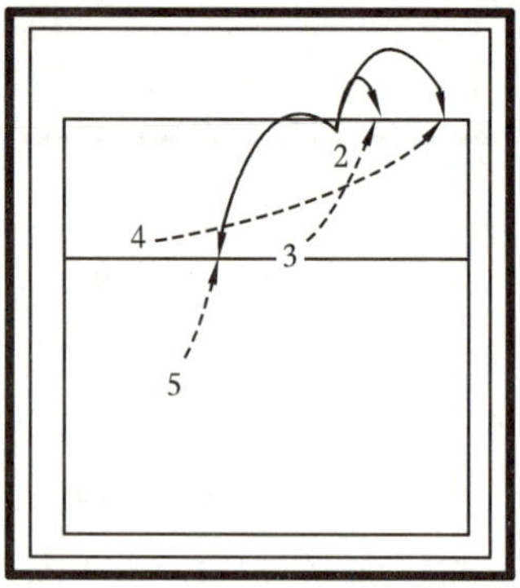

图 12-68

③“插三二”进攻的战术变化：“插三二”进攻可充分运用快速多变的战术，结合后排队员的进攻，战术变化更丰富多彩，为高水平的球队所采用。目前，插上进攻战术很少进行强攻，更多的是采用各种战术的变化。

示例一：3号位队员扣近体快球，2、4号位队员两边拉开进攻，5号位队员后排进攻（图12-69）。

示例二：2号位队员定点强攻，4、3号位队员作“前交叉”进攻，6号位队员后排进攻（图12-70）。

示例三：4号位队员定点强攻，3、2号位队员作“梯次”进攻，6号位队员后排进攻（图12-71）。

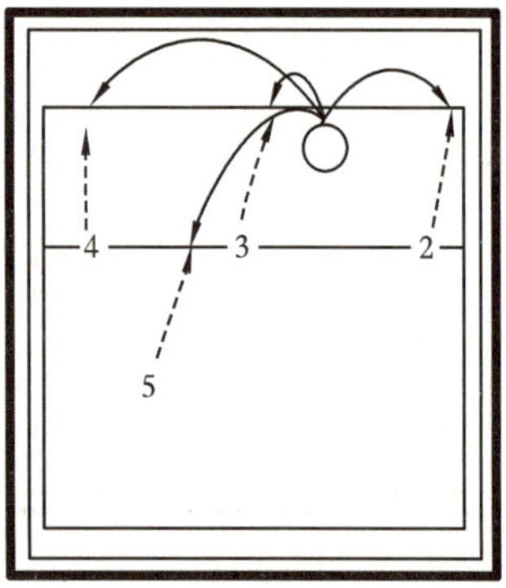

图 12-69

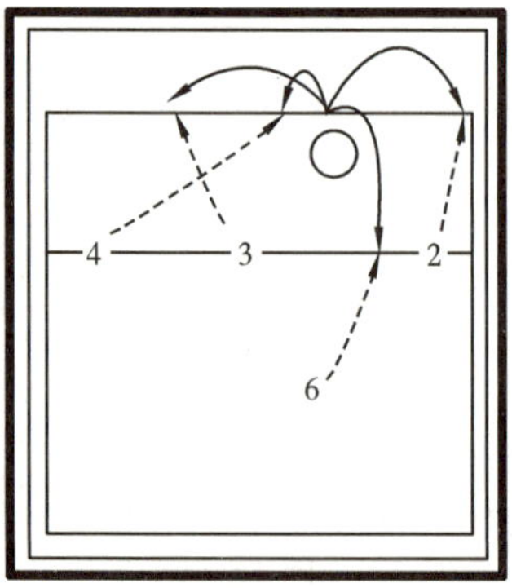

图 12-70

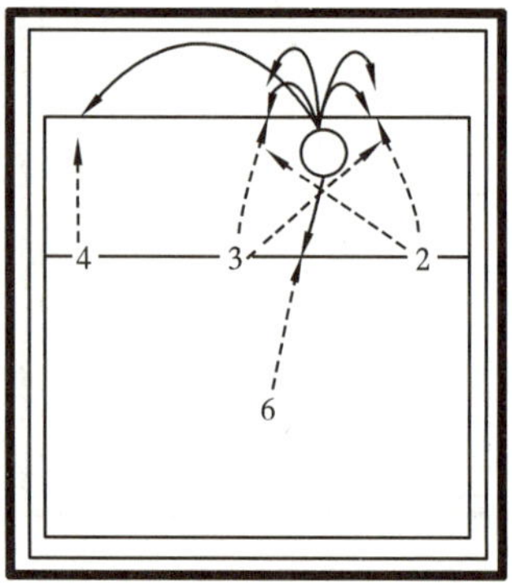

图 12-71

示例四：2号位队员定点强攻，3、4号位队员作“夹塞”进攻，5号位队员后排进攻（图12-72）。

示例五：双快一跑动进攻。2号位队员扣近体快球，3号位队员扣短平快球，4号位队员则根据对方拦网情况，选择内切扣小弧度集中平球，或跑动到3号位空当扣半高球，6号位队员后排进攻（图12-73）。

示例六：立体进攻。3号位队员扣近体快球，2号位队员作“后交叉”进攻，4号位队员拉开进攻，6号位队员在2号位区域进行后排进攻，5号位队员在3、4号位之间后排扣半高球（图12-74）。

以上均为互相掩护的各种战术配合，还可结合自我掩护的“三差”战术进行，使接发球进攻战术配合更丰富多彩。

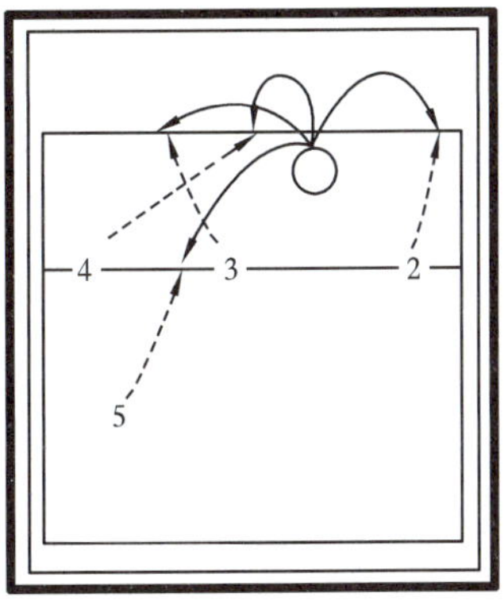

图 12-72

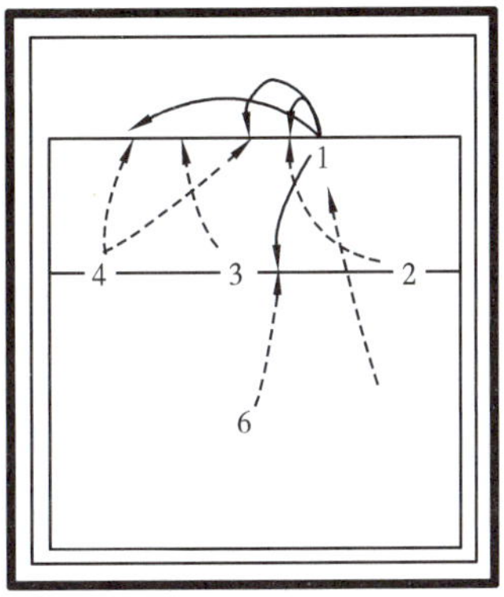

图 12-73

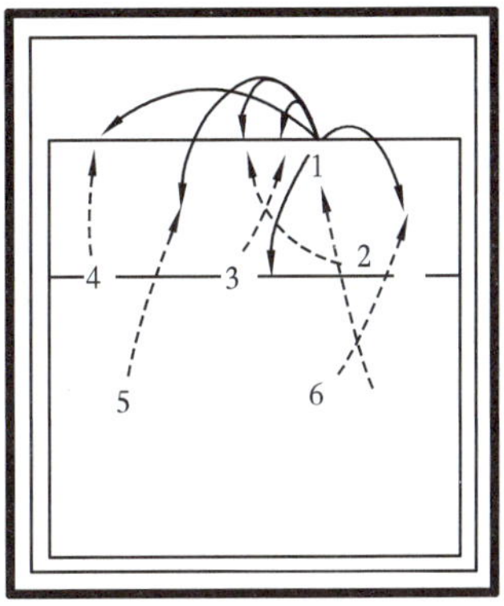

图 12-74

2. 接扣球及其进攻（防反）战术系统

接扣球及其进攻的过程包括拦网、后排防守、二传或调整二传、扣球等几个相互衔接的部分。其中拦网是第一道防线，后排防守是反攻的基础，二传或调整二传是组织反攻的桥梁，而反攻中的扣球是成功的关键。接扣球及其进攻的质量，是直接影响得分的重要问题，因此，接扣球及其进攻在比赛中占有更为重要的地位。

（1）接扣球的防守战术：接扣球防守由前排拦网和后排防守两部分组成。有效的拦网不仅可以抑制对方的进攻，而且还可以直接拦死对方的扣球，起到进攻的效果。后排防守是前排拦网的后盾，起到保护拦网，弥补拦网的作用，把没有拦到的球接起来后，再组织进攻，所以只有前后排队员紧密配合，才能收到预期的防守效果。

①集体拦网是在个人拦网技术的基础上进行二、三人的协同拦网配合。拦网配合的注意事项：

组成集体拦网时，要以一人为主，另一人或二人配合其行动，防止各行其是；主拦队员要抢先移动正确取位，以便同伴配合；起跳时相互之间要保持好距离，并控制好身体重心，避免相互冲撞或干扰。拦网队员在球网上空的手之间的距离既不能让球漏过，又要组成尽可能大的阻截面。

双人拦网：它是集体拦网的主要形式。根据对方不同的进攻位置，双人拦网的具体分工也不同：当对方从4号位组织进攻时，要以本方2号位队员为主，3号位队员协同配合，组成双人拦网（图12-75）；当对方从3号位组织进攻时，应以本方3号位队员为主，4号位或2号位协同配合拦网；当对方从2号位组织进攻时，应以本方4号位队员拦网为主，3号位队员进行协同配合（图12-76）。

三人拦网：当对方进攻凶狠有力，或在某些轮次进攻异常顺利，采用双人拦网难以阻拦其进攻时，可以组织三人拦网。在组织三人拦网时，一般应以中间队员为主，两侧队员协同配合拦网。有时根据对方进攻的特点，也可以2号位或4号位队员为主，另外两名队员协同配合拦网，采用三人拦网，加强了第一道防线，但增加了后排防守的困难，对组织反攻也有所不便。因此，在比赛中应根据对方进攻的具体情况灵活采用。

拦网战术的变化：当对方进攻威力不大，路线变化不多时，一般多采用单人拦网；当对方进攻威力较大，战术灵活多变时，应积极组织双人或三人的集体拦网。

示例一：人盯区拦网战术。前排三名队员各负责一个区，无论对方采用何种进攻战术，本方仍然可以采取盯区拦网。

示例二：人盯人拦网战术。3名拦网队员各自负责对方3名队员，无论对方跑向何处进攻，均由专人盯住他拦网。其优点是职责清楚，分工明确，以免造成无人拦网的局面。

示例三：换人拦网战术。如对方采用“后交叉”进攻战术，对方4号位无人进攻，本方不能采用人盯区拦网；如采用人盯人拦网，则4号位拦网队员常被3号位拦网队员阻挡而来不及移动再去拦对方2号位队员的交叉跑动进攻。故应采用换人拦网战术，由4号位队员拦对方3号位的快球（图12-77）。

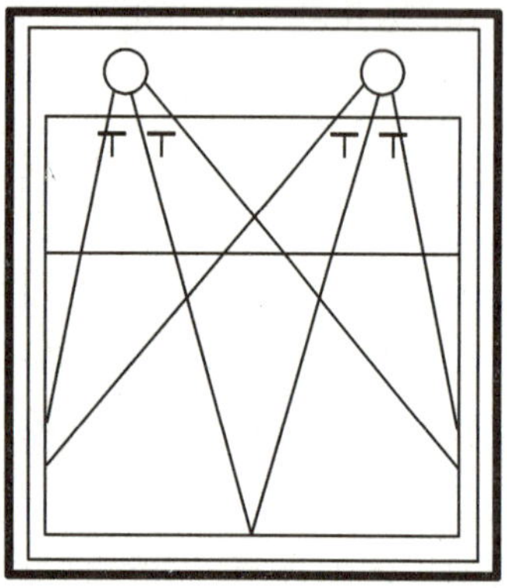
图 12-75

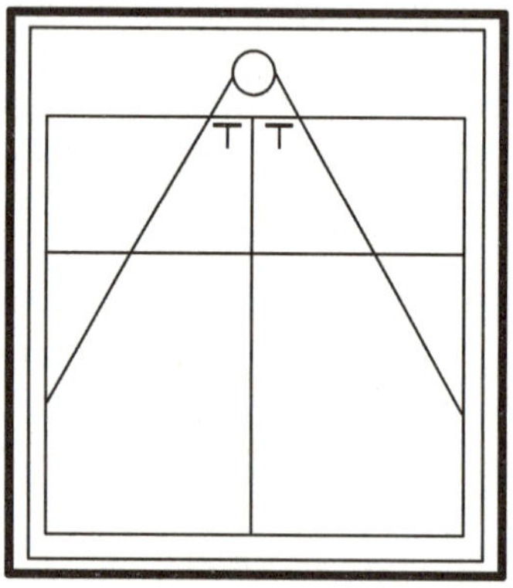
图 12-76

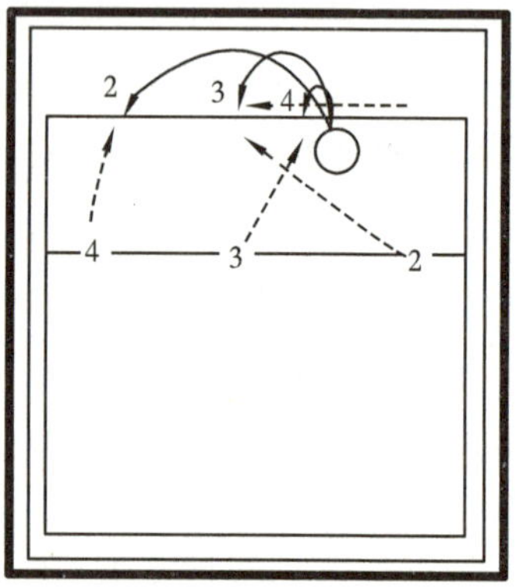

图 12-77

②后排防守：后排防守是第二道防线，是组织反攻战术的基础，是关系到能否得分的重要问题。同时，后排防守还体现一个队的精神面貌，能鼓舞士气、增强信心、激发队员的斗志。

后排防守应注意的事项：

与拦网的配合：后排防守必须与前排拦网密切配合，互相弥补。一般情况下，拦网的主要任务是封住对方的主要进攻路线，后排防守的任务是封堵拦网的空隙和对方的次要进攻路线，以及防起对方的吊球或触拦网队员手的球。

示例一：对方主要进攻路线为直线时，本方应拦直线、防斜线（图12-78）。

示例二：对方3号位进攻时一般有两条线，本方如拦直线，则应防转体、转腕斜线；如拦转体斜线，则防直线（图12-79）。

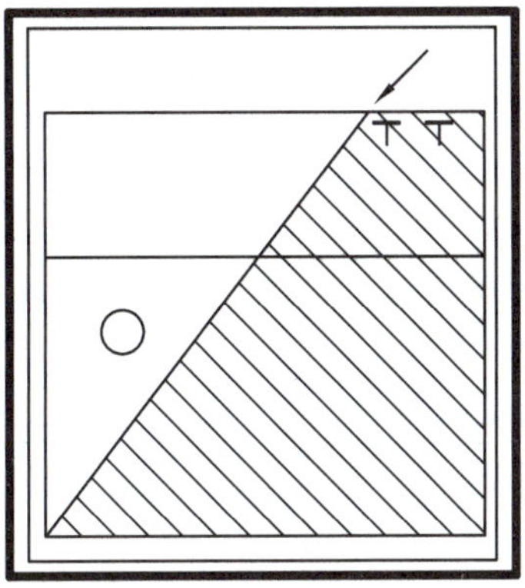

图 12-78

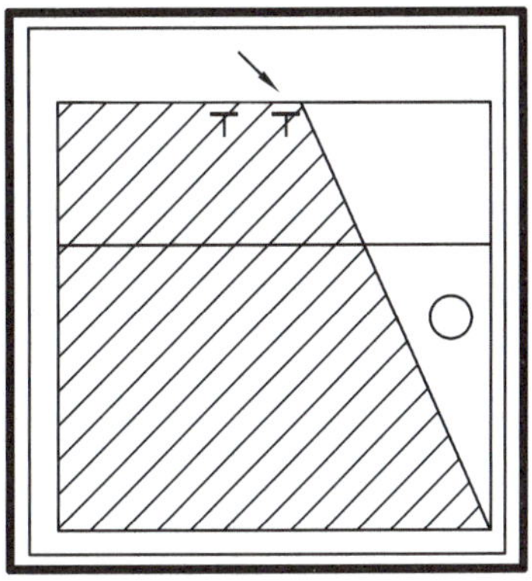

图 12-79

互相弥补和接应：后排防守时，当发现其他队员判断行动失误时，其他队员都应作好接应的准备，主动采取弥补措施，抢救防起垫飞的球。另外，前排拦网队员落地后要及时转身接应后排防守起来的球，并立即转入反攻。

具有良好的心理素质：心理因素对后排防守起着重要作用。因此，比赛中队员要树立必胜的信念，发扬勇猛顽强、不怕摔打的拼搏精神。同时，防守队员要互相呼应，互相鼓励，这样既能调节自己的情绪，使中枢神经处于良性兴奋状态，又能起到活跃场上气氛、鼓舞斗志的作用。

③防守各种进攻战术的布局及其变化的形式：由于各种进攻战术的特点不同，因此在布防时既要考虑本方情况，又要考虑对方打法变化，灵活采用各种防守形式。

防守强攻战术的布局及其变化。强攻战术主要是以高点重扣、路线变化及远网调整扣球、后排进攻、超手扣球等方法的变换应用。为此，防守方靠近进攻点的前排队员，要根据对方二传球的落点和进攻队员的跑动路线，及时正确取位，与其邻近的队员应迅速移动、靠拢、组织双人或三人拦网。拦网时，要拦住扣球的主要路线，不拦网的队员要根据情况后撤，后排防守位置应在扩大防守面的前提下，与前排拦网紧密配合，相互弥补。

防守快攻战术的布局及变化。快攻战术变化虽多，但发动区域大多在2、3号位之间，因此拦网取位应向中间靠拢，在人盯人单人拦网的基础上，尽可能地组织双人拦网，如来不及组成双人拦网时，应根据临场情况，前排不拦网的队员后撤防吊球，或与后排队员组成相应的防守阵型。如对方中间快球掩护，背传拉开进攻时（图12-80），本方4号位队员盯人拦网，来不及拦快球的3号位队员快速后撤，防守吊球。2号位队员后撤防守小斜线扣球，5号位队员防守直线球，1号位队员防守大斜线扣球，6号位队员防守后区。

防守“两次球及其转移”进攻战术的布局及其变化。“两次球”的进攻点多从2号位发动，因此当对方“两次球”进攻时（图12-81），一般采用3号位队员单人拦网，3号位队员准备拦转移后的快攻或后撤防“两次球”吊球，2号位队员后撤防小斜线球。如对方4号位进攻，则尽量快速移动起跳，配合2号位队员组织双人拦网。

防守立体进攻战术的布局及其变化。后排进攻线路较长，过网区较大，过网点较低，扣球以直线为主，吊球的可能性很小，扣球落点又多在后场。因此，防后排进攻要力争双人拦网，不拦网的队员多往后撤，与后排三名队员防守后场。如果由3号位二传队员单人拦网，2、4号位队员尽量后撤，与后排三名队员共同组成半弧形防线（图12-82）。如果对方采用前排掩护、后排进攻的立体进攻战术，本方前排应积极移动补拦，一旦形成空网，则靠后排队员的顽强防守。

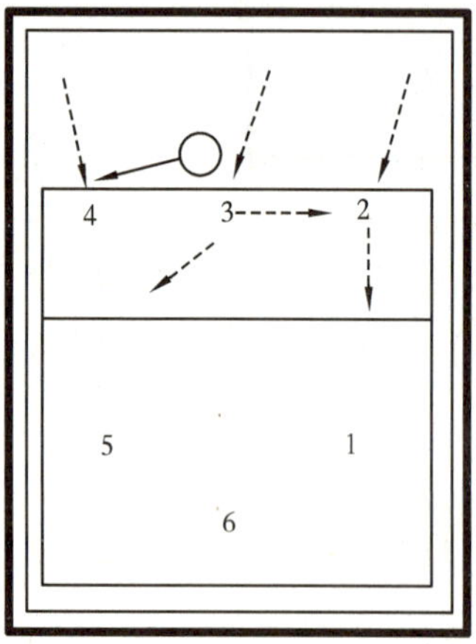

图 12-80

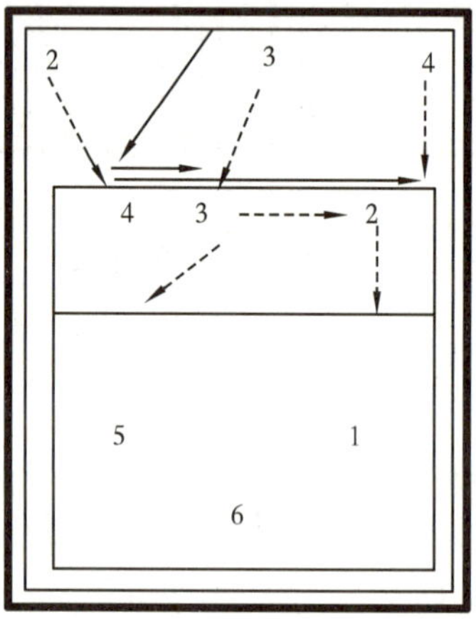

图 12-81

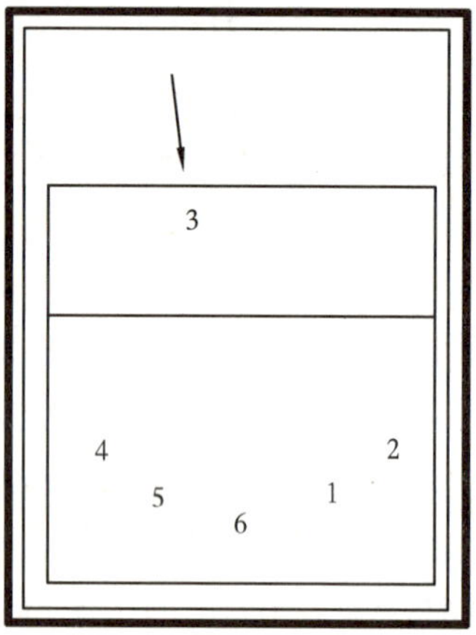

图 12-82

（2）接扣球进攻。接扣球进攻在比赛中出现的次数多，是得分的主要手段，对比赛胜负起着重要作用。进攻战术可采用接发球战术，但运用时则较为复杂困难。

接扣球进攻战术的运用能力，首先取决于拦网的效果和后排防守起球的到位程度，还要看二传队员的组织能力、其他队员调整传球的能力和扣球队员强攻能力与快攻意识等条件。接扣球进攻除直接拦死、拦回外，还有以下两种情况：

①触及拦网队员手后的组织进攻。在比赛中，球被拦起后落在本方场区的情况不少，而这种球的飞行很不规律。因此，要根据具体情况，灵活运用各种打法，组织进攻。

前排拦起的高球，落点在前场或中场，可将球传、垫给二传队员，组织“中二三”“边二三”进攻。也可将球传给不拦网的队员作二传，组成“两次球及其转移”进攻战术，进行突然袭击。在一传到位的情况下，接发球进攻时所运用的战术都可以采用。

前排拦起的低球，速度快、落点低，球不易传、垫到网前，则要求二传队员和其他队员都应积极准备，将球调整传给不拦网后撤的队员进攻。

②后排防起后的组织进攻。在前排没有拦到球时，主要靠后排防守起球组织进攻。

当后排6号位队员防守起球时，前排二传队员在拦网落地后，立即转身传球。其他队员也要准备接应，离球最近的1号位队员应作二传，组织进攻（图12-83）。

当后排防起的球到位时，接发球所运用的战术都可以采用（图12-84）。1号位跟进防守的二传队员应迅速插上组织进攻。2号位和3号位队员拦网落地后迅速后撤，准备打背平快和快球、4号位队员准备平拉开进攻。

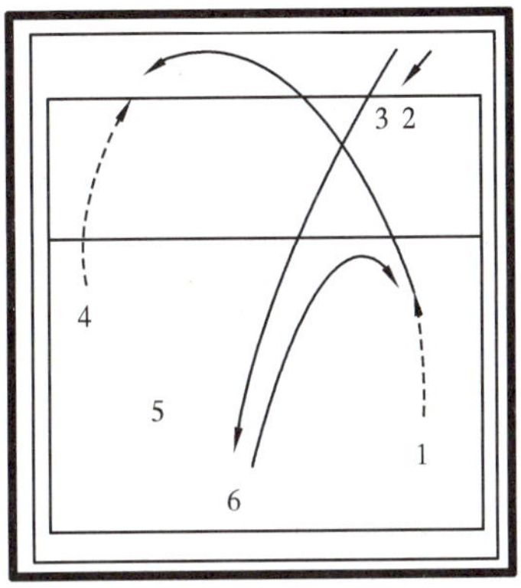

图 12-83

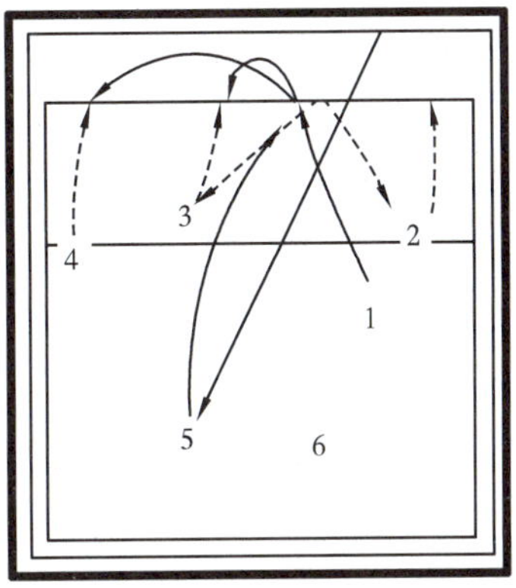

图 12-84

3. 接拦回球及其进攻（保攻）战术系统

接拦回球及其进攻也称为“保攻”，既不同于接发球进攻，也不同于接扣球进攻，是一种自成体系的进攻形式。保攻系统包括保护、二传、扣球等环节。自从规则允许过网拦网后，拦网即由消极的防守转为积极的进攻。因此，球被拦回的次数不断增加。比赛中，接好被拦回的球，不仅可减少失分，还能增强扣球队员的信心。

（1）接拦回球的特点和要求。在扣球进攻的同时本方其他队员需要采取一种防守阵型，以便有效地接起被拦回的球。由于攻、拦之间的攻守转换时间极为短促，而被拦回的球，其飞行路线多数成锐角反弹回来，其速度快、路线短、离网近、突然性大，所以除要求队员具备快速敏捷的反应能力和掌握多种多样垫、挡、顶等防守技术外，还必须布置合理的防守阵型。

防拦回球时，队员选择的位置应根据扣球的方向、路线、力量和击球点离网的远近，以及对方拦网的高度和手形而有所不同。但扣球点附近是接拦回球最集中、最困难的地区，所以，这一地区应作为重点防守的地区。接拦回球的难度较大，能否完成保护同伴扣球的任务，对比赛的胜负有一定的影响。

（2）接拦回球的阵型及其变化。接拦回球的阵型应根据本方的进攻战术和对方拦网情况，以及参加防守的人数来确定。接拦回球时一般采用5人、4人、3人等队形。

（3）接拦回球进攻。接拦回球进攻比接发球进攻、拦起后进攻及后排防起后进攻的难度更大，要求更高。一般有3种情况：

①如拦回的球角度小、速度快、落点近网，则要求第一次击球时尽量将球垫高，争取调整二传组织强攻扣球；

②如拦回的球速度慢、落点远网，则应有意识地将球垫给二传队员组织"中、边二三"进攻战术；

③如拦回的球弧度高、落点在中后场，则应通过"插上"组织一系列的快攻战术或组织两次球的进攻战术，其进攻形式与接扣球进攻基本相同。

4. 接传、垫球及其进攻（推攻）战术系统

接传、垫球及其进攻，简称"推攻"。推攻即接对方没有组成扣球进攻而推过来的球组织进攻，这个系统包括接对方垫过来的球、二传、扣球等环节。排球运动比赛中，当对方无法组织进攻，被迫将球传、垫过网的情况，不仅在较低水平的队中经常出现，就是高水平的比赛中也时有所见。这时，如果能抓住机会，组织快变战术进攻，就能扩大战果争取得分。如果掉以轻心，不仅会丧失良机，还会陷入被动局面。因此，接传、垫球及其进攻也是不应忽视的一个环节，其进攻形式与接发球进攻形式基本相同。

（1）接传、垫球的特点。在比赛中，以传、垫球方法击球过网，一般是在不得已情况下采取的。因此，接球的一方有较充裕的时间从容地将球传、垫起来组织进攻。但有时对方有意识利用各种方法给接球一方制造困难，如平传空当、垫高球、迫使二传队员接球等。其力量与速度虽然不及扣球和发球，但落点刁、突然性大，也会造成接球一方难以组成有效的进攻战术。

（2）接传、垫球阵型及其变化。接对方传、垫过网的球，根据其运用的时机、条件以及来球性能的差异，可采用以下几种接球阵型和进攻战术打法：

①当对方一传将球垫飞，接应队员将球调整在中、后场附近，第3次无法组织进攻时，后排二传队员尽早插到网前，前排队员快速后撤或换位，可以采用5人或3人接发球阵型，尽量组织3点战术进攻。

②当对方一传将球调整到中场附近，因高度限制，不能扣球时上手平传过网，并辅之找空当、弱区的方法。接这种球基本方法同上。

③当对方一传或二传击球时，有意识地将球突然传、垫过网时，本方在接扣球防守阵型的基础上，尽可能组织"边二三"战术，并充分发挥3、4号位队员快攻战术配合的作用。

④当对方传、垫球落在本方前区时，前排队员也已经后撤，这时可组织两次球进攻战术。如对方传、垫球落在后区，前排队员能较充裕地后撤准备进攻，此时组织"插三二"战术更为有利。

本篇小结

本篇主要阐述了排球运动战术的基本理论；阵容配备、交换位置、信号联系和“自由防守队员”的运用；个人战术的运用；集体战术中接发球、接扣球、接拦回球、接传垫球的防守阵型及运用；“中二三”“边二三”“插三二”进攻阵型及其运用；强攻、快攻、立体攻等打法的变化形式。

回顾与练习

1.回顾并阐述排球运动战术、排球个人战术、排球集体战术的概念。

2.回顾并熟悉排球运动比赛阵容配备的要求和形式。

3.回顾并通晓个人战术的类型与实战应用的方法。

4.回顾并熟知集体战术的防守与进攻阵型以及其打法。

5.试述双人拦网下“心跟进”“边跟进”的防守阵型，并画图说明。

参考文献

[1] 黄汉升.球类运动：排球[M].3版.北京：高等教育出版社，2015.

[2] 胡炫，黄兰，李可可.我国排球发展战略规划的反思与构想[J].武汉体育学院学报，2015，49（10）：89-95.

[3] 古松.新时期中国竞技排球发展战略研究[D].北京：北京体育大学，2012.

[4] 王伟.21世纪世界男排防守技战术发展态势及对中国队的启示[D].石家庄：河北师范大学，2012.

[5] 卢俊锋.近五年世界优秀女排接发球进攻战术打法的动态研究：兼论中国女排备战伦敦奥运会策略[D].福州：福建师范大学，2011.

[6] 周振华，杨宏峰，李志宏.排球实用教程[M].北京：中国农业科学技术出版社，2010.

[7] 虞重干.排球运动教程[M].北京：人民体育出版社，2009.

[8] 赵青.排球技战术全图解[M].北京：北京体育大学出版社，2009.

[9] 梁健.排球[M].北京：北京师范大学出版社，2008.

[10] 陈钢.现代排球教程[M].长春：东北师范大学出版社，2004.

[11] 张然.排球纵谈[M].南京：江苏人民出版社，2001.

[12] 钟秉枢.排球[M].北京：北京体育大学出版社，1998.

第四篇

排球运动实践论

随着排球运动的快速发展，对运动员的各项要求也越来越高，而比赛的最终胜利取决于运动员的技术水平、战术运用能力、体能和心理等多种要素。因此，排球运动基本知识、技术和技能的教学与训练，体能与心理训练等组成了一个庞大而系统的工程，需要有不同学科领域的理论知识与实践操作方法加以实践应用。排球运动教师（教练员）应熟练掌握排球运动技战术教学与训练的基本理论和具体方法，针对不同的学生（运动员）制订不同的教学与训练大纲和课时计划，同时，还应掌握运动训练学以及心理学等学科知识和方法，对学生（运动员）在技术、战术、体能和心理方面进行有目的的教学与训练，跟上现代排球运动的发展趋势，将多学科的教学与训练理论应用于实践中。本篇主要从实践的角度阐述了排球运动技战术教学与训练，排球运动员的体能和心理训练理论与方法等内容，使学生沿循学习地图导引，达到教学目标和完成学习任务。

学习目标

了解排球运动技战术教学与训练的基本理论，熟练掌握排球运动技战术教学与训练的具体方法。熟悉排球运动员体能训练与心理训练的基本理论以及具体的训练方法。

学习任务

了解并掌握排球运动技战术教学与训练的各种教法、学法以及练习方法，熟悉排球运动员体能和心理训练的任务、原则、方法等。

学习地图

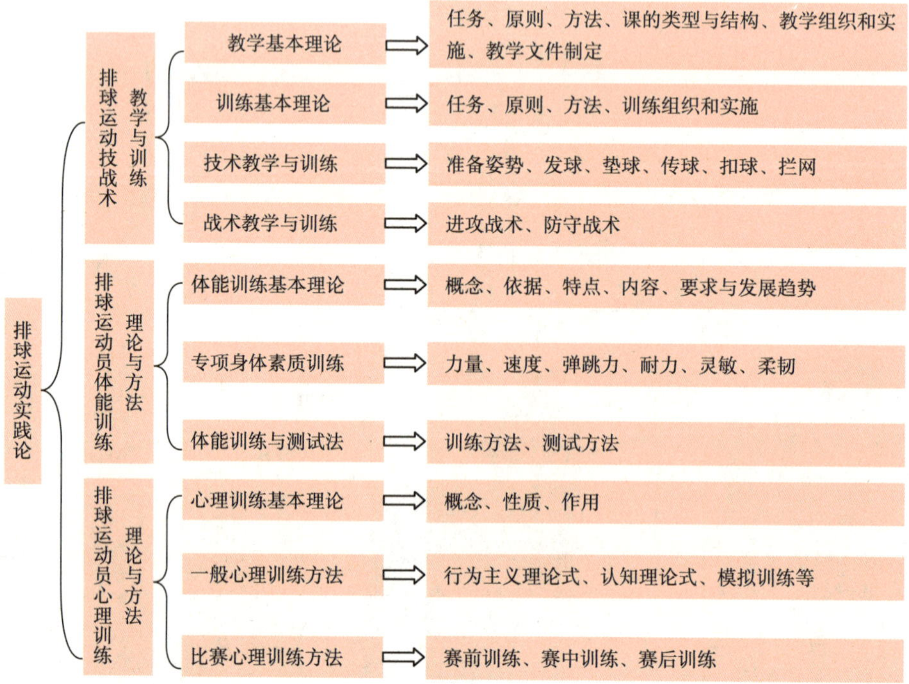

第十三章

排球运动技战术教学与训练

第一节 排球运动技战术教学的基本理论

一、排球运动技战术教学的任务

第一，通过学习排球运动技战术的基本知识和基本理论，掌握排球运动的基本技术、基本战术和基本技能，提高排球运动技术水平和战术运用能力，培养学生具有从事中小学排球课程教学的工作能力，做到会讲、会教、会做、会写。

第二，发展排球运动一般身体素质和专项身体素质，增强体质，丰富健身知识，促进学生身体正常发育和机能的全面发展，为提高体能和运动技术水平打好基础。

第三，通过排球运动技战术教学，使学生学会科学锻炼身体的方法，养成经常锻炼身体的良好习惯，为今后开展全民健身活动打好基础。

第四，培养学生组织排球运动竞赛和裁判工作的能力，掌握开展学校课外活动与组织基层排球竞赛的一般方法，具备担任排球裁判工作的能力。

第五，通过排球运动技战术教学，对学生进行思想品德教育和专业思想教育，培养严格的组织纪律性、团结协作的集体主义精神和勤学苦练、顽强拼搏的优良作风，塑造良好的竞争意识。

二、排球运动技战术教学的原则

排球运动技战术教学的原则是根据排球运动技战术的教学任务和教学过程，对排球运动任课教师提出的基本教学要求。结合长期的教学实践，排球运动技战术教学原则有以下几种。

（一）自觉积极性原则

自觉积极性原则是指在排球运动技战术教学中，任课教师采用各种组织措施和教学手段、方法，培养和激发学生学习排球运动基本理论知识、基本技术和基本技能的强烈愿望，使学生在学习过程中自觉发挥最大的主观能动性，把被动地接受学习内容和完成学习任务变成自觉的、主动的和积极的学习行为。

（二）直观性原则

直观性原则是指在排球运动技战术教学过程中，结合排球运动的规律及特点，充分利用学生的听觉、视觉、肌肉本体感觉和已有的知识、技能，以获得生动形象的表象，以及通过教师的正确示范和广泛运用挂图、图片、电影、录像等现代信息化的教学手段，从而有利于学生掌握排球运动的知识、技术和技能。

（三）系统性原则

系统性原则是指在排球运动技战术教学中，教学的内容、方法以及运动负荷必须根据人的认识规律、运动技能形成的规律及人体生理机能活动能力变化规律、机能形态改善和增强规律等进行合理安排。教学和练习应按照由易到难，由简到繁，由主要到次要，负荷由小到大，由弱到强，由徒手模仿到结合球，再到结合球网和比赛实践，如此系统地多次重复、巩固、提高，直到形成熟练的排球运动技能。

（四）巩固性原则

巩固性原则是指在排球运动技战术教学中，为使学生巩固所掌握的排球运动技术，通过反复的学习和练习，从量变过渡到质变，从泛化到分化，再到自动化，达到熟练运用和自如的程度。巩固性原则是由条件反射强化和消退的理论及人体机能适应性规律所决定的。排球运动技术、技能的掌握是大脑皮层建立动力定型的结果，如果不及时巩固提高，动力定型就会消退。

（五）从实际出发原则

从实际出发原则是指在排球运动技战术教学中，教学的任务、要求、内容、组织教法和运动负荷的安排等都要从客观实际出发，并力求符合学生的年龄、性别、身体发育水平、体育基础、心理素质、接受能力以及学校的场地、器材、设备、地区气候变化特点等实际情况，合理安排教学。

三、排球运动技战术教学的方法

排球运动技战术教学方法是指在排球运动技战术教学过程中，教师根据排球运动技战术教学的目的、任务、内容所采用的措施和手段的总称。排球运动技战术教学方法有教法和学法两层含义。

（一）教师的教法

在排球运动技战术教学中，教师的教法概括起来有语言法、直观法、完整法与分解法、预防法与纠正错误法、相似技术教学法、发现教学法、程序教学法等。

1. 语言法

语言法是指在排球运动技战术教学中，教师运用各种形式的语言指导学生掌握学习内容、进行练习，达到教学要求的一种方法。排球运动技战术教学中，教师运用语言传递指导学生掌握技术动作和技能，加强学生对排球技术方法与要领的理解，从而加速对排球基本理论、技术、战术和技能的掌握。

在排球运动技战术教学中，运用语言法的形式有讲解、口令指导、口头评定成绩以及“默念”与“自我暗示”等。

（1）讲解。讲解是指教师用语言向学生说明教学任务、动作名称、作用、要领、做法及要求，以指导学生掌握排球运动技术和技能。在具体运用时应当注意：讲解要有明确的目的，要有教育意义。讲解的内容要正确，并符合学生的自身学习程度。讲解要富有启发性，要简明扼要、通俗易懂，并应注意讲解的时机和效果。

（2）口令指导。口令指导是用简洁的语言，以命令的方式进行教学的一种语言形式，如队伍的调动、队列练习等。

（3）口令评定成绩。它是指在排球运动技战术教学过程中，教师按一定标准、要求，口头给学生评定成绩的方法，如好、不好等。

（4）“默念”和“自我暗示”。默念是指在做动作前，默想整个动作的过程或动作的要领、用力方向、出球方向等。自我暗示是指在练习过程中，暗自默念技术动作的关键字句，如垫球技术的夹、插、压、提、蹬、跟、移等字。

2. 直观法

直观法是指在教学中，借助视觉、听觉、肌肉本体感觉等器官来感知动作的一种教学方法。例如，在排球运动技术教学中可通过直观示范，帮助学生理解技术动作，了解技术动作的结构、路线、要领和完成技术动作的方法，以及与时间、空间之间的关系等。排球运动技战术教学中常用的直观方法有动作示范、教具和模型（挂图、照片）、电影、录像等现代信息化教学手段。

（1）动作示范。指教师（或学生）以具体动作为范例，使学生了解所要学习的动作规范、结构、要领和方法。正确优美的示范，可使学生建立正确的动作表象，还可提高学习兴趣。在具体运用时，应当注意的是示范要有目的性。示范动作要正确，要力求做到准确、熟练、轻快、优美。要注意示范的位置和方向，并与语言讲解相结合。

（2）教具和模型。教具和模型是指通过挂图、图标、照片等直观教具所进行的一种教学方法。采用该方法有助于学生建立正确的动作形象，了解技术动作的全过程。采用球场模型演示各种战术配合，有利于战术教学的进行。

（3）电影和录像。电影、录像是现代化教学手段，是一种生动、形象、富有真实感的一种教学方法。该方法能引起学生的学习兴趣，有助于学生了解技术过程，还可以根据教学需求慢放、定格来进行深入的分析研究。

3. 完整法与分解法

（1）完整法。完整法是指从技术动作的开始到结束，不分部分和段落，完整地进行教学的方法。完整教学法一般是在动作比较简单（如准备姿势），或者动作虽然比较复杂（如跳传），但难以进行分解的技术或为了不破坏动作结构时采用。

（2）分解法。分解法是指把完整的技术动作合理地分成几部分，依次进行教学，先分后合，最后达到完整掌握技术的一种教学方法。分解教学法有以下4种形式：

①单纯分解法。把所教内容分成若干部分，先将各部分一一学习掌握后，再综合各部分进行全部学习。例如，排球传球技术可分为手形、击球点、用力三部分，先教手形，再教击球点，然后教身体协调用力，最后把三部分串联起来进行完整的传球练习。

②递进分解法。先教第一部分，再教第二部分，然后第一、第二两部分串联起来教，学生学会后，再教第三部分，三部分都掌握后，再串联第一、第二、第三部分进行教学，如此递进地进行教学，直到完整地掌握技术动作。例如，发球技术可分为抛球、挥臂、击球三部分。先教抛球，再教挥臂，然后两部分串联起来进行教学，熟练掌握后，再教击球用力，最后把前两部分与第三部分串联起来进行教学。

③顺进分解法。先教第一部分，学生学会后，再教第二部分，第一、二部分都学会后，再教第三部分，如此直接进行，直到完整学会为止。例如，垫球教学，先教垫球手形，再教击球部位，最后教击球用力及手臂的反弹角度，直到学会完整的垫球技术为止。

④逆进分解法。此法与顺进分解法相反，先学最后一部分，逐次增加学到最前一部分，

最后达到完整掌握。例如，扣球技术教学，先教扣球挥臂击球，再教起跳，最后教助跑，直到完全掌握扣球技术。

完整法与分解法，在实际教学工作中，是相辅相成、紧密配合的。应注意根据教学工作的需要，将两者灵活运用。在采用分解法时，应积极创造条件，促使学生完整地掌握动作。在以完整法为主进行练习时，也可对动作的某些环节或困难部分进行分段学习。而在不得不运用完整法进行教学的技术中，则可以充分利用录像、幻灯、挂图等手段让学生对技术动作中的每个环节都有清晰认识。

4. 预防法与纠正错误法

预防法与纠正错误法是为了防止和纠正在练习中出现错误动作所采用的教学方法。在排球教学中，由于各种原因，学生难免会产生这样或那样的错误动作，如传球时大拇指朝前，扣球时起跳前冲过大等错误动作。如不及时纠正，就会形成错误的动力定型，影响正确排球技术、技能的掌握和提高，严重者造成伤害事故。因此，在教学中，教师必须采取积极有效的措施，来预防和纠正错误。

（1）预防法。预防法是指教师在教学过程中，所采用的有效预防错误动作的各种手段与方法。在教学中，教师应根据教材内容、特点，对学生可能产生的错误要预先提醒，或在教学手段上注意预防，对已发生或偶然产生的错误动作要及时纠正，防止学生错误动作的形成，减少错误动作的发生。

（2）纠正错误法。纠正错误法是指针对学生个人出现的错误或班组集体存在的共性错误以及战术配合中形成的错误，教师有针对性地采用有效的纠错手段和方法。在教学过程中，常用的纠正错误动作的方法有正误对比法、矫枉过正法、降低难度法、附加条件法、限制教学法等。

5. 相似技术教学法

相似技术教学法是在排球基本技术教学过程中，把教材中动作结构基本相同、技术环节基本相似的技术动作加以分析、整理和归纳，找出共同的规律，作为安排教学的依据，以利用不同姿势的相似技术互相促进，使学生在较短的时间内掌握更多技术的一种教学方法。

相似技术教学法有以下几种：

（1）把相似技术的教材放在同一阶段教学中，以某一教材为主，另一教材为辅，相辅相成，交替出现，以达到相互影响、相互促进，加快掌握技术动作的目的。

（2）把同类动作和基本技术加以有机结合，根据教学内容，采取由易到难、由简到繁、由浅入深，相互诱导的教学原则，有利于提高教学效果。

（3）根据相似技术的动作结构，采用诱导性练习手段，进行针对性的身体素质练习和辅导练习，借以加快动作技能形成。

6. 发现教学法

发现教学法的积极倡导者是心理学家布鲁纳。发现教学法又可称为问题教学法，其实质是通过教师的启发和指导，让学生自己去发现、回答疑问和解决问题，使学生自己去获得基本理论知识的一种探究式的教学方法。采用这种教学方法的目的，在于尽量地发展学生认识的可能性，发展他们对掌握知识的探讨和创造精神。

发现教学法近几年在排球教学中已经有所运用，并且大都在排球理论讲授和技战术教法课中使用。其使用的一般步骤是：

（1）教师创设问题情境使学生在这种情境中产生矛盾，提出要解决或必须解决的问题。

（2）学生利用教师和教材所提供的某些材料，对获得的概念或假想进行检验。

（3）引导学生从理论或实践中分析他们获得概念或假设检验的途径。在运用发现教学法时，教师要鼓励学生大胆探索问题，培养学生发现式学习的习惯，充分调动学生的能动性和创造性。

7. 程序教学法

程序教学法是一种个体自学的方式，是通过结构分析，将教学内容划分为不同层次，在教师引导下，学生按照层次顺序逐一学习，及时强化学生每个正确的反应，促使他们主动积极地去获得知识和技能，发展他们的自学能力。程序教学法的原理是建立在控制论一般规律的基础上，做到信息过程最佳化，教学过程数字化。

程序教学的主要模式基本上可分为两大类，即直线式的程序和分支式的程序，混合式的程序则是这两种程序的变式运用。程序教学模式首先要求对教材进行改写、改编，对教师提出了更高的要求。程序教学更多地体现为一种教学思想，还需要其他教学方法的配合。

8. 游戏教学法

游戏教学法是指以游戏的方式，在规则许可的范围内，充分发挥学生的主动性和创造性，以达到排球教学内容所规定的目标，而组织学生进行学习的一种方法。在教学中，合理组织和运用游戏教学法，能有效地提高学生身体活动能力，全面发展身体素质，并能在复杂变化的情况下，运用知识技能，发挥技战术，同时还能激发学生的兴趣，在游戏中获得身心的愉悦和运动的快乐。

在排球运动教学中运用游戏法时需要注意的是：在准备活动阶段，游戏要能够起到激发学生兴趣、活动学生身体的作用；在技术学习阶段，所采用的游戏不能破坏学生所学技术动作的结构，而应该尽量促进其规范技术动作的形成。

9. 比赛法

比赛法也称竞赛法，是指在竞赛条件下，达到检查教学效果和提高排球运动技术战术运用的一种教学方法。在教学中，合理地运用比赛教学法，可以锻炼和提高学生排球运动基本技战术的运用能力和应变能力，同时还能培养学生坚毅、果断、勇敢、顽强的意志品质和团结协作的集体主义观念。比赛教学法作为重要而有效的教学方法在排球运动课教学中已被广泛采用。

比赛法不仅可以在安排的教学比赛课中出现，还可以结合技战术教学情况，在一般技战术学习或复习课中出现；不仅可以安排6对6的比赛，也可以在教学的最初阶段安排9对9的比赛，或者在学生技战术水平达到一定水平后安排4对4的比赛等。

10. 条件控制教学法

条件控制教学法是指在排球运动技战术教学中，根据教学需要和学生学习情况，故意设定一定的限制条件来控制教学走向的一种教学法。

这种教学法所要控制的条件主要有3类：器材、规则、人。控制器材的一般方法是降低或升高球网、扩大或缩小场地，也可以选择不同条件的教学训练场馆等。控制规则主要用于教学比赛中，如在学生技术水平达到一定程度后，为了练习远网扣球，可以规定必须后排进攻，为了练习转体扣球，规定必须扣直线球。此外，为了接近实战还可以有意地偏袒某一方等。控制人的方法主要是在练习或比赛时限制人的多少，如安排3人练习三角传球，安排3对3的比赛等。

在实际的排球运动技战术教学中，人们往往会把多种教学方法结合起来运用，这种结合越自然，越符合学生的学习水平和学习习惯，越能体现排球运动技战术教学的特点，其教学效果就越好。

（二）学生的学法

现代教学方法把学的一面放到了比以往任何一个时代都要高的位置上。对学生如何学，怎样学的重视，是现代教学方法研究的一个重要特色。可以说现代任何一种新的教学法，如果忽视了怎样调动学生学习的主动性和积极性，那么其可接受性便值得怀疑。在排球运动技战术教学过程中，学生应该掌握的学习方法有以下几种。

1. 观察与模仿法

人对事物的认识，首先是从感觉器官对事物的感知开始的。作为学生，在排球运动技战术学习过程中，利用一切机会，尽可能多地观看比赛、录像中运动员的技术动作、课堂上教师的动作示范或教具演示，充分利用自身的视觉、听觉、触觉等本体感觉功能，以求在脑海中再现鲜明、生动、深刻的技术形象，建立正确、完整的动作表象，通过对所学知识、技术动作的模仿、练习和再认识，进而获得运动技能。

2. 认知学习与理解法

从教育学理论的角度而言，认识学习指的是接受和加工与体育有关的知识。体育教学中的认识学习范围包括运动（自身的体育活动）、实践（文化和社会实践）、体育科学（介绍科学知识）3个部分。

3. 咨询与交流法

学生在观看动作演示并加以理解之后，尝试进行练习。在练习、思考、理解的基础上，肯定会出现一些这样或那样的问题。在勤于练习和思考的基础上，应主动向教师或者同学进行咨询和交流，便于加深理解、获得经验、交流体会，做到有所提高。

4. 练习法

练习法是根据学习任务，有目的地反复做某一动作的方法。在排球运动技战术教学中，进行反复练习，是掌握和改进技术动作，形成动作技能的基本方法。一般情况下，在练习的过程中，必须要达到一定量的积累，才能产生质的提高，才能促进中枢神经系统和各器官系统的发展，提高机能能力，发展各种身体素质，增强体质，以及培养勇敢、顽强、坚毅和团队精神等优秀品质。

学生在进行练习时，必须手脑并用，用意识支配行动，才有利于建立正确的动力定型。另外，也决不能急于求成，应该遵循先易后难、循序渐进的规律，采用分解练习与完整练习相结合的方法，力争收到良好的效果。

5. 纠正错误法

排球运动技战术教学中，学生在掌握技术动作时，可能会出现一些错误动作，应该注意预防和纠正。这就要求学生要熟悉动作要领，建立正确的动作表象。一旦出现错误动作，应虚心向教师或向同学请教，抓住主要错误予以纠正，纠正得越及时越好。

6. 自评法

自评法是指学生个体在练习过程中，对自己学练的标准、质量与效果进行判断，进而采取控制与调节的一种方法。它包括目标评价法、动作评价法、负荷评价法、效果评价法。

（1）目标评价法是指学生对自己的练习目标、自我监督意识、实施目标的意志与行为进行评价的方法。

（2）动作评价法是指学生在练习过程中，对自己掌握技术动作的质量和效果进行评价的方法。

（3）负荷评价法是指学生在练习过程中，依据人体生理机能和心理状态的变化，评价身心负荷的方法。

（4）效果评价法是指学生自身通过一定检测手段（如测验、技评与达标等），对一学期或一学年的学练结果进行技术、技能、体能等评价的方法。

四、排球课的课型和结构

（一）排球课的课型

课的课型即课的分类。排球课的课型主要是根据排球教学的任务、完成教学目标或依据课的教学内容及所使用的主要教学方法来划分的。根据排球运动专业课程教学的实际，一般把排球课划分为讲授课、实践课、演示课和考核课等。

1. 讲授课

讲授课是排球理论教学的主要授课形式，所以也称为排球理论课。讲授课要以教学计划、教学大纲、教材为依据，按照教学进度和教学任务的统一要求，合理安排授课时间和授课次数，并精选教学的主要内容，讲授时要概念明确，条理清晰，重点突出，并贯彻启发式教学。讲授课还可以用讨论课的形式出现，讨论课是指对排球某一专题进行讨论，共同交流看法或进行分析和辩论，以达到加深理解、开拓思路，同时培养学生语言表达能力和发现问题、分析问题及解决问题的能力。

2. 实践课

实践课是指在场馆（室外操场、室内体育馆）内进行身体练习，并传授排球运动技战术和技能的授课形式。排球运动实践课是通过讲解、示范、挂图、电影、录像等手段和一定数量的各种练习，使学生掌握排球运动技术，提高技战术的运用能力，了解易犯的错误动作及纠正方法，达到培养学生会做、会教的目的。

实践课又可以分为新授课、复习课、比赛课等。新授课是指以学习新内容为主的课。新授课一般是在复习旧教材的基础上进行的，其主要任务是使学生对新的教学内容形成正确、完整的概念，初步掌握新教材的技术动作或战术配合。复习课是指复习改进和提高已经学习过的教材内容的课，其主要任务是在教师的指导下，通过反复练习已学过的排球技战术，逐步提高技战术质量。比赛课是指通过竞赛，检查教学效果，提高排球运动技战术运用能力和交流教学经验的一种教学形式。排球比赛课可在规则允许下或在特定条件下进行，也可以进行各种传球、垫球技术和运用特定排球战术能力的比赛。比赛课应根据教学计划、进度和不同的教学阶段来安排各种不同的比赛内容。

3. 演示课

演示课是指运用各种直观教具（挂图、模型、幻灯片、投影等）和观摩优秀运动队（员）进行比赛、训练和示范的一种教学方法。该课还包括影视课和采用录像、多媒体等教学手段对高难技术的演示。演示课具有强烈的真实性，能使学生加深对排球运动技战术教学内容的直观认识和提高学生形象思维的能力。

4. 考核课

考核课是指以检查学生成绩为主的课。考核课的目的是通过教学检查，获得教学的各种信息，为改进教学提供依据。它是在某项教材基本结束后，按照教学计划进行的。在教学实践中，有的教师为了掌握学生情况或总结教学经验，在教学之前，进行摸底测验，也属这种类型的课。按照考核目的的不同，考核课可以分为考试和考查两种形式。其内容包括排球理论知识、技术评定、技术达标及各种实际操作能力的考核。通过考核，可以达到督促学生学习的目的，也可对排球教学过程进行控制和评价。

（二）排球课的结构

排球课的结构是指一节课的基本组成部分以及各组成部分之间的顺序安排、时间分配和相互关系。合理安排排球课的结构，对上好一节课具有重要意义。

排球课的结构可以分为准备部分、基本部分和结束部分。这3个部分都有各自的主要任务、内容和组织教法要求，但三者又是一个紧密联系的完整体系。在考虑排球课的结构时，不仅应在各个部分里遵循教学过程的一般规律，还应注意从课的整体上遵循人体生理机能活动变化的规律。

1. 准备部分

准备部分的任务是用较短的时间，将学生迅速地组织起来，通过一般性的各种走跑练习、各种徒手操或球操练习、集中注意力练习、队列队形练习、游戏和专门性的活动练习，使身体各器官系统机能尽快进入工作状态，为基本部分的学习做好充分的准备。

准备部分的组织通常采用集体形式进行。时间安排在45 min的课中，需要8~10 min；在90 min的课中，一般为15~20 min。

2. 基本部分

基本部分的任务是学习或复习排球大纲和进度表中所规定的重点教材和一般教材。同时使学生的生理机能处于适宜的兴奋状态，保持人体工作能力处于最佳水平，学习、改进和掌握排球基本知识、技术、战术，提高运动机能，发展身体素质，提高学生的体能，培养学生的实践操作能力。

基本部分的组织应根据排球教学目标、教材内容与性质、学生特点、场地器材设备条件采用相应的组织形式。总体来说，排球课的基本部分应遵循最大限度地利用场地、最大限度地利用器材和使学生最大限度接触球的原则进行。时间安排在45 min的课中，大约占30 min；在90 min的课中，一般占65~70 min。

3. 结束部分

结束部分的主要任务是根据基本部分最后练习的性质、负荷大小，选择轻缓的舞蹈等身体和心理放松练习，使学生的机体逐渐恢复到相对安静状态。同时简要地进行课的讲评和小结，布置课外作业等。结束部分的组织通常采用全班集体形式进行。结束部分时间占5 min左右。

五、排球运动技战术教学的组织和实施

排球运动技战术教学的组织和实施（图13-1）是指为了保证课的顺利进行，提高排球课的教学质量所采取的各种保证措施和手段。排球教学的组织和实施主要包括课前准备、课中实施、课后总结。排球运动技战术教学的组织和实施，同排球课的类型、结构一样，都是为实现排球运动技战术教学目标而服务的。为此，教学中要遵循教与学的规律和特点，教师要善于启发引导学生进行思考；学生要在教师的指导下充分发挥学习的积极性、自觉性、创造性。在教学和学习过程中突出学生的主体地位，同时肯定教师在教学过程的主导作用，二者共同参与教学活动的全过程，达到高度和谐统一。排球运动技战术教学的组织与

实施方法多种多样，教师必须勤于挖掘，善于总结，才能将教学工作进行得有声有色。

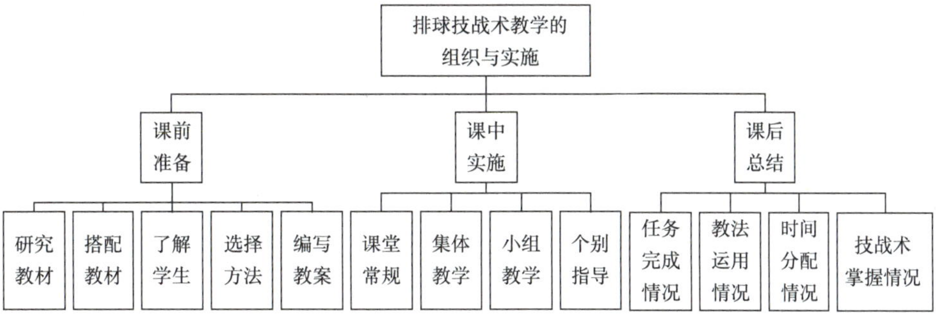

图 13-1　排球运动技战术教学的组织与实施

六、排球运动技战术教学文件的制订

教学文件是根据国家规定的排球课程教学指导纲要和教材，结合本校教学对象、任务、场地器材等实际情况制订的，是保证排球运动技战术教学工作顺利进行必不可少的教学文件，也是教师进行教学工作的主要依据。排球运动技战术教学文件主要包括教学大纲、教学进度和课时计划（教案）3种。

（一）排球运动技战术教学大纲

排球运动技战术教学大纲是国家按照教学计划，以纲要形式编写的有关教学目标、教学内容和教学要求的指导性文件，是教师进行排球运动技战术教学的主要依据，也是衡量排球教学质量的重要标准。排球运动技战术教学大纲一般包括下列内容。

1. 大纲说明

一般是说明制订大纲的主要依据，排球运动技战术教学的指导思想，教学内容的学时分配，以及课程目标、要求等。

2. 教学的目的与任务

根据培养目标，结合排球运动技战术教学的特点，明确提出本课程在理论、知识、技术、战术、规则能力培养和素质教育等方面的具体任务。

3. 教学内容

教学内容应包括理论、实践和能力培养三部分的内容。基本理论应包括排球运动概述、技术战术理论分析、中学排球教材教法、竞赛组织工作、规则与裁判法、场地设施与管理、课余训练与健身指导；实践部分的基本技战术教学内容要列出技战术名称，标明教材内容的层次关系，即普修内容与专修内容或重点内容与一般内容；基本能力的培养要提出具体内容，如运用教学原则、选择教学方法与手段、组织教学工作的能力；讲述排球运动技术战术理论方法的能力；自学、自练、自评和创新能力；辅导课外活动、组织竞赛和裁判工作能力等。

4. 教学的基本要求

教师自身要加强职业道德修养和行为规范，努力提高业务素质，不断更新理论知识，联系排球课程教学实际，以身作则，教书育人，真正成为学生的楷模。在教学过程中，重视教学方法的改革与创新，注重运用多样化、现代化的教学手段，提倡教学相长，培养学生的自学、自练、自评能力和创新能力。

5. 成绩考核

成绩考核应包括考核的内容、方法、标准及技评、理论与实践和能力考核的比重等。

6. 教学基本条件与教学措施

为了有效地保证教学的正常进行，必须配备必要的场地设备与器材。教学措施，主要是对完成教学大纲任务的组织措施和教法措施。

7. 教材与教学参考书目

为了提高教学质量，保证教学任务的顺利完成，对教师必备的书籍和参考用书应有明确要求，即使用与大纲内容有关的教材。此外，扩大知识面，丰富补充教材内容与教学方法。

（二）排球运动技战术教学进度

排球运动技战术教学进度是根据排球运动技战术教学大纲提出的目的任务、教材内容、教学时数，由任课教师结合学生人数、场地器材等情况而制订的教学计划。简单地说，制订教学进度就是安排每一次课的教学内容。教学进度不是教材内容的简单罗列，它既要保持教学的重点和难点，又要不失排球运动技战术的系统性、完整性。教学进度的制订必须遵循以下几个原则：

（1）由易到难，由简到繁，循序渐进。

（2）新教材与复习教材搭配。

（3）提高技术、战术与培养实际能力相结合。

（4）重点教材、一般教材要互为兼顾。

制订教材进度的方法，可以分为阶段螺旋式和循序渐进式两种。

阶段螺旋式的教学进度是将教学进程划分为紧密联系的4个阶段，包括基本技术、串联配合、全队战术、教学比赛等几个教学内容和过程。各个阶段既有其独立性，同时又是下个教学阶段的基础，突出了主要教材的教学，逐渐扩大教材内容。安排阶段螺旋式教学进度时应注意：技术内容安排由多到少，主要战术要早出现；战术内容安排由少到多，主要战术也应早出现；安排技战术教法时，必须符合运动技能形成的规律；第一阶段就安排简单比赛，增加实战机会，以利于技战术能力培养。

循序渐进式教学进度是将教材内容按照主次和难易程度科学地分配于整个教学过程中。首先重点学习主要技术，并一直贯穿到教学阶段的后期，然后逐步扩展学习内容，增加战术教学。以主要技术和战术为主线，一般教材和理论课的讲授则根据它们与主要技术和战术的关系分别安排于教学过程中。安排进度时，要把新教材和复习教材结合起来，把攻守结合起来，把技术和战术结合起来，把提高技战术水平与培养各种能力结合起来。教学比赛可以安排在教学课中，也可安排在比赛课上，尽可能增加运用技战术的实践机会，提高技战术水平。最后进行综合复习考试，构成一个系统的教学过程。

（三）排球课教案

排球课教案是每次课的具体计划。它是教师根据教学进度规定的教材内容，结合学生和场地器材情况而编写的最直接、最具体的教学计划，故又称课时计划。

教师在编写教案时，首先，对课的任务和要求提法上，文字要简明扼要，具有针对性。例如，技战术的教材一般用“学习”“初步掌握”“复习”“改进”“提高”等；在机能和素质方面，可用“发展”“增强”“促进”等；在思想品德和精神面貌方面，可用“培养”“加强”“调动”等。其次，提出的任务要结合学生实际情况，任务要求既不能太高，又不能太低，尽可能做到使大多数学生经过自身努力能够完成任务。最后，教师在编写技术教学课教案的同时，还应认真准备好排球理论课的教案，使理论课与技术课相呼应，以便更好完成排球教学任务。从课的结构上分，大都把排球运动技术教学课的教案分为准备、基本、结束3个部分。

第二节 排球运动技战术训练的基本理论

一、排球运动技战术训练工作的任务

排球运动技战术训练是指根据排球运动的特点，在排球教练员的指导下，为不断提高排球运动员的技术、战术、身体素质、心理素质、思想作风、智能水平，以获得最佳运动技术技能，创造优异的比赛成绩而专门组织的一种教育过程。排球运动技战术训练工作的任务必须紧紧围绕其目的。无论哪一级球队的排球运动技战术训练工作都应包括下列内容。

（1）加强运动队的思想作风建设，培养运动员高尚的道德和坚强的意志品质，不断提高运动员的心理素质。

（2）增强身体素质，全面发展机体的各项机能，促进运动员专项素质的不断提高。

（3）通过训练，运动员熟练地掌握排球运动的技术、战术和排球运动的专项理论知识，并能在比赛中充分发挥自己的运动技术水平。

二、排球运动技战术训练工作的原则

排球运动技战术训练原则是人们从运动训练实践中总结出来的带有普遍指导意义的、符合运动训练基本规律的一些基本准则，是教练员在运动训练中必须遵循的基本要求。由于教学和训练的关系是相互渗透的，教学原则和训练原则有着密切关系。因此，在训练过程中不仅要贯彻自觉积极性原则、直观性原则、巩固性原则、系统性原则、从实际出发原则等基本教学原则，还应该贯彻训练中的一些特殊原则。

（一）“三从一大”原则

“三从一大”原则即“从难、从严、从实战需求出发，进行大运动量训练”。它是我国排球界总结出来的重要训练原则。

“从难”是指在排球运动技战术训练中要合理地增加训练难度，使运动员不断地克服技战术上的难点，不断地提高体能和心理承受能力，从而促进其全面发展提高。“从难”原则在高水平运动员的训练中往往是以难带易，就是在训练中以超过比赛的难度、强度要求队员，从而使运动员在比赛中感觉相对容易。需要注意的是，如何根据队员水平设置难度，如果难度过低，起不到以难带易的目的；如果难度过高，则会削弱训练效果。

“从严”就是严格要求，严格训练。这里的从严不仅指对技术、战术、体能、心理的严格训练，还包括对训练作风、生活管理的从严要求。

“从实战需求出发”就是训练的安排要严格遵循排球比赛的规律，针对主要对手的特点，根据本队在比赛中所反映的优缺点进行最有效的训练。“从实战需求出发”，还应注意在训练中有意安排正式比赛中可能出现的各种情况，如观众、裁判、场地、时差等，以便在心理和生理上尽快适应比赛的需要。

有效的大负荷训练，是科学训练发展的方向，是提高运动成绩的重要因素。根据排球比赛时间长、技术多且难度大的特点，大负荷训练不仅要有足够的时间，而且还应有足够的负荷和强度。需要注意的是，大负荷训练必须在科学监控下进行。

（二）“五结合”原则

现代高水平的排球比赛中，运动员技术、战术、作风、体能和心理状态是取得优异成绩不可缺少的5个方面。它们之间互相渗透、互相影响、互相促进、相辅相成，又总是综合地在比赛中表现出来。因此，要树立全面训练的思想，有意识地安排好技术、战术、身体、作风和心理训练的内容。在训练中应将这5个方面有机结合起来，提高单位时间内的训练效益，但每一次训练要有不同的重点，侧重解决不同的问题。总之，要在训练中尽可能把这5个方面的训练有机结合起来。

（三）周期性原则

周期性原则，是指在长年的训练中，根据人体竞技状态形成规律、重大比赛的日期和季节气候的变化，划分不同的周期进行训练的原则。训练周期的安排，同培养目标与比赛任务息息相关，实际上也是系统训练的一项内容。为了使运动员的培养与训练达到一定的目标，或是为了参加国内或国际的某一重大比赛，可以把训练周期划分为准备期、比赛期和过渡期，各个时期有各自不同的训练任务和要求。准备期是运动员掌握与提高技术、战术和体能等方面，并逐步形成良好竞技状态的时期；比赛期是达到最佳竞技状态，并保持相对稳定的时期；过渡期是竞技状态下降，机体需要休整和恢复的时期。学校排球队的周期划分，要结合学校的两个假期进行安排，一般划分为两个大周期比较适宜。

（四）区别对待原则

在训练工作中，由于队员的基础不同，水平不一，特点各异，又有位置、分工的不同，不可能采用相同的内容、方法、负荷和要求，故应采用区别对待的训练原则，在内容、指标、方法、手段和运动负荷诸方面都应因人而异，区别对待，以达到不同的训练目的，力求在全面发展的基础上，每人都有自己的特长和绝招，从而形成全队技战术风格。

（五）训练与比赛相结合原则

训练和比赛，两者相辅相成。在训练过程中应以练为主，练赛结合，练为赛，赛促练。各个训练周期的主要任务不同，比赛次数也不同。赛和练要安排得当，一般来说，对初学者和技术水平不高的队，比赛不宜安排过多，而较高水平的队则应多安排比赛，通过比赛发现问题，并有针对性地改进。

（六）不间断性原则

不间断性原则是指从初期训练到出现优异的运动成绩，以及保持和继续提高，直至运动寿命的终结，都应系统地、不间断地进行。根据动力定型形成的规律及人体技能的特点，不论在技术、战术、临场意识和体能训练等方面，都必须持续地进行。

（七）排球运动项目训练与其他项目训练相结合的原则

排球运动和其他运动项目一样，对提高人体的各种身体素质、心理品质、各器官系统的功能，以及掌握各种运动技巧等都有一定的锻炼价值，且有其侧重的方面，但也并非十分全面。要迅速有效地提高排球运动的水平，除了进行排球运动技战术的训练外，还必须结合其他有关运动项目和身体活动，以弥补排球运动训练中解决不好但又非常需要的某些身体素质和运动技巧。

(八)不断创新原则

创新是生命，科学技术的每一次进步都是不断创新的结果。在排球运动训练过程中，运用先进的理论知识，研究、分析和总结本队的训练工作，不断创造新的训练理论和方法，为迅速提高运动员的技术和战术水平创造有利条件。技术、战术要不断创新，训练理论和方法也要不断创新。只有坚持不断创新的原则，才能赶上或超过世界先进水平。

(九)相互渗透原则

相互渗透原则是指运动员在训练的过程中，各项训练内容之间可以相互结合，相辅相成，以达到一举多得、事半功倍的功效。排球运动训练的内容应包括体能、技术、战术、战术意识、心理和作风等6个方面，前三者无疑常被列入训练计划进行系统的练习，后三者的培养大都是贯穿前三者的日常训练之中。而且，这六者联系密切，互相依赖，互相制约，而不是彼此孤立、互不相干的。因此，教练员对某一技术、战术进行教学训练时，要精心组织，巧妙安排，善于指导，使这六方面的内容相互渗透，密切结合，相辅相成，相得益彰，以加快运动技术的提高。

(十)手脑并用原则

手脑并用原则是指在训练过程中，要启发运动员在实际操练的同时，必须善于思考，多动脑筋，练想结合，开发智力，以加深对技术、战术的理解，加快运动技术水平的提高。运动员掌握与提高技术，是通过第一信号系统和第二信号系统相互作用而逐步形成与建立的。在教练员的讲解、示范和指导下，运动员通过自己的实践和操练，加强了肌肉对球的本体感，逐步掌握了某种技能。在这个过程中，运动员提高了对某种技能的理性认识，并通过自己的思维活动和教练员的语言提示，逐步掌握与提高了某种运动技能。在这里，运动员的反复实践、反复练习，对于掌握与提高运动技术水平是十分必要的。同时，运动员的积极思维、勤于动脑、自我提示，以及教练员的语言指导等第二信号系统的作用，也是不容忽视的。实践表明，运用手脑并用原则，对于加速运动技术的掌握与提高和在比赛中正确地运用技战术，具有十分重要的意义。因此，教练员在教学训练中，要善于启发运动员独立思考，发挥其主动性和创造性，或质疑问难，或分析技术，或研究业务，或破解难题，给运动员创造手脑并用、练想结合的良好氛围。

三、排球运动技战术训练的方法

排球运动技战术训练方法是指为完成训练任务，达到提高排球运动专项成绩的目的而采用的各种手段和措施的总称。为了达到提高运动员运动技术水平最终取得优异比赛成绩的目的，必须根据不同的训练对象，不同的训练内容和要求，不同的训练条件和设备，不同的训练时期等，采用多种多样的训练方法。当前，比较流行的排球运动训练法有如下几种。

（一）重复训练法

重复训练法是指在不改变动作结构和运动负荷的情况下，按照既定的要求反复地进行练习，每次（组）练习之间的间歇时间能使机体基本恢复的一种练习方法。重复训练法的特点是将某一项技术或战术的训练相对集中，通过多次重复，形成条件反射，便于运动员牢固掌握。在进行重复训练时，应注重对运动员意志品质的培养，要严格按照动作规格和要领进行，不断在技战术细节上提出新的要求。同时，要注意选择那些行之有效的、适合本队水平的训练方法，注意适当重复的次数，如果安排过多，运动员就会感到枯燥。

（二）变换训练法

变换训练法是指同一个训练内容，解决同样的训练任务，在一次课中前后采用不同的训练方法，或在若干训练课中采用不同的训练方法。变换训练法的特点是用不同的方法解决同样的问题，使队员不感到枯燥，从而提高训练的积极性。在技战术训练中，要注意选择练习的形式应与比赛的要求相适应。教练员要随时注意把运动员的训练兴趣、注意力集中到所要达到的目的上来，即要求运动员每一个技术动作都应有比赛场上的战术意识。

（三）串联训练法

排球运动的各项基本技术在比赛中是相互衔接起来进行的，因此，在训练中不仅要练单项技术，也要把各项技术有机地结合起来进行训练，这种两个和多个技术有机结合的训练形式，称为串联训练法。串联训练不仅是带有强烈的战术意识的训练形式，很多情况下串联衔接的过程本身就是一种战术配合。因此，要根据排球比赛的规律设计各种串联训练方法，以切合实战的要求，取得好的训练效果。但在运用中要注意结合本队的实际，在水平较低，串联不起来时，不应勉强应用，而要进一步打好单个技术的基础，或进行不超过两个技术相结合的简单串联训练。

（四）系统训练法

排球运动有一攻、反攻、保攻、推攻4种战术系统，在训练中进行某整体训练的方法，称为系统训练法。系统训练的目的明确、条理清楚，可因球队实际情况选用，但训练必须包括整个系统中的各个环节和各种技术，并将其有机地串联起来。

系统训练法一般采取全队训练的方式，但也可以3人或4人一组进行训练，可以在有简单对立面条件下训练，也可在各种不同对立面的对抗条件下进行。系统训练法要结合比赛的实际，尤其适合高水平队或接近比赛前一段时期的训练。但系统训练法的密度、强度相对较小，故在一次训练课中，不宜全部采用系统训练法，可以和其他密度、强度大的训练法结合运用。

（五）综合训练法

将两个或两个以上的战术系统结合起来进行训练的方法，称为综合训练法。这种训练法介于系统训练法和比赛训练法之间，有助于提高全队技战术串联能力和队员间的默契配合。

综合训练有强烈的战术意识，综合训练方案要按照比赛规则和本队训练目的而设计。综合训练一般多采用全队训练的方式，但也可以3人或4人一组进行，可以在简单条件下进行训练，也可以在对抗条件下进行。综合训练适合高水平的队或接近比赛前一段时期的训练，但要注意掌握训练的强度、密度。

（六）分组训练法

将运动员分成若干组，从事同一内容或不同内容的训练方法，称为分组训练法。这种训练方法一般针对队员比赛阵容分工进行训练。根据不同位置的技术分工，重点提高主要技术。另外，在场地、器材或教练员不足的情况下，或对于某些强度很大的训练项目，也可采用这种训练方法。分组训练主要有轮换、交换、多场地、多网等4种训练形式。

1. 轮换训练

几组队员依次轮换进行同一内容、同一要求的训练，称为轮换训练。例如，3人一组连续扣抛球，可以规定每组扣若干次（或若干次好球）后换另一组扣。一些训练强度很大的练习，需要间歇消除疲劳，可以采用分组轮换训练。为了增强密度、强度或技术上的特殊需要，也可以采用单人轮流训练。在分组轮换时，间歇时间不可过长，一般在3 min左右，否则对机体的刺激效果不大。每组练习的数量和指标要定得切合实际，既要有一定的难度，又要使运动员经过努力能达到目标，尤其要注意抓质量和效果。

2. 交换训练

交换训练是将队员分成若干组分别进行内容不同、要求不同的训练，在完成各自的目标任务后，组与组之间进行交换的训练方法。在进行交换训练时，要提出质量要求，并设立数量指标。这种要求和指标要定得适宜，尤其以单人为组进行训练时更要注意这一问题，否则大多数队员处于长时间的捡球、休息状态，不利于训练的组织与安排。

3. 多场地训练

进行战术配合训练时，由于练习内容和方法节奏很慢，需要较长的练习时间，很难保证每个队员的练习数量。同时，在分组训练时，特别是赛前阶段的训练，主力队员往往练得很多，这样替补队员的训练时间就无法保证。如果有两块排球场地，就可以分场地进行训练。在进行场地训练时，最好由两名教练员各带一部分队员分别按不同的内容和要求进行训练。

4. 多网训练

为了更有效地进行网上技术、战术训练，可以在球场的边上或角上再挂一两张小网，同时进行不同内容的训练，这就叫多网训练。如场上进行发球训练或接发球进攻战术训练，边网上就可进行扣球或二传训练。

（七）多球训练法

利用较多的球来提高训练的密度、强度、难度和节奏等的训练方法，称为多球训练法。但不一定所有的训练都要采用多球训练，如拦网、防拦回球、对传、对垫等练习不需要多球。在采用多球训练时，要组织好捡球队员，同时还要注意保护措施，以避免伤害事故发生。

（八）对抗训练法

有对立面的训练形式称为对抗训练法，它是除竞赛训练法以外最结合实战的训练形式。在安排对抗训练时，对抗双方的实力要尽可能均衡，同时，应强调训练的重点和目的，对抗训练法更适用于高水平排球队。

（九）竞赛训练法

凡是要分出胜负的对抗性训练都称为竞赛训练。这种训练有助于提高队员的训练兴趣和积极性，使运动员的技术、战术水平和心理状态更接近实战要求，对运动员在正式比赛中正常发挥水平，克服临赛紧张情绪有特殊的意义。

（十）极限训练法

提高运动员的专项耐力素质，培养其克服困难的顽强意志和拼搏精神，采用一种密度高，强度大，练习时间相对较长，要求标准高，必须竭尽全力才能完成训练任务的方法，称为极限训练法。进行极限训练要正确掌握负荷，负荷过小达不到有效提高专项耐力的目的，起不到培养作风的作用；负荷过大不但有损身体健康或造成损伤，而且对形成正确技术定型和技术运用也不利。

（十一）恢复训练法

阶段性的紧张训练之后，或激烈的大比赛后，都需要有一段调整恢复的训练，运动员伤病之后也需恢复，为此在技战术训练上所采取的相应的训练方法称为恢复训练法。一般来说，阶段性紧张训练后的恢复训练是一种运动负荷的调整，它主要是使运动员能在前一阶段大运动负荷训练的基础上达到超量恢复，迎接即将来临的比赛或下一个阶段的训练。而激烈的大比赛后，运动员无论在体力或精神方面都已出现极大消耗，这时的恢复训练则应包含积极休息的内容，使运动员在体力和心理方面都能迅速恢复到正常水平。

(十二)计算机训练法

凡是运用电子计算机收集、处理有关的信息,用于控制和指导训练,或运用电子计算机控制的器械训练排球运动员的方法,称为计算机训练法。这种训练法的最大优点是能够快速获取训练效果的可靠信息,训练的针对性强。计算机在未来排球运动中的应用将越来越广。

苏联有一位著名教练员说过这样的话:“严格和残酷是教练的职业习惯,不管教练多么喜欢自己的学生,教练必须看到学生的不足,必须强迫自己好像不喜欢他们,以便忍痛使学生苦练,这就是我的信条。”

四、排球运动技战术训练的实施

在实施排球运动技战术训练时,要制订训练计划。训练计划一般可分为多年训练计划和全年训练计划、学期训练计划、周训练计划及课时训练计划。

(一)多年训练计划

多年训练计划是指导性的计划,它是制订下属计划的依据。中学生的多年训练计划是以学制为段来制订。其计划的内容包括:

(1)制订指导思想。根据训练工作的主、客观条件,凭借多年训练的经验,为本队设计出风格和打法的特点,提出技战术发展的指导思想。

(2)规划出所要达到的训练指标和要求的内容。

(3)多年训练计划的阶段划分与目标。

将6年划分为3段:前两年为第一阶段,目标是培养勤学苦练的作风,打好全面训练的身体素质基础,练好基本功;第3、4年为第二阶段,目标是培养吃苦耐劳的精神,提高专项素质,提高技术的运用能力,掌握好简单的战术配合;第5、6年为第三阶段,目标是培养勇猛顽强、敢打敢拼的精神,在不断提高专项身体素质和基本技术的同时,练好几套战术并提高实践能力。

(4)实施计划的主要措施。

(二)全年训练计划

全(学)年训练计划从属于多年训练计划,它指导学期(阶段)训练计划的制订。其计划内容包括:

1. 提出任务及指标

任务包括思想教育、身体素质、技战术和心理素质上的具体要求,以及比赛所要争取达到的成绩。指标是用数据、名次来说明训练所要达到的具体要求。

2. 训练内容和比例

根据多年计划的要求，确定全年训练的内容和训练重点；各项素质、技术动作、战术配合所需的时间及训练的比重。

3. 做好运动负荷的调节工作

要合理安排运动负荷，使学生尽快提高运动能力，避免因过度疲劳而引起的运动性损伤，同时也应注意不要使学生因运动负荷过小而使运动能力难以提高。

4. 训练周期和阶段的划分

中学的训练不仅是按学年来制订全年计划，而且是按春秋两季来划分两个周期。周期还要根据期中考试来划分训练的阶段。学校一般把训练的阶段划分为基本期、调整期、集中期。基本期训练时期长，内容也丰富。因此，可划分为身体素质训练阶段、技术训练阶段、战术训练阶段和综合训练阶段。整个基本期的任务是培养学生勤学苦练的作风，全面发展身体素质及专项素质，掌握基本技术，练习简单的战术配合，提高排球比赛的实战能力。调整期一般安排在学校的复习、考试阶段，时间很短。这一时期，不要过分强调训练的质和量，主要任务是要求学生保持体力，不至于因为复习考试而使学生的体力下降。集中训练期，安排在寒暑假，主要任务是培养拼搏精神，发展学生的专项素质，提高攻防能力，加强攻防的系统训练，集中精力打好比赛，培养学生比赛的良好意识和良好风格。这个时期训练的强度更大些，相应地运动负荷也要大些。

5. 具体措施

措施包括强化代表队的管理，建立健全队员的考勤、考绩、评比和奖惩制度；强化代表队的训练，加强思想教育，培养学生良好的作风。

（三）学期训练计划

在制订学期训练计划时应将训练身体素质、技术、战术内容，进行分类并按比例计划次数，制订训练的顺序，排入课次之中。

（四）周训练计划

周训练计划是把训练的周期及阶段计划，安排在周训练课中。运动负荷的安排要注意大、中、小结合。

（五）课时训练计划

根据周训练计划，详细、具体地把训练内容安排在课次中。要求认真填写课的任务、内容、训练步骤、训练方法、时间分配和训练要求。

第三节 排球运动技术教学与训练

一、准备姿势和移动

(一)教学与训练难点

准备姿势的目的是迅速起动、快速移动接近球,为此必须根据预先判断做出各种准备姿势。对初学者来说判断十分重要,也是教学训练的难点。移动教学训练难点在于起动快慢,关键是准备姿势和起动的衔接。

(二)教学训练顺序

准备姿势和移动是排球运动中各项技术的基础。在学习各种基本技术之前,首先要学习准备姿势和移动。

(1)在准备姿势教学中,一般应首先学习一般准备姿势,然后学习后排防守准备姿势和前排保护准备姿势。学习准备姿势要与学习传球、垫球技术的徒手动作练习结合进行。

(2)在移动教学中,首先学习并步、滑步、跨步、交叉步,然后学习跑步和综合步。移动步法的练习,必须与准备姿势和制动的练习紧密结合、同步进行。

(3)准备姿势和移动的练习,大都安排在课的准备部分,结合发展反应、灵敏、速度、协调等身体素质进行练习。

(三)教学训练步骤

1. 讲解与示范

(1)讲解。首先讲解准备姿势与移动在排球比赛中的重要作用,再讲解动作要领,常出现的错误动作及运用时机,讲解动作顺序应自下而上,即从脚和膝部讲起,然后讲解躯干、上体、手臂和头部的姿势。

(2)示范。准备姿势的示范方法,既要做正面示范,也要做侧面示范;做移动示范时,向前后移动做侧面示范,向左右移动做镜面示范。准备姿势和移动也可以边讲解边示范,学生边听边模仿做徒手动作。

2. 组织练习的顺序

原地徒手模仿练习—徒手移动模仿练习—结合球的各种练习。

（四）练习方法

1. 准备姿势的徒手练习方法

（1）学生试做准备姿势，教师巡回检查纠正动作。旨在建立初步概念，体会完整动作。

（2）全班学生分成两排面对面站立，一排做动作，另一排纠正对方的错误动作，两排学生互教互学。

（3）全班学生看教师信号做动作。教师手臂向前平举，学生做后排防守准备姿势；教师手臂上举时，学生做一般准备姿势；教师手臂向侧下方举时，学生做前排保护准备姿势。如此反复，教师随时纠正动作，也可以让一排学生做，另一排学生纠正其动作。

2. 移动的徒手练习方法

（1）学生徒手试做各种移动步法，体会完整动作。

（2）全班学生由后排防守准备姿势开始，根据教师手势做各种步法的左右快速移动。要求防止身体重心起伏跳动，移动后保持好准备姿势。

（3）3~4人一组，站在端线后，先做原地快速小步跑，听到教师口令后，快速起动冲刺跑6 m或跑过中线。

（4）两人一组相对站立，一人随意做各种移动步法，另一人跟随着做同方向的移动。

3. 结合球的练习方法

（1）两人一组，相距2~3 m，做好准备姿势，一人向前、后、左、右抛球，另一人移动后把球接住再抛回，连续进行一定次数后两人交换。

（2）两人一组，相距4~5 m，一人向前、后、左、右抛球，另一人移动对准球后用头将球顶回。规定完成若干次后互换。

（3）两人一组，相距6~7 m，各持一球，两人同时把球滚向对方体侧3 m左右处，移动接住后再滚给对方，如此往复进行。

（4）学生面对教师站立，教师将球抛到学生身前、身后或两侧，学生快速向前或转身改变方向。

（五）常犯错误与纠正方法（表13-1）

表13-1　准备姿势和移动常犯错误与纠正方法

技　术	常犯错误	纠正方法
准备姿势	臀部后坐，全脚掌着地	①讲清要领，反复示范 ②强调含胸、收腹、前倾；两膝投影线超过脚尖
	两膝僵直，重心太高	①练习中两脚保持微动 ②多做低重心屈膝姿势的移动练习
移动	缺乏判断，移动慢	①结合视觉信号多做起动练习 ②多做短距离的各种抛接球练习
	身体重心起伏过大	①强调移动后要保持好准备姿势 ②多做网下的往返移动练习

(六)教学训练中应注意的问题

(1)提高对准备姿势和移动技术重要性的认识。发扬“不怕苦,不怕累”的精神,同时多结合短距离跑动或游戏的形式进行练习,以激发学生的学习兴趣。还要经常强调保持正确的准备姿势,促使学生养成良好的习惯。

(2)多做视觉信号反应练习,培养良好的观察判断能力。同时要把准备姿势、反应起动和各种移动步法及制动技术结合起来进行练习。

(3)练习方法要多样化,避免枯燥。如采用对抗、竞赛、游戏等练习方式,激发学生学习兴趣。多结合球和场地练习,增强学生对各种不同来球的判断反应移动能力。

(4)加强腿部、腰腹力量的练习,特别要加强髋关节和脚步灵活性的练习,如多做短距离2~3 m的折回跑、变速跑和变向跑等练习。

二、发球技术

(一)教学与训练难点

以正面上手发球为例。正面上手发球技术动作结构一般可分为抛球、击球、用力3个环节。其中抛球是击球的先决条件,如抛球动作、位置、高度合适,则击球点和击球手法易稳定。从完成发球技术动作结构和发球效果看,抛球和击球是正面上手发球的教学训练难点。

(二)教学训练顺序

发球技术种类较多,技术动作难易程度差别较大,所以教学时应根据学生性别、年龄及身体素质等情况来确定教学的先后顺序。一般情况下,通常先教下手发球,后教正面上手发球,最后教飘球和大力发球等。

(三)教学训练步骤

1. 讲解与示范

(1)讲解。首先,讲解发球在比赛中的作用及教授的技术动作名称和技术特点;其次,讲解发球的准备姿势、抛球方法及挥臂与击球的手法;最后,提出下肢与腰腹协调配合用力的方法,反复强调抛球是发好球的前提,击球是关键,手法是保证。

(2)示范。在发球区先做侧面的发球完整动作示范,然后再做正面、侧面的分解动作示范,使学生看清楚抛球的高度、挥臂路线、击球手法、击球部位、下肢配合动作和击球时重心前移等动作,加深学生对发球技术动作的直观感受。

2. 组织练习的顺序

徒手模仿练习→抛球练习→击固定球练习→抛球与击球动作结合的练习→巩固和提高发球技术练习→结合教学比赛的实战练习。

（四）练习方法

1. 徒手模仿练习

（1）全班学生徒手模仿发球挥臂动作和抛球动作，体会发球用力顺序和挥臂的轨迹，掌握正确的挥臂方向和速度。

（2）徒手做抛球挥臂击球动作练习：做好准备姿势，左手前上置于击球点位置，右手做挥臂击球练习（击在左手掌上），体会击球手法和击球部位，练习抛球、挥臂、击球动作的协调性。

2. 抛球的练习

（1）原地抛球手法练习：做抛球练习时，要求掌心向上平稳地托送球，练习正确的抛球手法，体会抛球的位置和高度。

（2）固定目标的抛球练习：每人一球站在网或墙边，利用球网或墙壁的适当高度作为标记，练习抛球的准确性。

（3）做抛球、抬臂和引臂的配合练习：体会抛球的位置、高度和振臂引臂的连贯动作。

3. 击固定球练习

（1）模仿发球挥臂动作击固定球练习：一人双手持球置于腹前或头上，另一人做挥臂击球练习（不要将球击出），体会击球部位和手法。

（2）击固定球或吊球练习：一手将球按在墙上，一手挥臂练习击固定球或将球吊在空中，练习挥臂击球，主要体会挥臂动作、击球手法、击球点和击球部位。

（3）两人对击练习：3人一组，甲持球，乙、丙面对面站立，做好发球的准备姿势，同时做击球动作击甲手中的球，体会挥臂击球时手臂发力的肌肉用力感觉。

4. 抛击结合练习

（1）抛球与挥臂击球练习：结合抛球、引臂和挥臂击球的练习（不把球击出）。体会抛球引臂和挥臂击球动作的协调配合。

（2）对墙或挡网做抛球与挥臂击球练习：体会抛球与手臂挥摆的配合以及击球手法的用力。

（3）发球攻击性练习：在准确性的基础上，降低发出球的弧度，加快发球速度，发力量重，飘度大，或向场地的“三角区”1、5号边角处发球练习。

（五）常犯错误与纠正方法（表 13-2）

表13-2 发球技术常犯错误与纠正方法

技术	常犯错误	纠正方法
下手发球	①准备姿势太高 ②抛球太高太近 ③抛球与摆臂击球不协调 ④挥臂方向不正、击球不准	①讲清概念，练习前做好准备姿势 ②直臂抛球距身体一臂远，反复练习抛球动作 ③反复结合抛球做摆臂练习 ④击固定球或对墙发球练习
上手发球	①抛球偏前、偏后 ②挥臂未呈弧形 ③手未包满球，无推压动作 ④用不上全身协调力量	①讲清抛球方法，固定目标抛球练习 ②反复徒手做弧形挥臂或扣树叶练习 ③对墙轻扣球，体会手包球推压动作，使球前旋 ④掷小网球或用杠铃片或对墙平扣
上飘发球	①抛球时高时低 ②挥臂不呈直线 ③击球不准，力量未通过球体重心 ④抛球与挥臂动作脱节	①多做固定目标的抛球练习 ②做直线挥臂，或对墙击固定球 ③用掌跟硬部击固定球或击固定目标练习 ④随教师口令节奏进行抛球挥臂练习
跳发球	①抛球与助跑起跳脱节 ②起跳空中手与球保持不好 ③全手未打满球 ④腰腹力量用不上	①多练抛球、助跑与起跳的配合 ②跳起空中击吊球练习 ③多扣抛向进攻线以后的球 ④对墙连续扣反弹球或多扣远网球练习

（六）教学训练中应注意的问题

（1）发球技术教学应遵循由易到难、由简到繁、循序渐进的原则，在教学顺序安排上通常是先教下手发球，再教上手发球，最后教飘球、勾手大力发球及其他发球技术。

（2）教学中要抓住抛球动作与摆臂击球动作的协调配合，因为抛球是前提，击球是关键和难点。抓住抛球和击球这两个环节，强调抛球要平稳，挥臂动作迅速协调，击球准确。

（3）发飘球教学中，教师应简单讲解球产生飘晃的原因和在动作上与发旋转球的区别，让学生能主动思考发飘球的动作方法，体会击球用力的方向、手法和击球的部位。

（4）在发球教学中，教师要合理安排教学与练习的时间，每次课应保持一定时间的发球练习。一般可安排在两个大运动负荷练习之间，或安排在课的后段进行。

（5）发球教学中，由于发球练习的形式比较单调，教师要不断变化练习的方法，提出具体要求，并将发球与接发球结合起来。

三、垫球技术

（一）教学与训练难点

垫球在比赛中主要用来接发球和接扣球。根据比赛的需要，垫球技术可分为接发球垫球、接扣球垫球、接拦回球垫球和垫击二传球等。垫球技术种类尽管繁多，但是在教学的开始阶段仍然要以抓好正面垫球为重点，其教学训练难点是击球，即击球点和击球部位。

（二）教学训练顺序

垫球技术种类多，运用广，因此，教学中要根据学生具体情况和动作的结构难度，先易后难地安排教学。一般教学顺序是先学习原地正面双手垫球，再学习移动垫球和改变方向的垫球。在此基础上再学习体侧垫球、跨步垫球、背向垫球、单手垫球和挡球，最后学习低姿垫球、侧倒垫球、滚翻垫球、前扑垫球、鱼跃垫球、脚背垫球以及其他部位的垫球技术。

在初步掌握正面垫球技术的基础上，可进行传、垫结合与串联的练习；在掌握移动垫球后，可进行接发球和接扣球的练习。

（三）教学训练步骤

1. 讲解与示范

（1）讲解。教师首先讲解垫球技术在排球比赛中的作用、技术特点和动作要领。重点讲解手形、垫击部位、击球点、手臂角度及身体上下肢的协调用[illegible]

（2）示范。教师先做垫球的完整动作示范，让学生建立垫[illegible]作概念。然后进行分解示范，也可以边讲解边示范，让学生加深印象。做[illegible]看清两臂向前插臂、蹬地、提肩、顶肘、压腕的身体协调动作；做正[illegible]清手形、垫击部位平面、两手夹臂的动作。正面示范与侧面示范要结[illegible]

2. 组织练习顺序

徒手试做→击固定球练习→垫抛球练习→移动垫球练习→接发球练习→接扣球练习→结合教学比赛及各种串联练习。

（四）练习方法

1. 徒手模仿练习

（1）双手叠掌或抱拳互握的垫球手形练习：要求前臂夹紧并伸直，形成垫击平面，教师及时检查。

（2）结合后排防守准备姿势的原地集体徒手模仿垫球练习：要求先慢后快，重心低，动作协调，教师及时检查与纠正错误动作。

（3）原地与移动的徒手垫球动作练习：听教师口令做原地垫球徒手动作；看教师手势做前、后、左、右的并步、交叉步、跨步的移动垫球动作练习。要求动作正确、协调、连贯。

2. 结合球的练习

（1）击固定球练习：两人一组，一人双手持球于腹前，另一人做垫击动作。重点体会正确的击球点、手形及手臂用力时的肌肉感觉。

（2）垫抛球练习：2人或3人一组，相距4 m，一抛一垫或一抛二垫。要求先教会学生用双手下手抛球，抛出的球要弧度适宜，不太旋转，落点准确。垫球者先将球垫高垫稳，然后要求垫准到位。

（3）对墙垫球练习：学生每人一球，距墙2 m处连续对墙自垫。要求击球手形、垫击点和击球部位正确，用力协调，控制球能力强。

3. 结合移动的垫球练习

（1）移动自垫球练习：每人一球，向左、向右、向前、向后移动垫球。要求学生在移动垫球时低重心移动正面垫球。

（2）2人或3人一组，一人抛球，另一人或两人轮流向左、右、前、后移动垫球。移动速度不宜太快，垫出的球要稍高，并控制好落点。垫球者尽量做到正对垫球方向垫球。

（3）3人一组跑动垫球或4人一组三角移动垫球。要求垫球人尽量移动到位，对正来球，把球准确垫到位。

4. 结合接发球的垫球练习

（1）2人一组相距7~8 m，先一掷一垫练习，再过渡到一人下手发球或上手发球，一人接发球。要求接至假设的二传位置上。

（2）2人一组，相距9 m，一发一垫，或3人一组，一发二人轮流接发球。要求开始发球要稳，然后逐步拉长发球的距离，增加发球的难度。

（3）3人隔网或不隔网，一发一垫一传练习。要求发球准，接发球者积极移动取位把球垫到传球队员的位置上，传球队员再将球传给发球人。

5. 结合接扣球、吊球的垫球练习

（1）两人一组，一扣一防练习。要求接扣球者做好防守准备姿势，开始练习时扣球要稳，随着防守者逐步适应，可逐步增大扣球的难度。

（2）3人一组，一扣一防一传练习。要求扣球队员扣、吊结合，防守队员互相配合，互相呼应，互相保护。

（3）轮流连续接扣球练习。由教师在网前扣球或在高台上隔网扣球。要求接扣球者在5、6、1号位连续接扣球练习。

(五)常犯错误与纠正方法(表13-3)

表13-3　垫球技术常犯错误与纠正方法

技　术	常犯错误	纠正方法
正面垫球	①屈肘、两臂不平，击球部位不对 ②移动慢，对不正球 ③没有蹬伸、抬臂动作，垫球时挺腹 ④两臂用力不当，摆动幅度过大，动作不协调，用力过猛	①模仿练习，垫固定球，自垫发力练习 ②移动抢救球，两臂夹球移动垫球 ③多做徒手动作，在其练习时教师用手控制其腰腹 ④垫固定球，体会用力和协调发力，或近距离垫抛来的低球和连续自垫低球
前扑垫球	①身体弯曲，击球无力，怕摔心理和击球时不会短促用力 ②跃不出去，原地前倒	①在垫子上做垫击吊球，体会前扑时身体伸直和短促用力的击球动作 ②鼓励、加强保护帮助，多做徒手前扑
单手垫球	①垫球手法不正确 ②伸臂过早，击球用不上力	①对墙垫或自抛自垫以击向某个目标 ②击教师抛的轻球，把球打高，加大摆幅，体会及时用力协作
挡球	①挡球时手腕后仰不够，控制能力差 ②球向前平飞	①自抛自挡练习或一抛一挡 ②多做挡较大力量的来球，多做徒手动作，注意准备姿势要充分，蹬地和手腕的用力方向和大小要协调

(六)教学训练中应注意的问题

(1)垫球教学应先在简单条件下进行练习，如原地徒手练习以及击固定球的练习，原地垫击一般弧度和落地比较固定的轻球，再进行移动垫球练习。在学生垫球动作基本正确，能初步控制垫球的方向和落点后，再逐步加大练习的难度。

(2)发球、接发球是两个相联系的对立面，因此在教学与练习中应使两者紧密结合，互相促进，不断提高。接发球又是组织进攻的基础，应抓住控制球能力这个重点和难点反复练习，以提高手臂对球的控制能力。

(3)在接扣球技术教学中，应强调做好防守判断和准备姿势，加强起动和移动步法的练习。要教会学生观察和判断来球的方法，提高起动速度和移动取位的能力，防止只重视手法不重视步法的倾向。

(4)随着垫球技术的不断熟练，要尽量结合攻防战术进行练习。如在防守练习中，垫球与拦网、保护、调整传球和反攻扣球等技术串联起来进行练习，这样既能提高技术的运用能力，又能培养战术意识和同伴间的默契配合。

四、传球技术

（一）教学与训练难点

以正面传球为例。正面传球动作是由准备姿势、迎球、击球、手形、用力5个动作部分组成。在这些动作中，最主要的也是较难掌握的是触球时的手形。因为触球时手形正确与否直接影响手控制球的能力和传球的准确性，初学者只有掌握了正确手形才能保证正确的击球点和较好的运用手指、手腕的弹力。

（二）教学训练顺序

传球技术动作方法较多，动作细腻，在教学安排中应作为主要内容，要求学生重点学习和掌握。其传球的教学顺序是，先教一般正面双手传球，然后依次教移动传球、转方向传球、背传球、跳传球、调整传球、传快球和平拉开传球等。教学时先学习原地传球，再学习顺网二传和移动中的传球，最后学习各种战术传球。

（三）教学训练步骤

1. 讲解与示范

（1）讲解。教师首先讲解传球技术在比赛中的作用，然后讲解传球技术的特点和动作要领。讲解内容的先后顺序一般是：脚的站法，下肢姿势，身体动作，手形，击球点，触球的部位，迎击球的动作用力方法等。

（2）示范。教师先做完整传球动作的示范，然后再做分解示范，也可边讲解边示范，或重点示范传球的关键技术环节，也可结合正面示范、侧面示范进行教学。

2. 组织练习顺序

原地模仿练习→原地传球练习→移动传球练习→转方向传球练习→背传练习→调整传球练习→跳传练习。

（四）练习方法

1. 徒手模仿练习

（1）原地模仿练习：徒手做传球准备姿势，听教师的口令依次做蹬地、展体、伸臂击球动作练习。重点体会传球前的准备姿势、身体协调用力的动作和传球的手形。

（2）原地传球模仿练习：重点让学生体会触球手形、击球点位置、身体协调配合动作及用力传球的全过程。

（3）两人一组，一人做好传球的手形持球于额前上方，另一人用手扶住球，持球者以传球动作向前上方伸展，体会身体和手臂的协调用力。要求另一人纠正持球者的手形及身体动作。

2. 原地传球练习

(1) 每人一球，自己向额前上方抛球：做好传球手形在击球点位置将下落的球接住，然后自我检查手形。

(2) 原地自传练习：要求把球传向头上正上方，传球高度离手1~1.5 m。连续传30次为一组。

(3) 对墙自传球练习：要求距离墙50 cm左右连续对墙自传球，体会正确的手形和手指、手腕用力时的肌肉感觉。

3. 移动传球练习

(1) 每人一球行进间自传球练习：要求传球手形正确，移动迅速，保持正面传球。

(2) 每人一球向左、右、前、后移动传球练习：要求自传一次高球，再传一次低球，提高控制球的能力。

(3) 两人一组，一抛一传球练习：要求抛者向左、右、前、后抛球，传球者根据来球快速移动传球。

4. 背传球练习

(1) 每人一球，自抛背传球练习：要求将球抛到头上，两手腕后仰，掌心向上，依靠蹬地、展体、抬臂、伸肘动作把球传向后上方。

(2) 3人一组，背传球练习：3人各相距3 m左右，两边人抛球或传球，中间人背传球。要求同上。

(3) 3人网前换位背传练习（图13-2）：3号位背传后到2号位，2号位接背传球，传给6号位后，立即移动到3号位去背传。

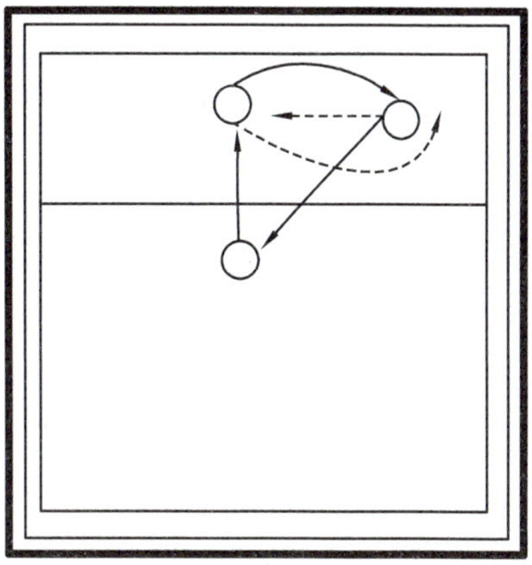

图 13-2　3 人网前换位背传练习

5. 调整传球练习

(1) 两人一组相距6 m在网前，用调整传球动作传高弧度球练习：要求利用蹬腿、伸臂动作传球。

(2) 移动调整传球练习：4号位队员传一般球至5号位，5号位队员传球到6号位，1号位队员移动至6号位将球调整到4号位。要求依次循环练习。

6. 跳传球练习

(1) 每人一球，对墙连续跳传球练习：要求掌握好起跳时机，在空中保持好身体平衡，靠快速伸臂动作将球传出。

(2) 两人一组，连续面对跳传球练习：要求同上。

（五）常犯错误与纠正方法（表13-4）

表13-4　传球技术常犯错误与纠正方法

技　术	常犯错误	纠正方法
正面传球	击球点过高、过低	①做各种步法移动后接传球，保持在脸前接住球，提高判断、选位能力 ②传固定球，体会正确的击球点 ③自传或对墙传球练习
	手形不正确，大拇指朝前，手形不是半球状，手指触球部位不准确	①进一步示范、讲解 ②用传球动作接球，体会手形 ③近距离对墙轻传，体会手指触球
	手指、手腕弹击力差，有拍打动作	①做手指、手腕的力量练习 ②用足球、篮球做传球练习，增加指、腕力量 ③多做平传球练习、远传练习
移动传球	取位不及时，对不准来球，人与球关系不合适	①结合移动步法接球 ②学会上体移动重心，上体能前后左右倾斜地传球 ③多做平传练习，保持正面击球
背传	击球点不正确，过前或过后	①强调击球点宁前勿后，保持正面传球的击球点 ②做自抛向后传球 ③做弧度高低结合的自传球练习
	用力不协调，不会后仰、展胸、翻腕、大拇指上挑	①移动对准球，保持在头上的击球点 ②背传是强调蹬腿、展胸、抬臂、翻腕上挑动作 ③在击球点较低的情况下练习背传
跳传	选择起跳点不准确，人与球关系保持不好	①多做原地起跳和移动起跳练习 ②提高判断能力，选择合适的起跳点 ③传不同距离和弧度的来球，保持良好的人与球的关系

（六）教学训练中应注意的问题

（1）传球采用完整教学法，首先建立传球技术动作的完整概念。教学时，应先着重于手形、击球点和用力的准确与协调练习，然后逐步过渡到手指、手腕的弹击和控制球的能力练习上。

（2）教学中尽量采用触球次数多的练习，并在初学阶段就结合近距离移动的传球，以利于形成正确的击球点和手形，为学生进一步学习难度较大的传球打下良好的基础。

（3）教学时自始至终要强调正确手形、正确的击球点和协调用力3个环节。同时还要注意指出典型易犯的错误动作，以便学生在学习过程中进行正、误对比。

(4)从心理方面讲，初学者一般怕戳手，怕弧度高、力量大和速度快的来球。因此，要从解决手形入手，从易到难，循序渐进。多传近距离、低弧度和速度慢的球，避免学生手指局部负担过重，减轻心理压力。

五、扣球技术

(一)教学与训练难点

以正面扣球为例，正面扣球是扣球中的一种最基本的方法。在正面扣球的几个动作环节中，选择好起跳点及起跳时机，保持好人与球的关系是扣好球的基础，挥臂击球是完成扣球动作的关键环节。抓好起跳及击球这两个正面扣球的教学难点对学生学习正面扣球至关重要。

(二)教学训练顺序

学生在初步掌握垫球、传球及正面上手发球之后再学习扣球技术。正面扣球技术是其他扣球技术的基础，教学中应首先学习，在此基础上再学习其他扣球技术和战术扣球。扣球技术比较复杂，初学时较难掌握，所以在教学时宜采用分解教学法，将助跑、起跳和扣球挥臂环节分别进行学习，待学生掌握后，再用完整教学法教授扣球的完整动作。

扣球教学应先学习4号位扣一般高球，然后学习2号位扣一般高球，在此基础上再根据学生水平学习3号位扣半快球、快球、短平快球、背快球和调整扣球技术等。

(三)教学训练步骤

1. 讲解与示范

(1)讲解。教师首先讲解扣球技术在排球比赛中的作用，技术方法与动作要领。在初步掌握技术动作后，再进一步讲解助跑节奏、时机、起跳点的选择，击球点及手掌包满时的鞭甩动作等。

(2)示范。教师首先做完整扣球技术的示范，让学生建立完整、直观的动作概念。然后做分解示范(可徒手，也可以结合球)，关键环节放慢示范速度，必要时也可边讲解边示范，重点突出动作要领和关键。教师示范扣球时，力量要适当，动作要轻松，效果好。要引导学生观察技术动作的结构，挥臂动作的发力，击球的手法，球飞行的路线，弧度与旋转等。

2. 组织练习顺序

助跑起跳练习→挥臂击球练习→原地自抛自扣练习→助跑起跳扣抛球练习→4号位完

整扣球练习。

（四）练习方法

1. 助跑起跳练习

（1）原地双脚起跳练习：全班同学听教师口令练习原地起跳技术。要求双脚蹬地力猛快速，两手臂配合划弧摆动起跳，顺势扣球手臂上举、后引、抬头、展腹、身体呈反弓形，落地时双脚前脚掌过渡到全脚着地，屈膝缓冲。

（2）助跑起跳练习：集体听教师口令做一步或两步助跑起跳。要求练习速度由慢到快，手脚配合协调，注意控制身体平衡。

（3）站在进攻线后，听教师口令向网前做两步助跑起跳练习，在此基础上再学习多步助跑，变方向助跑和跑动起跳。要求学生注意助跑起跳的节奏和起跳点位置的选择。

2. 挥臂动作的击球手法练习

（1）仿扣球挥臂练习：按规定的队形听教师口令做挥臂练习。要求挥臂放松自然，弧形挥动，有鞭打动作。

（2）扣固定球练习：扣吊球；或两人一组，一人双手持球高举，另一人原地扣固定球；或自己左手举球，右手做挥臂击球练习。要求击球时全手掌包满球，做快速鞭打动作。

（3）自抛自扣练习：每人一球，距墙5 m左右先抛一次扣一次，然后连续对墙扣反弹球，或两人面对相距6~7 m对扣，也可在低网上自抛自扣等。要求击球力量不宜过大，动作放松，手腕有推压鞭甩动作，使击出的球成上旋飞行。

（4）扣抛球练习：两人或多人一组，一人站在距墙5 m处抛球，另一人或多人依次对墙扣抛球。在低网前做一抛一扣练习，或在低网前轮流扣教师的抛球练习。抛球距离有近有远，弧度由低到高，扣球者选好起跳点，保持好击球点，挥臂击球手法正确。

3. 完整扣球练习

（1）4号位扣球练习：扣球者每人一球，先将球传给3号位，再由3号位把球顺网抛或传给4号位，扣球者上步助跑起跳扣球。要求掌握好上步起跳时机，在空中保持好人与球网的位置关系。

（2）结合一传的扣球练习：接对方发的轻球，垫给3号位二传，然后二传把球传给4号位，由4号位队员助跑起跳扣球。要求以中等力量扣球，注意正确的挥臂击球手法，选好击球点，防止触网或过中线犯规。

（3）个人跑步扣球或结合“中、边二三”进攻战术的扣球练习：要求由4号位跑到3号位或2号位，或由3号位跑到4号位或2号位扣球等，主要培养扣球者在不同位置的扣球能力、场上应变能力和集体战术配合能力。

（五）常犯错误与纠正方法（表 13-5）

表13-5　扣球技术常犯错误与纠正方法

技　术	常犯错误	纠正方法
正面扣球	助跑起跳前冲，击球点保持不好	①进一步讲解，并多做助跑起跳练习 ②做限制性练习，如设置障碍物起跳，地上画出起跳点与落点 ③扣固定球，接垫球，一步起跳扣球
	上步时间早，起跳早	①以口令、信号限制启动起跳时间 ②固定二传弧度练习扣球
	击球手法不正确，手未包满，击出的球不旋转	①击固定球，对墙平扣、打旋转 ②低网原地扣球练习 ③练习手腕推压、鞭甩动作
调整扣球	撤位慢，助跑不外绕，影响选择起跳点	①多做快速撤位，快速上步的助跑起跳练习 ②多做防守后再外绕助跑起跳扣球
	人球关系保持不好，手控制球能力差	①做自抛自扣高球练习，保持好人与球的关系 ②提高手腕推压技术，对墙、隔网扣平球技术
近体快球	助跑节奏不佳，步法紊乱，踏跳点不合适	①进一步讲解快球助跑的时机 ②要多做并练熟各种助跑起跳动作
	起跳点太近，造成碰网或过中线	①助跑起跳扣近网的固定球 ②按扣快球助跑节奏掷小皮球 ③助跑起跳扣抛球
	手臂、手腕鞭甩动作不正确	①原地对墙扣球 ②低网练习挥臂甩腕抽击

（六）教学训练中应注意的问题

（1）扣球技术是学生最感兴趣的技术，学生的积极性比较高，但学生的注意力往往会集中在扣球效果上，而忽视对正确扣球技术动作的掌握，在教学中应注意引导学生掌握正确的扣球技术动作，为其他扣球技术的学习打好基础。

（2）扣球教学中，应重点抓好助跑起跳和正确的击球手法练习，解决好人与球的位置关系。初学时，应加强分解动作练习，并适时地与完整动作练习相结合。对于扣球技术的重要环节，必须进行反复、系统的强化练习。

（3）在教学课中，扣球教材的安排，尤其是上网扣球，最好安排在传、垫球技术练习之后。因为在扣球练习时学生的积极性高，如安排在课的前段对其他技术的学习有影响。

（4）初学者上网扣球时，应由教师或技术水平较高的学生担任二传，以便使初学者掌握助跑起跳的时间和起跳点，尽快正确掌握扣球技术。

（5）为了教学方便，对扣球教学练习的总体要求要先徒手扣，后用球扣；先抛扣，后传扣；先轻扣，后重扣；先中远网，后近网；先扣高球，后扣快球。

六、拦网技术

（一）教学与训练难点

拦网技术动作由准备姿势、移动、起跳、空中击球和落地5个部分组成。要拦住不同的扣球，在拦网移动之前必须判断对方扣球位置。要根据二传手传球的一些特点及扣球手的起跳点来选择拦网起跳点，要根据对方扣球人的击球动作来判断拦网的起跳时间及伸臂时间。整个拦网技术动作全过程，自始至终都贯穿着判断。

起跳时间是否恰当是关系到能否及时起跳拦住对方扣球的关键。选择合适的起跳时间，不仅要根据自己的弹跳高度，还要对二传高度、距离、弧度、速度及扣球动作幅度大小，挥臂快慢做出判断。因此，正确地确定起跳时间和起跳点是拦网教学训练的难点。

（二）教学训练顺序

拦网技术教学，应在学生初步掌握正确扣球技术之后进行。其教学顺序是：先教单人拦网，然后教双人和三人的集体拦网。拦网教学的重点是教单人拦网。

拦网教学应采用分解与完整相结合的教法，先学习拦网的手形和伸臂动作，再学习原地起跳和移动起跳的拦网动作，最后掌握完整的拦网技术。拦网移动步法应先学习并步法，再学习交叉步和跑步。

（三）教学训练步骤

1. 讲解与示范

（1）讲解。教师首先讲解拦网技术在排球比赛中的重要作用，再讲解单人拦网技术的动作方法和要领，包括拦网手形、助跑、起跳、空中拦击、落地等，最后重点讲解拦网的判断和起跳时机。

（2）示范。拦网示范应采用完整与分解相结合，徒手与拦网相结合，正面、侧面与背面示范相结合进行教学。采用完整示范是让学生建立完整的拦网技术概念。正面示范是让学生观察拦网手形、手臂间距及起跳动作；侧面示范是让学生观察拦网的身体完整动作以及手臂与网的距离；背面示范是让学生观察拦网的判断，移动、起跳时机及网上封堵的区域和线路等。

2. 组织练习顺序

拦网手形练习→移动起跳练习→结合球的完整拦网技术练习。

(四)教学训练方法

1. 拦网手形练习

(1)徒手模仿练习:原地徒手练习拦网手形。要求两脚平行站立,两臂上举伸直,两手间距约20 cm,十指自然张开。

(2)原地扣拦练习:两人一组,面对面相距1 m左右站立,一人预先做好拦网手形,一人对准拦网人双手自抛自扣。要求扣球者准确地把球扣在拦网人的双手上,让拦网者体会拦网手形和拦网时的肌肉感觉。

(3)原地结合低网一扣一拦练习:两人一组,隔网站立,一人扣球,另一人拦网。要求扣球者把球扣在拦网者双手上,拦网者要根据扣球人的抛球情况,及时伸臂拦网,体会触球时的提肩、压腕动作。

2. 移动起跳拦网练习

(1)网前原地起跳拦网练习:学生集体听教师口令在网前做原地起跳拦网。要求起跳后保持好身体平衡,既要有伸臂过网的拦网动作,又不能触网或过中线犯规。

(2)网前左右移动一步起跳拦网练习:教师站在网前高台上持球于网上空,学生依次在网前左右移动一步起跳拦网。要求学生随教师举球位置的变化而左右移动,移动制动与起跳动作要连贯。

(3)隔网盯人移动拦网练习:两人一组隔网相对,其中一人主动向左右移动起跳拦网,另一人盯住对方,并及时移动起跳在网上与对方双手击掌。要求平行网移动,防止触网,移动由慢到快,保持好人与网的合理位置关系。

3. 结合球的拦网练习

(1)一抛一拦练习:两人一组隔网站立,一人向网口上沿抛球,另一人起跳将球拦回。要求拦网人体会起跳时间和拦网动作。

(2)拦固定线路的扣球:教师或指定学生在高台上扣球,固定扣直线或扣斜线球,让学生轮流助跑起跳拦网。要求学生区别拦直线球和拦斜线球在取位和拦网手形上的异同。

(3)拦对方4号位或2号位的扣球练习:学生在本方2号位或4号位拦对方的扣球。要求拦网人及时判断对方扣球人的助跑线路,选好起跳点和起跳时机,拦堵对方的主要扣球线路。

4. 集体拦网练习

(1)双人原地起跳配合拦网练习:要求两人4只手臂上举伸直,间隔距离保持适当,以中间不漏球为宜。

(2)双人移动后配合拦网练习:两人一组,同时移动到3号位起跳配合双人拦网一次,然后分别向两侧移动,与2、4号位队员双人再配合拦网一次,要求配合队员主动与2、4号位主拦队员配合,防止碰撞。

(3)结合各种进攻扣球的双人拦网练习：3号位队员单人拦对方快球进攻一次，立即向2号位或4号位移动与2、4号位队员组成双人拦网拦对方的强攻扣球。要求掌握好拦快球与拦高球强攻的起跳时间及不同的手形变化。

》》（五）常犯错误与纠正方法（表13-6）

表13-6　拦网技术常犯错误与纠正方法

技　术	常犯错误	纠正方法
单人拦网	起跳过早或过晚	①教师给予起跳信号，反复练习起跳 ②深蹲慢跳或浅蹲快跳
	拦网时两臂有向前扑打动作	①正误动作对比示范 ②在网边反复做原地提肩、压腕动作 ③低网一扣一拦练习，强调收腹动作
	闭眼拦网或两手臂之间距离过大造成漏洞	①拦网时眼盯球，养成观察球的良好习惯 ②示范两臂夹紧头部的动作或多做拦固定球的练习 ③网前徒手移动起跳伸臂后不急于收臂，等落地时检查
双人拦网	互相踩脚或两人在空中相碰撞	①多练移动最后一步的制动动作 ②多练两人移动后并拦的起跳配合

》》（六）教学训练中应注意的问题

(1)在拦网的教学中，应以学习单人拦网技术为主，双人与集体的拦网战术为辅。当学生初步掌握了拦网技术后，应该增加结合扣球和防守反击的练习，使拦网、保护、防守及反攻扣球等技术互相串联和衔接。

(2)在教学中，必须抓好拦网的移动、起跳、伸臂、手形、拦击动作等环节的教学。在改进和提高阶段则应重视判断能力，突然起跳的能力，空中身体转动和倾斜的控制能力，拦网手法等基本功的练习，这样才能提高拦网的实战效果。

(3)拦网教学不能安排过早或过于集中。过早安排拦网学习，不符合排球技术教学的规律，过于集中学习拦网，不利于提高拦网的能力，甚至会影响学生练习的积极性。所以拦网教学应安排在正面扣球和垫球防守以及简单的进攻战术之后进行，每节课单一地练习拦网的时间也不宜过长。

(4)在拦网教学中，要逐渐提高难度，一般先学单人拦网，其次学双人配合拦网，再次学拦固定路线的扣球，最后学拦变化路线的扣球；先学拦近网扣球，再学拦远网扣球和各种快攻扣球，同时要强调拦网后的落地动作，以避免运动损伤。

第四节 排球运动战术教学与训练

排球运动战术教学必须在学生掌握一定基本技术的基础上进行，使之学会攻、防战术的配合方法，在比赛中提高运用基本技术的能力，以达到较熟练运用各种主要战术的目的。

一、进攻战术教学与训练

(一) 进攻战术教学与训练的顺序

先学习“中二三”进攻战术，然后学习“边二三”进攻战术，最后学习“插三二”进攻战术。在学习这3种进攻战术的同时，应结合学习相应的进攻配合，再逐步练习各种难度较大的进攻打法和复杂的战术配合。

(二) 进攻战术教学与训练的步骤

1. 讲解与示范

(1) 讲解。首先讲解进攻战术的名称及其特点，基本阵型及打法，站位分工及职责。

(2) 示范。采用沙盘、挂图或请6名学生现场实际演示等方法，让学生对进攻阵型建立直观的概念，然后在半场上按进攻战术的要求，进行不结合球的模仿站位与跑动路线练习，让学生初步体会和明确各位置的分工与配合方法。

2. 组织练习顺序

徒手模仿进攻战术站位练习→结合球在简单条件下练习→结合球在复杂条件下练习→比赛条件下巩固提高练习。

(三) 进攻战术教学与训练的方法

1. “中二三”进攻战术的练习方法

(1) 徒手模仿“中二三”进攻战术站位练习：教师让学生站在自己的半场上按“中二三”进攻阵型站位，然后进行不结合球的模仿跑动和轮转练习，了解各位置分工与配合方法。

(2) 结合球在简单条件下的练习：

①教师在6号位向3号位抛、传球，3号位二传队员将球交替传给4、2号位队员扣球，扣球后相互交换位置（图13-3）。

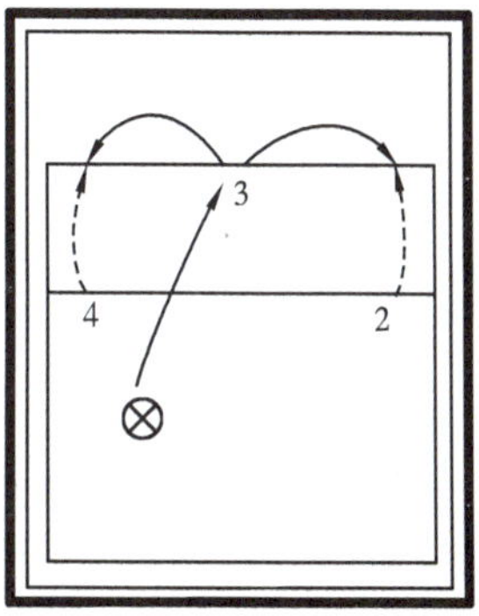

图 13-3

②场上6名学生按“中一三二”接发球站位，接教师从发球区

抛球或下手、上手发球组织“中二三”进攻战术（图13-4）。

③场上6名队员按“中一三二”接发球站位，接教师从发球区发来的上手球，学生接发球组织“中二三”进攻战术（图13-5）。

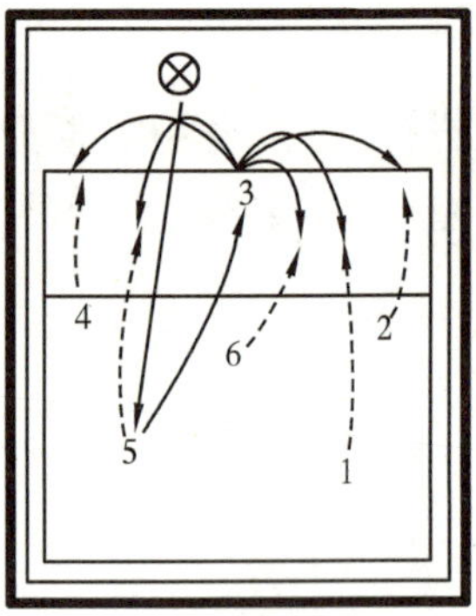

图 13-4

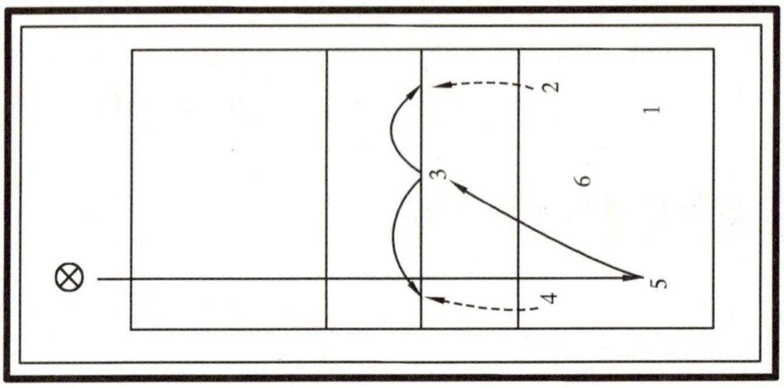

图 13-5

（3）结合球在复杂情况下的练习：

①场上6名队员按“中一三二”接发球站位，接教师从发球区发来的上手球，学生接发球组织“中二三”进攻战术，但在进攻队员扣球时，要求后排队员跟进保护，以提高队员的保护意识（图13-6）。

②练习方法同上。发球一方增加1名或2名拦网队员，给进攻一方增加网上的难度（图13-7）。

③练习方法同上。但在接发球后，全队立即转入接拦回球进攻的练习（图13-8）。

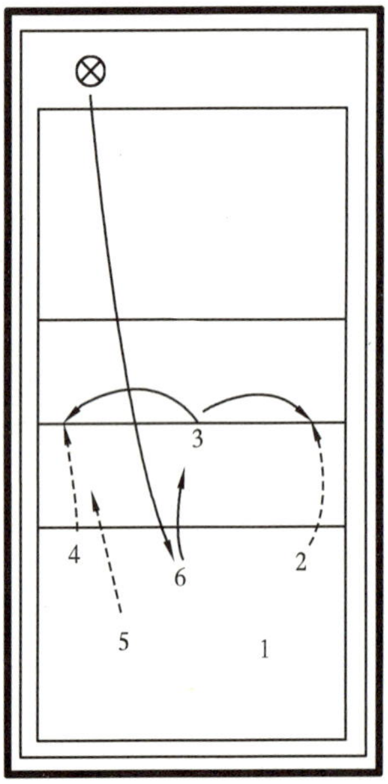

图 13-6

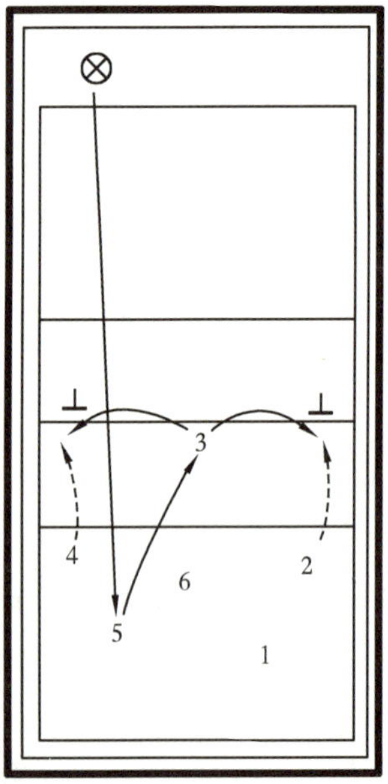

图 13-7

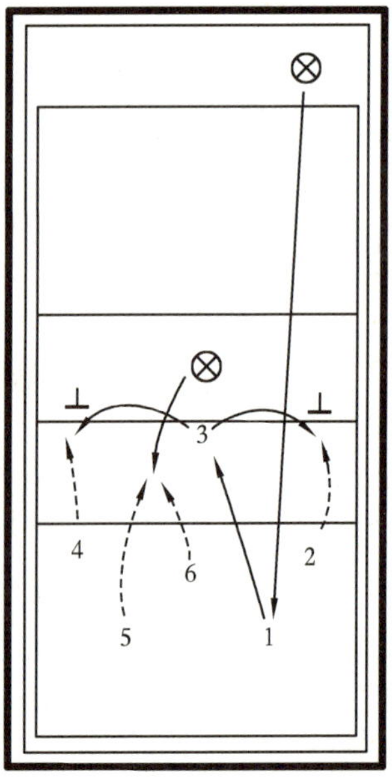

图 13-8

（4）比赛条件下巩固提高练习：

①4对4接发球组织“中二三”进攻与防反练习，要求两边发球区有专人发球，甲方发球，乙方接发球组织进攻，甲方防守反击。乙方发球，甲方反之（图13-9）。

②6对6教学比赛进行攻防对抗练习。教师在场外抛球给场上任一方队员，然后双方进行“中二三”进攻和防反练习（图13-10）。

③练习方法同上。但防反一方可增加单人拦网，来增加进攻方的难度。

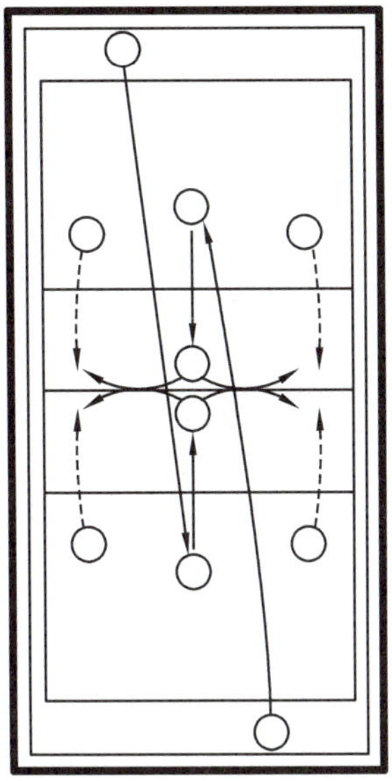

图 13-9

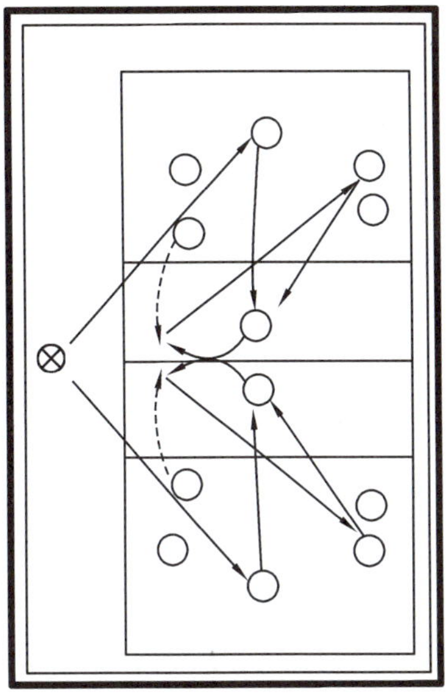

图 13-10

2.“边二三”进攻战术的练习方法

（1）徒手模仿“边二三”进攻战术站位练习。教师让学生站在自己半场上按“边二三”进攻阵型站位，然后进行徒手的模仿跑动和轮转位置练习，熟悉“边二三”进攻战术各位置的跑动线路、分工及配合方法。

（2）结合球在简单条件下的练习。教师在6号位将球抛向2、3号位之间二传的位置，2、3号位之间的二传队员把球传给4号位或3号位，分别由4号位或3号位的学生轮流扣4号位一般高球和3号位的半快球，进攻后交换位置（图13-11）。

学生分别站在4号位、3号位准备扣球，由3号位队员将球传给2号位的二传队员，二传队员将球传给3号位或4号位进攻队员扣球（图13-12）。

学生分别站在4号位、3号位准备扣球，接教师发球区或对方场区抛球或轻发球组织“边二三”进攻战术（图13-13）。

（3）结合球在复杂条件下的练习：

①场上6名队员按“边一三二”接发球站位，接起教师从发球区来的上手球组织“边二三”进攻。

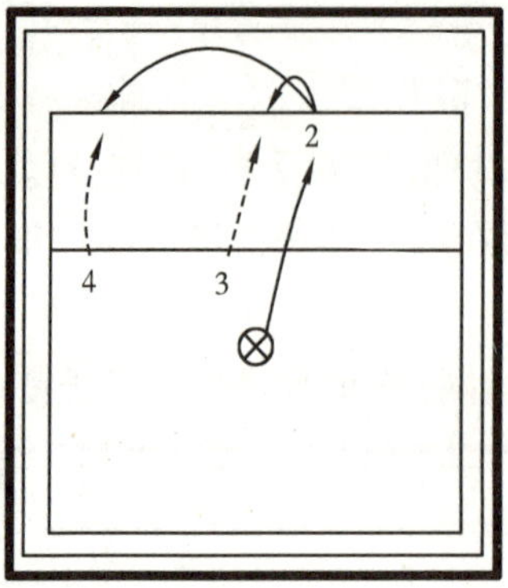

图 13-11

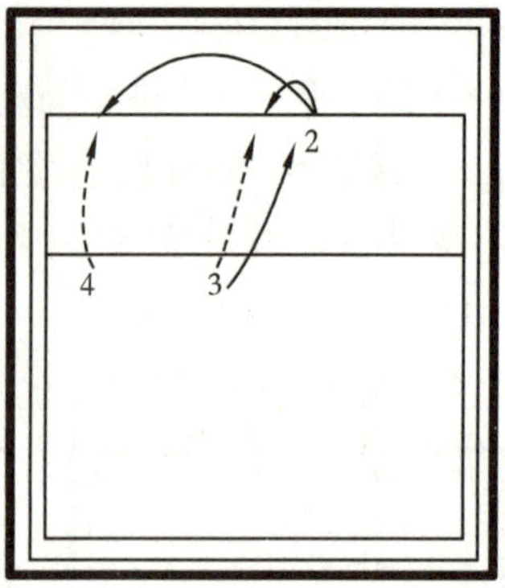

图 13-12

②练习方法同上。发球一方增加拦网，给进攻方增加网上难度（图13-14）

③练习方法同上。接发球“边二三”进攻后，立即进入拦回球反攻练习（图13-15）

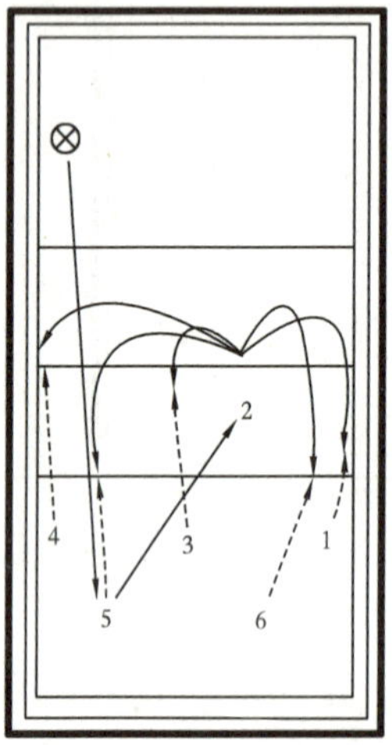

图 13-13

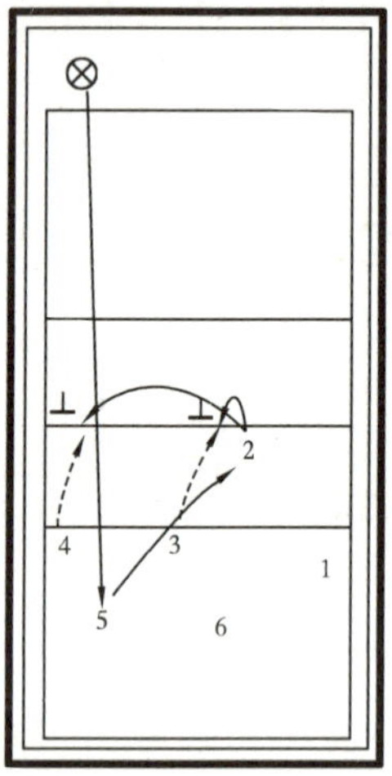

图 13-14

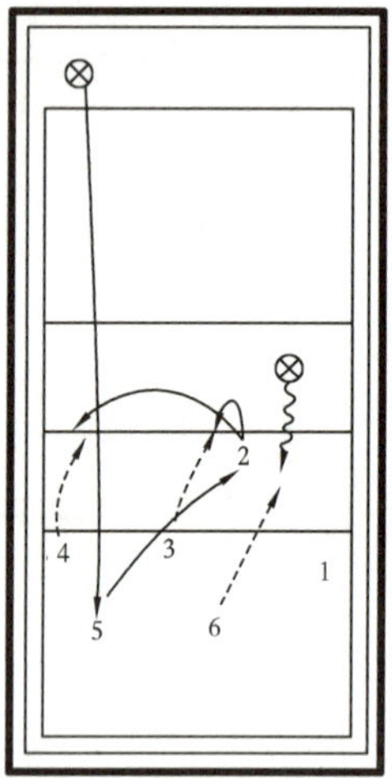

图 13-15

（4）比赛条件下巩固提高练习：

①3对3组织“边二三”进攻与防反练习（图13-16）。

②6对6进行“边二三”进攻对抗教学比赛练习。教师在场外随时向场内任一方抛球。然后双方进行攻防对抗练习（图13-17）。

③练习方法同上。教师连续向一方发10次球后，再换向另一方连续发10次。教师每次发球后，学生要转动一次位置。通过6对6的对抗攻防练习，提高战术的运用能力。

3. “插三二”进攻战术的练习方法

（1）徒手模仿站位练习：让学生按“插三二”进攻战术站位，然后徒手模仿练习1、6、5号位插上跑动路线和职责等。

（2）后排队员插上练习：教师在对方场区抛或发球过网，由1号位或6号位或5号位插上作二传，组织“插三二”进攻战术（图13-18—图13-20）。

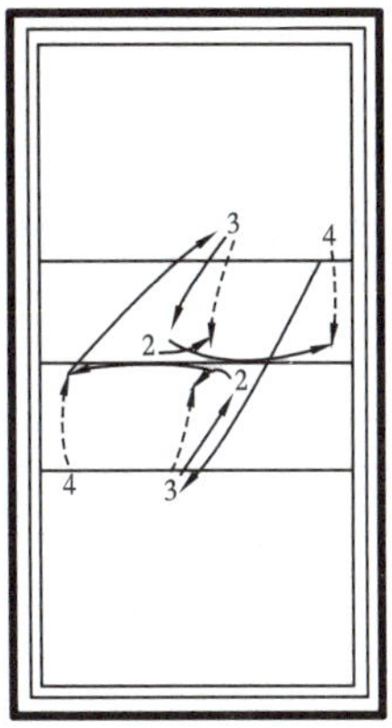

图 13-16

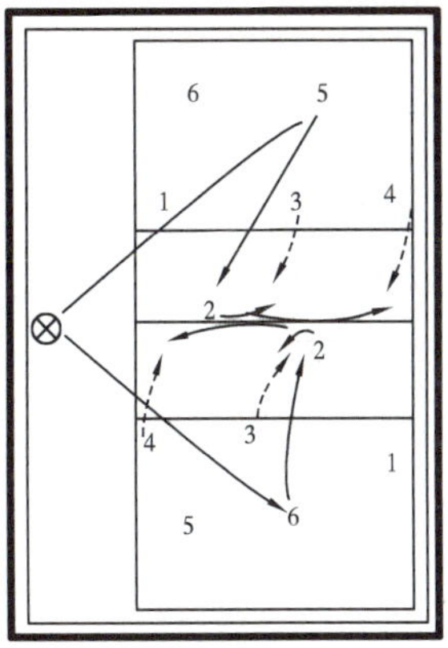

图 13-17

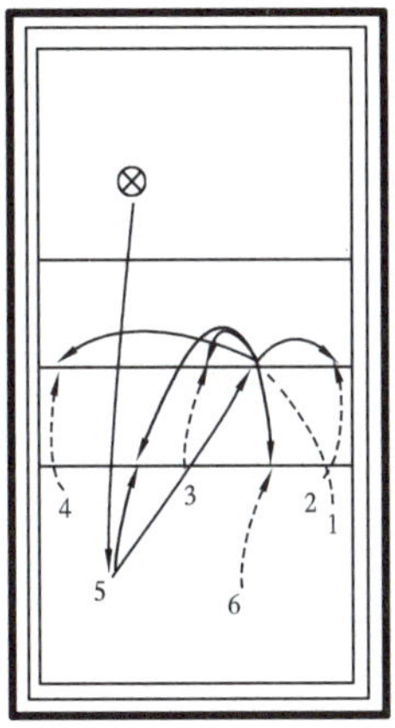

图 13-18

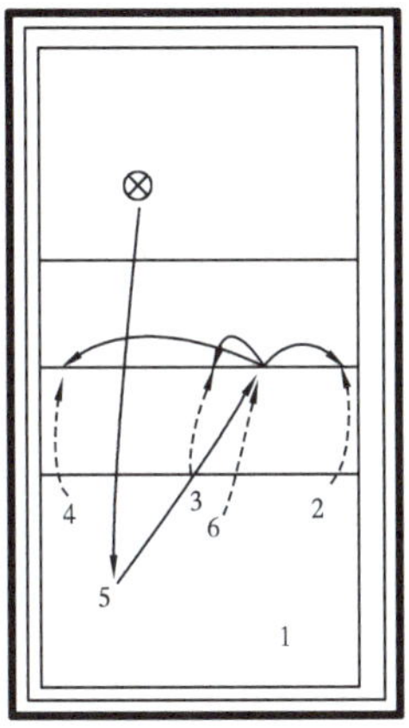

图 13-19

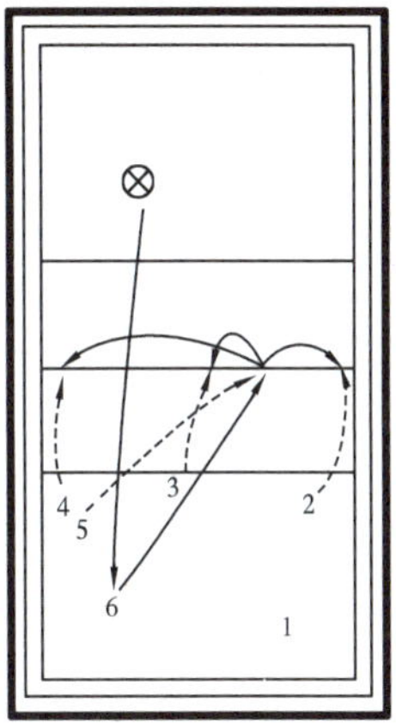

图 13-20

二、防守战术教学的训练

防守战术主要包括接发球防守、接扣球防守和接拦回球防守。

(一)防守战术教学与训练的顺序

(1)接发球防守：先学习“中一三二”接发球的全队防守，然后学习“边一三二”接发球的全队防守，然后可以学习4人的“盆”形防守。

(2)接扣球防守：先学习单人拦网下的防守战术，再学习双人拦网下的防守战术，最后学习三人拦网下的防守战术。

(3)接拦回球防守：依次学习5人、4人、3人的接拦回球防守战术。

(二)防守战术教学与训练的步骤

1. 讲解与示范

(1)讲解。教师首先讲解防守战术的名称、特点，防守的基本阵型及跟进方法，队员的职责及相互间的配合，防守与反攻的衔接等。

(2)示范。运用挂图、沙盘或请6名学生现场演示等方法，使学生了解防守阵型的组成，每个防守位置的职责和防守队员之间的配合方法等。

2. 组织练习顺序

徒手模仿站位→无对抗条件下的练习→简单对抗条件下的练习→较激烈对抗条件下的练习→比赛条件下的练习。

三、攻防转换战术教学与训练

(一)攻防转换战术教学与训练顺序

先学习接对方推攻球的防守及组织进攻，然后学习接发球防守及组织进攻，在此基础上学习接扣球防守及组织进攻，最后学习接拦回球防守及组织进攻。

(二)攻防转换战术教学与训练步骤

1. 讲解与示范

(1)讲解。教师首先讲解攻防转换战术是排球四攻系统的综合运用，攻防转换能力是体现一个队整体水平高低的重要标志之一；再讲解攻防转换的节奏掌握，攻防衔接的熟练程度等。

(2)示范。运用沙盘或看录像等直观教具及学生现场演示方法，让学生了解攻防转换的节奏、时机以及全队的串联配合等。

2. 组织练习顺序

先局部后整体，由简到繁、由易到难地进行。如拦网练习时，先练习拦斜线，后练习拦直线；反攻扣球时，先练习扣斜线球，后练习扣直线球。

3. 攻防转换战术教学与训练的练习方法

(1)调整传球和反攻练习。教师隔网站在高台上扣球，后排3名队员进行各种线路的防守、调整传球和反攻练习(图13-21)。

(2)人盯人拦网练习。教师在后场抛球给二传队员，扣球队员在4、3、2号位跑动扣球，对方2、3、4号位队员人盯人拦网，后排队员进行防守反击(图13-22)。

(3)6对6攻防转换练习。教师在场外抛球，一方接发球组织一攻，另一方拦网防守后组织反攻。成死球后，教师立即抛球继续进行攻防转换练习（图13-23）。

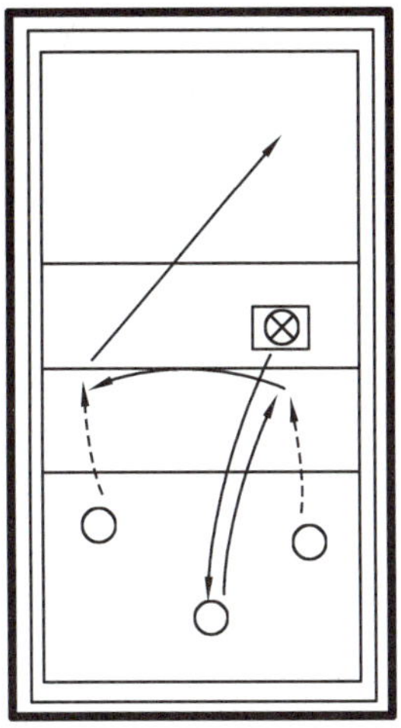

图 13-21

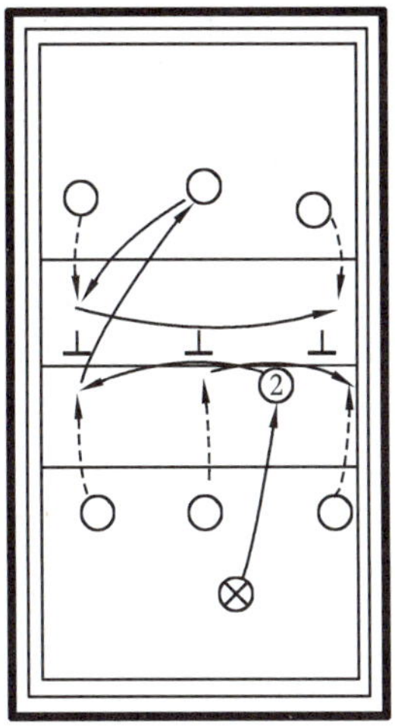

图 13-22

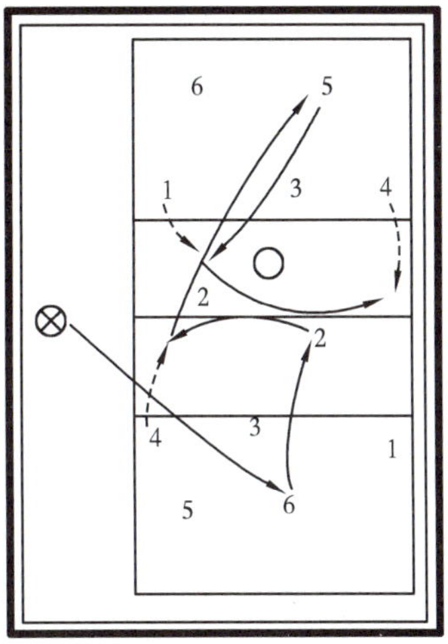

图 13-23

四、排球战术教学与训练应注意的问题

（一）战术教学与训练必须在掌握一定技术的基础上才能进行

技术是战术的基础，应先教技术，后教战术配合，随着各项技术水平的提高和熟练，逐步学习较复杂的战术配合，同时，通过战术配合的教学，反过来带动技术的提高。

（二）战术实质就是技术的运用

在练习技术时，就贯穿着对战术意识的培养，掌握了一定的技术，将这些技术有机地串联起来，实际上就是战术配合。提高个人的战术意识，才能更好地发挥集体战术配合。

（三）进攻与反攻相结合

进行战术教学时，要先练进攻，后练防守反攻，把进攻与反攻结合起来才能互相促进。

（四）选好二传手

战术教学前，要注意选好二传手，然后确定阵容，根据学生的技术特点，确定全队进攻与防反的打法，逐步增加本队的战术内容。

（五）要由易到难

战术教学必须按由简到繁，由易到难，由分解到完整，分练与合练相结合的步骤进行。

对初学者进行战术教学时，应在掌握发球、垫球技术之后再进行。开始学习以“中二三”进攻战术为基础，同时掌握单人拦网下的防守战术，在此基础上学习“边二三”进攻战术及1号位队员“插三二”进攻战术，然后学习双人拦网下的“心、边跟进”防守战术。

（六）训练为实战

在战术教学进行一定时间后，要多比赛，通过比赛来运用战术，检验战术的实效，并改进和提高战术质量。

第五节 排球运动技战术教学与训练技法

教学与训练技法是指学习者在进行某项技战术练习时，教练员与学习者交流的能力或给予学习者指导性协助练习的技能。这些能力或技能是教师或教练员在多年的教学训练实践中积累的，必须通过学习才能获得。教学与训练技法可以分为两种：教练员与学习者的交流技法、教练员的带练技法。

一、教练员与学习者的交流技法

（一）语言交流技法

1. 语言交流的特点

（1）明确的目的性。在训练过程的各个环节上，语言的运用都应紧紧围绕课的任务、教材内容、组织方法去选择适当的语言加以表达，以表明教练员的旨意。训练课的语言具有明确的目的性，有目的的语言表述有利于学习者的学习和提高，有利于教学任务的顺利完成。

（2）严谨的科学性。教学与训练的语言是传授排球运动的知识、技术和技能的方法，教练员的语言要充分体现知识内容、知识系统的科学性。教学与训练语言的科学性表现为：讲述准确，推理严谨，进度有序，内容完整。

（3）语言的直观性。教练员要运用生动的语言，将抽象的概念和事物，形象地表现出来，简化并帮助学习者对知识的感知、理解和掌握，知道要“做什么”和“如何做”。

（4）严格的时限性。教学与训练课的语言运用具有严格的时限性。教练员的讲解不宜超过3 min，口令、指示等语言则更短，要在瞬间完成。教学与训练的语言遵循精讲多练的原则，言简意赅，要有画龙点睛之功效。

2. 语言交流的要求

由于每个教练员各自的特点不同，所表现的语言艺术的特色也不尽相同。但是，作为一种教学与训练的常用语言，有着共同的规律和特点。教学与训练的特点决定了语言交流应符合以下几个方面的要求。

（1）准确清晰。教学与训练的语言是对排球运动的知识、技术和技能的客观表述，教练员选词用字一定要准确清晰。一字不准就会改变知识与技术的特性，甚至出现错误。例如，正面上手发球要求“用全掌击球的后中下部”，绝对不能说成“击球的后中部”；“前排保护准备姿势”不能说成“全蹲准备姿势”。教学与训练课中的语言准确还表现在使用术语要准确，在排球运动课堂中要使用“垫球”“传球”“扣球”“拦网”等术语，而不能说成“托球”“拍球”“拦球”等。体育术语具有特定含义，表述特定内容，可以理解为体育的通俗语言。运动员掌握或熟知体育术语是学习体育知识的一个方面。教练员要以身作则，准确无误地运用体育术语。

（2）生动形象。教学与训练中，教练员运用生动形象的语言是学习者学习好的一个重要条件，生动形象的语句和比喻，以及幽默的情趣和栩栩如生的象声词，可以创造一个“如闻其声，如临其境”的氛围，达到一经点到茅塞顿开的语言功效。并且，教学实践中所创造的许多生动的语言，简洁明快，说起来朗朗上口，听起来饶有兴趣，符合青少年的心理特点，使学习者容易接受、理解和掌握。例如，有的教练员或教师在给学生讲解技术要领时总是编成口诀，如后排防守准备姿势的口诀为“两脚开立比肩宽，两个脚尖向内转，上体前倾脚跟提，关节投影依次前”；正面传球的口诀为“蹬地伸臂对正球，额前上方迎击球，触球手形成半球，指腕缓冲控制球”等。

（3）精练简洁。教学与训练课由于时间的限制，要求语言交流必须精练简洁，达到精讲多练的目的。语言的精练简洁要求教练员熟悉教材内容，善于抓住难点重点，合理归纳，提纲挈领，熟练运用术语，正确选词择字。例如，有的教练员在教正面双手垫球的技术动作时，将完整复杂的技术过程用“夹（臂）、插（到球下）、压（腕）、提（肩）、蹬（地）、跟（腰）、送（重心）”这7个字来高度概括。这7个字包括正面双手垫球的技术要领，体现了技术的结构和环节，也大致指出了动作的用力技巧，简明扼要，精练具体。

（4）寓意深刻。教练员在传授体育运动的知识、技术和技能的同时，要注重对学生思想的教育，注重对学习者意志品质的培养。体育运动比赛中教育学生团结协作、互相配合、全力以赴的集体主义观念和在激烈对抗中调整心态的积极意识。在排球教学与训练课堂中，许多教材本身就蕴含着深刻的教育意义和深远的人生哲理，只要教练员去认真挖掘、耐心传授，学习者就能够在学习的过程中获得社会和人生的教益，获得精神的净化，情操的陶冶。

（5）通俗易懂。在进行语言交流时要根据教学对象的特点，选择合理的语言内容和表达形式，既要言简意赅，又要通俗易懂，还应该适应学习者的心理特点。例如，给少年儿童上课，就不能使用成人化的语言；如果使用儿童化的教学语言给大学生上课，虽然通俗易懂，但大学生也会感到幼稚可笑，不屑一顾，使教学效果大打折扣。

（6）诚恳亲切。教学的语言交流要体现出诚恳亲切的情感。充满情感色彩的教学语言，使学习者不仅从语言的内容上，而且从语言的表达方式上都乐于接受。人们常说“通情达理”，可见，人际交往中“通情”是“达理”的前奏，没有感情的沟通就没有对道理的认同。在教练员和学习者的交际中，知识和情感水乳交融，才能达到畅通无阻、事半功倍的教学效果。教学与训练课上往往会遇到一些具体的困难，如有些学习者在学习拦网的初始阶段产生胆怯心理，导致动作萎缩，甚至不敢尽力起跳。在这种情况下，教练员诚恳的教态、亲切的语言一般会对这些学习者产生激励作用，使他们找到克服困难的信心和勇气。诚恳亲切的教学语言出自教练员情感的自然流露，是教练员内心的真实表白，来不得半点虚情假意、矫揉造作和装腔作势。不然，只能引起学习者的怀疑，使学习者产生厌恶心理。

（7）节奏鲜明。教学与训练课中的语言讲究抑扬顿挫的节奏感，这是语言的艺术，也是教学和训练的艺术。具有音韵旋律之美的语言可以增强语言的感情效果，提高教学质量。教练员的语言要做到快慢有度、轻重适宜、急缓相间、疏密有序。教学与训练课中语言的节奏性主要体现在以下方面：①吐字要准。教练员在与学习者交流时一定要吐字准确，“调”和“跳”、“十”和“四”，要清清楚楚，不能含糊。②音量有别。对集体发出的指令，声音要高，音量要大；对小组进行指导，使用中音即可；而对个别学习者进行指导或批评，则尽量使用低音，能使对方听清楚就可以。③速度变化。教学与训练课中的语言要有速度变化，体现出快慢缓急。教练员往往依靠语言速度的巧妙变化来创造跌宕起伏、抑扬顿挫的语言效果，以吸引和感染学习者。一般来说，分析技术和讲解动作要领时要慢；而对刚刚出现的错误动作进行纠正时语言要快；口令和指挥调动队型要急；对个别学习者提出批评时要缓。

（8）风趣幽默。教学与训练的课堂应该呈现生动活泼、快乐愉悦的气氛，教练员风趣的表达、幽默的语言、诙谐的比喻、机智的谈吐都能打破课堂的沉闷，改变课堂的气氛。特别是在运动负荷较大或练习内容较为枯燥，学习者感到疲劳和情绪低落的时候，一句风趣幽默的语言可以转变学习者的注意力，消除他们的心理疲劳。

3. 语言交流的一些技巧

（1）表达的技巧。说话前要经过思考，避免随意、不负责任地讲话；尽量使用简练、直接的语言，立即说出要说的话；讲话要具体，避免冗长的独白；表达要清楚，前后要一致，语言信息和非语言信息应统一；交流中尽可能使用正面的表达方式；使用征求意见的表达方式，为的是引起讨论，例如“我想你并未尽力，你在想什么？”如果你的讲话冗长，设法用不同的方式来说同一件事；力求获得对你的讲话是否得到了准确理解的反馈，要求他们对你的讲话作出反应；避免使用讽刺、挖苦的语言，与青少年学习者交谈时尤应如此。

（2）提问的技巧。强调学习过程，通常“问”学习者该做什么比“告诉”他们该做什么要好；设法让学习者积极参与到问题中来；鼓励学习者从经验中学习，如“如果你再遇到这种球，该怎么传？”，力求在学习过程中增强学习者的独立性和自我控制能力；训练尽可能使用有效的发问，如“什么？”“怎样？”“什么时候？”“哪儿？”等；尽量多使用非限制性的提问，它将有助于产生更有益的交流。例如，“你喜欢这样扣球吗？”这样的限制性提问，与“这样练扣球和你以前练扣球相比感觉怎样？”或“你最喜欢这样练扣球的哪一点？”这两种提问相比较，后者得到的信息要多得多。

（3）奖励与批评的技巧。要用诚实的态度正面地处理问题，慎用消极的批评；告诉学习者具体“要”做什么，不说“不要”做什么；要注意观察，并以真诚的态度及时奖励，不因事小而不为；对学习者的努力态度要多奖励，鼓励发挥，少奖励比赛结果，作为学习者他应对自己的才能感到高兴，更应使他对努力而刻苦的训练感到骄傲；在奖赏和鼓励之间的褒贬式批评（积极的褒贬结合），首先指出学习者做得好的方面，然后让他知道不对之处，并告诉他如何改正，最后对他进行鼓励；当学习者犯错误时，要保持冷静，应等待他自己改正和打出一个好球，这可能是他一次自我提高的机会；对于初学者，奖励与鼓励应更多一些，以激发他们的自觉性与积极性；尝试使用内在奖励，包括对成绩的感受，自信心的增强，对完成任务的自豪、自我鼓励、自己满意等，如“你应对你这场比赛的表现感到非常自豪”。在无外在奖励的情况下，成功的欲望是长期起作用的、最大的而且最有效的动力。

（二）非语言交流技法

所谓“行动胜过语言”，教练员和学习者之间的非语言交流常常是下意识的，它们往往比语言所传递的信息更可靠，也更重要、更有效。在体育课堂上的非语言交流中，最主要的是示范。教学与训练课与其他教学的最大区别，在于教学与训练课中教师要用肢体描述和再现教材内容，而学生往往通过对教师动作的观察来建立正确的动作表象，提高学习兴趣，对技术本身所包含的美学成分予以接受并产生向往。因此，有人说：“体育教师本身就是一本教材”，学生通过“阅读”体育教师的肢体语言来上好第一堂课。非语言交流技法除了教练员的示范外，还包括下面几个方面：

1. 面部表情

面部是人体表情最丰富的部分。我们可用眼睛、眉毛、嘴等传递信息，尤其是眼神接触的时候可传递许多信息。

2. 手势和其他身体动作

应该更好地使用手、手指、手臂、头、颈、肩、腿等来“说话”，在做手势的时候应结合语言，以便进行有效的交流。

3. 体态

力求保持直立挺拔的姿势，显示信心、活力和开放；行走时步法要快速、坚定而有力，即便在疲劳时也应如此。

4. 身体接触

拥抱是向学习者表示高兴的最好方式；紧握或高举拳头是表示赞许的有效方式；轻拍一下脑袋可表示担忧或关心，但一般不用在成人学习者身上；将一只胳膊搭在学习者的肩上是表示亲密的有效方式；有时你可能想把你的学习者的胳膊抬起使其体会怎样击球。

5. 服装和外表

应穿干净、整洁的衣服；服装要得体；注意卫生习惯，包括牙、手、指甲、身体的气味、头发等。

二、教练员的带练技法

排球教练员的带练技法的技术动作较多，概括起来可分为：扣打技法、抛二传技法、掷球技法、推吊球技法、平发球技法和单手击球技法等6种。

（一）扣打技法

1. 扣打技法的分类和分析

（1）抛打。教练员自己抛球，然后向练习者扣打。

①准备姿势。教练员站在网附近，面向后场，两脚自然开立，双手或单手持球于腹前，两眼注视练习者的动作。

②抛球。用双手或单手将球平稳地轻抛在击球手臂的前上方约50 cm处。

③挥臂与击球。抛球的同时，击球手臂顺势抬起，屈肘后引，上体稍转，展腹，挺胸，手指自然张开微屈呈勺形。击球时，利用转体收腹的力量带动手臂加速挥动，小臂放松主动用力屈腕、屈指在头的前上方全掌包球向前推压，击准球的后上部。

（2）打垫。教练员将防守队员垫回来的球，连续向防守队员扣打称为打垫。扣打防守队员垫回来的球，难度稍大，技术动作也较复杂。扣打这种球时，教练员首先要加强判断，根据球速和弧度判断来球的落点，然后迅速移动取位，将击球点的位置保持在击球手臂的前上方，看准防守队员的位置，用扣打技术击球。

2. 扣打技法要求

（1）扣打要准确。训练防守时，一定要打准。也就是说，教练员应根据防守队员的位置和任务，控制扣打球的落点，这样训练才有效果。

（2）扣打时要活、要变。教练员用扣打技能训练防守时，不能让队员被动地等球，而要通过扣打技法的变化让队员脚步练活。这就要求教练员在击球时不能一味地死打，而要根据队员的准备姿势，变化扣打力量或方向等，使他们在移动中找球防守。

（3）扣打要有气氛。教练员的扣打与队员的防守是对抗的矛盾，所以教练员一定要通过扣打技法将队员的情绪调动起来。

（二）抛二传技法

1. 抛二传技法的分类和分析

（1）抛一般球。指教练员在网附近抛出的顺网一般高度供练习者做正面屈体扣的球。

①准备姿势。教练员站在3号位附近，身体侧对球网，两脚自然开立，双手持球于腹前，两眼注意扣球队员的行动。

②抛球。利用双手抬臂的动作，将球平稳地向前上方抛出，使球垂直下落在4号位的标志杆内侧附近，高度大约在网上2 m。

（2）抛快球。指教练员在网附近抛出的低弧度供练习者做快攻扣的球。抛快球技术与一般球技术一样，其不同之处是，抛快球的用力轻，且主要靠抬小臂的抖手腕力量，将球送到扣球队员的击球手上。

（3）抛调整球。指教练员在后场抛出的各种斜网球，供练习者做调整扣的球。抛调整球与抛一般球相同，但需要增加蹬腿动作，依靠全身力量将球抛到网附近。

2. 抛二传技法要求

（1）抛球要稳、准，高度适中。

（2）抛球要减小球的抛物线弧度，使球尽量垂直下落，便于扣球时选择击球点。

（3）抛球时要根据扣球队员的需要，尽量主动适应扣球队员。

（4）抛球时要有变化，逐步增加难度，提高扣球队员的实战能力。

（三）掷球技法

1. 掷球技法分析

（1）准备姿势：以单手掷球技法为例，两脚前后开立与肩同宽，自然站立。单手持球于肩上，身体稍向持球手侧转动，两眼注视接球队员。

（2）投球：利用收腹挥臂，带动手腕向前加速，小臂放松，手腕、手指用力甩动，将球向接球队员投出。

2. 掷球技法要求

（1）掷球目标要准确。

（2）掷球力量要适中，速度由慢到快。

（3）掷球最好与抛打、吊球技术结合运用，提高一定的实战性。

（四）推吊球技法

推吊球技法是扣打技法的一种变化形式。它是以轻巧灵活的手指、手腕动作，将球推吊在接球队员附近的一种带练技术。训练防守时，推吊球技法经常与扣打技法结合运用，这样能够培养练习者反应灵敏和判断移动的能力，更具实战意义。

推吊球技法是以扣打技法为佯攻，然后突然改变挥臂动作，以单手传球的手形，五指保持一定的紧张度，击球的后下方或侧后下方，将球轻轻地推吊在防守队员的前、后、左、右方向。

（五）平发球技法

平发球技法是教练员向接发球队员进行发球的一种简单、实用的技术。平发球动作较省力，同时也便于观察练习者的技术动作。平发球技法动作要领：两脚左右开立，与肩同宽，两膝微屈，上体稍前倾，左手持球于腹前，两眼注视接球队员。击球时，左手由前向后稍摆动抛球，正好与从右后侧向前摆动的右手撞击，右手半握拳用掌根击球的中后部，使球呈低平弧度飞向接发球队员。

（六）单手击球技法

单手击球技法是教练员用单手将球击出一定弧度供练习者练习的一种击球技术，是训练课中运用最多的一种击球动作。如二传训练时，教练员用单手击球的方法供球；分队攻防对抗训练时，教练员在场外用单手击球的方法供球等。总之，单手击球技法用途广、方便、实用、省力，是一种非常好的供球方法。

单手击球技法与单手平发球技法的击球方法大体相同，不同之处，在于供球种类不同，击球部位、击球用力和出球弧度也有所区别。

第十四章

排球运动员体能训练理论与方法

第一节 排球运动员体能训练的基本理论

一、排球运动员体能训练的概述

排球体能训练的基本理论

(一)体能训练的概念

运动员的运动水平是由其竞技能力决定的,是运动员体能、技能、智能和心理能力的综合表现。体能(即身体能力)是运动员在训练比赛中专项身体素质、机能水平和身体形态特征的综合体现,良好的体能是不断提高技战术水平和取得优异成绩的重要保证。

体能训练是指对运动员科学地施加专门的训练刺激,使运动员有机体在形态、机能和运动素质等方面都产生良性训练适应能力的训练过程。换言之,体能训练是指人体在艰苦环境中,长时间、高强度、大负荷持续工作能力的训练。它突出对人体各器官和机能系统的超负荷适应能力训练,旨在产生机能和心理适应能力,以达到提高整体运动能力和培养顽强拼搏精神的目的。

在排球运动员竞技能力构成因素中,体能起着举足轻重的作用。纵观世界排坛的发展历史，一支排球队要获得优异的成绩，必须做到体能、技能及比赛经验（包括良好的心理训练水平）三者高度统一协调的发展。而这三者之中，体能是基础。没有高度发展的体能，就不可能掌握精湛、高级的技术；没有超群的技术，就没有在世界重大比赛中夺魁的可能。在夺取胜利的道路上，运动员的体能起着基础的作用。因此，体能训练是排球运动员训练中必不可少的内容之一。

排球运动员的体能是指其身体的运动能力。排球运动员在比赛中所表现出的身体运动能力，是其身体形态特征、机体机能水平和专项身体素质的综合运用。

排球运动员的身体形态特征是指运动员身体的长（高）度、围度和身体成分等指标的构成特征，专项身体素质是运动员在比赛中完成运动动作所表现出的速度、力量、耐力、灵敏、柔韧和协调能力，身体的机能水平是指运动员的身体健康状态、有机体各器官系统的机能、运动员有机体承受大负荷训练比赛的生理抗疲劳能力和恢复能力。

（二）排球运动员体能训练的意义

运动训练学中所称的竞技能力或称为比赛能力，它是运动员的体能、技能、智能和心理能力的有机结合。其中体能是运动中竞技能力的基础，是竞技能力的重要组成部分。运动素质是体能能力在某一方面的表现，是运动员心理意志品质的再塑工作，比赛实践对运动员体能的要求永无止境，应努力达到最高限度，以促进运动技术水平的不断提高。

体能是人体各器官系统的机能在体育活动中表现出来的能力，包括力量、速度、灵敏、耐力和柔韧等基本的身体素质以及人体的形态和基本的活动能力（如走、跑、跳、投掷、攀登、爬越、悬垂和支撑等）。排球运动员的体能训练主要是为了提高各项身体机能，改善中枢神经系统及内脏器官的机能，使之能适应排球技战术发展的需要，保持良好的竞技状态，延长运动寿命，防止伤害事故的发生。

体能是掌握排球运动技术的基础，良好的体能是不断提高排球运动技战术水平的重要保证。现代排球运动对抗激烈，场上情况复杂多变，并且向着全、高、快、变的方向发展，这就对运动员的各项身体机能提出了更高的要求，体能训练的重要性也就显得尤为突出。发展与提高运动员的体能必须通过有计划、有目的的科学训练才能实现。

（三）排球运动员体能训练的生理学依据

为使体能训练取得良好的效果，在选择方法和手段时必须考虑到排球运动比赛对身体素质和机体机能的要求，而这种要求必须符合运动生理学原理。

从能量代谢的角度看，人体工作时的能量来自3个供能系统：一是无氧非乳酸供能系统（ATP-CP系统），它可使肌肉活动在较高的水平上支持5~10 s，如短跑；二是无氧乳酸供能系统，是在无氧的情况下进行分解以释放能量，它主要在ATP-CP系统功能消退后参加工作，工作时间在20~30 s，有时持续1~2 min，如400米跑项目；三是有氧供能系统，即在氧气充分供应的情况下提供能量，往往持续2~3 min或更长时间，如长距离的运动项目，有氧供能是基础。

排球运动比赛属间歇运动形式，即短时间爆发式的身体运动被短暂的间歇休息分隔开。短时间、爆发式的扣球、拦网主要是无氧非乳酸系统供能；而短促地动作重复或连续地多回合争夺，则是无氧乳酸系统供能居主导地位。从这个角度来看，排球运动主要取决于无氧供能系统的供能能力，但从排球运动比赛无时间限制，势均力敌的比赛时间可达两个小时以上这点看，提高有氧供应能力同样不容忽视。由此可见三套供能系统构成了排球运动员身体活动供能的结构体系，排球运动员的体能训练都应该围绕着三套供能系统以及结合排球专项运动的特点来展开。

根据心率对运动负荷强度划分的理论，排球运动比赛的负荷基本上属于中等强度的负荷。由于排球运动比赛的时间长，对抗激烈，且技术动作复杂多变，对运动员的中枢神经系统、心血管系统和呼吸系统都提出了更高的要求。

二、排球运动员体能训练的方法

为了使身体训练取得良好的效果，在制订训练计划和选择训练方法时必须以排球比赛的性质特点以及对身体机能的要求为依据。常采用的训练方法有以下几种。

（一）重复训练法

重复训练法是指在单位时间内采取某种形式的身体训练并达到较大的运动量后，休息到疲劳消除，然后重复进行同样形式和内容的训练。重复训练法的特点在于训练的系统和部位相同，通过反复练习（一般进行5~10组），为运动员日后提高训练负荷打下基础。例：连续扣球20次×5组，全速跑100 m×6次等。

重复训练法选择负荷的标准是不降低动作要求，如动作的速度不减，节奏、高度、难度不变等。排球运动员各种身体素质的训练都可以用重复训练法，其中对速度、力量、耐力等素质，更适合采用重复训练法。

（二）间歇训练法

间歇训练法是指在重复练习之间有严格的时间间隔。其特点是在没有完全消除疲劳的情况下，就开始做下一次练习，以增大运动负荷，从而促进相应的器官系统得到更好的锻炼。例如：连续蹲跳20次，休息2 min，再重复20次×5组；又如9 m往返跑5次，休息1 min，再重复5次×8组。

间歇训练法对提高各种专项耐力有明显的作用，如提高弹跳耐力和移动耐力等。因此，这种训练法符合排球比赛运动负荷的特点。一般来说，负荷强度最高达到运动员最大心率的90%，间歇结束时，脉搏应恢复到130次 / min左右，若间歇后，脉搏仍在140次 / min，则应该调整训练的内容。

（三）循环训练法

循环训练法是指在某一段时间内，把许多单个的动作，按一定的顺序编排串联起来、反复练习的一种方法。循环训练法的特点在于将不同的训练内容安排在一起，获得全面的训练效果，采用按不同身体部位顺序间隔安排训练能起到合理积极的休息作用。多次反复循环，使某一部位或某种身体素质得以反复加强，并因手段多样而能提高训练的兴趣和积极性。例如：

（1）杠铃向前方快速推举30次。

（2）仰卧举腿收腹30次。

（3）负杠铃连续蹲起20次。

（4）杠铃杆臂弯举20次。

（5）垫上快速体后屈25次。

（6）原地起跳摸高，连续15次。

（7）拉力器由上向下划臂。

（8）直腿提铃体后屈。

（9）多级蛙跳。

循环训练的内容可以全面多样，也可以以一个或两个内容为重点，其他内容为辅。循环训练可以用来发展肌肉的力量和耐力，也可以发展心肺工作耐力等其他能力，其效果在很大程度上取决于训练项目的设计。一般地说，循环训练法用来提高肌肉力量和肌肉耐力的效果好，对提高心肺系统耐力和柔韧性的效果较差。

三、排球运动员体能训练的内容与要求

（一）内容

体能训练要根据排球运动的特点，采用专门的手段来发展与排球运动有直接关系的专项身体素质、身体机能和身体形态，体能训练的主要内容是运动素质训练。

排球运动员的体能训练分为一般体能训练和专项体能训练。一般体能训练是指根据专项体能的需要，在运动训练中以各种身体练习的形式、训练方法和手段来提高运动员全面的基础运动素质，增强各器官系统的一般机能和改善身体形态，掌握一般体能训练的理论与实践知识，为运动员专项体能最大限度地提高，打好多方面的基础。

专项体能训练是指以专项运动动作或与专项运动动作在特点上相似的运动动作为练习形式，采用各种训练方法和手段，提高专项技战术所需要的专项运动素质、机体各器官系统

的专项机能，形成专项身体形态，掌握专项体能训练的理论与实践知识，最大限度地提高运动员的专项运动成绩。从提高排球运动员专项运动素质的角度来看，其内容主要有：

（1）力量素质：包括腰腹力量、脚踝力量、手臂力量、手指、手腕力量等。

（2）速度素质：包括反应速度、移动速度、起跳速度、挥臂速度等。

（3）弹跳速度：包括原地弹跳、助跑弹跳、连续弹跳等。

（4）耐力素质：包括移动耐力、弹跳耐力、速度耐力等。

（5）灵敏耐力：包括腿、手、腰、腹的协调配合能力及场上的灵活应变能力等。

（6）柔韧耐力：包括肩、髋、膝、踝、腕等关节活动的范围等。

（二）基本要求

1. 体能训练必须全面安排

排球运动需要全面的身体素质，且各身体素质间又彼此联系，相互依存，相互促进，因此在体能训练中要全面安排。如发球、扣球时需要上肢和腰背肌的爆发力；原地或助跑起跳需要下肢爆发力和灵活性；有球或无球时的移动需要腿部力量和耐力等。排球运动比赛攻防转移快，来球的路线、速度、方向不定，需要运动员有高度的灵活性和反应能力，且各身体素质间要彼此有联系。因此，在训练中要全面安排好各项素质的训练。

2. 系统科学地安排体能训练比重

一般来说，青少年运动员体能训练的比重要大些，成年运动员可相对小些。训练的不同阶段，体能训练的比重也应有所不同，如冬训时体能训练就应小一些。训练的不同阶段对体能训练的侧重点也不同，如青少年多进行全面训练，赛前阶段坚持力量训练等。

3. 处理好与技战术训练的关系

体能训练与技战术训练，既不能互相对立，也不是可以互相替代的。体能训练是整个运动训练中不可缺少的组成部分。体能训练的内容、手段和方法，应紧密结合排球运动技战术的要求，使体能训练有效地满足技战术对体能的要求。

4. 合理安排体能训练的时间和运动负荷

运动员在大脑皮层处于良性兴奋和精力充沛的状态下进行体能训练效果最好，也不容易受伤。同时，运动负荷安排要合理，既要有一定的强度和密度，又要科学地掌握间歇和休息。

5. 加强体能训练的针对性

教练员在进行体能训练时要善于发现和掌握运动员的个体差异，并采取有针对性的训练手段与方法。不加区别地采用同一训练手段和方法，难以取得好的训练效果。因此，在体能训练中要注意因人而异，区别对待。

6. 体能训练的方法和手段要多样化

单调的训练方法使训练枯燥乏味，影响运动员的训练积极性，也不能适应排球运动对体能的要求。对于同一训练内容也要不断变换训练手段与方法，提出不同的要求，如采用竞赛、游戏、测验评比等方法，激发运动员的训练欲望，才能收到良好的训练效果。

四、体能训练的发展趋势

（一）重视科学选材和科学训练

科学选材主要是运用遗传学理论，结合排球运动的专项要求，探索对排球运动员形态、心理、智力测试和评价选材指标及方法，选拔在排球运动项目上有杰出才能和发展潜力的专门人才。科学训练主要是通过对排球运动训练的状态和规律的探索，根据排球运动的特点和训练任务，研究如何采用专门的训练方法和手段，有效地发展专项所需的各种特殊的体能、技能、智能和心理能力，为直接促进排球运动员竞技能力的全面提高和发展创造条件，同时也包括对影响训练的因素，如运动负荷、训练效果的评定，以及训练与竞赛的关系进行研究。

（二）运动生理学和现代医学为排球运动的体能训练提供了科学依据

在当今竞技运动为夺取金牌而拼搏的热潮中，运动生理学也必须为运动实践服务。为此，广大运动生理学工作者走出实验室，到运动场做现场的研究。如监测运动员的生理机能，合理安排运动负荷，探讨加速运动员体能恢复的手段，在不同时间间隔内测量乳酸的含量，为加大运动强度提供依据，研究心肺功能，为运动训练提供参考等。

肌肉收缩强度与运动员负荷的研究成果显示，只要在运动员身体能承受的范围内，运动负荷越大训练效果越好，但问题是多大的运动负荷是最适合的。训练初期运动能力的提高主要是心肺功能的改善，而高水平运动员能力的提高则主要与骨骼肌的运动能力有关，骨骼肌对大运动负荷训练的承受能力高于心脏的承受能力。目前正在进行或即将进行研究的内容有：运用分子生物学手段研究运动与基因表达，运动与细胞和能力代谢，运动与自由基和脂质过氧化反应等。应用扫描电镜在平面分析的基础上，根据立体学原理和技术，从结构的二维图像上推导出三维结构参数的立体定量分析。应用透射电镜通过X线衍射技术对多种细胞器进行较深入的研究，运用核磁共振成像技术评定运动损伤、肌肉体积等形态学指标变化，运用核磁共振谱分析测定机体内的代谢过程，运用同位素研究手段观察机体代谢的动态变化等。可以预测，随着新学科的渗透和新的高新技术手段的运用，运动生理学服务于排球运动体能训练的领域将会更加宽广。

（三）运动生物化学的发展对排球运动员体能训练的影响

机体在运动时体内发生的一系列生理变化，如肌肉收缩、神经冲动传导、激素分泌、耗氧量增加等都是以物质代谢和能量代谢为基础的。运动生物化学着重从代谢的分子水平上进行研究，探索运动时代谢反应与生理机能的关系。生物化学的研究成果可以为排球这种特殊的运动提供科学的锻炼依据，从而更好地指导人们进行排球锻炼和运动训练，提高排球运动的科学性和有效性。

排球运动是一项间歇式运动，即短时间爆发式的身体运动被短暂的间歇休息（暂停、换人、局间休息、死球等）分隔开来的运动；也是由多次、短促、完整的用力的有球技术（传、垫、发、扣、拦）和较长时间强度稍低的无球技术、准备姿势、移动所组成的间歇式运动；又是以有氧供能为基础，有氧与无氧相结合的运动。

第二节
排球运动员专项身体素质训练方法

一、力量素质训练方法

力量训练

（一）力量素质的重要性

力量就是指人体或人体某部位肌肉紧张或收缩时所表现的能力，它反映出人体对阻力的克服程度。从运动生理学的角度来讲，就是反映运动员肌肉收缩的程度。

力量是人体活动的基本因素，运动员的力量素质是发展身体各项技能的基础。排球运动所需的爆发力、速度、弹跳耐力等无不以力量为基础。力量素质还与其他素质有密切关系。力量是耐力增长的一个因素，且因适宜的力量可以控制人体抵抗地心的引力，更快地操纵身体各部位，故也有助于灵敏、协调的发展。因此，有效地进行力量训练对提高排球运动水平具有极为重要的意义。研究表明，排球运动员的水平越高，其力量训练水平也越高，即高水平的运动员经过训练，摒弃了排球运动不太需要肌群的力量，而发展了那些排球运动所必需肌群的力量。

（二）力量训练原则

1. 大负荷原则

大负荷就是以最大负荷或接近最大负荷进行训练。当肌肉、肌群对抗最大或接近最大阻力练习时，能最有效地发展肌肉的力量，使肌肉最大程度地收缩，从而刺激肌肉产生相应的重量适应，导致肌力增加。较小的负荷只能使肌肉保持原有的力量水平。

2. 渐增负荷原则

在力量训练中，由于力量水平的不断提高，原来的大负荷已不再是大负荷，因此要不断提高负荷，使训练中经常处于大负荷工作。

3. 力量练习安排的顺序原则

力量训练中，因为小肌群体容易出现疲劳，为了保证大肌群的大负荷，必须在小肌群出现疲劳前，使大肌群受到训练。例如，以负重蹲起训练腿部力量，达到相当重量或次数时，想要重点训练的股四头肌并没有达到疲劳程度，而腰背较小的肌肉已不能坚持训练。所以，训练时应注意采用适当方式避免在疲劳之后立即进行负重蹲起的训练，使股四头肌产生一定程度的疲劳之后，立即进行负重蹲起的训练，使股四头肌达到所需要的疲劳程度，或与其他肌肉同步疲劳，从而得到最大限度的锻炼。同时，还必须考虑在相继的练习中不要使用同一肌群工作，以保证肌肉工作后有足够的恢复时间。

4. 符合专项特点的原则

由于力量发展有其运动体能的特殊性，因此力量练习与专项运动技术动作的要求和形式应尽可能接近。力量须对实际用到的肌群进行训练，并尽可能模拟实际运动中的运动动作。发展肌肉力量的过程是：

刺激→反应→适应→增加强度→反应→增加力量
↑　　　　　　　　　　↑
（第一次强度）　（第二次强度）

从力量发展的过程看，不断地增加强度能不断地提高肌肉力量，但必须注意要在一定的负荷限度内循序渐进，才能避免伤病，获得良好的效果。

二、发展专项力量的方法

（一）发展专项力量的练习方法

1. 手指、手腕力量练习

（1）手指用力屈伸练习。

（2）手指用力做握网球练习。

（3）单手或双手传足球或篮球。

（4）身体离墙1 m左右，用手指做推撑墙的动作。

（5）向下抖手腕做拍球练习。

（6）提抓铅球或沙袋练习。

（7）手持哑铃做腕绕环练习。

（8）用小哑铃或杠铃做腕屈伸练习。

（9）手指或手掌撑地做俯卧撑练习。

2. 手臂力量练习

（1）单人各种抛球练习：用前臂和手腕动作将实心球抛起用另一手接住，两手交替进行。双手背后将球抛起过头并接住。双手上抛，转体360° 接住。仰卧，双手胸前向上传球，迅速起立接球。双手持球，弯腰从胯下向后上方抛球，转身接球。

（2）双手或单手持球上举，立姿或跪姿、坐姿，直臂或屈臂做向前、向后抛掷实心球练习。

（3）双人推小车比赛，正反向运动，要求身体平直，手臂伸直。

（4）脚尖固定，两手交换支撑绕圆圈移动。

（5）手倒立推起（在同伴帮助下）练习。

（6）俯撑，手足同时离地做向侧跳跃移动。

（7）双手持哑铃做前平举、侧平举和臂绕环练习。

（8）双手持哑铃肩后屈肘上举。

（9）徒手挥臂或做掷网球练习。

（10）肩上单手或头上双手掷实心球练习。

（11）自己或在同伴帮助下做侧手翻练习。

3. 腰腹肌、背肌力量练习

（1）单人徒手练习：

①仰卧起坐、俯卧体后屈、侧卧抱头侧上屈、仰卧举腿、肋木举腿等。可徒手或负重练习，或者做仰卧元宝收腹。

②双手置于头上，上体做前后屈、左右屈或大绕环练习。

③仰卧两头起：仰卧，两手臂和两腿伸直，同时向一起靠拢，手指尖触脚背为一次。

（2）双人徒手练习：

①俯卧，两手置背后，做体后屈，另一人固定其脚部。

②一人仰卧双手握住另一人踝部，做快速收腹起，另一人推其脚背。

③一人凳上仰卧，抬起两脚放在另一人腰旁，另一人握住其踝部，仰卧者伸直两膝用力坐起来用手拍自己的脚背面，然后双手在头后触地。

④一人左右侧卧起，另一人固定其脚。

⑤一人在凳上做仰卧绕“8”字回环，另一人固定其脚。

（3）实心球练习：

①双手持球或双脚夹球，在垫上做仰卧收腹或俯卧折体起。

②站立或分腿坐地，双手持球做体转和上体大绕环练习。

③两手持球，臂上举，做以腰为轴上体后屈的腹背运动。

④双脚夹球跳起，将球向前、向上或向后抛出。

⑤一人仰卧于垫上，在其脚部稍远处站一同伴。同伴把实心球传给仰卧者，仰卧者接球坐起，同时将球用双手回传给同伴。

⑥坐在垫上，双手持球，从头上向背后掷实心球。

（4）杠铃和壶铃练习：

①做抓举杠铃的练习。

②斜板仰卧持壶铃或杠铃片做收腹练习。

③肩负杠铃或手持壶铃做上体屈伸练习。

④肩负杠铃做体前屈、体转、体侧屈练习（小负荷）。

⑤双手举一重物（杠铃片、哑铃等），做腰绕环。

4. 下肢力量练习

（1）“矮子”步行走，要求双手摸脚后跟，行走距离视能力的提高而逐渐增加。

（2）单双脚跳绳及双摇跳绳练习。

（3）连续蛙跳、跨步跳、多级跳、单足跳练习。

（4）连续跳跃一定高度的橡皮筋或栏架。

（5）跑台阶或双脚连续跳台阶。

（6）双足纵跳在空中转体。

（7）站立，两脚交替上踢，膝触胸。

（8）两人相向后排防守准备姿势，连续侧滑步移动并做双手胸前传球练习。

（9）双脚夹球，跳起小腿后屈向上抛球后用手接球。

（10）在海滩、沙地或木屑跑道上及软垫上做各种跳跃练习。

（11）肩负队员后排防守准备姿势起、全蹲起或左右脚交替做高凳上下练习。

（12）杠铃负重后排防守准备姿势快速提踵。

（13）脚挂壶铃，做小腿屈伸练习。

（14）肩负杠铃坐在凳上，站起，连续做若干次。

（二）力量训练应注意的问题

（1）根据力量增长快消退也快和增长慢消退也慢的规律，力量训练应循序渐进，训练负荷逐渐增加。当队员对某一负荷适应后，应增加负荷刺激，使运动员始终处于不适应状态，不断打破旧的循环，建立新的循环。大负荷训练能使肌肉最大程度地收缩，从而刺激肌肉产生相应的肌力，使肌力不断地有所提高。实践证明，每周安排一两次力量训练可保持已获得的力量，只有坚持全年训练，才能使力量得以逐步增长。

（2）力量训练一定要全面。上下肢、前后肌群要平衡发展，离心收缩与向心收缩要成比例，主动肌、协同肌与对抗肌的放松练习也要纳入力量训练计划中。在一节力量训练课中，其安排应循序从大肌群训练至小肌群的训练，在常年或多年的训练过程中应坚持小肌群训练的不间断性。

（3）力量训练应实行集中刺激与分散刺激相结合。每次力量训练集中于某一部位效果较好，因为集中刺激容易给机体留下较深的痕迹。但集中刺激过于频繁，容易使局部肌肉产生疲劳甚至受到伤害。所以，不能每次训练都集中在某一部位，只有将集中刺激和分散刺激结合起来，才能使身体各部位的力量协调发展，相互促进。

（4）训练手段和方法力求多样。任何长时间单一的练习方法都会使队员感到枯燥甚至厌倦，单一练习手段对队员机体的训练不可能是全面的。为了提高队员练习的兴趣，全面增强队员的身体机能，应根据力量训练的任务，结合队员的身心特点，力求训练手段和方法新颖、多样化。

（5）力量训练要因人而异。根据不同年龄、形态、场上位置、个体特征等因材施教，循序渐进。在少年期，主要以克服自身阻力的形式，逐步提高承受负荷的能力，多采用动力练习，以发展一般力量训练为主。在青少年性发育初期阶段，应尽量避免对脊柱有负荷的练习，用提高动作速度和改善肌肉协调功能来提高速度力量。在16~18岁阶段可逐步承受最大力量的负荷训练。力量训练应在精力充沛时进行，身体疲劳时进行力量训练容易受伤，负荷大或达到极限强度时，一定要加强保护，避免伤害事故的发生。

（6）在力量训练中要突出速度因素。不要片面追求负荷量和难度，关键是在动作正确的情况下选择适宜的负荷强度，重点突出速度。

三、速度素质训练方法

（一）速度素质的理论分析

速度是指在单位时间内完成某个动作或位移某段距离的能力。排球运动中的反应、起动、移动、传球、垫球、发球、扣球和拦网等技术都需要在快速中完成动作。因此，速度素质对排球运动员来说具有特殊的重要性。首先，速度与神经系统的调节作用有关，这与大脑皮质神经过程的灵活性即兴奋和抑制转换的速度有关。人体要活动，肌肉就要收缩，而肌肉的收缩是受神经支配的，这时神经过程由抑制转为兴奋。神经过程灵敏性好，反应速度就快；反之，神经过程灵敏性差，反应速度就慢。其次，速度还与肌肉活动的协调性有关。肌肉各肌群之间的协调性的改善，可以提高速度。肌群的协调使肌群之间的阻力减小，对外部而言，则使人体各部的速度大大提高。速度还取决于力量、灵敏和速度耐力等身体素质的发展水平，特别是取决于爆发力水平。因此，有效地提高这些相关素质的水平，能提高速度素质。关节灵活性，对抗肌的拉长能力的提高也有助于速度素质的提高。肌肉的放松能力，即完成动作时不过分紧张的能力，也有助于速度能力的发挥。在排球运动场上速度的特点是：定向与变向相结合的速度；是以球或人的动作为信号的；短距离的移动多。

排球运动中的速度分为反应速度、移动速度和动作速度。

反应速度：指对外界刺激的反应快慢。它是运动员赶在对手之前以最大速度对教练员和学生给的信号、比赛情况的变化等估计情况并作出和实现最有利的决定的基本前提。例如，看到扣过来的球到开始接球时的神经传导时间和肌肉收缩的必需时间。

移动速度：指在单位时间内身体移动的距离。

动作速度：指完成一个动作或成套动作的速度。例如，扣球时的挥臂速度、起跳速度或翻滚垫球时的翻滚速度等。

（二）发展专项速度的方法

根据排球运动场上的速度特点，提高排球运动员的速度，主要是提高肌肉收缩的速度，一般常用的方法是：

1. 反应速度的练习

（1）看手势或其他信号向各个方向起跑。预备姿势可以是站立姿势，也可以是坐姿、跪姿或卧姿。

（2）全队队员分两队面对站立，相距1 m左右，看教练手势或其他信号做追逐跑练习。

（3）冲刺钻球。教练员抛垂直球，队员定点起动，力争在球落地前从球下钻过。也可以是教练员将球突然放手，让球下落并反弹起来，队员在第二次球落地前从球下钻过。

（4）冲刺接球。教练员单手将球高举，队员在3 m处准备，当教练员突然抽手让球掉下时，队员冲跑在球落地之前将球接住。

（5）一名队员任意抛球，另一队员迅速移动接球后抛回。或一名队员抛球，两名队员轮流接球，也可由一名队员抛球，其他队员绕过若干障碍物将抛出的球接住。

（6）转身接球练习。队员面对墙站立，教练员向队员后方掷出各种变换球的同时发出信号，让队员转身将球接住后再抛给教练员。

（7）垫墙上反弹球。队员面对墙2~3 m站立作好准备，教练员从队员身后突然将球扔到墙上，要求队员将反弹回的球垫起。教练员扔球的角度要根据运动员的反应能力而定，并掌握好练习的难度。

（8）追赶同伴练习。全队做圆圈跑动报数，做好追人的准备，教练员随机喊1或2，被喊到的队员立即加速追赶前面邻近的队员，要求在外圈一圈之内追到。

（9）主动与被动拦网。两队员隔网相对站立，一人主动甩开对方跳起拦网，另一人力争不被对方甩掉，而与其同时拦网。

（10）运用视觉或听觉信号，做出各种快速起动和冲刺、移动、变向、急停和跳跃练习。

（11）从各种距离看手势起跑及冲刺比赛。

①绕过后面的队员做冲刺跑。

②绕过后面队员做一圈半冲刺跑。

③绕过前面的队员做冲刺跑。

④绕过前面的队员后，再踏起跑线后做转身冲刺跑。

⑤前面队员绕后面队员一圈后，后面队员接力起跑冲刺。

⑥后面队员绕过前面队员后，前面队员起跑冲刺。

（12）两名队员各站在篮球板的两个角下，看教练员手势起跳单手（或双手）摸篮板，然后移动摸罚球线（或排球场端线），如此往返3~5次，看谁完成的速度快。

（13）移动截球。教练员在网前，队员在中场准备，教练员向各位置抛出各种变化球，要求队员判断移动，在球未出半场或落地之前将球截获。

（14）队员背对墙面站立，自己对墙抛球并迅速转身将反弹球垫起。

（15）躲避球击。全队队员分成两队，一队站半场内，另一队站场外，场外队员用一球（或多球）掷向场内队员，场内队员移动躲避，被击中者出场或加入场外队，直至场内队员全被击中。

2. 移动速度练习

（1）原地快速跑计时练习。

（2）做原地小步跑或高抬腿跑时，根据教练员发出的信号，突然向前加速跑的练习。

（3）结合排球场地练习各种移动步法。向前做小步跑或各种小碎步跑；向两侧做滑步或侧交叉跑；向后做后退跑或结合视、听觉信号作各种移动的互换练习。

（4）看手势快速起动，在进攻线和中线之间或端线和进攻线之间往返快速移动。

（5）36 m移动。队员站在进攻线后看信号起动，前进时必须用双手触到中线，后退时双脚必须退过进攻线。前进、后退两个来回后接侧身滑步或交叉步移动（不许转身）两个来回，用单手触线，然后做钻网跑。单手触对方场区进攻线，折回时单手触出发线。

（6）根据教练员发出的视、听觉信号迅速起动、移动和制动，看哪个队员在规定的时间内移动距离长。

（7）“米”字形快速往返移动。

（8）跑中变方向：

①队员站在距离教练员10 m的地方，看手势轮流起动跑向教练员。在离教练2~3 m时，教练员突然给两侧手势，队员不减速朝指定一侧跑去。

②同上，从6 m处自动后退跑向教练。距2~3 m时，教练员发口令同时做方向手势，队员听口令转身朝指示方向一侧跑去。

③两队员相距2 m，看手势迅速起动冲向教练员，冲出3~5 m后，教练员突然向两侧给手势，如指向右时，则左边队员向中追右边队员，要求在10 m内追上。

④第一排5~6个队员成纵队直线跑，看手势向两侧跑，看谁先冲出边线。

⑤同上，从后退开始，听口令转身，同时看手势向两侧跑。

⑥全队相距2 m，成两行跑，看手势向两侧互追。

⑦同上，成两行后退跑，听口令转身，同时看手势向两侧互追。

（9）在网前3 m快速移动接起跳拦网练习。

（10）排球半场对角线冲刺跑。

（11）移动拦网后，后退垫球，再助跑做起跳扣球的组合练习。

（12）前后、左右连续移动做垫球、传球练习。

（13）扣球、拦网、调整传球、防守、扣球的组合练习。

3. 挥臂速度练习

（1）徒手连续快速挥臂练习。

（2）扣吊球。要求动作放松，并有后振动作，抽打时肩部向上伸展。

（3）快速挥臂以扣球动作鞭打标志物，如树叶，树叶应在扣球手臂上方最高处，鞭打时肩部向上伸展。

（4）手持篮球、排球、足球或羽毛球、乒乓球掷远。

（5）两人一组，相距10 m左右，相互单手肩上掷排球，要求以挥臂扣球动作掷球，并且使球出手后与地面近似平行飞行。

（6）以扣球手法，在助跑起跳后挥甩网球、垒球或羽毛球。

（7）做轻杠铃的提、屈、挺等快速练习。

（8）两人一组，相距5~6 m，单手掷实心球。

（9）结合球做挥臂练习。采用一人抛球，另一人扣球，在肩的前上方要有一根橡皮条或绳代替排球网，每组扣30次，两人交换。

4. 起跳速度练习

（1）连续跨跳、单足跳或蛙跳。

（2）连续做徒手助跑起跳扣球练习。

（3）连续跳跃3~5个栏架或一定高度的橡皮筋，要求脚落地后立即跳起，连续性和节奏感要强。

（4）连续起跳拦快球10~20次。

（5）在30 cm台阶上跳下10次，计时。

（6）连续跳3~5个不同高度的栏架或橡皮筋，要求连接的速度要快。

（7）教练员按规定的节拍左右移动横杆，队员穿沙衣或手持重物跳过横杆。

（8）连续起跳扣半快球10~20次。

（三）速度训练应注意的问题

（1）速度的提高不如力量训练的增长明显，所以速度训练要保持经常性，并对提高动作速度不断地提出具体要求。

（2）速度训练应安排在队员中枢神经系统处于良性兴奋状态时进行，否则动作的协调性将受到破坏，快速完成练习的能力也会丧失。在每次课的前半部，在适应性练习后进行速度练习效果较好。训练中应结合排球运动的特点练速度，应多采用视觉信号，让队员做出相应的反应动作。

（3）专项速度练习要和专项技术训练紧密结合。专项速度练习可以帮助队员建立专项条件反射，从而能更快地提高专项技术的反应速度。实践证明，反应速度结合排球场地和球来进行，比单纯练习提高的速度快。所以应结合专门技术练速度，与所采用的技战术特点相适应。

（4）应以多种手段提高速度素质。要利用与速度素质相关的其他素质促进速度素质的提高，特别是通过力量素质的训练来提高速度素质。

（5）在进行速度训练时要注意运动员的年龄和性别差异。初中学龄段是发展速度素质的敏感期。这个年龄段的队员中枢神经系统的兴奋占优势，骨骼增长迅速，柔韧素质相应较好，这些都为提高频率、增大动作幅度提供了条件，应抓住这一时期，特别重视速度训练，积极地发展队员的速度素质。

（6）速度训练可遵循超负荷原则安排在负重力量训练后。利用肌肉剩余兴奋的惯性动员更多的肌纤维参与运动。既可发展力量，又可发展速度，使神经始终处于灵活控制中，防止产生动作僵硬和不协调。例如，在进行杠铃训练后立即转入徒手的、与所运用的技术动作相似或相同的练习。利用肌肉剩余兴奋的惯性动员比平时徒手练习时更多的肌纤维参与运动，从而提高运动能力。

（7）速度训练要防止产生不良影响的积累，如做完速度较慢的练习后要安排速度较快的练习，形成训练的良性转移。

四、弹跳力素质训练方法

（一）弹跳素质的理论分析

弹跳力是指人体蹬地所完成的与地面之间产生一定距离的能力。它反映人对地施以一定的力量后所克服地球对人体引力的程度。

弹跳过程就是人体给地面一个力，使地面产生一个大小相等、方向相反的作用力，即支撑反作用力，这个力使人体获得加速度直至离开地面腾空而起。地面对人体的支撑反作用力是上体和手臂向上做加速度运动所引起的惯性力，通过脚这个支点作用于地面而产生的地面对人体的支撑反作用力。

弹跳力的好坏，关键在于肌肉收缩力和肌肉收缩速度，即弹跳力等于力量与速度的积（$N=F\times V$）。可以看出，当速度不变时，增加肌肉的力量可以提高弹跳力；当力量不变时，提高肌肉的收缩速度，同样可以增加弹跳力。

在实际动作过程中，并非蹲得越低越好，因为腿部力量的发挥与关节角度有关，只有适宜的角度才能最大地发力。特别是在当前，排球运动技战术的发展对运动员弹跳力的要求不仅是跳得高，还要求跳得快，因此不仅深蹲能高跳，浅蹲些也要求跳得高。这对提高弹跳的力量、速度有了新的要求，即特别要重视提高肌肉收缩速度的训练。从实验知道，运动员经过系统训练后，肌肉收缩的力量不会有成倍的差别，而收缩的速度是可能有很大差别的，所以应该把提高肌肉收缩的速度作为研究和训练提高弹跳力的重点。

（二）发展弹跳力的练习方法

（1）左右脚交替向前做跨跳练习。

（2）两腿深蹲连续向前做蛙跳练习。

（3）连续垂直跳起在空中做快速收腹练习。

（4）原地向前、向后、向左、向右做直膝连续跳跃练习。

（5）后排防守准备姿势、全蹲纵跳起。

（6）原地连续做直膝向上跳练习。

（7）垂直跳起在空中做转体180°、转体360° 练习。

（8）单脚，前跳，落地后立即双脚跳回。

（9）高台跳下后立即做冲刺跑练习。

（10）后排防守准备姿势从高台跳下后，立即再跳过低障碍物。

（11）利用高台或跳箱做连续跳上跳下（单、双脚）。

（12）双脚连续做左右跳过长凳前进。

（13）连续双脚跳越3~5个栏架。

（14）单、双脚向上跳跃抱膝或分腿跳，之后双脚落地。

（15）做立定或助跑1~2步的跳高或跳远练习。

（16）以跨跳步行进或双脚向斜前方跳跃，也可单脚左右交叉跨跳步前进。

（17）做双脚连续向上方跳，跳起后收腿或展腹，或前后分腿胯下击掌。

（18）双线跨跳，两条线相距50 cm。

①双脚跨出、跨进、向前或向后连续跳。

②双脚两边跨越前进跳。

③单脚两边跨越前进跳。

④左脚跨过右线、右脚跨过左线跳。

（19）从40~100 cm的高台上跳下，再迅速跳上另一高台。或先双脚跳上一高台，跳下后又立即跳上另一高台。

（20）连续做扣球或移动拦网练习。

（21）从高台上跳下后，立即再跳起做拦网或扣、吊球。

（22）做后排助跑起跳挥臂向对方场区掷垒球练习。

（23）做结合排球的各种起跳练习。

①做摆臂起跳的模仿练习。

②做摆臂与起跳的节奏练习。

③做助跑与踏跳的结合练习。

④做助跑与起跳空中平衡与滞空能力的练习。

⑤做变向助跑起跳与跑动助跑起跳扣球练习。

⑥做连续助跑起跳与跑动助跑起跳扣球练习。

⑦做跳起空中连续拦扣球的练习。

⑧网前连续移动追拦吊球。

⑨45° 角快速助跑至网前起跳，在最高处接抛球。

⑩低网原地起跳扣自抛球。

（24）原地或助跑起跳摸篮球板（或一定高度的物体）。

①跳起单手连摸。

②跳起两手交换摸。

③跳起两手同摸一个位置后换摸另一个位置。

（25）两人跳接球练习。要求在空中跳接后立刻在空中传出。

（26）连续两边来回移动起跳。

①摸篮板的两个角。

②摸两个吊球。

③双手拦同伴在网上举着的两个球。

（27）肩负杠铃提踵。地面上放一块约5 cm厚的木板，队员前脚掌站在木板上，脚跟站在地面上，肩负杠铃，抬头，挺胸，腰肌收紧，做提踵练习，如选用大质量时，要在杠铃架上练习。

（28）肩负杠铃跳跃。用下肢最大力量的50%为负荷量，队员膝关节角度为130° ~140°，跳跃高度为15 cm，按规定的次数和组数练习。

（29）肩负杠铃后排防守准备姿势起。下蹲时身体要保持挺直，膝关节的角度不要小于120°，杠铃质量一般应控制在最大负荷的75%左右，整个动作由下蹲至直立，速度不要快，要慢慢地完成动作。

（30）仰卧双足蹬起杠铃。

（31）各种质量的抓举和挺举。

（32）连续快速拉起一定质量的杠铃，要充分伸展髋、膝、踝等关节。

（33）后排防守准备姿势跳起上抛3~5 kg的实心球，要使用髋、膝、踝的力量上抛而不是只靠手臂的力量。

（34）助跑单脚或双脚起跳摸高，连续摸高练习。

（三）弹跳力训练应注意的问题

（1）弹跳力水平较多地依赖于力量素质，而力量素质易消退。弹跳力的训练需要多年规划和全年规划，常抓不懈。在全年计划中要安排好每一阶段的训练重点，一般情况下冬训期间弹跳力训练比重应大些，而且多采用力量素质练习的训练方法，比赛期间可减少弹跳训练，但结合排球技术的弹跳比重应增大。即便在过渡期也要保持一定的力量训练，以维持或提高队员的弹跳力水平。

（2）发展弹跳力应从发展肌肉力量开始。达到一定水平后，应注重同时发展肌肉力量和收缩速度。弹跳力水平主要是通过爆发力表现出来，采用大负荷强度训练是提高爆发力的有效方法，但要根据具体情况因人、因时而异。初学者的弹跳力训练宜采用数量上的刺激，对有一定训练水平的队员宜采用强度刺激。在队员精力不集中或疲劳时，不能勉强进行。要充分做好准备活动，防止受伤。

（3）发展与弹跳力相关的主要肌群的速度性力量训练。即大腿前群肌肉和小腿后群肌肉组成的伸膝肌群、屈足肌群和腰背伸肌肌群的爆发力训练。同时还要注意踝关节、脚掌等小肌肉群及韧带的爆发力训练。要使身体各部分的爆发力真正为跳得高、跑得快、滞空时间长服务。在弹跳力训练中加强对协调性的训练也是必不可少的内容。

（4）要注意安排一定数量的超等长训练。发展弹跳力的方法较多，其中超等长训练是使弹跳力提高较快的一种方法。如多级蛙跳、跳越栏架、跳台阶和跳深等。但运用超等长练习方法时要慎重，要在队员有一定的力量基础时才可使用，并与其他方法结合使用，以免因过度训练造成伤害。

（5）发展弹跳力与专项技术相结合。在弹跳力训练中所选用的练习，应与排球动作结构和用力性质相一致，这样所发展的力量不需转换，可直接运用于专项技术。因排球运动中各种击球活动的时机、方法变化较大，要适应这些变化，就必须加强专项弹跳技术的训练。

五、耐力素质

（一）耐力素质的作用

耐力是各种身体素质的基本因素之一，也是一般竞技能力的基础。排球运动比赛是在高强度长时间的条件下进行的，因此排球运动员所需的耐力是在适当间歇的情况下长时间保持规定强度的能力。在运动中有两种形式的耐力：一种是肌肉耐力；一种是心血管耐力。

（1）发展肌肉耐力：按发展肌肉力量的方法，采取逐渐达到极限负荷的原则，不断地使肌体的负担量超过原有的水平，就可以提高肌肉的耐久力。力量与肌肉耐力息息相关，增强力量是增长肌肉耐力的有效方法。例如，轻质量的多次重复练习，穿沙衣蛙跳200 m等都能发展肌肉耐力。

（2）发展心血管耐力：心血管耐力是指肌肉活动中循环系统长时间供应氧及排出代谢产物的能力，对提高排球运动水平起着很重要的作用。发展心血管耐力经常采用的方法有：800 m、1 500 m、3 000 m跑、越野跑、踢足球、打篮球和爬山等，简便易行，锻炼效果好。

（3）耐力增长可使大脑皮质的机能长时间保持兴奋与抑制的节律性转换，使肌肉与肌肉之间、肌肉与内脏器官之间的协调性加强。

（二）耐力素质训练方法

（1）发展肌肉和心血管耐力，常采用循环训练法、重复训练法和间歇训练法，其中间歇训练法效果最好。间歇训练法就是在进行重复工作时，各次重复之间有一个短暂的休息间隔，这种方法的主要目的是提高吸氧量。提高运动量，增强耐力的方法有：

①增加重复次数。

②增加每次重复的时间。

③提高每次重复的强度。

④缩短间隔时间。

（2）采用专门练习发展排球运动员的专项耐力。例如，低姿移动3 min为一组，连续若干组；单人防全场连续防起50个好球；单人在4号位连续扣球50次；或分队比赛进行8~10组。在选择耐力素质训练时，还应注意几个问题：

①在全年训练计划中，耐力应作为一个基础素质来安排。通常在冬季多安排一般耐力的训练。在夏季和赛前可减少一般耐力的训练，增加专项耐力的训练。

②耐力消退较快，须经常保持耐力训练，每周至少保持一次有一定强度的耐力训练。

③耐力训练要结合实战的需要，在各种技战术和身体训练中要注意耐力的提高。各种技战术和身体训练只要安排得当都可以提高耐力。

（三）发展专项耐力的练习方法

1. 弹跳耐力练习

（1）连续小负荷多次数的力量训练。

（2）规定次数、时间、节奏的跳绳，如5 min跳绳练习。双脚双摇跳30 s，左脚弹跳1 min，右脚弹跳1 min，完成两个循环正好5 min（可根据训练水平调整负荷）。

（3）连续跳上跳下台阶或高台。

（4）连续原地跳起单手或双手摸篮板或篮圈。

（5）连续收腹跳8~10个栏架。

（6）30 m冲刺跑10次，每次间歇15~20 s。

（7）用本人弹跳80%的高度连续跳20~30次为一组，跳若干组，组间休息2~3 min。

（8）个人连续扣抛球10~20次为一组，扣若干组，组间休息3 min。

(9) 两人轮流连续扣抛球30~50次为一组，组间休息2~3 min。

(10) 3~5人一组，连续滚翻救球，每人30~50次。

(11) 扣防结合练习，队员扣一个球退到进攻线防守一个球，连续进行10~15次为一组。

(12) 连续移动拦网，队员在3号位原地跳起拦两次，落地后移动至4号位拦一次，再回到3号位拦一次，移动到2号位拦两次，再回到3号位拦两次。做2~3个循环为一组。

2. 移动耐力练习

(1) 看教练员的手势连续向右前、前、左前方进退移动，2~3 min为一组。

(2) 36 m移动。队员站在进攻线后看信号起动，前进时必须用双手摸到中线，后退时双脚必须退过进攻线，前进、后退两个来回后接侧身滑步或交叉步移动（不许转身）两个来回，用单手摸线，然后做钻网跑。单手摸对方场区进攻线，折回时单手摸出发线。

(3) 连续地跑动滚翻或鱼跃救球。

(4) 队员连续移动接教练员抛出的不同方向、不同弧度的球。

(5) 单人全场防守，要求防起15个好球为一组。

(6) 队员连续移动接教练员掷出的不同方向、不同距离的地滚球。

(7) 个人连续地跑动传球或垫球10~15次。

(8) 30 s移动，距离3 m左右，连续做5~8组，中间间歇15 s。

3. 综合耐力练习

(1) 身体训练以后再进行排球运动比赛或比赛以后再进行身体训练。

(2) 技术训练以后再进行篮球或足球比赛。

(3) 象征性排球比赛模仿练习。队员从1号位防起一个扣球之后，前移防起一个吊球，再移动到6号位调整传球一次，移动到5号位防一个扣球，再移动到4号位扣一个球，移动到3号位做一次拦网动作，后撤上步扣球，再移到2号位。一次单脚起跳扣球为一组，连续做若干组。

(4) 连续打5~7局或9~11局的教学比赛，可训练比赛耐力。

(5) 按场上轮转顺序，在6个位置上做6个不同的规定动作，连续进行若干组。例如，1号位跳发球→6号位左右补位移动救球→5号位滚翻防守救球→4号位扣球→3号位拦网→2号位后撤鱼跃救球。

（四）耐力训练应注意的问题

(1) 耐力素质属于基础素质，应在全年训练计划中作好统筹安排。通常在冬训或一年训练之初多安排一般耐力的训练，作为全面训练的基础，在夏训和赛前可减少一般耐力的训练，增加专项耐力的训练，在比赛期间要酌情安排专项耐力训练，但不宜过多。

(2) 耐力训练应注意年龄特点。队员在身体发育成熟前，应着重发展其有氧耐力，而不宜做大量无氧耐力的训练。对这一阶段的少年儿童，可根据情况，适当穿插一些无氧耐力训练，但其强度不能超过大强度，重复的次数、组数要少，组间休息要充分，并以掌握较为熟练的技术动作练习为主，以免破坏技术动作结构，影响协调能力的发展。随着身体发育的不断成熟，应逐步加大无氧耐力的比例，为专项竞技能力的提高奠定基础。

（3）紧密联系排球专项运动的实际，各种技战术和身体训练只要安排得当都可以提高耐力，特别是在技战术训练中，在时间、密度、强度的安排上应有意识地结合排球耐力训练的要求。在形式上接近实战，在训练量上要超过实战。采用极限训练法、间歇训练法和循环训练法都能有效地促进耐力的提高。

（4）耐力训练对队员的意志品质要求较高。坚强的意志能充分发挥队员的内部动因，提高抗疲劳能力和耐力训练水平。因此，在耐力训练中，要注重队员意志品质的培养。

（5）耐力训练要持之以恒。耐力素质消退较快，要经常进行耐力训练。每周至少应坚持一次有一定强度的耐力训练，才能使耐力素质得到保持。

六、灵敏素质训练方法

灵敏素质训练

（一）灵敏性的理论分析

灵敏性是指迅速改变身体或身体某部分运动速度、运动方向、运动位置和随机应变的能力，是由力量、判断能力、反应能力、移动速度、爆发力和协调性等素质结合而成。在排球运动比赛中为了完成各种攻防战术配合，每个队员必须先判断对方的意图和来球的方向，及时、巧妙地做出各种相应的动作，这就需要高度的灵敏性。

（二）发展灵敏性素质的练习方法

1. 控制性的练习

（1）两臂同时分别向前、后绕环。按教练员口令，两臂分别做不同顺序、不同起始节拍的动作。左手前平举，右手在体侧不动—左手上举，右手前平举—左手侧平举，右手上举—左手下放体侧，右手侧平举—左手不动，右手还原。

（2）两足开立和并拢连续跳跃，双手从体侧平举至头上击掌，最后还原。

（3）分足跳时，双手头上击掌，并足跳时双手侧平举。

（4）连续交换单足跳跃。前踢腿时，双手触足尖，后踢腿时，双臂上振。反复进行。一条腿前踢落地后换另一条腿后踢。

2. 垫上练习

（1）连续做前（后）滚翻练习。

（2）做左右侧滚翻练习。

（3）做鱼跃前滚翻练习和手撑兔跳练习。

（4）做直体前扑—手掌胸前击掌—推起穿腿—蹬足练习。

（5）做前滚翻—左（右）横滚动—快起—原地鱼跃—跪跳起练习。

3. 双人及多人垫上练习

（1）双人前滚翻练习。

（2）双人鱼跃横滚翻前进。

（3）三人两边交叉鱼跃横滚翻。

（4）三人两边鱼跃前滚翻练习。

4. 橡皮筋垫上练习

（1）高度1 m左右（也可根据队员弹跳高度确定），双脚跳起收腹将橡皮筋踩下，再接前滚翻，或接跪跳起，或接鱼跃。

（2）做一定高度的侧手翻过练习。

（3）双脚跳过橡皮筋接跪跳起后再跳过橡皮筋。

（4）两条橡皮筋，跳过一条后接俯卧撑，跪跳起后再跳过另一条。

（5）做一定高度的兔跳从下面过，臀部不得碰橡皮筋。

（6）一高一低两条橡皮筋，中间距离尽可能小些，做鱼跃前滚翻，从中间过，要求上下不得碰橡皮筋。

（7）同上，兔跳过，可以来回做，也可以从中间过去，从下面回来。

（8）同上，俯卧式跳高从中间过，再接横滚起。

（9）同上，用向侧前方鱼跃方法从上面过后再接横滚从下面过第二橡皮筋，可来回做。

（10）同上，两次鱼跃前滚翻过，或先做兔跳过，再做鱼跃前滚翻过。

5. 弹跳板练习

（1）原地或助跑高跳，做收腹展腹练习。

（2）做前、后或左、右分腿跳。

（3）做前屈体摸脚面。

（4）两次转体、落地后接前滚翻或接鱼跃。

6. 结合场地和球的练习

（1）根据不同信号，队员分别做快速起动、制动、变速、变向及跳跃、滚动等动作。

（2）队员做拦网落地后，接鱼跃或滚翻垫球，再上步扣球。

（3）队员做前扑—向后撤步移动—向前单足蹬地鱼跃—向侧后滚翻的组合练习。

（4）持球躺在地板上，自己向上抛球后立即起立将球接住。

（5）将球用力向地面击打，待其反弹后从球下钻过，反弹一次钻一次，力争钻的次数多一些。可以两人比赛。

（6）每人一球，连续运球从教练员拍球中钻过。

（7）三人一组，中间队员分别接两边队员的平抛球做向后倒地传球。

（8）两人一组，一人侧传另一人抛来的低平球后接滚翻，若干次后交换。

（9）两人一组，一人跳传另一人抛来的球后接着做立卧撑，若干次后交换。

（10）教练员灵活运用扣、吊或抛球的方法支配球的速度和落点，队员判断翻动取位将球回传（垫）给教练员。

（11）教练员灵活运用扣、吊球手法，将球击到边（端）线附近，队员移动垫球，接界内球，不要接界外球。

（12）网前拦网一次，转身退到进攻线救一个球，然后回到网前传一个球。

7. 游戏性的练习

（1）两人相对站立做相互躲让或击打对方背部的游戏。

（2）喊谁捉谁。在排球场内，全队分散站，教练喊谁的名字，大家一起跑过去捉他，教练突然喊另外一个队员的名字，大家又改捉另一人，教练可以连续喊不同队员的名字，使全队队员不停地跑起来。

（3）听哨音捉人。全队分为两人一组，可任意跑动，教练吹一声哨，1数追2数，吹两声哨，2数追1数，吹3声哨大家都停住不动。

（4）“老鼠”出洞。大家手拉手站成圆圈，圈内两人为“鼠”，圈外四人为“猫”。“猫”不让“鼠”出洞，“鼠”互相配合把“猫”晃开，从两人手下钻出就算出洞一次，以出洞三次为胜。在出洞过程中被“猫”摸到，则这次出洞无效。大家轮流扮演“老鼠”和“猫”的角色。

（5）叫号折回跑比赛。队员分三排在端线后按1、2、3、4号站好，教练员喊号，三排中被喊的队员一同跑到规定距离折回，先到者得1分。教练员可任意喊号，也可以重复喊号，最后得分多的队获胜。

（6）圆圈抢球。全队站成一圈，圈内2~3人，可以自由跑动，抢圆圈队员互相传的球，摸到谁出手的球就换谁进来抢球。传球的方法不限，但传球人不能移动位置，传失及接失者均和抢球的队员对换。

（7）活动球篮的篮球赛。两队篮球赛，每队由3人手拉手做成一个“篮”，可以在本队半场内自由跑动，但不能缩小篮圈，其他人可以互相传、抢球，争取投进对方的“篮”，但接球的人不能运球跑，只能传。

（8）持球跑三次后倒接力赛。全队可分为三组进行，第一人持球在端线外预备，听信号后起动，双手持球向前跑，每跑到进攻线及端线时，须后倒一次，要求球不得离手，手不得扶地，在端线外站起后把球抛回本组第二人。第二人接球后必须在端线外后倒一次，或拿球触及端线再起跑，最先跑完的队获胜。

（三）灵敏素质训练应注意的问题

（1）排球运动中的灵敏性是由判断能力、反应速度、移动速度、爆发力和协调性几种素质与排球技术结合而成。灵敏性训练要求队员注意力集中，动作准确快速，因此应把灵敏素质训练放在课的前半部分进行。

（2）灵敏性训练要注重对腰、腹、背的训练，它们是连接上下肢的纽带，各种全身活动都离不开它们的配合，它们对于身体的灵敏性起着重要的作用。

（3）灵敏素质训练应以视觉信号为主。在排球运动中，运动员的灵敏性反应多来自对已观察到的情况的判断，根据观察与判断及时地作出动作反应。所以要积极发展运动员的观察能力，提高他们神经系统的反应能力。

（4）根据年龄特点，安排好灵敏性训练。13~14岁以前，通过训练来发展灵敏素质可以取得较好的效果。15~16岁是快速生长期，灵敏性增长较慢，到18岁以后灵敏性又以稳定的速度增长。训练中要根据运动员生理特点和实际情况，抓住灵敏性发展的规律和时机，科学地安排训练，才能得到良好的效果。

（5）灵敏性训练的内容和动作设计应考虑到排球技术动作的需要，如滚翻、前扑、鱼跃、起立、起跳、空中动作、击球、转体等，应紧密结合技术的实际，使灵敏素质的提高能更有效地应用到实际比赛中。

（6）灵敏素质是由多种素质结合而成的，不是单独训练可以完全获得的，在训练灵敏性时应注意与其他素质训练结合进行，以取得更好的效果。

七、柔韧素质训练方法

（一）柔韧素质的理论分析

柔韧性是指运动员完成大幅度动作时关节最大活动范围。它是由关节的骨结构，关节周围组织体积的大小，各关节的韧带、肌腱、肌肉与皮肤的伸展性3个因素衡量的。在排球比赛中，要求运动员的身体各部肌肉韧带和关节必须具备良好的柔韧性。例如，指、腕关节柔韧性好，能提高传球的准确性；肩关节能拉开，背弓挺出，有利于挥臂鞭打；腰髋关节柔韧性好，有利于控制击球点的范围。总之，良好的柔韧性有利于运动员技术动作的准确，增大完成动作幅度，提高完成动作质量，防止运动损伤。

（二）发展柔韧性素质的练习方法

只要经常进行伸展性的练习，有目的地拉长肌肉和韧带，就可以有效地提高柔韧性。急速地拉长和慢张力地拉长肌肉韧带都能有效地提高柔韧性。但是，慢张力的拉长肌肉韧带可以有意识地放松对抗肌，并使之缓慢拉长，也可以避免损伤和疼痛；急速拉长肌肉韧带可以较快地提高柔韧性，但会伴以剧烈的疼痛，且易拉伤。因此，慢张力的拉长法可以多进行，训练手段也可以多种多样。对排球运动员要重视进行增大踝、膝、髋、腰、肩、腕等关节活动范围的训练。

1. 发展手指、手腕的柔韧性

（1）两手相对，指尖向上互触，反复弹压练习。

（2）压腕练习。

（3）手持短器械做腕绕环练习。

（4）队员一手侧扶肋木，两腿前后分开，脚跟着地并固定，做前、后转腕练习。

2. 发展肩关节柔韧性

（1）两臂前后绕环和上下摆振练习。

（2）手扶墙（或肋木）压肩、压腰练习。

（3）在单杠和肋木上做单拉、双拉肩练习。

（4）两人相对，手扶对方肩部，同时做体前屈压肩练习。

（5）背对肋木坐下，两手从头上握住肋木，两脚不动，腰尽量向前挺起，持续数秒钟。

（6）两人背向站立，双手互握，左右侧拉。

3. 发展腿部的柔韧性

（1）两腿交换做前、后、左、右摆振练习。

（2）做各种踢腿动作：向前踢、向后踢、向侧踢等，可以徒手做，也可以扶墙、扶树干或扶肋木做。

4. 发展腰、髋的柔韧性

（1）上体弹振前后屈（后屈时加弹性阻力和保护）。

（2）双手握单杠或吊环做腰回旋动作。

（3）做队员背对背直臂互握平举或屈肘互勾的大幅度转体动作。

（4）正压腿，侧压腿（在地上或肋木上）。

（5）纵劈腿，横劈腿。

（6）屈腿坐下，两脚掌心相对，双手将膝关节向下弹压。

（7）背向双手头上握肋木，双脚固定，做腰、髋前挺练习。

5. 发展踝关节柔韧性

（1）跪坐压踝。

（2）负中等质量，踝关节作屈伸动作，如提踵。

（3）把脚放在高约10 cm的木板上，足跟着地，做负重全蹲练习。

（4）踮起脚尖，做踝关节的绕环练习。

6. 其他练习

（1）一队员仰卧屈膝，另一队员帮助侧压。

（2）一队员俯卧屈膝，另一队员帮助侧压。

（3）俯卧背后击掌和仰卧挺腰起练习。

（4）在各种凹凸形地面或器械上连续跳跃和跑动练习。

（三）柔韧性素质训练应注意的问题

（1）柔韧性素质不仅与性别、年龄有关，而且与中枢神经系统的兴奋性有关。经过一定时间的准备活动以后，队员情绪高昂，体温升高，肌肉内部的黏滞性降低，膝关节软骨增厚，所表现出来的柔韧性也较好。因此，柔韧素质的训练应安排在课的前半部分，尤其在队员精力充沛、情绪高涨时训练效果最好。

（2）柔韧性训练要适应专项的要求。排球运动所表现的柔韧性，不仅仅是指某个动作反映在身体某一关节或某一部位上，它往往牵扯到两个或两个以上的关节或身体部位。因此在训练时要对包括主要柔韧性活动区在内的各相关关节、部位进行训练。同时，还要根据队员关节结构和体态的差异，结合专项技术适当加大其活动范围。但不能过度训练和提出过高的要求，避免因与技术要求不相符或过度训练引起伤害事故。

（3）应注意提高队员的协调能力。柔韧素质在某种程度上取决于运动机体的协调能力。队员在做动作时，各部位动作是否协调一致，使各部位动作按技术要求达到舒展程度，以及在完成动作中的主动肌收缩、对抗肌充分放松等，都与协调能力有关。此外，在柔韧性训练中对协调能力的培养，可以提高肌肉的舒展性，降低肌肉黏滞性，改善肌肉张力，把肌肉练得柔而不软，韧而不松。

（4）柔韧性训练要经常练习，使肌肉和韧带的伸展性不断得到发展。少年儿童的关节面角度大、软骨厚，韧带较松弛，肌肉的伸展性较好且女生优于男生，在青少年时期抓柔韧素质的训练效果好，经过训练提高快，但停止训练后消退也快。所以柔韧性训练要坚持不懈，持之以恒。

（5）气温对柔韧性有一定的影响。天气暖和，全身发热时柔韧性较好，天气寒冷，身体发冷时柔韧性差。为取得好的训练效果，进行柔韧性素质训练时，要注意外界温度的高低。当气温较低时，准备活动要充分，以身体轻微出汗为宜。

第三节 排球运动员体能训练与测试方法

一、排球运动员体能训练方法

排球运动具有快节奏、强对抗的特点，要求运动员要有良好的体能作保证。随着排球运动比赛每球得分制的实施，每场比赛的时间大幅缩短，比赛的强度显著增大，双方争夺的激烈程度显著增加，对运动员的体能也提出了更高的要求。

国外的研究结果表明：排球运动主要是无氧供能，但仍以有氧供能为基础。我国的研究人员认为，排球运动比赛的负荷是随着运动员在场上的位置变化而变化的，负荷是波浪式的，是短时间、高速度、大强度的爆发用力与短时间的间歇休息相结合，属于一种中等强度的负荷。它也是随着技术水平而变化的，水平越高，负荷越大。不同级别的比赛，不同的对手，无氧和有氧供能的比例随时都可以发生变化。排球运动主要由无氧供能系统供能已成为共识。大强度的间歇训练法将取代长时间、大强度、有氧耐力训练，这就为排球运动训练科学化提供了理论依据，也为排球运动员体能测试项目的选择提供了重要依据。

体能测试是体能训练的重要组成部分，它是检查、评定体能训练效果的重要手段。通过对运动员体能的测试，有利于掌握运动员体能的实际状况，发现训练中存在的问题，为科学的训练及客观评价运动员的体能训练水平提供参考依据。

运动员体能由运动员身体形态、机能、运动素质3个方面构成，因此对排球运动员进行体能测试也包括这3个方面的内容。身体形态测试的指标主要有高度（身高、坐高、足弓高等）、长度（腿长、臂长、手长等）、围度（胸围、臂围、臀围等）、宽度（肩宽、髋宽等）、充实度（体重、皮脂厚度等）等。机能测试指标主要有心率、肺活量、最大通气量等。在构成体能的诸因素中，运动素质是体能的外在表现，在运动训练中多是以发展各种运动素质作为体能训练的基本内容，因此，体能测试通常是对运动员进行身体素质的测试。

排球运动员体能分为一般体能和专项体能。一般体能包括力量、速度、耐力、灵敏、柔韧等身体素质和与之相适应的身体、形态和机能。专项体能主要包括弹跳能力、移动能力和手臂挥击这3种身体运动能力及与之相适应的各器官系统的机能和身体形态。排球运动员的体能测试应根据体能评价的目的、要求、对象及训练水平制定出合理的体能测试评价指标体系。首先确定一般体能的评价指标，然后确定专项体能的评价指标。在排球运动员一般体能的评价指标中，力量包括最大力量、速度力量、力量耐力；速度包括最大速度、速度耐力；耐力包括无氧耐力、有氧耐力；柔韧包括一般柔韧和专门柔韧；灵敏包括一般灵敏素质和专门灵敏素质。在排球运动员专项体能的评价指标中：弹跳能力包括弹跳高度、弹跳速度、弹跳耐力，移动能力包括反应时间、起动时间、移动速度，手臂挥击能力包括挥击速度、挥击力量、挥击耐力。具体的测试方法可以根据实际条件来选择，例如，测试耐力中的无氧耐力可用400 m跑计时，测试弹跳能力之弹跳高度可采用助跑双脚起跳摸高等。

根据项群训练理论，排球运动属于技能主导类隔网对抗性项群，其重点素质及其重要程度的顺序是移动速度、弹跳力、挥臂速度、灵活性和耐久力。因此，对于排球运动员体能训练具体测试项目的选择要进行充分的科学论证，结合本项目的特点，结合训练实践，测试项目要系统全面，测试手段与方法要简单易行。

二、中国排球运动员体能训练的测试项目

从1996年开始，中国排协在每年全国排球联赛前对参赛的运动员设定了“助跑摸高”“20 s连续5次助跑摸高”“6 m×16次网下穿越移动”和“800 m跑”4个测验项目，规定不达标准者不得参加比赛，这对提高运动员的体能起到了积极的促进作用。

“助跑摸高”是评价排球运动员弹跳力的指标。“20 s连续5次助跑摸高”是评价运动员弹跳耐力的指标，反映运动员腿部连续多次爆发力的能力和快速、变速、变向和充分伸展身体的能力。由于“20 s连续5次助跑摸高”的完成时间限定在20 s内，主要能源物质是ATP-CP，而连续的起跳能力和撤步助跑与排球比赛实战紧密结合，因此也突出反映了运动员的脚步灵活性，两者都是反映垂直位移上ATP-CP系统功能能力，但各有所侧重。

“6 m×16次网下穿越移动”是评价运动员起动、快速变向以及突然改变动作的灵活性和快速移动的能力，反映的是运动员在水平位移上的无氧能力。

“800 m跑”的供能特点是ATP-CP系统供能占30%，有氧供能占5%，无氧酵解供能占65%，主要测量运动员水平位移之无氧酵解供能能力，反映排球运动员的呼吸系统和心血管系统的耐力水平。

然而在1999年1月，国际排联对排球规则进行了大刀阔斧的改革，实行每球得分制，这就使排球竞赛特点发生了重要变化。经过一段时间的调查研究，中国排协认为，现代排球比赛是短时间、爆发式的身体运动被短暂的休息和无球时间分隔开来的间歇运动。在体能上，排球比赛对运动员连续起跳、拦网和救球的自身有氧功能系统要求更高。所以从2004年开始，中国排协尝试对男排选手的体能测试项目进行调整，用“100 m跑”取代“800 m跑”，以“9 m10次移动”取代“6 m×16次网下穿越移动”。不过，排球联赛的体能测试最终还是在2006—2007赛季被暂停了。至于原因，据相关人士介绍，一方面，国内基层排球工作者们认为，排球联赛有其自身项目特点，不像足球、篮球那样对体能测试有直接的需求；另一方面，国内各俱乐部教练员们认为他们对本队运动员的体能状况已比较清楚，不需要通过体能测试获得数据信息。

然而，现代排球运动对运动员的体能水平仍有较高要求，不仅要求运动员具备力量、速度、弹跳和耐力，还要求运动员通过体能训练使其腿、手、腰、腹能协调配合，让运动员的肩、髋、膝、腕等关节具备较好的柔韧性。运动员能具备良好的体能，是其技战术发挥的基础，运动员的体能状况也是决定其运动成绩的重要因素。近年来，中国男排的成绩不尽如人意，在后备力量培养过程中，也暴露出某些基层教练员偏重技战术养成而忽视体能等基本能力训练的问题，使得一些年轻运动员身高突出但基本功不扎实，力量、弹跳、耐力等基础能力存在短板。假如能够通过体能测试等方式进一步督促并推动基层排球工作者在运动员的体能训练上耐心地下功夫，或许能够为中国男排在未来重整旗鼓、谋求复兴打下一个坚实有力的身体基础。

第十五章

排球运动员心理训练理论与方法

第一节 排球运动员心理技能训练概述

一、排球运动员心理技能训练概述

（一）心理技能训练的内涵

心理技能训练从广义上讲是指有目的、有计划地对受训者的心理过程和个性心理特征施加影响的过程。从狭义来讲，心理技能训练是采用特殊的方法和手段，使受训者学会调节和控制自己的心理状态，进而调节和控制自己运动行为的过程。

心理技能训练是现代竞技运动训练系统中不可缺少的部分，它影响和制约着运动员身体、技术、战术水平的改善和提高，可促进运动员心理过程的不断完善，形成专项运动所需要的良好个性心理特征，获得高水平的心理能量储备，使运动员的心理状态适应训练和比赛的要求，为达到最佳竞技状态和创造优异成绩奠定良好的心理基础。

(二)运动心理技能训练的性质

在体育运动中的心理技能训练简称为心理训练，其定义有广义和狭义两种理解。

(1)广义上的理解是指在体育运动中，有意识、有目的地对运动员施加影响的过程，使其心理状态发生变化，达到最适宜的程度以满足提高运动技术水平和增进身心健康的需要。

(2)狭义上的理解是指采用专门性的具体训练方法来改变运动员或学生的某一具体心理因素，以适应体育教学、训练和比赛的需要。

广义的心理训练是采用各种方法对运动员的心理施加影响的过程，着眼于心理状态的普遍适应和改善。狭义的心理训练则是采用心理调节的专门技术手段进行训练，要求提高具体的心理素质或克服某种心理障碍。在实际应用中，两种心理训练是紧密联系、相辅相成的。作为统一的心理训练概念，不应当人为地把两者割裂开。

二、心理训练的重要作用

(一)提高心理活动水平

运动竞赛的实践证明，优异运动成绩的创造和激烈比赛的获胜取决于多种因素，其中身体素质是保证运动质量的生理物质基础，运动技术是基本条件，而心理素质是两者能够发挥作用的内部动力。平时没有良好的心理训练，获得一定的心理素质水平，即使具有较好的身体和技术水平，在比赛中也难以取得好成绩。运动实践表明，心理因素是运动员或学生在教学、训练和比赛中控制、调节自己的生理活动和技术动作的主导因素。原因如下：

(1)心理活动水平太低，就不能对生理活动和技术动作进行有效的控制和调节，在这种情况下，尽管具有较好的身体素质和技术水平，也不能使其充分发挥作用。

(2)如果心理活动水平过高，充足的生理活动能量会冲击心理状态，使其产生心理紧张，冲击肌肉动作，使其用力过大动作变形，造成比赛或训练的失误。

因此，必须用心理训练的方法，提高心理活动的强度(激活水平)，使其达到能进行自我控制、调节的水平，以适应教学、训练和比赛的需要。

(二)控制心理活动强度

运动实践表明运动员或学生在竞赛活动中，不仅要付出巨大的体力消耗，同时亦要承受极大的心理负担，良好的心理素质是身体素质、技术、战术等能否充分发挥的重要保证。在教学、训练和比赛中，要求运动员或学生具有一定的心理强度。如果心理强度不足，则无法实现对身体素质和技术动作的主导作用。但是这种心理活动的强度要适宜，不能太强，强度过高，会因对身体素质和技术动作的不适当调节造成失误。

在体育教学、训练和比赛中，一切运动技术动作的充分发挥都必须靠适宜的心理活动强度才能实现，也就是需要保持一定的身心力量平衡。如果失去平衡，由于身心任何一方超过了需要的限度，就会导致技术动作的变形，直接影响教学、训练和比赛的效果。因此，教师在教学和运动训练中，要对运动员或学生进行一定的心理训练，使其心理活动水平适合身体素质、技术动作的同步发展和提高，适应比赛的要求，始终维持身心力量的协调性。

（三）掌握和改进动作技能

在体育教学和运动训练中，学生对运动技术的学习，不单是对肌肉活动的训练，也是对大脑的心理机能训练，运动技术的学习过程实际上是智力活动和体力活动结合的过程。因此，心理训练和技术训练同等重要，并且二者是密切联系的。

（四）消除疲劳、恢复体力

在教学、训练和比赛中，运动员或学生承受了较大的运动负荷，因此在紧张的比赛活动和大运动量训练时，往往出现疲劳和体力不佳，心理训练有助于帮助他们消除疲劳和恢复体力。心理训练还能帮助运动员或学生克服恐惧、消除紧张和心理障碍。例如，生物反馈训练对消除过度紧张、恐惧和焦虑心情有很大作用，对治疗一些疾病也有好处，如通过“脱敏”训练就可使运动员或学生比较冷静地对待比赛等。心理训练对集中或转移人的注意力，调节和培养人良好的活动动机，发展人的意志品质等都有积极的作用。

第二节 排球运动员一般心理训练方法

凡是对某种心理现象施加影响，使其发生变化的措施都可称为心理训练。在体育运动中，由于运动员专项、年龄和个体心理特点的不同，对所从事的各个专项的运动员或学生进行心理训练时所采用的方法也应当有所不同。排球运动员的一般心理训练方法大体可以分为如下几种。

一、行为主义理论式训练

（一）放松训练

这是一种专心致志地使自己身心放松的方法。运动员、学生进行一次大运动量的技术、战术训练或比赛之后，他们的体力、脑力消耗很大，在一般情况下，这种体力和脑力的恢复可以自然完成。但是，往往在大强度的训练和激烈的比赛中，有的单靠自然休息还不能恢复体力、脑力，其产生的疲劳现象（主要是精神疲劳）会影响训练水平的提高和比赛成绩。实践证明，进行良好的放松训练，对有效地减缓和消除疲劳有重要作用。

1. 放松训练的概念

放松训练是以一定的暗示语集中注意，调节呼吸，使肌肉得到放松，从而调节中枢神经系统兴奋性的方法。目前人们普遍采用的是美国芝加哥生理学家雅克布逊首创的渐进放松方法、奥地利精神病学家舒尔兹提出的自生放松方法和中国传统的以深呼吸和意守丹田为特点的松静气功这3种放松方法。各种放松练习方法的共同点是，注意高度集中于自我暗示语或他人暗示语，深沉的腹式呼吸，全身肌肉的完全放松。

2. 放松训练的作用

（1）放松与暗示效应：放松练习后，大脑呈现一种特殊的松静状态。这种状态有别于日常的清醒状态、做梦状态或无梦睡眠状态，通俗地称它为半醒的意识状态。此时，人的受暗示性很强，对言语及其相应形象特别敏感，容易产生符合言语暗示内容的行为意向。

（2）身体放松与心理放松：人们在平时的日常生活中常有这样的体验，心理紧张时，骨骼肌也不由自主地紧张，如肌肉发抖僵硬，说话哆嗦，全身有发冷的感觉等，而当心理放松时骨骼肌也自然放松。由此可见，大脑与骨骼肌具有双向联系。因此，肌肉活动积极，从肌肉往大脑传递的冲动就多，大脑就更兴奋，准备活动就起这种作用。反之，肌肉越放松，向大脑传递的冲动就减少，大脑兴奋性就降低，心理上便感到不紧张了。

3. 放松训练的方法

放松训练的具体方法很多，如自我暗示放松训练、自律训练、肌肉骨骼放松训练、超觉静坐、催眠术等。进行放松训练时，一方面，以一定的自我暗示套语使肌肉得到充分放松，体会到四肢的沉重和温暖感，同时由于呼吸频率放慢而对心率、血压等植物性机能产生良好的影响。另一方面，当身心处于放松状态时，大脑皮层的兴奋度降低，同时借助于重复默念有积极肯定愿望的公式套语使意念更集中到放松的感觉上。心理放松训练可以有效地消除紧张情绪和神经系统的疲劳现象，这是一种调节身心、控制情绪的好方法，但必须坚持系统地反复训练，才能达到预期的效果，绝不是短时期内能够奏效的。

在自我暗示放松训练中，常用下列的放松语言公式：

（1）“我安静了，很安静了。”

（2）“我的双手放松、暖和了。”

（3）“我的双手完全放松、暖和了，不能动了。”

（4）“我的两腿放松、暖和了。”

（5）“我的两腿完全放松、暖和了，不能动了。”

（6）“我的肩、背、腰都放松、暖和了。”

(7)“我的肩、背、腰完全放松、暖和了，不能动了。”
(8)“我的颈部完全放松、暖和了。”
(9)“我的颈部完全放松、暖和了，不能动了。”
(10)“我的脸部放松、暖和了。”
(11)“我的脸部完全放松、暖和了，不能动了。”

放松后的启动语言公式：

(1)“我休息好了。”
(2)“我呼吸加快了。”
(3)“像有凉风吹拂过我的身体，很凉快。”
(4)“我的头脑现在很清醒，很舒服。”
(5)“我的胳膊、腿、肩、背、腰、颈、脸的肌肉都很轻松，有弹性了。”
(6)“我精力充沛要去训练了。”

然后深吸一口气，呼气时睁开眼，慢慢站起来走2~3 min，并做轻微的活动，以上最少重复两次，用逐渐提高和加快的声调连续默念两遍。如果在睡前练习放松，可不用启动公式，午睡时可在入睡前让脑子里出现起床时的时钟指针表现，到时间就能按时醒过来，练习越熟练，误差越小。如放松后要进入积极状态，可在启动公式中加进身体各部分开始发凉的句子，最后还可以加上“我越来越振奋”“我就像压紧的弹簧……”。

(二) 生物反馈训练

1. 生物反馈训练的概念

生物反馈（或生理回馈）是利用电子仪器将与心理生理过程有关的机体生物学信息（如肌电、皮电、皮温、心率、血压、脑电等）加以处理，以视觉或听觉的方式显示给人（即信息反馈），训练人们通过对这些信息的认识，有意识地控制自身的心理生理活动，即通过中枢神经系统调控以往难以调控的植物性神经系统（或自主神经系统）的功能或者调控运动行为。例如，运动员在训练或比赛中出现了情绪紧张，在生理上表现为植物性神经系统控制的机体部分发生一系列变化，如心率加快、血压升高、毛细血管扩张等。使用电子仪器显示各种信号（主要是视听信号），告诉运动员紧张情况下的主要生理机能反应，从而将紧张控制在适宜程度，这就是“生物反馈”的作用。

生物反馈训练不仅具有调整情绪状态、消除过度紧张、改善机体各器官系统机能的作用，而且可以提高运动感知能力，加速运动技能的形成，使技术动作更为协调。如运动员练习动作时，利用肌电仪让运动员在示波器上直接观察肌电变化，可以提高运动员的肌肉用力感觉，精确区分完成动作的用力肌肉、用力时间和用力强度，从而加速运动技能的形成与完善。在耐力性项目的运动中，使用心率监测仪使运动员能够直接听到自己的心率变化情况，以便调节和控制练习的强度。

2. 生物反馈训练

生物反馈是指人的活动结果又成为信息反映在头脑中。生物反馈就是使人知道内脏活动的信息，了解内脏器官活动的效果，从而学会控制内脏器官的活动。生物反馈训练又称“内脏学习”“自主神经学习”或“教育自己的内脏”。它是利用现代化电子仪器把自身内脏活动的信息显示出来，使自己知道并了解自己行动的效果，从而有意识地去控制行动。这种训练方法实际上是使训练者把生理功能变化的方向和自己的感觉联系起来，逐步学会在某种程度上调节自己的生理功能并向有利方向变化的训练方法。这种方法对消除过度紧张、恐惧和焦急心情很有作用，对治疗一些疾病也有作用。运动员或学生在训练和比赛时，往往出现情绪紧张等现象，这种现象必然在生理方面有所反应，特别是植物神经系统控制的各部分发生变化，如心率加快，毛细血管扩张，血压升高等。运动员或学生通过生物反馈训练学会如何控制自己的这些反应，进而消除紧张，使肌肉放松到理想状态和最佳的心理激活水平，同时也可以调节心率及血压，改善情绪状态。

这种方法的效果要经过较长时间的训练才能显示出来，因为对植物性神经系统进行调节和控制，时间太短是不行的。实践证明，生物反馈训练不仅可以稳定运动员的情绪，消除紧张心理，而且能加速消除疲劳。

(三) 系统脱敏训练

系统脱敏训练（或敏感递减训练）是心理治疗中的行为治疗方法之一，可用于特殊领域的焦虑或恐惧症，其理论依据主要是沃尔普等人提出的相互抑制原则。沃尔普认为，神经症习惯是在引起焦虑的情境中把中性刺激与焦虑反应相结合而习得的。如果在有引起焦虑刺激的情况下产生一种与焦虑不相容的反应，比如放松、自信等，那么刺激与焦虑反应之间的联系必将减弱，他称这个过程为相互抑制。一个人不能同时既紧张又放松，处于完全放松状态时，本来可引起焦虑的刺激也会失去作用，即对此刺激脱敏了。在体育运动领域运用系统脱敏技术，可以帮助运动员解决一些情绪问题，如赛前焦虑。以整体环境为主，叫情境表象，也可以表象个人运动动作为主，称为动作表象，前者旨在提高情绪控制的能力，后者旨在提高运动技能，当然，两者往往是交叉的。

二、认知理论式训练

(一) 表象训练

1. 表象训练的内涵

表象训练是教练员、运动员和体育运动心理学工作者运用得最为普遍的一种心理技能训练方法，被视为心理技能训练的核心环节。它是在暗示语的指导下在头脑中反复想象某种运动动作或运动情境，从而提高运动技能和情绪控制能力的方法。表象训练有利于建立和巩固正确动作的动力定型，有助于加快动作的熟练和加深动作记忆；赛前对于成功动作表象的体验将起到动员作用，使运动员充满必胜的信心，达到最佳竞技状态，这有助于消除肌肉酸痛和单调乏味的感觉。

2. 表象训练的依据

念动现象及心理神经肌肉理论是当产生一种动作表象时，总伴随着实现这种动作的神经冲动，大脑皮层的相应中枢会兴奋，原有的暂时联系会恢复，这种兴奋会引起相应肌肉进行难以觉察的动作。运动表象时引起的这种运动反应称作观念运动反应（或念动动作）。

3. 表象训练的方法

表象训练也称念动训练、回忆训练或想象训练。念动训练主要是运动员或学生有意识地、积极地利用自己头脑中已形成的运动表象，并配合适当的语言暗示进行训练的一种方法。运动表象有的也称动作表象，它是综合的表象，包括视觉表象（如动作的形态、过程）和动觉表象（如内部用力感觉、节奏）。念动训练时往往配合有语言暗示（如关键要领），语言可制成“套语”，使之固定化、程序化。这种内部重复演练动作表象的训练过程，能使表象过程中相应动作部位产生肌电活动。因为在人的大脑中产生一种动作表象时，总是伴随着实现这种动作的神经冲动，大脑皮层的相应中枢就会产生兴奋，原有的暂时联系会恢复起来。这种兴奋会传至相应的肌肉引起难以觉察的动作。这种产生运动表象时所引起的运动反应，称作“观念运动反应”，也叫“念动动作”。运动实践证明，进行念动训练所产生的效应，有利于建立和巩固正确动作的动力定型，从而有利于加快动作的熟练和加深动作的记忆。在赛前对成功动作的表象体验（念动训练）能起到动员作用，可使运动员或学生逐渐恢复到最佳竞技状态。为此，应注意以下几点：

（1）运动表象愈清晰准确，完成的动作就愈准确。在头脑中准确地重现出某个动作形象并不是一件容易的事情，运动员或学生要在这方面进行反复练习。

（2）运动表象必须是视觉和动觉相结合的综合表象。如果只呈现视觉表象，那么念动训练的效果就会受到影响。通过实际练习，运动员或学生可进行自我检查与对比，以提高运动表象。

4. 运动表象的形成过程

运动表象的形成过程分为两个阶段，在建立阶段，运动员首先形成有关动作的大致轮廓，但动作的时间、空间、力量特点都不太清楚，主要成分是视觉表象；在相对准确化阶段，运动表象中反映的动作时间、空间、力量特点逐渐清晰，主要成分是动觉表象。

（二）认知调节训练

一般来说，运动员情绪的调节与控制可以从两个方面着手：一是采用以生理调节为主的方法，如放松训练；二是采用以认知调节为主的方法，如本节将要介绍的合理情绪调节训练和暗示训练，这种认知调节训练，就是要提高运动员对情境评价与处理问题的能力以在复杂的比赛情况下依靠运动员自己解决问题。

认知调节训练，也可称为认知—行为调节训练，源于20世纪50年代开始发展起来的行为矫正技术，行为矫正是连接临床心理学和实验心理学的主要桥梁，在早期，这一领域中的大部分工作都是应用实验室中的学习理论来解决行为问题。约瑟夫和沃尔普的工作也许是此类方法的典型代表。众所周知，行为主义者关于人类行为的看法和态度同斯金纳的观点有密切关系，这种观点强调外显的行为，而对思维和情感则不屑一顾，认为这些内部行为难以用系统的科学方法进行研究。

一般来说，认知行为调节过程有4个阶段。第一个阶段是探查阶段，此时，心理学家要了解服务对象各方面的情况，比如，他是如何看待周围世界的，是如何建立和组织自己的认知系统的。第二个阶段是教育阶段，此时，心理学家帮助服务对象建立一种新的认知模式，把问题看作是可以解决的，并采取具体的方法解决问题。第三个阶段是巩固阶段，继续进行帮助。第四个阶段是评价阶段，评价帮助措施和服务对象的行为变化在他生活中的意义。当然，这4个阶段并无明显区分，新问题的产生或旧问题的解决都可能导致人们在这4个阶段之间的不断跨越。

（三）暗示训练

暗示训练是利用言语等刺激对运动员的心理施加影响，进而控制行为的过程。我国的气功与印度的瑜伽运用了许多自我暗示的方法，19世纪初，德国学者舒尔茨到印度，对瑜伽的暗示法进行了调查研究，他回国后，在给病人治疗时，把患者分为给药组和给药加暗示组，经过一段时间治疗发现自我暗示对疾病治疗有显著效果。他在1932年出版了《自我暗示训练》一书，从而揭开了对自我暗示进行科学研究的序幕。

运动心理学的研究表明，自我暗示能够提高动作的稳定性并能增加成功率，有的运动员在训练日记中回忆说："我为了要消除赛前的惊慌，使大脑安静下来，我的暗示口诀是：镇静，镇静，镇静就是胜利；我相信我的力量，我一定能取得胜利。"

三、模拟训练

模拟训练实际是一种适应性训练（或称为脱敏训练），这是将训练安排在与比赛条件相似的环境下进行的一种训练方法，能使运动员逐步适应比赛的特殊环境，有利于提高临场的表演效能及比赛水平。同时，通过模拟训练，排除运动员或学生参加比赛时产生的不良心理状态。为了达到这个目的，必须对即将参加比赛的对手、场地、设备、照明、器材、观众、气候、时间等条件掌握得十分清楚，才能进行模拟训练。模拟时还要注意在生理、心理、环境等各方面尽量做到与赛前实际情况类似。

模拟有实战实景模拟和语言形象模拟两种。实战实景模拟就是创造与比赛实际相类似的条件进行训练，培养运动员的适应能力。如条件许可应使运动员提前到达比赛地点和场地进行训练，或者到与比赛地点的气候、环境相类似的地方进行训练，和比赛同样要求的测验，制订和执行与比赛地点“时间差”相同的作息制度，都属于实战实景的模拟训练。语言形象模拟是利用语言来描绘未来竞赛时的情形，对手的行动和自己的行动，这种模拟要配合图表、图片、照片、录像、电影等，使之具体化。经过模拟训练，有利于技术战术从运动训练场转移到比赛场上。

在模拟训练中，由于项目不同，采用的模拟训练方法也有所不同。如在一对一的项目中，可以选择一些适当的竞赛对手进行“实战”训练。这些训练都应在模拟的类似条件下进行。我国运动员在出国比赛之前，也曾做过模拟训练的尝试，包括对运动员作息时间的安排，在比赛中可能出现的问题，环境因素的干扰等，都进行了设计，这对克服运动员的紧张心理和对比赛环境的适应都是大有好处的。

四、其他心理训练

（一）集中注意力训练

注意力集中是坚持全神贯注于一个确定目标，不为其他内外刺激的干扰而产生分心的能力。

运动员注意力的集中是非常重要的。根据实验研究，注意力集中能力对射击运动员提高运动成绩十分重要。注意力集中的能力包含意愿的强度，意愿的延长和注意力集中的强度，注意力集中延长这4个方面。注意力集中的强度依赖于精神机能，而注意力集中的保持和延长却取决于肉体机能。当精神疲劳时，注意力集中的强度就变弱，当肉体疲劳或有病时，注意力集中的延长机能就降低，当情绪不好，杂念多时，注意力也难以集中。因此，注意力的训练是一个综合的努力过程，所采用的训练方法也是多方面的。

实验研究指出，行之有效的集中注意力的训练应注意以下几个方面：

（1）对从事的活动要有强烈的兴趣，来自内部的兴趣动机更能使人全神贯注。

（2）在日常生活中养成办事有头有尾，不能有见异思迁的习惯。

（3）练习视觉守点、听觉守音的集中能力。

（4）在比赛中把自己忘掉，用身体体会进入集中注意力的境界。

（5）在比赛中把环境忘掉，不是想比赛和名次，而是如何敏捷地做动作。

（6）消除担心、害怕心理及其他原因，避免情绪波动。

此外，在心理训练中有的学者研究，采用看手表、注意物体、注视墙上的圆圈等方式的练习也颇有成效。看手表的练习是指先看表的秒针，注意力集中在秒针上，先看1 min、2 min、3 min，找出自己能坚持注视秒针的时间。如注意力始终不离开秒针能坚持1.5 min，把这个时间记下来，然后进行练习时，每次坚持1.5 min，连续3~4次，每次练习后休息10~15 s，经过多日训练，每次练习的时间逐渐延长，当能集中注视秒针达到5 min后就转入注视分针的练习，当能集中注视5 min时，说明集中注意力得到提高，这样的练习可以在任何时候进行，尤其是在大脑疲劳、注意力不易集中的情况下进行练习，会收到更好的效果。

（二）智力训练

智力是人们在掌握和表现运动技能的过程中必须具备的心理特征，从中国学者的研究中可以看出这样3个研究特点：第一是智力结构中的一般因素或一般智力发展水平；第二是测量工具多为标准化的智力测验，如韦氏智力量表和瑞文标准推理测验；第三是多数学者认为体育活动能够促进人的智力发展。

根据国内外研究结果，可归纳出如下一些趋势：

（1）高水平运动员具备中等或中等以上水平智力。

（2）体育专业学生的智力发展水平与文理科学生的智力发展水平无显著差异。

（3）运动专项不同，取得优异成绩所要求的智力特征也不相同。

（4）运动技能的类型不同、水平不同，智力因素对技能获得的影响也不相同。

（5）运动技能学习阶段不同，智力因素对掌握运动技能的影响也不同。

（6）智力缺陷儿童的智商分数越低，技能操作成绩也越差，掌握运动技能也越困难。

（7）在所完成的操作任务难度和智商分数之间有中等程度的智商到高的智商的相关。

上述定义强调我们应当在具体运动情景条件下来把握和理解运动智力，另外“必须具备的心理特征”主要是运动员的认知因素，即与运动信息加工过程中编码、储存、提取、决策问题有关的知觉、注意、记忆和思维等因素。

另外，正确理解运动员的智力水平具有重要的意义，它有助于消除某些人认为运动员“四肢发达，头脑简单”的错误观念，有利于运动员的选才工作。在选才工作中，不但要关注运动员是否具备了成为高水平运动员所必须具备的中等以上的智力发展水平，而且更关注运动员在具体运动情境中解决问题的能力。对运动员智力的正确理解，还可以使我们正确认识体育运动与智力发展的关系。

（三）意志训练

人的意志品质是决定人心理的一个因素。在训练中可以有意识地设置一些快速变化的困难，培养运动员当机立断，正确估计危险程度，毫不犹豫完成决定的果断精神。克服主观困难的方法可采用说服教育、榜样作用、自我命令等。克服困难的方法可采用改变负荷、练习难度，降低要求和环境条件的改变等。在训练中锻炼并提高运动员的自制能力，使其能自如地控制情感，养成坚定的意志品质，保证运动员在比赛中能充分发挥其竞技能力。

（四）表情调节

表情调节是有意识地改变自己面部和姿态的表情以调节情绪的方法。情绪状态与外部表情存在着密切有机的联系，因此有“情动于中而形于外”的说法。情绪的产生会伴随一系列生理过程的变化，并因而引起面部、姿态等外部表情。如愉快时兴高采烈，笑容满面，手舞足蹈；愤怒时横眉竖眼，咬牙切齿，紧握双拳；沮丧时垂头丧气，肌肉松弛，萎靡无力等。既然情绪状态与外部表情存在着密切而有机的联系，我们就可能通过改变外部表情的方法而相应地改变情绪状态。如感到紧张、焦虑时，可以有意识地放松面部肌肉，不要咬牙，或者用手轻搓面部，使面部肌肉有一种放松感。当心情沉重、情绪低落时，可以有意识地做出笑脸，强迫自己微笑，假使做不到，可以看看别人的笑脸，或者想一想自己过去最高兴的某件事，也可以想一想自己过去最得心应手的比赛情境。

（五）活动调节

大脑与肌肉的信息是双向传导的，神经兴奋可以从大脑传至肌肉，也可以从肌肉传至大脑。肌肉活动积极，从肌肉向大脑传递的冲动就多，大脑兴奋水平就高，情绪就会高涨。反之，肌肉越放松，从肌肉向大脑传递的冲动就越少，大脑的兴奋性就降低，情绪就不会高涨。活动调节利用不同速度、强度、幅度、方向和节奏的动作练习，也可以控制运动员临场的情绪状态。例如，情绪过分紧张时，采用一些强度小、幅度大、速度和节奏慢的动作练习，可以降低情绪的兴奋性，消除过度紧张。情绪低沉时，可采用幅度小、强度大、速度快和节奏快的变向动作练习，通过反复练习，可以提高情绪的兴奋性。

（六）音乐调节

通过情绪色彩鲜明的音乐控制情绪状态叫音乐调节。音乐能够影响人的身心健康，这一概念早已为人们所接受。例如，人们可以听着催眠曲进入梦乡，唱着歌曲减轻繁重体力劳动造成的疲劳等。研究表明，音乐能使人产生兴奋、镇定、平衡3种情绪状态。音乐给予人的“声波信息”，可以用来消除大脑工作所带来的紧张，也可以帮助人们内在地集中注意力，促使大脑的冥想状态井然有序。因此，人们喜爱的曲子或一种具有特殊节奏的音乐，可使人身心放松，也可以使人身心兴奋处于机敏状态。运动员赛前如果有异常的情绪表现（如过分紧张），听一段轻音乐或喜爱的歌曲，往往能起到调节情绪的良好效果。

(七)呼吸调节

通过深呼吸有可能使运动员的情绪波动稳定下来。情绪紧张时，常有呼吸短促现象，特别是过于紧张时运动员常有气不够喘或吸不上气来的感觉，这是呼气不完全造成的。这时可以采用缓慢的呼气和吸气练习使情绪的兴奋性下降。情绪低沉时，可采用长吸气与有力的呼气练习提高情绪的兴奋水平，这就是呼吸调节。这种方法之所以奏效，是因为情绪紧张时，呼吸快而浅，由于快呼吸，使体内吸入大量氧气，呼出大量二氧化碳，问题在于二氧化碳呼出过多，会使血流中的二氧化碳失去平衡，时间一长，中枢神经便迅速做出抑制性的保护性反应，这时，采用加深或放慢呼吸频率的方法来消除紧张，经过一小段时间后，就会得到情绪稳定的效果。

(八)颜色调节

在竞赛中也可以利用联觉现象通过颜色调节运动员的心理状态，即为颜色调节。例如，过分紧张时，看绿、蓝、紫色，具有镇静作用，设法用绿毛巾擦汗，饮用绿色的饮料，到蓝色环境中休息一下，可使过度兴奋得到缓解。如果运动员临场精神状态不振，则应多给以红色或黄色刺激。排球运动比赛所用球由原来的一种浅色改为现在的彩色球，除了适应电视转播和利于运动员判断球旋转方向外，也是为了调节运动员枯燥的训练，在视觉上增加色彩的刺激，从心理上起到振奋情绪的作用。排球运动员现在的比赛服与以往相比，也是多彩多姿，其中也有用颜色调节心理的原理。

(九)语言调节

语言调节或称暗示调节，是使用语言对心理活动施加影响的方法，也可用手势、表情或其他暗号来进行。暗示现象在日常生活中有着广泛的作用。暗示不仅对人的心理和行为产生影响，还可以影响到人的生理变化，暗示作用有积极的也有消极的。

暗示可分为自我暗示和他人暗示。竞赛之前和竞赛之中，教练员与运动员应尽量用积极语言分析对手情况，制订战术，树立信心。避免使用消极词语，如用“我很镇静”代替“我不紧张”，用“我充满力量”代替“我还没有疲劳”，用“我站得很稳”代替“千万别摔倒”等。教练员应十分注意自己的手势、姿态、脸部表情和眼神，这些都是传递暗示信息的媒介，可能对运动员的心理带来重要影响。如中国女排国家队前主教练陈忠和就深谙此道，女排姑娘们比赛时，他在场外总是一副笑脸，及时地给予鼓励和安慰，不断调节队员的情绪，使她们始终处在积极向上、奋勇拼搏的情感当中。同时，运动员自身的表现也可能对队友产生影响。

第三节 排球运动员比赛心理训练方法

一、赛前心理训练方法

（一）运动员赛前心理状态分析

竞赛是一种特殊的体育活动形式，运动员的体力和心理都处于高度紧张状态。这些都对运动员心理产生不同程度的影响，使心理状态发生变化，随着比赛期的临近，这种变化和影响日益显著，有时出现在赛前几天或几小时，其表现形式多种多样。根据运动员参赛的实际情况，一般可分为4种心理状态。

1. 振奋积极状态

这是一种有利于比赛的心理状态。运动员对比赛的目的、任务明确，有强烈的责任感。其表现为：劲头十足、精神饱满、积极性高、注意力集中、渴望发挥自己的力量、坚信自己在比赛中能够获胜或取得好成绩，同时也能清楚地了解和评价自己技术上的优、缺点以及在比赛中如何应对各种变化。这种战斗的心理状态，使运动员的生理状态、心理状态都处于高水平（心血管、呼吸系统），兴奋和抑制处于最佳状态，其兴奋正好达到比赛所需要的程度，而不超过能控制自己动作的界限。他们在即将到来的比赛中，能尽最大的努力完成任务，比赛成绩往往能达到或超过预期的水平，这种状态突出的一点是想比赛的情绪，对于参加比赛，不认为是负担，而感到是一种快乐的情绪体验。

2. 紧张胆怯的状态

这是一种不利于比赛的心理状态。运动员对即将到来的比赛表现为忐忑不安、过度兴奋、情绪急躁、不知所措、头脑昏沉、注意力不集中，对表现自己原有水平和战胜对手缺乏信心。生理方面也会出现呼吸急促、脉搏加快、血压升高、失眠厌食、手或腿发抖、浑身打战、口渴等现象，在比赛中能力下降、动作失常，比赛是在失控的状态下进行的。这种状态一般发生在训练水平低或新手身上。此外还有其他因素，如重大比赛怕输后受领导或教练的训斥，观众与亲友来捧场，过多地考虑比赛的胜负和个人的得失，从而产生心理压力。从生理机制上分析，兴奋度低，大脑皮层信息传送不充分，或兴奋过头，信息传送也过头，正确而合乎要求的应是大脑皮层机制表现在两者之间的兴奋度上。

3. 消极淡漠状态

这是一种较差的心理状态。运动员对即将到来的比赛抱着消极逃避的态度，责任心不强，态度淡漠，不想参加比赛，注意力分散。从某种意义上讲，就是处在没有战斗意志或意气消沉的状态中。运动员赛前感到全身无力，兴奋不起来，准备活动后，仍没有竞赛的欲望，心理状态处于低水平。这种状态的运动员，在比赛中反应迟缓，动作节奏慢，没有争取胜利的欲望，更谈不上以最大努力去完成任务，比赛成绩至多达到自己原有的一般水平。产生这种状态的运动员，大多对比赛目的不明确，对自己失去信心或认为比赛无所谓，责任心差以及其他客观因素而造成的。

4. 盲目自信状态

这种状态是对即将到来的比赛困难估计不足，过高地估计自己的力量，盲目自信，在比赛中随随便便，不能充分地动员自己全部力量去克服困难，去认真面对比赛。注意力不集中，注意强度下降，知觉和思维迟钝，虽然情绪是饱满的，但属于盲目乐观。其产生的原因主要是指导思想不对头，掌握了解的情况不全面，过低估计了对手的实力，或者是运动员的自身傲气和目中无人。

从以上4种赛前运动员的心理状态的表现可以看出，它们对比赛成绩各自都起着不同程度的影响。针对以上几种表现，就要相应地采用一些心理训练方法来调整或使运动员形成一种赛前的优良心理状态，使其在比赛中能更出色地发挥自己的水平。

（二）运动员赛前心理训练方法

运动员的心理训练是一个教育过程，一般不使用仪器和药品，其方法主要是利用言语或文字暗示，通过第二信号系统来调节中枢神经的兴奋性，在比赛前使用效果甚佳。

1. 放松训练法

放松是一项最基本的心理技术，是各种心理训练的基础。它包括精神放松和肌肉放松两个方面，两者是相互联系，互相影响的。因为人体是一个统一的有机体，精神（心理）和肌肉的联系是双向传导的，信号不仅从大脑传至肌肉，也从肌肉传至大脑，肌肉越紧张，大脑则越兴奋，精神（心理）也越紧张；反之，肌肉放松，精神（心理）也越安静、越放松。根据这一原理，放松训练可由两个渠道进行：第一个渠道是通过精神（心理）放松而导致肌肉的放松，以顺利完成技术动作和解除疲劳；第二个渠道是通过肌肉的放松而导致精神（心理）上的放松，以保持良好的心理状态，使运动员在比赛中获得最佳的运动成绩。在进行放松训练时，一定要与自我暗示相结合，即利用语言对身体机制进行调节，自己对自己说话，发出“命令”，这样可以增加放松的效果。放松训练，不仅可使运动员消除赛前身心紧张状态，使其协调自如地参加训练和比赛，而且也是消除训练和比赛疲劳的有效手段。

2. 集中注意力训练法

集中注意力就是把思想全神贯注地集中到某个事物上，这时，各种与注意焦点无关的事物或杂念会暂时被排除，运动员在赛前能够高度集中注意力，这是获取比赛优异成绩的关键因素。一般情况下，集中注意力的训练，应当安排在掌握放松技术的基础上进行，每次训练前应当让运动员先放松，使其感到安静、舒适后再施以集中注意力的训练。

3. 想象训练法

想象训练法也叫作意念训练法，是美国科罗拉多州立大学心理学家理查镕苏因率先提倡的，其目的在于让运动员在赛前的头脑里进行一次“身临其境”的比赛，让运动员在头脑里想象比赛的技术和完成技术动作的典型条件，对产生预期成绩的全部动作技术过程和情绪感受，进行反复的想象、体验和心理反应。通过想象训练可加速提高掌握动作的质量，形成完整动作的准确性。经常进行想象训练，不仅可以增强运动员对动作技术的熟练程度，而且可以巧妙地处理情绪和杂念。但在进行想象训练时须注意两点：第一，运动员在想象中所完成的技术动作必须是正确的、理想的、成功的动作技术。如果想象中出现错误或失败动作，那么实际操作中也有可能出现，这就是心理障碍的理论依据。第二，运动员在想象过程中，完成动作技术与克服消极情绪同步进行。也就是说，在进行想象训练时，如果出现胆怯、害怕等情绪时，应立即加以克服，要始终想象正确的动作技术和成功的比赛。

4. 模拟训练法

模拟训练法是指将训练与正式比赛在条件相似的环境下进行的一种心理训练方法。这种按实际要求进行训练的形式，可以有效地提高运动员临场比赛的适应能力。模拟训练通常有两种方法：第一是现实模拟，即运动员在比赛形式、比赛对手、比赛时间安排以及气候情况、场地器材设备等各种因素都与正式比赛相似的情况下进行训练；第二种是通过录像、电影、图片、录音、语言等手段进行模拟训练。通过模拟训练，教练等人可以及时发现运动员在赛前各种身体素质、技术水平和心理状态等方面的问题，从而可以及时得到改进和弥补，这对正式比赛时发挥应有的技术水平是很有益处的。同时，通过模拟训练可以增强运动员参加比赛的信心与斗志，以及改善运动员的自我控制能力等。有与比赛任务相适应的神经兴奋过程，并反映出良好的心理过程，如感、知觉的灵敏性提高，观察深刻，注意力集中，注意范围扩大，思维过程清楚、敏捷，具有稳定而深刻的增力情绪，动作反应迅速准确，体力和意志力都能得到最大限度的发挥，这是比赛之前最好的前提条件。这种最理想的赛前状态，是运动员长期科学训练和严格要求的结果，是心理训练的成绩，是运动员自我控制和调整的有效表现。

二、赛中心理状态的分析及调控方法

在激烈的比赛过程中，运动员随着竞争形势的变化，明显地表现出各种不同的心理状态。从球类运动员参与临场比赛的过程和从对手实力强弱及暂时面临的形势来看，运动员心理状态的变化有以下几种情况：斗志旺盛，并能充分控制自己的行动，全力以赴投入战斗；由于争夺激烈，胜负难分，运动员的心理状态也随着变化而出现一定程度的紧张时，有的运动员则能随时进行自我调整，始终保持适宜的激活水平，充分发挥出技术水平；有的运动员，由于战局紧张，导致情绪紧张，情绪上的拘谨容易引起行动上的犹豫，往往贻误战机，使其思想上担心出错而更容易出现错误。此时，需要教练员及时地给予指导以消除思想上的顾虑。

(一) 临场替补队员的心理状态特点

由于主要替补队员经常上场，对于上场的任务和教练员的指导意图比较明确，对场上的情况观察得比较详细，思维过程清楚，情绪比较稳定，心理上的准备充分，决心大，信心足，上场能够发挥自己应有的作用。平时很少上场的运动员，由于缺乏比赛实践锻炼，面临场上竞争激烈的形势时，一般心理比较紧张或者胆怯，往往不知所措，不能得心应手。对此，教练员要多多鼓励，布置的任务要具体而明确，使其上场后能放开手脚，大胆投入比赛。有些年轻运动员性格开朗，求战心切，敢于在赛场上发挥自己的才干，和强手争高低，虽然在技战术上还不够成熟，但由于他们的积极性高，主动性强，能够在赛场上发挥一定的作用，这类年轻的运动员往往成长得比较快。

(二) 对手的实力情况

在对手实力较差而本方实力雄厚时，运动员极容易出现麻痹大意、草率轻敌的情绪，思维过程不深刻，注意力不能很好地集中，意志力量也不足，激活水平较低，技术动作比较随便，比赛的心理强度小，总想轻而易举取得胜利。一旦遇到困难，就会产生情绪的波动，难以进行自我控制和调节，致使动作和阵势紊乱。

如果碰到的对手实力较强，己方实力稍差时，运动员往往会出现两种不同的心理状态：一种情况是心理准备充分，不畏强敌，勇猛顽强，敢于碰硬，果断善战，扬长避短，注意灵活，思维敏捷，战斗积极性较高，斗志旺盛，激战情绪高涨，克敌制胜。另一种情况与此相反，心理上虽然有充分准备，但往往被对方的气势所压服，动摇决心，情绪波动，缺乏战斗勇敢顽强和果断行为，从而使思维的效能减弱，不能更好地进行分析判断和采取相应的对策，束手无策，处处被动。

当与对手实力相当时，运动员往往会产生想赢怕输的思想，其心理活动也会出现两种不同的状态，一种是心理准备充分，没有思想包袱，一心想赢，不怕困难，敢于拼搏，并能针对对方的缺点，采取恰当的战术策略，激发出自己的潜在力量，以高涨情绪力争取胜。另一种情况是在心理上有一定的压力，怕输，内心忐忑不安，情绪不稳定，怕发挥不好而影响全队，怕埋怨，因而小心谨慎，放不开手脚，发挥不出自己的水平，被动受敌而败北。

(三) 临场比赛的形势

处于领先优势时，运动员的心理状态也会出现不同的变化。其主要表现是：全队充满信心，头脑清醒，士气高涨，思维敏捷，注意力集中，情绪稳定而适度紧张，斗志旺盛。运动技术发挥得心应手，不断扩大战果，力争取得胜利。也有的运动员因一时的优势而产生

“松”的情绪，满足于暂时的胜利，防守松懈，进攻上无力，对可能产生变化的局面准备不足，当对方逐渐从落后状态直追上来时，往往又会产生急躁情绪，有的运动员因觉察到变化的原因，自尊心受到了影响，而表现出一种激愤情绪，立即动员自己的全部力量，奋力拼搏，克服内外一切障碍，压倒对方，保持领先的优势。但也有的运动员，表现出紧张而急躁，动作失调，进攻单一，成功率不高，防守因急躁频频犯规，情绪低落，缺乏反攻的坚强意志，甚至无力扭转战局，最后出现意想不到的败局。处于落后被动地位时，运动员并未丧失斗志，头脑清醒，全队及时调整阵势，果断运用积极的策略措施，精神大振，士气旺盛，全力以赴拼搏，积极发挥技术特长，情绪热烈，以增力情绪不断提高战绩，扩大战果。但有的运动员面对落后被动的形势，失去了比赛取胜的信心，情绪低落，缺乏应有的主动性、积极性和拼搏的斗志，手足无措，处处被动挨打而失败。当比分从落后向上明显的转化时，运动员往往斗志增强，积极性较高，全身力量倍增，情绪高涨，技术战术不但得到充分发挥，而且具有一定的威力，顽强的意志品质等起到了巨大作用，尤其是当比分追至相持阶段时，运动员如能发挥正常，拼搏到底，即可取胜。当战局处于相持或决战阶段时，运动员心理状态的主要特点是，意识到比赛是在紧要关头，头脑十分清醒，思想上高度集中，知觉的敏锐性提高，思维、判断极其敏捷准确，情绪饱满。

三、赛后心理状态的分析及恢复

运动竞赛的成功或失败，都会使运动员在比赛后产生各种各样的心理活动，并伴随着各种情绪体验。尤其是重大比赛的成绩，对运动员来说是最强的心理刺激，它在大脑皮层中的痕迹作用可长达1~3个月，甚至有的运动员因一次失败造成心理上的某些创伤，从此一蹶不振而中断运动寿命。因此，如不重视比赛后运动员心理状态的分析和及时调整，优胜者常常陶醉于欣喜兴奋之中，失利者往往陷于沮丧苦恼的境地，不仅影响正常的生活和训练，甚至出现伤病事故。由于运动员的个性特点和具有不同的意识倾向，在比赛后的情绪体验不同，所产生的心理状态也不同，一般来说，无论是比赛的成功者或失败者，其情绪体验都有积极和消极两个方面。

（一）胜利后的情绪体验

1. 积极的情绪体验

对胜利的优越感，对所获得成绩的满足感，出现愉快的心境与振奋感，对以后训练提高的迫切感和为今后参加比赛取得更好成绩的自信感等。

2. 消极的情绪体验

对取得成绩表现出自夸自大、盲目自信、骄傲自满，对自己的水平估计过高，轻视他人，看不到自己的不足及缺点，对下一步的训练与提高漠不关心，对以后的比赛不愿付出更大的努力，产生“到顶”的情绪体验。

（二）失败后的情绪体验

1. 积极的情绪体验

对比赛中的失利原因能正确认识，从失败中吸取教训，总结经验，有决心克服自己的缺点，学习别人的长处，努力提高自己的运动技术水平，下定决心刻苦训练，争取下次比赛获胜，表现出稳定情绪和迫切感、责任感。

2. 消极的情绪体验

对失败不满、苦恼，极不愉快，体力衰竭，无精打采，丧失信心，甚至表现出某种委屈情绪，患得患失，怨天尤人。

（三）赛后心理恢复

运动员在比赛中要承受较大的身体和心理负荷，赛后需要心理调整。目前常用按摩、理疗等，这些手段都是对机体各部组织进行的主动和被动的机械性恢复，只能反射性地改善和调节中枢神经系统的机能，而不能主动地对中枢神经系统产生直接影响。长期以来，人们对运动员训练和比赛后出现的生理疲劳进行了较为系统的研究，但对运动员由于心理紧张和心理压力而产生的心理疲劳却未引起足够的重视，也很少有人采用心理手段来消除。

1. 通过认知调整比赛所带来的消极心理反应

在运动竞赛中，成功与失败是竞技体育中永恒的主题。研究表明，在运动竞赛中，运动员的身心处于高度紧张状态中，所有的心理过程都进行得异常迅速、激烈、活跃。高度紧张贯穿运动竞赛的始终。运动员不论是赛前所出现的紧张，还是赛后出现的心理异常，通常都是一种暂时的心理现象，是人的一种情绪状态。而且多是由于对比赛各种刺激因素及本人参赛的条件，做出具有威胁性的自我评价并形成某种强大的心理压力而产生的，因此要教会运动员学会认知，正确看待比赛的胜负，以防止胜利后运动员的兴奋陶醉和失败后运动员的沮丧对将来训练和比赛的消极影响。消除不正常的进攻心理，比赛时运动员的拼搏和进攻性不会即刻消失，在失败的运动员身上表现得更为突出，必须注意疏导。提高运动员的自我认识，克服盲目自大，防止丧失信心。

2. 运用语言暗示及时消除比赛后的心理疲劳

随着竞技体育的发展，比赛越来越激烈，运动员长期承受较大的心理压力，表现出心理疲劳现象。当运动员产生心理疲劳时，主观感觉乏力、意志减弱、情绪不安、烦躁易怒、对训练和比赛兴趣减退等，产生心理疲劳后，经过适当的调整，其疲劳能够得到康复。如果疲劳得不到恢复，心理疲劳持续积累，会对运动员产生负面影响。语言暗示对消除比赛后的心理疲劳起着非常重要的作用，运用语言暗示可以采用自我暗示诱导放松，也可以采用他人暗示（如利用录音带）诱导放松，这样使运动员的精神和肌肉就可以在语言的诱导和音乐的良性刺激下充分放松，并使大脑入静，从而调节大脑有序地工作。

3. 运用生物反馈训练法进行心理康复训练

生物反馈训练法是利用电子仪器把运动员内脏活动的信息显示出来，使自己了解行动的效果，它是一种消除过度紧张的心理训练。运动员在比赛中或比赛后，他们的心理状态有时是不正常的，这从生理机制上得到反应，如心率加快、毛细血管扩张、血压升高等。通过电子仪器显示的各种信号，运动员了解自己在紧张情况下的一些主要生理反应，从而学会如何控制生理机能，进而消除精神的紧张。目前，运动心理学界用遥测、皮肤电阻变化等信息进行反馈。如利用肌电反馈，当肌电信号明显减弱，训练者根据灯光渐灭、声音渐小或图像逐渐平稳就知道自己逐渐放松，努力体会放松的感觉。但需指出的是运动员掌握这种方法，需要经过长期的训练，因为它是属于中枢神经系统对植物性神经系统的调节和控制的过程，绝不是短期训练所能达到的。因此，生物反馈训练必须与其他康复训练结合进行，才能取得较好的训练效果。

4. 利用催眠术进行心理康复训练

催眠术是通过心理暗示的方法，使受术者的心理活动达到某种境界，呈现一种介于觉醒和睡眠之间的特殊心理状态。在这种状态下，受术者思维狭窄、意识恍惚，能与施术者保持密切的感应关系，对施术者的每句话、每个字全部接收，绝对服从，对外界的干扰毫无反应。催眠主要是通过一些单调、重复、刻板的刺激和反复运用一些表明生理睡眠的词语，使受术者的听觉、视觉或触觉产生疲劳，诱发不同程度的催眠现象。用于消除心理疲劳的催眠术，可以在运动间歇或运动后进行。催眠用于消除疲劳能起到令人惊奇的效果，无论是在训练后、比赛间歇还是比赛后使用自我催眠或他人催眠，都能迅速消除疲劳和继续保持充沛的体力。

5. 通过想象放松训练，解除心理疲劳

想象放松是指运动员想象自己处在某种使他们感到放松的环境之中。运动员仰卧、四肢平伸，处于安静状态，闭上眼睛，注意集中在大脑所想象的事物上，这种技术的目的是改变人的心理环境。

6. 通过自我心理调整练习，进行心理康复训练

自我心理调整是指借助语言暗示以及与语言一致的思维形象作用于人自身，改变情绪反应以及各器官和系统的机能状态，词语以肯定的方式影响人的自我感觉和活动能力，是心理自我调整方法的基础。自我心理调整有两个方面，即自我说服和自我暗示。首先，要通过呼吸调整和语言暗示进入朦胧状态，在这种状态中，大脑对语言以及语言相联系的思维

形象特别敏感；其次，要学会高度集中注意力。神经—肌肉心理练习的目的是使运动员学会有意识地校正体内某些自动化过程，同时，这种练习有利于心理恢复。

7. 通过音乐调节法，进行心理康复训练

音乐能够影响人的大脑和身体是早为人所知的。研究表明，音乐能够使人产生兴奋、镇静、平衡等情绪状态。音乐给予运动员的声波信息，可以用来消除运动员比赛后的心理紧张和心理疲劳。所以，在运动员比赛后选择一些优美的轻音乐或运动员平时喜爱的音乐，使运动员专注于音乐的欣赏，给中枢神经系统以良性刺激，消除因紧张激烈的比赛在大脑皮层中的强痕迹作用，对功能恢复有积极的促进作用。运动员赛后心理康复的手段还有很多，如比赛后组织一些文娱活动、郊游、听音乐会等，也可以通过心理咨询，给运动员提供合理宣泄的机会，使运动员把消极的情绪释放出去，达到心理调整的目的。

但无论运用哪一种方法都必须遵循因人而异的原则，有目的地加以运用。现代社会竞技体育的发展越来越激烈，这就需要运动员有高度发达的神经，在比赛中运动员要承受巨大的心理压力，运动员身体和心理都非常疲劳。因此，运动员赛后心理康复非常重要。赛后心理康复得好与坏，直接影响运动员今后的训练和比赛，作为运动员或教练员应像对待赛前心理训练一样重视赛后心理康复。

本篇小结

本篇主要从排球运动技战术教学与训练的实践角度，阐述了排球运动技战术教学与训练工作的任务、原则、方法、组织和实施、教学文件和训练计划制订等内容，分析了排球运动技术战术教学与训练的顺序、步骤、练习方法、常犯错误与纠正方法、教学训练中应该注意的问题，介绍了排球运动教学与训练中常用的语言技法和非语言技法、扣球技法、抛球技法、掷球技法等；从体能与心理训练的实践角度阐述了体能与心理训练的概念、特点、要求、方法、内容，明确了体能训练和心理训练的注意事项等内容。

回顾与练习

1.回顾并熟悉排球运动技战术教学与训练的基本理论与实践方法。

2.回顾并熟知排球运动技战术教学与训练的具体方法。

3.回顾并了解排球运动员体能与心理训练的基本理论与实践运用方法。

4.简述排球运动技战术教学与训练的特征。

5.简述排球运动员体能与心理训练的具体方法。

参考文献

[1] 中国排球协会，高沈阳.中国青少年排球教学训练大纲[M].北京：人民体育出版社，2004.
[2] 黄汉升.球类运动：排球[M].3版.北京：高等教育出版社，2015.
[3] 熊坚，罗睿，肖勇.排球运动发展理论与技战术研究[M].长春：吉林大学出版社，2012.
[4] 廖钟锋.现代排球技战术创新发展与实战训练探析[M].北京：中国书籍出版社，2014.
[5] 薛庆云.心理训练在高校排球教学和训练中的应用研究[J].当代体育科技，2014，4（20）：25，27.
[6] 张亮.基于比赛结构模型的排球技战术优化教学策略与实证研究[D].武汉：武汉体育学院，2012.
[7] 张广胜.排球基本技术教学训练练习方法的归纳及电子库的创建[D].北京：北京体育大学，2014.
[8] 孙磊.功能性力量训练对青少年女子排球运动员体能影响的实证研究[D].长春：吉林大学，2016.
[9] 姜欢环.论述多媒体技术在高校排球教学与训练中的应用[J].当代体育科技，2016，6（23）：31，33.
[10] 檀志宗，李男.体能康复训练方法的最新研究进展[J].体育科研，2011，32（5）：25-28.
[11] 张春合，蔡端伟.功能性力量训练的理性思考：基于专项竞技能力形成的视角[J].体育学刊，2013，20（1）：98-103.
[12] 董德龙，王卫星，梁建平.振动、核心及功能性力量训练的认识[J].北京体育大学学报，2010，33（5）：105-109.
[13] 尹洪满，孙平，张明，等. 排球运动员专项体能训练的核心要素[J].北京体育大学学报，2015，38（11）：126-132.
[14] 尹洪满.高水平男排分竞赛过程对抗阶段的制胜规律[J].北京体育大学学报，2013，38（11）：126-132.
[15] 耿帅，马士龙.我国优秀排球运动员心理构成要素及训练研究[J].佳木斯职业学院学报，2016（1）：266，268.
[16] 刘素伟. 关于我国排球运动员体能训练的研究[J].当代体育科技，2016，6（5）：40-41.

第五篇

排球运动竞赛论

排球运动竞赛过程就是实现排球运动竞赛价值与功能的过程。排球运动的发展往往以训练为手段、以竞赛为杠杆带动整个运动的发展。参加排球运动竞赛活动既能增强集体主义的观念，又能发挥人的主观能动性，在运动中最大限度地实现人的价值。而排球运动竞赛过程的完成，需要掌握排球运动竞赛组织的具体内容和编排的方法，并熟知竞赛规则以及裁判员的工作职责和具体方法。本篇主要阐述排球运动竞赛组织和编排工作的内容与方法，以及竞赛规则和裁判员的执裁方法，使学生沿循学习地图导引，达到教学目标和完成学习任务。

学习目标

了解排球运动竞赛组织的工作内容，了解并掌握排球运动竞赛编排的基本知识和基本方法，熟练掌握各种竞赛制度在排球运动竞赛中的运用方法与要求。明确排球运动规则和裁判员的作用，熟知排球运动竞赛规则的内容，熟悉裁判员的工作方法和程序，能在比赛实践中运用竞赛规则进行执裁工作等。

学习任务

了解排球运动竞赛组织者的工作内容和竞赛编排的基本方法，掌握各种竞赛制度在排球运动竞赛中的运用方法与要求；能够制定一次比赛的竞赛规程和完成一次比赛的编排任务；了解排球运动裁判员的职责和作用，熟悉裁判员的执裁方法和程序；了解排球运动竞赛规则主要内容并能完成一场比赛的裁判工作等。

学习地图

- 排球运动竞赛论
  - 排球运动竞赛组织与编排工作
    - 竞赛组织 ⇒
      - 功能与形式
      - 机构与职责
      - 竞赛规程制定
    - 编排工作
      - 术语界定
      - 基本程序
      - 竞赛制度
      - 编排方法
      - 成绩计算
  - 排球运动竞赛规则与裁判工作
    - 竞赛规则作用
      裁判工作职责
    - 竞赛规则
      裁判方法 ⇒
      - 器材与设备
      - 比赛参加者
      - 比赛方法
      - 比赛组织
      - 比赛行为
      - 比赛组织
      - 比赛间断与延误
      - 自由防守队员
      - 参赛者的行为

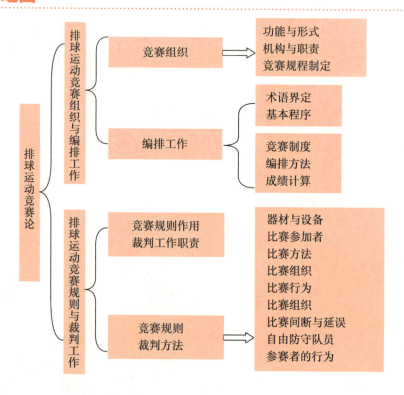

第十六章

排球运动竞赛组织与编排工作

第一节 排球运动竞赛的组织工作

一、排球运动竞赛的功能与形式

（一）排球运动竞赛的功能

组织排球运动竞赛不仅是发展排球运动的需要，也是检查排球教学、训练工作效果的手段，是宣传和组织群众性排球活动的重要途径。组织排球竞赛，能有效地推动排球运动的快速发展，提高技战术水平，培养和选拔排球运动的后备人才，而且对丰富人们的社会文化生活，培养良好的体育道德和促进社会精神文明建设都有积极的作用。

（二）排球运动竞赛的形式

由于竞赛的目的任务不同，一般排球运动比赛的竞赛形式有：综合性运动会中的排球比赛项目、联赛、锦标赛、杯赛、邀请赛、选拔赛、检查赛、表演赛、友谊赛等。从竞赛的目的大致分为以下两类。

1. 竞技排球运动形式

竞技排球运动形式主要是奥运竞赛项目，包括6人制排球、沙滩排球、坐地排球（残奥会排球赛），还有世界性、全国性和地方性的比赛，这类竞赛均有严格的规则和场地器材要求及相应的裁判方法，从而保证比赛的正常进行。

2. 娱乐排球运动形式

它是以娱乐健身为主要目的的排球运动竞赛。这种竞赛形式的产生和发展，丰富和推动了排球运动的开展。娱乐排球比赛的特点在于不拘泥于6人制排球运动竞赛规则，而是根据各地的实际情况和运动水平制订出相应的竞赛规则，以促进排球运动的开展为目的。目前开展比较广泛的项目有气排球、软式排球、4人制排球以及9人制排球等。

二、排球运动竞赛组织的机构与职责

排球运动竞赛，无论是运动会比赛还是单项锦标赛，邀请赛还是友谊赛，都涉及队伍报名、竞赛编排、场地器材、裁判工作、宣传报道、后勤保障等多项工作。作为排球运动竞赛的组织者应对整个比赛的规模要求及达到的目的非常明确，应对排球竞赛组织机构的主要工作内容和相互关系有着清晰的认识，才能有效地对整个比赛组织和运作过程实现有效的管理和最佳调控，从而在策划组织竞赛时能恰如其分地使人力、物力和财力最大程度地发挥作用，使比赛以最低的成本收到最可观的回报。

（一）排球运动竞赛的组织机构

排球运动竞赛组织者在组织比赛时，首先要依法或按有关规定成立组织委员会（图16-1），它是比赛的最高权力机构，通常，组委会的前身是赛前的竞赛筹备委员会（或竞赛筹备领导小组）。组委会一般由主任、常务副主任、副主任和若干委员组成。主任通常由主办（或承办）比赛单位的主要领导或负责体育工作的领导担任；副主任一般由上级单位派遣的代表、主办（或承办）单位的部门领导和竞赛办公室主任担任；委员由与竞赛有关单位的负责人、裁判长、仲裁委员会主任以及参赛的各队领队担任。组委会的主要职能和职权是对竞赛进行决策、组织和控制，保证竞赛的各项工作顺利进行。一般情况下，组织委员会下设仲裁委员会、裁判委员会、办公室、竞赛处（组）、宣传处（组）以及保卫处（组）等几个机构。

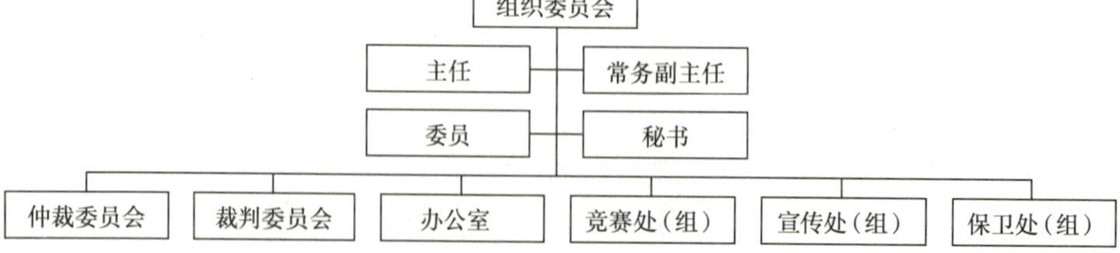

图16-1　排球运动竞赛组织机构的一般模式

(二)排球运动竞赛组织机构的主要职责

排球运动各级竞赛组织机构在竞赛的筹备阶段、竞赛阶段、竞赛结束阶段均有具体的工作职责。

1. 竞赛筹备阶段的工作职责

(1)成立组织委员会并明确工作职责:

①组织委员会。主要负责听取、讨论并制订和执行竞赛计划以及各部门工作的实施方案;审议并批准竞赛经费的预算和决算方案审查;审议并通过竞赛工作中的奖惩方案;讨论、处理和决定竞赛中出现的重大问题和竞赛总结工作。

②裁判委员会(组)。负责检查比赛场地和器材,组织裁判员赛前的学习和实习,安排比赛中的裁判工作,宣布比赛最终结果和名次等。

③办公室。负责秘书、会议、联络、接待、食宿、交通、医务和财务等行政事务工作。

④竞赛处(组)。负责竞赛的组织编排、成绩的登记与公布,组织裁判长、领队及教练员联席会,负责开幕式、闭幕式的组织及奖品的分发等。

⑤宣传处(组)。负责宣传报道、思想教育和体育道德风尚奖的评选等。

⑥保卫处(组)。负责赛会住地和比赛场地的安全保卫工作等。

⑦仲裁委员会。它是排球运动竞赛仲裁机构,在组织委员会的领导下,负责监督竞赛规则和竞赛规程执行,并对执行中所发生的问题纠纷予以复审和裁决。

(2)制订竞赛规程。

(3)制订工作计划。各机构根据职责范围,分头制订工作计划,经组织委员会审定后,按期落实,并定期检查工作进展情况。各处(组)间既要分工明确,又要协调配合。

①组委会:按照各职能部门的工作计划检查落实情况,解决、协调一些疑难问题和工作。召集裁判长、领队及教练员联席会,由组委会通报竞赛工作的准备情况和解决与比赛有关的各种问题。

②办公室秘书组的筹备工作包括:拟定大会文件、大会会议、文娱活动、发奖等的安排,以及接待、交通、食宿、宣传、票务、医务等行政事务工作。

③竞赛处(组)的工作包括:竞赛日程编排、编印秩序册、运动员资格及健康审查、检查场地器材、印制竞赛用的各种表格、安排好各参赛队赛前对比赛场地的适应性练习、组织好调研人员和辅助工作人员的培训等工作。

④裁判委员会工作包括:组织裁判员和辅助裁判员的业务学习和实习、裁判长检查场地和器材落实情况、进行裁判分组并确定负责人等工作。

⑤宣传处(组)工作包括:协助组委会召开新闻发布会的筹备工作,让更多的宣传媒体介入赛会进行宣传报道。

⑥保卫处(组)工作包括:根据赛会的需要安排一定的警力,确保赛会安全顺利进行。

⑦仲裁委员会工作包括:与组委会共同审查报名队和队员的参赛资格,组织仲裁成员学习《仲裁委员会条例》。

2. 竞赛阶段的工作职责

（1）竞赛组：要及时登记和公布当天的比赛成绩，同时经常检查并管理好场地器材与设备，遇到特殊情况需要更改比赛场地、日期和时间时，要及时通知各队。

（2）办公室：应深入各运动队听取意见，改进工作，保证运动员、裁判员和工作人员的就餐、洗浴及休息，赛场应有医生做好处理伤病事故的准备工作并做好食品卫生监督工作。

（3）裁判组：要及时组织裁判员小结，改进工作，保证比赛顺利进行。

（4）保卫组：应随时注意与会人员住地及赛场的治安工作，特别是在大会临近结束时更要加强保卫工作。

（5）宣传组：组织好宣传报道和道德风尚奖的评选工作。

（6）仲裁委员会：负责复审比赛期间执行规则及竞赛规程中发生的纠纷，受理申诉和控告等。对上述问题，仲裁委员会要及时处理，不要影响比赛正常进行。

3. 竞赛结束阶段的工作职责

竞赛组及时对比赛成绩排出名次，交由裁判长宣布。召开组委会会议，听取工作汇报及意见，决定体育道德风尚奖的评选结果，组织闭幕式和发奖仪式，印发成绩册，安排和办理各队及裁判员离会有关事宜，完成赛会总结并向领导部门汇报。

三、排球运动竞赛规程的制定

（一）排球运动竞赛规程制定的要求

排球运动竞赛规程是竞赛组织者和参加者的指导性文件，是竞赛工作的依据。在竞赛前由主办单位根据竞赛规模、目的、任务和主办单位的具体条件进行制定，一般由竞赛负责人员撰写，经有关人员讨论修改后，送主管领导审批确定。它是竞赛组织者和参加者必须共同遵守的章程，对规程的最终解释权属主办单位。竞赛规程应包括竞赛名称、竞赛日期和地点，参加单位及资格、竞赛办法、录取名次和资历办法、报名和报到日期地点、裁判员和仲裁委员会选派方法和注意事项等。竞赛规程的制定总体要求做到简明、准确、具体、严密。

（二）排球运动竞赛规程的主要内容

（1）竞赛名称。

（2）目的任务。

（3）比赛日期与地点。

（4）参赛单位、组别等。

（5）审查参赛者资格。

（6）报名办法、报名日期与地点。

(7) 竞赛办法、赛制、确定名次办法。
(8) 采用何种竞赛规则。
(9) 奖励办法。
(10) 抽签办法、日期与地点。
(11) 仲裁委员会组成。
(12) 裁判委员会组成。
(13) 其他有关事项：服装、经费、报到地点等。
(14) 本规则解释权。

第二节 排球运动竞赛的编排工作

一、排球运动竞赛编排工作的基本概念

(一) 编排工作术语的界定

1. 竞赛编排

竞赛编排是根据排球运动比赛参赛队和竞赛规则，按一定的方法编排各参赛队的比赛场次及日程。

2. 轮次

轮次是控制排球运动比赛的负担量和估算比赛时间的重要参数之一。一般认为，参赛队都相应地赛完一场球，即比赛进行一轮。

3. 场数

场数是估计比赛时间和比赛场地的重要参数之一。比赛场数即一次赛事的总比赛场数。

4. 节数

节数是比赛时间的计算单位，一般将一天时间分为上午、下午、晚上3节，它是估计场地、时间的重要参数之一。

5. 场地容量

场地容量即一块场地在一节时间里可以安排的比赛场数，这是编排工作中的基本量度概念。

6. 抽签

抽签是编排工作中必须采用的一种机遇性手段，也是确定运动队在比赛中所处位置号的一种重要手段。

7. 种子队

种子队的编排方法在淘汰赛中经常运用。为了克服淘汰赛不合理性，采用种子队编排方法，以保证水平高的队（人）有较大的机会进入下一轮比赛。

8. 位置号

运动员在竞赛秩序表中所处的位置号码叫位置号，如单循环编排时，1—2，3—4，…。

9. 竞赛负担量

竞赛负担量指一个队（人）根据规则在一定时间的比赛场数（次），这是控制比赛运动负荷和保证比赛正常进行的主要依据。

（二）编排工作的基本程序

1. 编制比赛的每一轮比赛秩序

根据特定方法，编制出淘汰或循环制的比赛秩序。

2. 抽签进入自己的位置号

通过抽签等方法，确定运动队所处的比赛秩序中的数字位置，从而明确自己每一轮比赛的对手。

3. 编排竞赛日程

根据公开、合理原则在准确掌握竞赛的轮数、场数、天数和场地使用情况及运动员运动负荷等因素后，将比赛秩序日程化，是将比赛秩序落实到具体时段的一种方法。

4. 编印秩序册

秩序册是竞赛工作的指南，一般包括比赛的竞赛规程、组织委员会名单、办事机构名单、仲裁委员会和裁判委员会名单、运动队名单、活动日程表、竞赛日程表、成绩表等。

二、排球运动竞赛制度、编排工作及成绩计算方法

排球运动竞赛常用竞赛制度有循环制、混合制，而沙滩排球比赛常用淘汰制。

（一）如何选择赛制

在组织一次比赛时，要权衡利弊，选择最佳的竞赛制度。一般要考虑5个要素或5个重要的变量。主要包括完成全部比赛的比赛场次、时间、场地、公平性体现以及编排的可操作性或客观性体现等变量。

比赛的编排

（二）循环制编排方法

1. 单循环制

参加比赛的各队之间均相互比赛一次，即为单循环制。

（1）循环赛的比赛场数计算公式：场数=队数×（队数-1）/2

（2）循环赛的比赛轮数计算方法：参赛队为奇数时，比赛轮数等于队数，参赛队数为偶数时，比赛轮数等于队数减1。

（3）单循环赛的编排方法：

①一般编排方法：采用“逆时针轮转法”进行编排，先以阿拉伯数字为代号，代替队名进行编排，把队数按“U形”走向分成均等两边，如遇单数队，最后一位数字为0。第一轮只要在“U形”相对队数之间画横线，即为第一轮比赛秩序。第二轮开始，固定在左上角数字不动，其余数字按逆时针方向移动一个位置，即为该轮次比赛秩序，如遇0队即为该轮轮空。例如，有7个队参加比赛，比赛秩序编排如表16-1所示。

表16-1　7队单循环传统编排方法

第一轮	第二轮	第三轮	第四轮	第五轮	第六轮	第七轮
1—0	1—7	1—6	1—5	1—4	1—3	1—2
2—7	0—6	7—5	6—4	5—3	4—2	3—0
3—6	2—5	0—4	7—3	6—2	5—0	4—7
4—5	3—4	2—3	0—2	7—0	6—7	5—6

采用该方法编排的优点是：参赛各队进度一致，编排方法简单，易操作。缺点是：当单数队5个队及以上队数参赛时，抽签为倒数第2数字的队，则在第四轮开始每轮均同时轮空队进行比赛，如上述的数字6代表的队。由此产生了球类比赛的不公平竞争现象，为了解决这一问题，目前，排球比赛大多采用国际上通用的一种编排方法——“贝格尔”编排法。

②“贝格尔”编排方法：第一轮同传统方法，第二轮开始的编排同传统方法大相径庭。首先，最大号数（或0数）左右规则移动摆放在第一行的左或右边位置上，如第一轮该数位于右边，第二轮则摆动到左边，第三轮又移动到右边，如此反复。其次，将上一轮右下角数字提到该轮第一行的这个数字的前后顺序关系进入位置。例如，7个队比赛的编排秩序如表16-2所示。

表16-2　7队单循环比赛贝格尔编排方法

第一轮	第二轮	第三轮	第四轮	第五轮	第六轮	第七轮
1—0	0—5	2—0	0—6	3—0	0—7	4—0
2—7	6—4	3—1	7—5	4—2	1—6	5—3
3—6	7—3	4—7	1—4	5—1	2—5	6—2
4—5	1—2	5—6	2—3	6—7	3—4	7—1

2. 双循环制

参加比赛的各队之间均相互比赛两次，即为双循环制。双循环赛通常分为两个阶段，由两个单循环赛组成。第二循环比赛方法可与第一循环完全相同，也可根据第一循环比赛的成绩，采用抽签，重新确定各参赛队在第二循环中的比赛序号，然后进行编排。双循环比赛秩序编排方法与单循环比赛秩序编排方法相同。

3. 循环制比赛日程的编排

（1）依据排好的比赛秩序表，再按规程规定的方法将数字换成队名，然后填于秩序表中，最后编好比赛日程表，如表16-3所示。

表16-3　比赛秩序表

日　期	时　间	组　别	比赛队	场　地
8月10日	19: 30	女	福建—河南	室内一
	21: 00	男	北京—河南	室内一
	19: 00	女	上海—江苏	室内二
	21: 00	男	上海—江苏	室内二

（2）编排日程表时要尽力做到各队的比赛场地和比赛时间机会均等。

4. 循环制成绩计算方法

（1）根据国际排联颁布的2013—2016年版排球规则，同组比赛中获胜的比赛场次数量多即胜场多者排名在前。

（2）如遇两队或两队以上胜场相等时，比赛积分多者排名在前，则计分方法如下：

①3：0或3：1胜，　积3分

②3：2胜，　积2分

③2：3负，　积1分

④0：3或1：3负，　积0分

（3）如遇两队或两队以上积分相等时，则计算胜负局数比值（C值），全部比赛C值大者排名在前，C值=A（胜局总数）/B（负局总数）。

（4）如遇两队或两队以上胜负局数比值（C值）相等时，全部比赛得分值与失分值比值（Z值）大者排名在前，Z值=X（总得分数）/Y（总失分数）。

5. 循环制特点

（1）循环制场次较多，有利于比赛队增加比赛场次，锻炼队伍。

（2）循环制各队比赛场次相同，公平竞争机会均等，决定名次办法合理，能客观反映队伍成绩。

（3）循环制由于比赛场次多，因此比赛周期长，对人力、财力、物力均有一定要求。

》（三）淘汰制的编排

6人制排球运动比赛采用淘汰制的机会不多，但沙滩排球比赛和 4人制排球比赛则需采用淘汰制进行编排。淘汰赛主要是在参赛队数较多，比赛时间短时采用，通常分为单淘汰赛和双淘汰赛两种。

1. 单淘汰赛

运动队按排定的秩序进行比赛，胜队进入下一轮比赛，负队淘汰，赛至最后一场比赛胜者为冠军，负者为亚军，即为单淘汰赛。单淘汰赛比赛秩序的编排如图16-2所示。

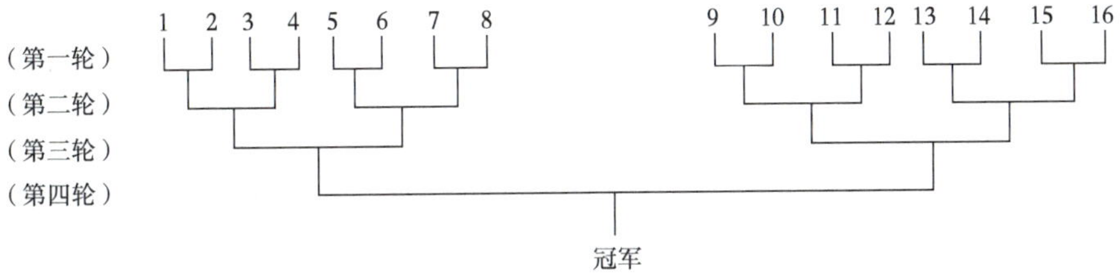

图 16-2　16 个队单淘汰赛编排秩序

（1）单淘汰赛比赛场数：等于参赛队数量减一，如16个队参赛则比赛场数等于15场。

（2）单淘汰赛轮数计算方法：计算方法为2的乘方数即比赛轮数（通常选择参赛队数最接近2的乘方数）。如16个参赛队伍：16=24即比赛4轮，30个队伍参赛为32=25即比赛5轮，14个队参赛为16=24，即比赛4轮。

（3）单淘汰赛编排中如何设定种子队：单淘汰赛固然有对抗性强、容量大、节约时间等优点，但在理论和实践上却表现为一系列的不合理性，最突出的是比赛偶然性大。因此，比赛中常用设立种子队的方法来尽量保证一些队不在前几轮中遭到淘汰。种子队一般由排名在前的队担任，种子队的数目一般是参赛队数的1/6或1/2。种子队在编排中的具体位置可以通过查找种子队位置表获得。

（4）淘汰赛如何确定轮空队位置：当参赛队不是2的乘方时，则须安排一部分具体数字的位置轮空，目的是使第一轮比赛正好是2的乘方数，以克服单淘汰赛的比赛秩序不完整性。轮空数目等于编排采用的数字位置减去参赛队数，如14个队比赛则16-14=2，即有2个轮空队，轮空队在编排秩序中所占的具体数字位置可以通过查找轮空位置表获得。例如，14个队的比赛编排方法，首先设立2个种子队，通过查表，获得编排秩序中具体数字2、15是轮空位置，具体编排秩序见图16-3。

2. 双淘汰赛

运动队按照排定的秩序进行比赛，失败两次才被淘汰，即为双淘汰赛。

（1）双淘汰赛的场数计算：比赛总场数=2X–3（X为参赛队数）

（2）双淘汰赛的编排方法如图16-4、图16-5所示。

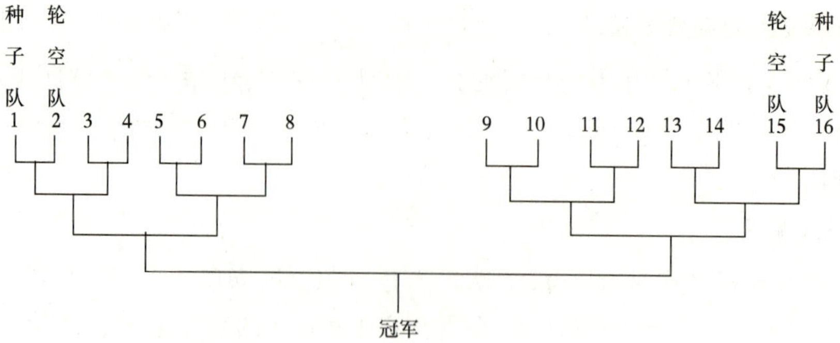

图 16-3　14 个队单淘汰赛编排秩序

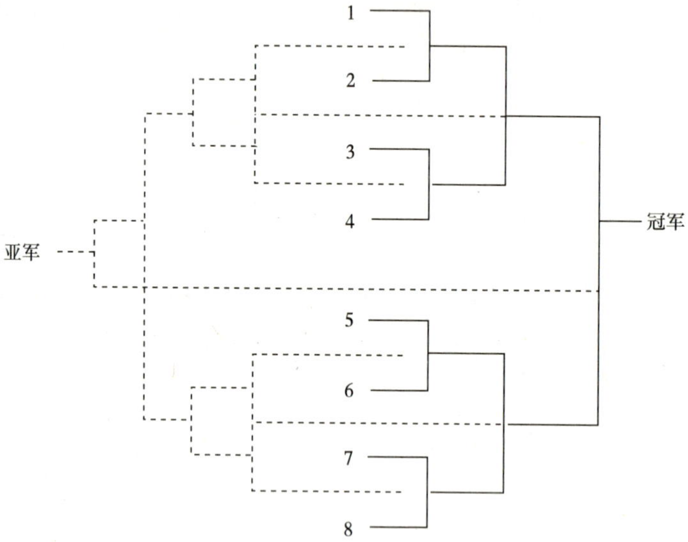

图 16-4　不交叉排表

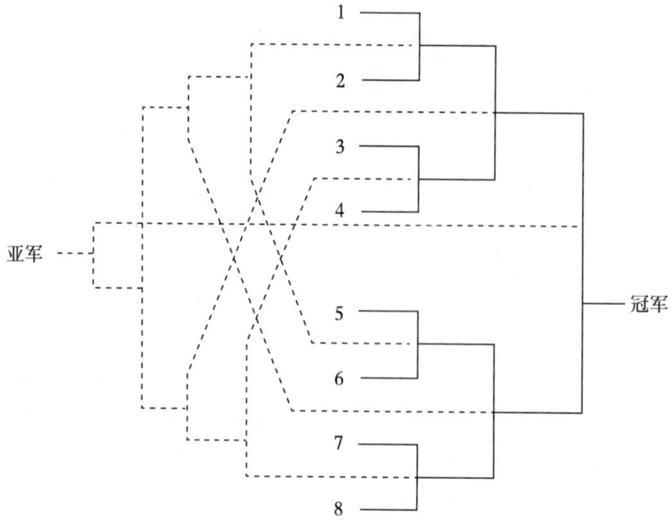

图 16-5　交叉排表

不交叉便于解决同单位的队伍过早相遇问题，交叉法主要是解决两队重复比赛现象。

3. 混合制

混合制是结合淘汰赛制和循环赛制的一种竞赛办法，在排球比赛中常见的有如下几种：

（1）第一阶段先分组进行单循环比赛：将参赛队分为若干组，进行单循环赛，决出各个小组名次，当队数超出12个队时，经常采用分组单循环比赛方法。

（2）第二阶段交叉决赛办法：在第一阶段循环赛的基础上进行第二阶段决赛，第一阶段各个小组前2名交叉决出1—4名，各个小组3、4名决出5—8名，以后名次决赛办法以此类推，第一天先进行交叉赛，第二天胜者同胜者，负者同负者决赛，具体编排方法如图16-6所示。

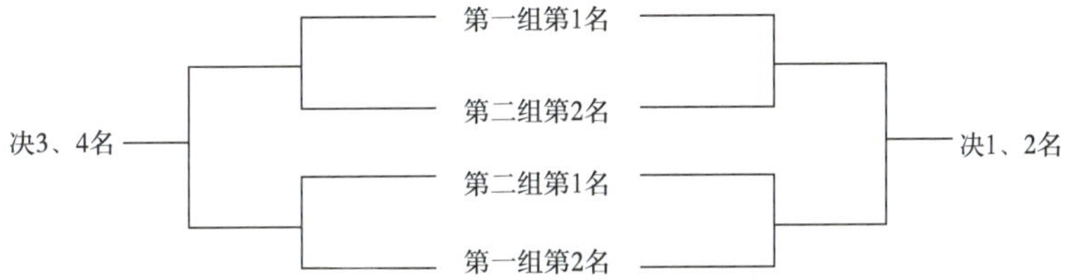

图 16-6　第二阶段交叉决赛编排方法

（3）第二阶段佩奇制决赛办法：在第一阶段各小组名次基础上的第二阶段的一种决赛办法，具体比赛秩序编排如图16-7所示。

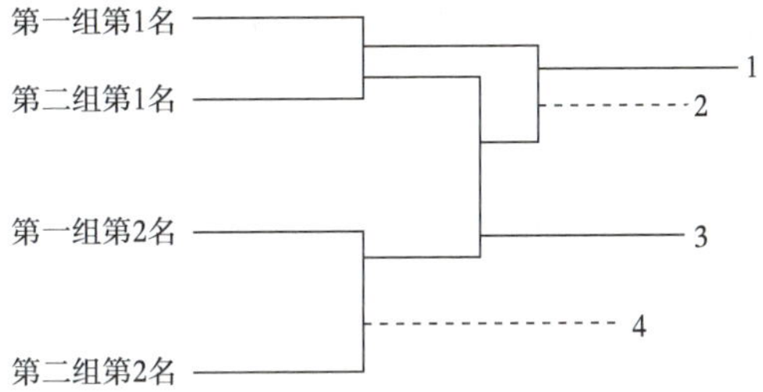

图 16-7　第二阶段佩奇制编排方法

第十七章

排球运动竞赛规则与裁判工作

第一节 排球运动竞赛规则的作用与裁判工作职责

竞赛规则是排球运动比赛中所必须遵循的规定与法则。排球运动的出现与发展产生了规则，并决定着规则的内容，规则的存在限定了比赛的性质和形式，保证了比赛的公正和在相对稳定的条件下得以顺利地进行。事物都是在发展变化当中的，排球运动也无时无刻不在发展变化，从选材到训练到竞赛，从基本技术到战术，都在发生着变化，那么相应的排球比赛的规则也需要变化，以适应不断发展的排球运动。近年来，排球竞赛规则进行了多次修改，修改的意义在于使攻防两端趋于平衡，使排球运动比赛更具有观赏性。另外一个修改的目的在于更好地进行商业化，一个运动的发展离不开商业化，因此，商业化的需要也推进了排球运动竞赛规则的修改。

一、排球运动竞赛规则的作用

规则是对排球运动技术的统一规范和判罚准则，是竞赛的主要法律文件，我国的排球竞赛规则由国家体育总局审定颁布。

（1）规定项目的性质。规则规定了比赛的条件、设备、器材、场地、球网和球的规格，以及参赛的人数、正式上场队员和他们的场上位置、轮转次序以及比赛的方法。

（2）规定合法和犯规技术。排球规则中给出了清楚的技术定义，以及正确技术、不合法技术和错误技术的显著区别。

（3）使比赛在公正的条件下进行。规则中一切有关场地、设备、器材、技术以及行为方面的规定，对双方运动队的成员都是平等的。因此，裁判员理解和执行规则的准确性是公正和合理的基本因素。

（4）教育的作用。对运动员的体育道德行为作了明确的规定。裁判员必须重视他们在这一方面的职责，这是排球运动的核心。

二、排球运动规则的演变与发展

第一部排球规则于1896年问世，此后各国的排球运动竞赛规则均依照本国情况制定，因而各国的比赛方法大相径庭。1947年，国际排联成立并决定采用法国6人排球规则为正式比赛应用规则。1951年，根据国际排球竞赛应用规则，结合我国具体情况审定颁布了第一本“6人排球规则”。自1979年国际排联出版了第一部正式排球竞赛规则至今，规则一直不断地修改，其宗旨是促进排球运动的技战术的发展与提高，以及排球运动的社会化、商业化和职业化，推动排球运动的可持续发展。其中对排球运动影响较大的修改内容有：

1965年修改为允许伸手过网进行阻拦，但在对方扣球前，拦网队员不得越过球网垂直平面触球。

1968年增加了标志杆。标志杆安装在标志带外20 cm处，从而使过网区域限定在一定范围。

1977年标志杆内移20 cm，与标志带重叠。并执行拦网触手不算一次击球，还可再打三次的规定。采用三球制比赛。这些规定使排球防反战术得以发展，并加快了比赛节奏。

1980年规则规定了无障碍区的范围，使防守区域有了更广阔的空间。

1984年规则规定了取消拦发球，取消第一次击球时，用一个动作的连击（上手传球除外）。这些规定促进了防守技术的发展，发球技术也得以发展。

1992年规则规定了膝关节以上为合法触球部位，使防守技术得到进一步发展。

1994年规则对持球概念修改为球必须被击出，不得接住或抛出，第一次击球时用一个动作击球无连击犯规。大大减少了比赛的击球犯规次数，使攻、防争夺更加激烈。

1995年实行的发球区扩大为端线后9 m的地区，球可触及身体的任何部分。规则促使发球技术、防守技术有了新的发展。

1997年对手过中线和将球从过网区外击向对方无障碍区还可救回继续比赛规定作出新规定，使防守起球机会增多，增加了攻守回合。

1999年执行了每球得分制、自由防守队员的规则，使排球比赛竞争激烈，攻、防对抗加剧，对队员的技术水平和战术素养提出更高要求。

2000年执行了发球8 s和发球触网落入对方场内算好球，比赛可继续进行的规则并修改了触网犯规的规则，大大刺激了排球发球技术和攻防技术的发展，使排球技术不断向着准确、实效的方向发展。

2008年新规则对运动员的触网、球队人数、过中线的干扰以及裁判员职责等内容进行了修改，并且对"双自由人"规则作出了明确规定。对运动员比赛行为的判罚尺度放宽，增加了排球运动竞赛的连贯性，提高了排球运动竞赛的观赏性，使排球运动竞赛更精彩。

2013年对接发球的连击和持球、自由人的人数和行为以及位置错误等作出了新的规定，并新加入了关于未注册队员参赛的判罚，以及明确鹰眼挑战的详细规则。

三、裁判员的作用和职责

(一) 裁判员的作用

裁判员是根据排球运动竞赛规程和比赛规则的有关规定，执行裁判工作。裁判员不是捧着规则站在场外评价运动队技战术或行为举止的局外人，不能机械或毫无感情地执行规则。相反，应充满对排球运动的热爱，如专家和朋友一样积极为比赛和运动员服务，以多年积累的经验艺术性地把握比赛进程，只有在非常必要的情况下才会做出中断比赛的判定。除了必要时，裁判员要避免在比赛中彰显自己，尽量融入比赛的大背景之中。裁判员应鼓励运动员和比赛队在规则允许的范围内发挥最佳水平，使比赛始终引人入胜。国际裁判员应与运动员和教练员保持良好的关系，并且在行为举止上起模范作用。

1. 组织者的作用

裁判员是比赛的参加者，也是组织者，他们要使比赛全过程紧张而有序地进行，首先必须精通其全部工作程序，并熟悉和准确掌握竞赛规程和比赛规则，执裁准确且具备领导和应变能力。

2. 公平公正作用

为使比赛在双方公平的条件下进行，裁判员必须起到公正作用，裁判员理解和使用规则的准确性，是公平、公正的基本因素。同时还包括裁判判断的合理性、艺术性及经验，使比赛进行流畅，结果客观。另外，比赛节奏的控制、比赛场上气氛的调节与掌握，也是很重要的。

3. 教育者的作用

为使比赛在良好的道德作风下进行，裁判员需起到教育者的作用。对于各个体育项目的运动员来说，体育道德行为是一项基本的行为准则。规则中有专门的章节作出了明确的规定和相应的处罚。所有裁判员必须对此予以高度重视，因为体育的目的不仅仅是比赛，还有建立一种体育道德风尚和公平竞赛氛围，加强理解和友谊的作用。

4. 推动排球运动发展的作用

为使比赛进行得精彩，吸引观众，裁判员需要起到推动排球运动不断发展的作用。这需要裁判员熟悉排球运动技、战术发展趋势，了解规则制定的原则和精神，明确执法时应该鼓励什么，限制什么，使排球运动向健康的方向发展。

（二）运用规则的基本原则

（1）公平竞赛的条件：要保证比赛的良好秩序，为运动员发挥最高竞技水平提供一切可能的条件和机会。

（2）运用规则判断的平衡与稳定：两个基础和一个正确控制，即：物质基础——准确；精神基础——公正；正确控制——比赛节奏。

（3）鼓励观赏性：观赏性对竞技体育项目是非常重要的因素，排球运动亦是如此。裁判员必须充分考虑激起观众的热情，执法中应考虑如何减少和缩短停顿时间，以及如何鼓励更多的精彩激烈场面，吸引广大观众参与，促进排球运动的推广。

（4）加强裁判员的合作，提高准确性：裁判工作好坏的基础在于其成员之间的合作，因此要各司其职，加强配合，互相弥补，判断准确，使整场比赛顺利、流畅，比赛结果客观。

第二节 排球运动竞赛规则与裁判方法

一、排球运动的竞赛规则

（一）比赛的器材与设备

1. 比赛场地

比赛场地为对称的长方形，包括比赛场区和无障碍区（图17-1）。

场地器材

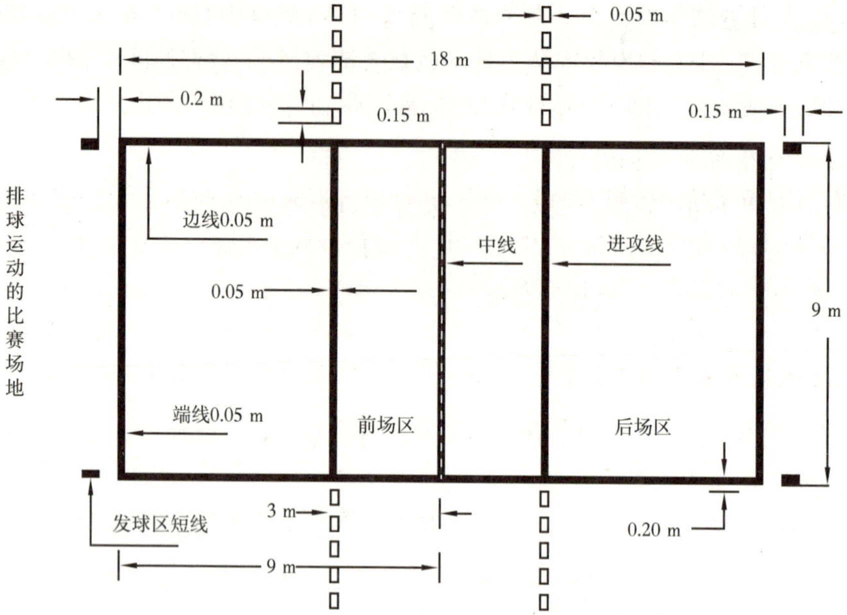

图 17-1　排球运动的比赛场地

(1)面积。比赛场区为18 m×9 m的长方形，其四周至少有3 m宽的无障碍区。比赛场区上空的无障碍空间从地面量起至少高7 m，其间不得有任何障碍物。国际排联世界和正式比赛场地边线外的无障碍区至少宽5 m，端线外至少宽6.5 m，比赛场地上空的无障碍空间至少高12.5 m。

(2)比赛场地的地面。场地的地面必须平坦、水平、划一。场地的地面不得有任何可能伤害队员的隐患。不得在湿、滑或粗糙的地面上比赛。国际排联世界和正式比赛场地的地面只能是木制的或合成物质的。任何地面都必须事先经国际排联验准。室内比赛场区的地面必须是浅色。国际排联世界和正式比赛场地界线为白色，比赛场区和无障碍区分别为另外不同的颜色。室外场地为了排水，每米可以有5 mm的坡度。禁止用任何坚硬的物体作为场地界线。

(3)场地上的画线。所有的线宽5 cm，其颜色应该是与地面以及其他画线不同的浅色。界线包括两条边线和两条端线，划定了比赛场区，边线和端线都包括在比赛场区的面积之内。中线在网下连接两条边线的中点。中线的中心线将比赛场区分为长9 m、宽9 m的两个相等场区。每个场区各画一条距离中线中心线3 m的进攻线，标出前场区。国际排联世界和正式比赛时，进攻线是被无限延长的，在每条进攻线两端向无障碍区各画5段长15 cm、宽5 cm、间隔20 cm的虚线，虚线总长1.75 m。

(4)区和区间。中线中心线与进攻线之间为前场区，前场区被认为是向边线外延长的，直至无障碍区的边沿。发球区宽9 m，位置在端线后。端线后两条边线的延长线各画一条长15 cm、垂直并距离端线20 cm的短线，两条短线之间的区域为发球区，短线的宽度包括在发球区之内。发球区的深度延至无障碍区的终端。两条进攻线的延长线之间、记录台一侧边线外的范围为换人区。自由防守队员替换区是无障碍区的一部分，在替换席一侧的进攻线延长线和底线延长线之间。国际排联（FIVB）比赛、世界性比赛和正式比赛中，位于双方无障碍区外的球队席远端角落应各画有3 m×3 m的准备活动区，但不可阻挡观众的视线；如果观众看台的高度高于场地表面2.5 m以上时，也可把准备活动区设置在球队席后面。

（5）温度：最低温度不得低于10 ℃（50 ℉）。国际排联（FIVB）比赛、世界性比赛和正式比赛的室内最高温度由该场比赛的技术代表决定。

（6）照明：光照强度应不低于300 lx。国际排联（FIVB）比赛、世界性比赛和正式比赛中，场地的光照强度在距离场地地面1米处进行测量，数值应不得低于2 000 lx。

2. 球网与网柱

（1）球网高度。球网架设在中线上空，高度为男子2.43 m，女子2.24 m。球网的高度应从场地中间丈量，球网两端（边线上空）的高度必须相等，并不得超过规定网高2 cm（图17-2）。

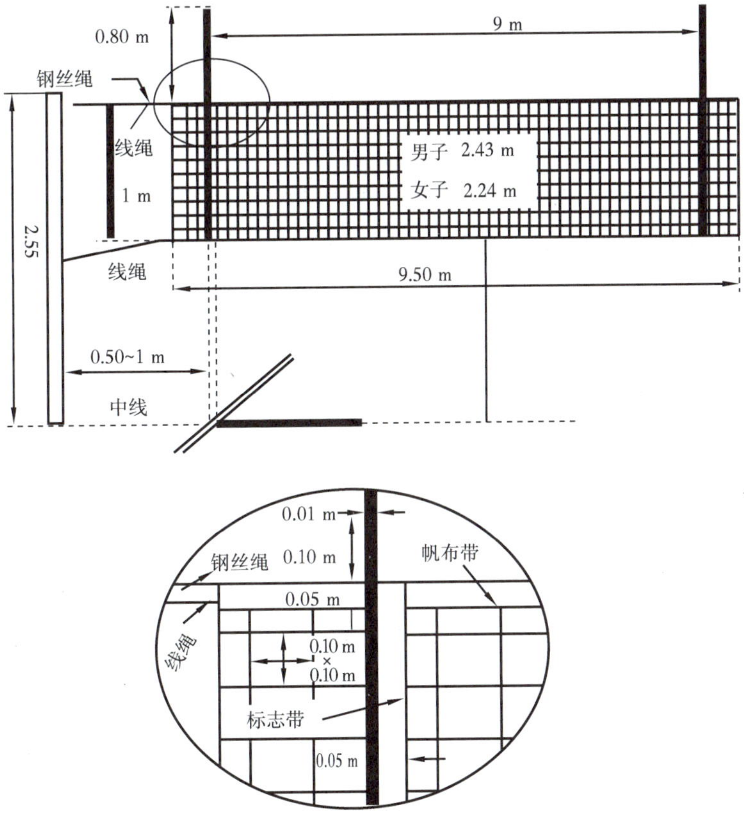

图 17-2　球网的规格

（2）构造。球网为黑色，宽1 m，长9.50~10 m（每边标志带外25~50 cm），网眼直径10 cm。球网上沿的全长缝有7 cm宽的双层白帆布带。帆布带的两端留有孔，用绳索系在网柱上使网上沿拉紧。用一根柔韧的绳索穿过帆布带，拉紧球网上沿固定在网柱上。球网下沿的全长缝有另外一条构造与球网上沿相同的5 cm宽帆布带，用绳索系在网柱上使网下沿拉紧。

（3）标志带。两条宽5 cm、长1 m的白色带子为标志带，分别系在球网的两端，垂直于边线。标志带被认为是球网的一部分。

（4）标志杆。标志杆是有韧性的两根杆子，长1.8 m，直径10 mm，由玻璃纤维或类似的材料制成。两根标志杆分别设置在标志带外沿球网的不同侧面。标志杆高出球网80 cm。高出部分每10 cm应涂有明显对比的颜色，最好为红白相间。标志杆被认为是球网的一部分，并视为过网区的边界。

（5）网柱。两根网柱分别架设在两条边线外0.5~1 m处，高2.55 m，最好可以调节高度。国际排联世界和正式比赛，网柱应架设在边线外1 m处。网柱应为光滑的圆形，并无拉链。一切危险设施和障碍物都必须清除。一切附加设备都必须符合国际排联的规定。

3. 球

（1）标准：球是圆形的,由柔软皮革或合成革制成外壳，内装橡胶或类似材料制成的球胆。颜色可以是一色的浅色或彩色。正式国际比赛使用的合成革和彩色球必须符合国际排联（FIVB）标准。球的周长为65~67 cm，重量为260~280 g。球的气压应为0.30~0.325 kg/cm^2（4.26~4.61磅力/平方英寸）（294.3~318.82百帕）。

（2）统一性：在同一次比赛中所用的球，其周长、重量、气压、牌号及颜色等都必须是统一标准的。除非国际排联（FIVB）同意，否则，国际排联（FIVB）比赛、世界性比赛和正式比赛与国家锦标赛、国家联赛一样，都必须使用国际排联（FIVB）批准的用球。

（3）五球制：国际排联（FIVB）比赛、世界性比赛和正式比赛采用5球制。这种情况下，应设6名捡球员：无障碍区的4个角落各1名，第1、2裁判员身后各1名。

（二）比赛参加者

1. 比赛队

（1）队的组成：一场比赛中，一支球队可以由最多12名队员及以下人员组成。

教练成员：一名教练员、最多两名助理教练员；

医疗成员：一名理疗师和一名医生。

只有登记在记录表上的队的成员才可以进入比赛/控制区，参加赛前的正式准备活动和比赛。国际排联（FIVB）比赛、世界性比赛和正式比赛中的成年比赛，最多可有14名队员被登记在记录表上并参加比赛。经教练员指定，最多5名官员（包括教练员）可以坐在球队席上，这5人必须登记在记录表和0-2（bis）表上。领队或随队记者不可以坐在球队席或球队席后面的控制区。国际排联（FIVB）比赛、世界性比赛和正式比赛中，医生或理疗师必须是球队的成员，而且须在赛前通过国际排联认证。但是，国际排联（FIVB）比赛、世界性比赛和正式比赛中的成年比赛，如果医生或理疗师不属于坐在球队席的5名官员时，则必须坐在比赛控制区内的隔离板附近，或者坐在技术手册规定的专门位置。在裁判员示意允许其处理场上队员的突发伤病时才能进入场地。理疗师（即使未坐在球队席）可以协助球队进行热身活动，直至正式准备活动开始。每项赛事的竞赛规程须体现在各自比赛的技术手册中。球队中任何1名队员可担任队长，并注明在记录表上。只有登记在记录表上的队员才可以进入场地和参加比赛。教练员和队长在记录表上签字以后，已登记在记录表（或电子记录表）上的队员名单不得更改。

（2）队的位置：比赛时，替补队员应坐在本队的球队席或在本队的准备活动区内。教练员和球队其他成员也应坐在球队席上，但可暂时离开。球队席设在记录台的两侧、无障碍区之外。只有球队的成员才被允许进入比赛场地，在比赛期间坐在球队席，并参加正式的赛前准备活动。替补队员可以做无球的准备活动，具体如下：

①比赛中：在准备活动区内。

②暂停时：在本方场区之后的无障碍区内。

③两局比赛之间，队员可以在各自球队的无障碍区内使用球做准备活动。

（3）装备：队员的装备包括上衣、短裤、袜子（比赛服）和运动鞋。全队上衣、短裤和袜子的颜色及式样必须统一（自由防守队员除外），比赛服必须整洁。运动鞋必须柔软、轻便，鞋底应为没有后跟的胶底或合成革。队员上衣必须有号码，序号为1—20。国际排联（FIVB）比赛、世界性比赛和正式比赛中的成年比赛，如遇赛期较长、赛程分散且允许报名人数较多的情况，队员号码可以向20之后顺延。

①号码必须在身前和身后的中间位置，并与上衣的颜色明显不同。

②胸前号码至少15 cm高，背后号码至少20 cm高，号码笔画至少2 cm宽。

③队长上衣胸前号码下应有一条长8 cm、宽2 cm的带状标志，禁止穿着不符合规则规定号码的服装或与同队其他队员不同颜色的服装（自由防守队员除外）。

（4）服装的更换：第1裁判员可以允许1名或多名队员赤脚比赛；局间或换人后更换浸湿或损坏的服装，但必须是相同的颜色、式样和号码。天气较冷穿训练服比赛时，全队服装颜色、式样必须相同（自由防守队员除外），号码符合规则规定。

（5）禁止佩戴的物品：禁止佩戴可能对队员造成伤害或增加助力的物品。队员可以戴眼镜或隐形眼镜比赛，但风险自负。可以使用加压护具（带护垫的损伤防护器具）进行保护或支撑。国际排联（FIVB）比赛、世界性比赛和正式比赛中的成年比赛，此类护具的颜色必须与比赛服的某一部分一致。黑色、白色或中性颜色也被允许使用，前提是所有使用者穿戴的颜色相同。

2. 队的领导

队长和教练员应对全队成员的行为和纪律负责。自由防守队员可以担任队长和场上队长。

（1）队长：比赛前，队长在记录表上签字，并代表本队抽签。

比赛中，当队长在场上时，他就是场上队长。当队长不在场上时，教练员或队长必须指定另一名场上队员担任场上队长并代行其职责，直至该队员被替换下场，或队长返回场上，或至该局比赛结束。当比赛成死球时，只有场上队长有权与裁判员讲话。

①请求对规则和规则的执行进行解释、转达本队成员提出的请求或问题。如果他对解释不满意，可以选择抗议并立即向第1裁判员声明保留其在比赛结束时将正式抗议写在记录表上的权利。

②请求允许：更换全部或部分服装；核对双方队员的位置；检查地板、球网和球等。

③在教练员缺席且没有助理教练代行其职责时，请求暂停或换人。

比赛结束时，队长：感谢裁判员，并在记录表上签字承认比赛结果；如果他曾向第1裁判员提出过声明，在经过进一步确认后可在记录表上记录关于对裁判员规则执行或解释的正式抗议。

（2）教练员：教练员应自始至终在比赛场区之外进行指挥。他与第2裁判员联系填写位置表、换人或请求暂停。

比赛前教练员在记录表上登记和检查队员姓名、号码并签字。

比赛中教练员：

①每局开始前填写位置表，签字后交给第2裁判员或记录员。如果是使用电子设备的比赛，则该位置表的电子传送过程将自动被视为正式提交。

②坐在靠近记录员一端的球队席上，但可以暂时离开。

③请求暂停或换人。

④与球队的其他成员一样，都可以在场上对队员进行指导。教练员进行指导时，如果准备活动区位于比赛控制区的角落，教练员可以在本方球队席前自进攻线延长线至准备活动区的无障碍区内站立或行走，但不得干扰或延误比赛。如果准备活动区位于球队席后面，教练员的活动范围可以自进攻线延至本方场地的边界，但不得阻挡司线员的视线。

（3）助理教练员：助理教练员坐在球队席上，但无任何权利干预比赛。如果教练员除作为队员上场外的任何原因（包括被处罚）必须离开球队时，1名助理教练员可以在此期间承担教练员的职责，但必须经由场上队长向裁判员确认。

（三）比赛方法

1. 得 1 分

（1）得1分。当出现下列情况时，某队得1分：

①球成功地落在对方场区；

②对方犯规；

③对方受到判罚。

（2）犯规。当队员的比赛行为违背规则（或其他方式的犯规）时，裁判员按以下规则作出判定：

①如果两个或更多的犯规先后发生，只判第1个犯规；

②如果双方队员同时犯规，判为“双方犯规”，该球重新比赛。

（3）比赛过程和完整比赛过程。比赛过程是指从发球击球起至该球成死球止的比赛行为，完整比赛过程是造成了得分结果的比赛行为。

①如果发球队获胜，得1分并继续发球；

②如果接发球队获胜，得1分并获得发球权。

2. 胜 1 局

每局（决胜的第5局除外）先得25分同时超过对方2分的队胜1局。当比分为24∶24时，比赛继续进行至某队领先2分（26∶24，27∶25，…）为止。

3. 胜 1 场

胜3局的队胜1场。如果打成2∶2平局时，决胜的第5局打至15分并领先对方2分的队获胜。

4. 弃权与阵容不完整

（1）某队被召唤后拒绝比赛，则宣布该队为弃权。对方以每局25∶0的比分和3∶0的比局获胜。

（2）某队无正当理由而未准时到达比赛场地，则宣布该队为弃权，结果同（1）。

（3）某队被宣布1局或1场比赛阵容不完整时，输掉该局或该场比赛，判给对方胜局或该场比赛所必要的分数和局数。阵容不完整的队保留其所得分数和局数。

（四）比赛的组织

1. 抽签

比赛开始前由第1裁判员主持抽签，决定第1局首先发球的队和场区。进行决胜局比赛前，应再次抽签。抽签由双方队长参加，抽签获胜方可以选择发球，或接发球，或场区，另一方挑选余下部分。

2. 准备活动

在比赛开始前，如另有场地提供比赛队进行活动，他们可以上网活动6 min；如果没有，则活动10 min。如果任何一方队长要求分开使用球网进行准备活动，他们可以各自使用3或5 min。如果两队分开进行准备活动，首先发球的队先使用球网。

3. 开始阵容

每个队必须始终保持6名队员进行比赛，队员的轮转次序应按位置表登记的顺序进行，直至该局结束。每局比赛开始前，教练员应及时将开始阵容登记在位置表上，签字后交给第2裁判员或记录员。未列入开始阵容的队员，为该局的替补队员（自由防守队员除外）。位置表一经交给第2裁判员或记录员，除正常换人外，其阵容不得更改。当场上队员的位置与位置表不符时：

（1）一局开始前，场上队员的位置与位置表不符时，必须按位置表进行纠正，无其他判处。

（2）一局开始前，场上有1名或更多队员没有登记在位置表上，必须按位置表进行纠正，无其他判处。

（3）如果教练员要保持未登记的队员在场上，他必须请求正常的换人，并登记在记录表上。如果队员的场上位置与位置表不符没有及时发现，发现时位置错误一方必须恢复正确站位，对方所得比分保留的同时得1分并获发球权，位置错误一方在位置错误期间所得的分数一律取消。

（4）一名没有在记录表上登记的队员在比赛中被发现，对方所得比分保留的同时得1分并获得发球权，该队将失去发现之前所得的比分和/或局数（0∶25，如果必要），同时必须提交一份修订后的位置表并选派1名新的注册队员进场，代替非注册队员的位置。

4. 位置

发球队员击球时，双方队员（发球队员除外）必须在本场区内按轮转次序站位。

（1）队员场上位置为：

①靠近球网的3名队员为前排队员，其位置为4号位（左）、3号位（中）和2号位（右）；

②另外3名队员为后排队员，其位置为5号位（左）、6号位（中）和1号位（右）。

（2）队员相互间的位置关系：

①每一名后排队员的位置必须比其相应的前排队员距离中线更远；

②前排队员和后排队员左右之间的位置按规则的规定站位。

（3）队员的位置应根据其脚的着地部位判定：

①每一名前排队员至少有1只脚的一部分，比同列后排队员的双脚距中线更近；

②每一名右（左）边队员至少有1只脚的一部分，比同排中间队员的双脚距右（左）边线更近。

（4）发球击球后，队员可以在自己场区和无障碍区的任何位置。

5. 位置错误

当发球队员击球时，如果队员不在其正确位置上，则构成位置错误犯规，其中包括通过错误替换上场的队员。位置错误包括以下情况：

（1）在发球队员击球时，场上其他队员未完全站在比赛场区内。

（2）在发球队员击球时未按规则规定站位，即每一名前排队员至少有一只脚的一部分比同列后排队员的双脚距中线更近。同列队员有3对即4号位同5号位、3号位同6号位、2号位同1号位队员。同排队员中的每一名左边（右边）队员至少有一只脚的一部分比同排队员的双脚距左（右）边线更近。同排队员有4对即3号位同4号位、3号位同2号位、6号位同5号位、6号位同1号位队员。同排或同列相关队员进行比对都有可能发生位置错误（图17-3、图17-4）。

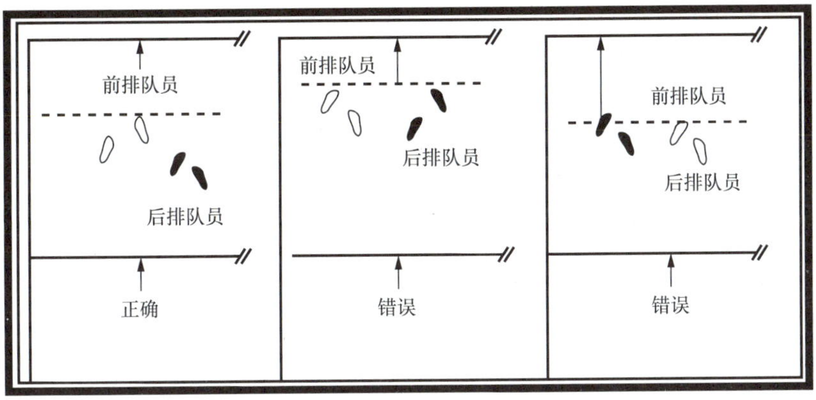

图 17-3　前排与后排队员位置关系

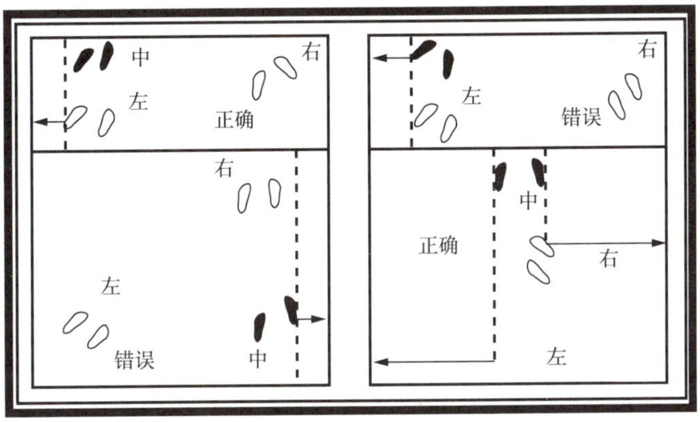

图 17-4　同排队员位置关系

当发球队员击球时的犯规与对方位置错误同时发生，则发球犯规被认为在先。如果是发球队员在击球后的犯规与对方位置错误同时发生，则对方位置错误在先。一个队位置错误时，该队被判失去1分，由对方发球，队员必须恢复到正确位置。

6. 轮转

一局比赛中，轮转次序、发球次序以及队员位置的确定，均以位置表为依据。接发球队获得发球权后，该队队员必须按顺时针方向轮转1个位置：2号位队员转至1号位发球，1号位队员转至6号位等。

7. 轮转错误

没有按照轮转次序进行发球为轮转错误，应做如下处理：

（1）该队失1分，由对方发球；

（2）队员的错误轮转次序必须纠正。

记录员应准确地确定其犯规何时发生，从而取消该队自犯规发生后的所有得分，对方得分仍然有效。如果不能确定犯规发生的时间，则仅判失1分，由对方发球。

（五）比赛行为

1. 比赛的状态

（1）进入比赛。经第1裁判员允许，发球队员击球为进入比赛。

（2）比赛的中止。裁判员鸣哨即为比赛的中止。如果裁判员是因出现犯规而鸣哨，则比赛的中止是由犯规一刻开始的。

（3）界内球。任何时间球的任何部分触及比赛场区地面，包括界线，为界内球。

（4）界外球。下列情况为界外球：

①球接触地面的部分完全在界线以外；

②球触及场外物体、天花板或非场上比赛队员；

③球触及标志杆、网绳、网柱或球网标志带以外部分；

④球的整体或部分从过网区以外过网；

⑤球的整体从网下空间穿过。

2. 击球

比赛队必须在其本场区及空间内击球，但可以越出无障碍区救球。

（1）球队的击球：比赛中，队员与球的任何触及都视为击球。每队最多击球3次（拦网除外）将球击回对区，如果超过则判为"4次击球"。

①连续击球：一名队员不得连续击球两次。

②同时击球：两名或3名队员可以同时触球。

同队的2名（或3名）队员同时触到球时，被记为2次（或3次）击球（拦网除外）。如果只有其中1名队员触球，则只记1次。队员之间的碰撞不算犯规。

两名不同队的队员在网上同时触球，比赛继续进行，获球一方可再击3次。如果该球落在某方场区之外，判对方击球出界。如果两名不同队的队员在网上同时触球并造成短暂停留，则比赛继续进行。

③借助击球：队员不得在比赛场地之内借助同伴或任何物体支持进行击球，但是队员可以挡住或拉住另一名即将犯规（如触网、过中线等）的同队队员。

（2）击球的性质：球可以触及身体的任何部位。球不能被接住和抛出，球可以向任何方向弹出。球可以触及身体的不同部位，但必须是同时。下列情况除外：

①拦网时，1名队员或多名队员可以在一个动作中连续触球；

②在第1次击球时，允许身体不同部位在一个动作中连续触球。

用上手传球动作接对方的发球时，如出现连击或持球，应判犯规（经国际排联2013年4月5日召开的行政理事会决定，此条规则延缓执行）。

（3）击球时的犯规：

①4次击球：一个队连续击球4次。

②借助击球：队员在比赛场地内借助同伴或任何物体的支持进行击球。

③持球：球被接住和/或抛出，而不是被弹击出。

④连击：一名队员连续击球两次，或球连续触及其身体不同部位。

3. 球网附近的球

（1）球通过球网：球必须通过球网上空的过网区进入对方场区。过网区是球网垂直平面的一部分，其范围包括上至天花板下至球网上沿，两侧至标志杆及其延长线。球的整体或部分从非过网区进入对方无障碍区，可以在下列情况下将球击回：

①队员不得触及对方场区；

②球被击回时，球的整体或部分必须从同侧非过网区通过，对方队员不得阻碍此击球。

③球从网下飞向对方场区时，球的整体越过网下垂直平面前，可以将球击回。

（2）球触球网。球通过球网时可以触及球网。

（3）球入球网。球入球网后，可以在该队的3次击球内再击。如果球击破球网或使球网坠落，该球重新进行。

4. 球网附近的队员

（1）越过球网。拦网时允许拦网队员越过球网触球，但不得在对方进攻性击球前或击球时干扰对方。进攻性击球后允许手过网，但击球时必须在本场区空间。

（2）网下穿越。在不干扰对方比赛的情况下，允许队员在网下穿越进入对方空间或穿越中线进入对方场区：

①队员的1只（2只）脚越过中线触及对方场区的同时，其余部分接触中线或置于中线上空是允许的。

②比赛成死球后，队员可以进入对方场区。

③在不干扰对方比赛的情况下，队员可以穿越进入对方的无障碍区。

（3）触网。球员无企图击球而触及球网或标志杆，不视为犯规。

①队员一旦击球后，可触及球网全长以外的网柱、网绳或其他物体，但不得妨碍比赛。

②由于球被击入球网而造成的球网触及队员，不为犯规。

（4）队员在球网附近的犯规。

①对方进攻性击球前或击球时，在对方空间触及球或对方队员。

②从网下穿越进入对方空间并干扰对方比赛。

③队员的双脚（单脚）全部越过中线进入对方场区。

④队员有干扰比赛的情况。

5. 发球

（1）首先发球。后排右边的队员在发球区内将球击出而进入比赛的行动是发球。第1局和第5局由抽签选定发球权的队首先发球。其他各局由前一局未首先发球的队首先发球。

（2）发球次序。队员发球的次序按位置表上的顺序进行。一局首先发球后，队员按下列规定进行发球：

①当发球队胜1球时，原发球队员（或其替补队员）继续发球；

②当接发球队胜1球时，获得发球权并轮转，由前排右队员轮转至后排右发球。

（3）发球的允许。第1裁判员检查发球队员已持球在手，而且双方队员已做好比赛准备时，鸣哨允许发球。

（4）发球的执行。

①球被抛起或持球手撤离后，必须在球落地前，用一只手或手臂的任何部分将球击出。

②球只能被抛起或撤离1次，但拍球或在手中摆弄球是允许的。

③发球队员在击球时或发球起跳时，不得踏及场区（包括端线）和发球区以外地面。击球后可以踏及或落在场区内或发球区以外。

④发球队员必须在第1裁判员鸣哨允许发球后8 s内将球发出。

⑤裁判员鸣哨允许发球前的发球无效。

（5）发球掩护。发球队的队员不得利用个人或集体掩护阻挡对方观察发球队员和球的飞行路线。发球时，发球队的队员个人或集体挥臂、跳跃或移动，或集体密集站立遮挡了发球和球的飞行路线，则构成发球掩护。

（6）发球时的犯规。

①发球犯规。下列犯规应判为发球犯规：发球队发球次序错误；没有遵守“发球的执行”的规定。

②发球击球后的犯规。球被发出后出现以下情况仍为发球犯规（除非位置错误）：球触及发球队队员或球的整体没有从过网区通过球网垂直平面，界外球，球越过发球掩护。

（7）发球犯规与位置错误。

①如果发球犯规与对方位置错误同时发生，则判发球犯规。

②如果发球击球后的犯规与对方位置错误同时发生，则判位置错误犯规。

6. 进攻性击球

（1）进攻性击球的特性：

①除发球和拦网外，所有直接向对方的击球都是进攻性击球。

②进攻性击球时，吊球是允许的，但击球必须清晰并不得接住或抛出。

③球的整体通过球网垂直平面或触及对方队员，则认为完成进攻性击球。

（2）进攻性击球的限制：

①前排队员可以对任何高度的球完成进攻性击球，但触球时必须在本场区空间。

②后排队员可以在进攻线后对任何高度的球完成进攻性击球，但是起跳时脚不得踏及或超过进攻线，击球后可以落在前场区。后排队员也可以在前场区完成后排进攻性击球，但触球时球的一部分必须低于球网上沿。接发球队队员不得在前场区内对高于球网上沿的对方发球完成进攻性击球。

（3）进攻性击球的犯规：在对方空间击球，击球出界；后排队员在前场区完成进攻性击球，并且击球时球的整体高于球网上沿；在前场区内高于球网上沿的对方发球完成进攻性击球；自由防守队员对高于球网上沿的球完成进攻性击球；队员在高于球网处，对同队自由防守队员在前场区用上手传出的球完成进攻性击球。

7. 拦网

（1）拦网。

①拦网是队员靠近球网在高于球网处阻挡对方来球的行动，与触球点是否高于球网无关，只有前排队员可以完成拦网，触球时身体必须有一部分高于球网上沿。

②拦网试图：没有触及球的拦网行动为拦网试图。

③完成拦网：触及球的拦网行动为完成拦网。

④集体拦网：2名或3名队员彼此靠近进行拦网为集体拦网，其中1人触球则为完成拦网。

（2）拦网触球。在一个动作中，球可以连续（迅速而连贯地）触及1名或更多的拦网队员。

（3）进入对方空间拦网。拦网时队员可以将手或手臂伸过球网，但不得干扰对方击球。过网拦网的触球必须在对方进攻性击球之后。

（4）拦网与球队的击球。

①拦网的触球不算作球队3次击球的1次，拦网触球后该队还可以击球3次。

②拦网后可以由任何一名队员进行第1次击球，包括拦网时已经触球的队员。

（5）拦发球。拦对方的发球是被禁止的。

（6）拦网犯规。

①在对方进攻性击球前或击球的同时，在对方空间完成拦网。

②后排队员或自由防守队员完成拦网或参加了完成拦网的集体。

③拦对方的发球。

④拦网出界。

⑤从标志杆以外伸入对方空间拦网。

⑥自由防守队员试图进行个人或参加集体拦网。

（六）比赛间断与延误比赛

1. 间断

间断是完整的比赛过程后至下一次裁判员鸣哨发球之间的时间。正常比赛间断只有“暂停”和“换人”。

（1）合法比赛间断的次数：每局比赛中，每队最多可以请求2次暂停和6人次换人。

（2）合法比赛间断次序：

①在同一次比赛间断中，可以请求1或2次暂停，一个队请求换人后，另一个队也可以请

求换人。

②在同一次比赛间断中，同一队不得连续提出换人请求，但在同一次换人请求中可以替换两名或更多的队员。

③同一个队再次请求换人必须经过一次完整的比赛过程。

（3）请求合法比赛间断：

①只有教练员或教练员缺席时场上队长可以请求正常比赛间断。

②一局开始前请求换人是允许的，但应计算在该局的正常换人次数之内。

（4）暂停与技术暂停：

①请求暂停，必须在比赛成死球后、裁判员鸣哨允许发球前，并使用相应的手势。所有被请求的暂停时间均为30 s。国际排联世界和正式比赛中，必须使用蜂鸣器然后做出手势请求暂停。

②国际排联世界和正式比赛第1—4局中，每局另外有两次时间各为60 s的技术暂停，每当领先队达到8分和16分时自动执行（2016年里约奥运会排球赛临时取消了技术暂停，增加了鹰眼挑战规则）。

③第5局（决胜局）没有技术暂停，每队可以请求时间各为30 s的两次正常暂停。

④所有暂停时，比赛队员必须离开比赛场区到球队席附近的无障碍区。

（5）换人：

①一名队员离开比赛场地，而由另一名队员经记录员登记后占据其位置的行为称换人（自由防守队员的替换除外）。

②当一名受伤队员被强制替换时，教练员（或场上队长）须做出换人手势。

（6）换人的限制：

①每局开始阵容中的队员，在同一局中可以退出比赛和再上场1次，而且只能回到原阵容的位置。

②替补队员每局只能上场比赛1次，替换开始阵容的队员，而且他/她只能由被他/她替换下场的队员来替换。

（7）特殊换人：某一队员（自由防守队员除外）受伤或生病不能继续比赛时，必须进行合法的换人。如果不能进行合法的换人时，可采用特殊换人。特殊换人时，场外的任何队员，除自由防守队员或由他/她替换的队员外，都可以替换受伤队员，但受伤队员不可在本场比赛中再次上场比赛。在任何情况下，特殊换人都不作为换人的次数计算，但应在记录表上进行记录。

（8）被判罚出场与取消比赛资格的换人：某队员被“判罚出场”或“取消比赛资格”时，必须进行合法换人。不能进行合法换人时，该队被宣布为“阵容不完整”。

（9）不合法的换人：不合法的换人为超出规则限制或涉及没有进行登记的运动员。某队进行了不合法的换人，而且比赛已重新开始，应按如下步骤进行处理：

①判该队失1分，由对方发球；

②对不合法的换人给予纠正；

③取消该队在此犯规中所得的分数，对方的得分保留。

（10）换人的程序：

①换人必须在换人区内进行。

②换人时所持续的时间，仅限记录员登记和队员进出场必需的时间。

③场外队员在比赛间断时只要进入了换人区，并且做好了上场的一切准备，就是提出了换人的请求。此时，除了受伤队员或局前的替换，教练员不必做出换人的手势。没有做好准备的请求给予拒绝，并判为延误比赛。第2裁判员或记录员应以哨声或蜂鸣器认可换人的请求并负责批准换人的请求。国际排联世界和正式比赛中，队员换人时须使用换人牌。

④如果某队在同一间断中想替换1名以上的队员，则所有请求上场的队员都必须进入换人区，替换时队员一对对相继进行。如其中有不合法的替换，必须予以拒绝并给予延误处罚。

（11）不符合规定的请求

①下列情况为不符合规定的比赛间断请求：在比赛进行中或裁判员鸣哨允许发球的同时或之后提出请求；无请求权的成员提出请求；同一个队在同一比赛间断再次请求换人，除非运动员受伤或生病；超过规定的正常暂停和换人次数的请求。

②比赛中第1次没有影响和延误比赛的不符合规定的请求，应给予拒绝而不进行处罚，但必须登记在记录表中。

③同一队比赛中再次提出不符合规定的请求都应判延误犯规。

2. 延误比赛

（1）延误比赛的类型：一个队拖延比赛继续进行的不当行为为延误比赛，如下列情况：

①拖延正常比赛间断；

②在裁判员鸣哨恢复比赛后，拖延间断时间；

③请求不合法的换人；

④再次提出不符合规定的请求；

⑤球队成员拖延比赛的继续进行。

（2）对延误比赛的判罚：

①“延误警告”和“延误判罚”是对全队的延误比赛的判罚。延误比赛的处罚对全场比赛有效。所有延误比赛的处罚都登记在记录表上。

②在一场比赛中，对一个队成员的第1次延误比赛，给予“延误警告”。

③在一场比赛中，同一队的任何成员造成不论任何类型的第2次以及其后的延误比赛，都给予“延误判罚”，失1分并由对方发球。

④局前和局间的延误比赛处罚记在下一局中。

3. 例外的比赛间断

（1）受伤/生病：比赛中出现严重伤害事故，裁判员应该立即中断比赛，允许医务人员进入场地，该球重新比赛。如果受伤/生病队员已不能进行合法换人和特殊换人，则给予该队员3 min的恢复时间。一场比赛同一名队员只能给予1次供恢复的时间。如果该队员不能恢复，则该队被宣布为阵容不完整。

（2）外因造成的比赛中断：比赛中出现任何外界干扰，都应停止比赛，该球重新比赛。

（3）被拖延的间断：

①任何意外情况阻碍比赛继续进行时，第1裁判员、比赛组织者和管委会成员共同研究决定，采取措施恢复比赛。

②1次或数次间断时间累计不超过4 h：

如果比赛仍在原场地进行，则间断的一局应保持原比分、原队员（判罚出场和取消比赛资格者除外）和原场上位置，已结束的各局比分保留；

如果比赛改在其他场地进行，则间断的一局应取消，但保持该局开始时的队员阵容（判罚出场和取消比赛资格者除外）重新比赛，已登记的所有警告与处罚有效，已结束的各局比分保留；

1次或数次间断时间累计超过4 h，全场比赛重新开始。

4. 局间休息与交换场区

（1）局间休息：所有局间休息均为3 min。局间休息用于交换场区和在记录表上登记球队的阵容。应比赛主办者或组织者的要求，第2、3局之间的休息时间可延长至10 min。

（2）交换场区：每局结束后比赛双方交换场区，决胜局除外。决胜局中某队获得8 min两队交换场区不休息，队员保持交换前的位置继续比赛。如果未能及时交换场区，则应在发现此错误时立即交换，保留交换场区时两队已得的比分。

（七）自由防守队员

（1）自由防守队员的指定：

①每支球队都有权从记录表上登记的队员名单中指定最多2名特殊的防守队员，即“自由防守队员”国际排联（FIVB）比赛、世界性比赛和正式比赛的成年比赛中，如果记录表登记的队员人数超过12人，则名单中必须有2名自由防守队员。

②所有自由防守队员都必须在比赛前登记在记录表规定位置中。

③在场上的自由防守队员是场上自由防守队员。如果该队还有另外1名自由防守队员，则其成为第2自由防守队员。无论任何时候，场上只有1名自由防守队员。

（2）自由防守队员的装备：自由防守队员服装的主体颜色（或为新指定自由防守队员准备的背心）必须与该队其他队员服装的主体颜色形成鲜明对比。2名自由防守队员可以穿着不同于彼此和该队其他队员的服装。自由防守队员的服装必须使用与其他队员制式一致的号码。国际排联（FIVB）比赛、世界性比赛和正式比赛中如果可能，则新指定的自由防守队员应与原自由守队员的服装颜色一致，但应使用自己的原服装号码。

（3）自由防守队员涉及的行为：

①比赛行为：自由防守队员可以替换在后排的任何一名队员。作为受限制的后排队员，他不可以在任何位置（包括场区和无障碍区）完成球整体高于球网上沿的进攻性击球。他不能进行发球、拦网和拦网试图。如果自由防守队员在前场区进行上手传球，其他队员在该球整体高于球网上沿的情况下不能进行进攻性击球，但同样的传球行为发生在进攻区之外则无妨。

②自由防守队员的替换：

a.涉及自由防守队员的替换不计算在换人次数之内。自由防守队员的替换不受次数限制，但涉及一名自由防守队员的两次替换时，之间必须经过一次完整的比赛过程，一次处罚造成自由防守队员轮转到4号位或因场上自由防守队员受伤使比赛过程不完整的情况除外。

b.场上队员可以被任何自由防守队员替换，场上自由防守队员可以由原场上队员替换，也可以由第2自由防守队员替换。

c.每局比赛开始时，自由防守队员在第2裁判员核对场上位置后才能进场进行替换。

d.其他自由防守队员的替换必须在成死球之后、裁判员鸣哨发球之前进行。

e.若替换发生在鸣哨之后、击球之前可以不予拒绝，但此行为不属于合法程序，必须在该轮次结束时提醒场上队长，若再次发生则给予该队延误处罚。

f.对于再次发生的延误替换，应立即中断比赛，给予延误处罚，并由延误处罚的等级决定发球权。

g.自由防守队员替换时，其上、下场的地点只能在“自由防守队员替换区”。

h.所有涉及自由防守队员的替换都必须在自由防守队员管理表上做记录或登记在电子记录表（如果使用）上。

i.不合法的自由防守队员替换如下：自由防守队员的替换没有经过完整的比赛过程；自由防守队员被不是原场上队员或第2自由防守队员的其他队员替换。

对不合法的自由防守队员替换的处理等同于不合法的换人：如果自由防守队员的不合法替换在下一比赛过程开始之前被发现并纠正，则该队应被判为延误比赛；如果自由防守队员的不合法替换在发球击球之后被发现，则应判该队为不合法的换人。

（4）指定新自由防守队员：

①当自由防守队员因受伤、生病、被判罚出场或取消比赛资格等原因不能继续比赛时。自由防守队员可以由教练员、助理教练员或场上队长（当教练员不在场时）以任何原因宣布不能继续比赛。

②拥有1名自由防守队员的球队：

a.一支球队只有1名自由防守队员时，当出现所述状况或虽然登记但宣布不能比赛时，教练员（教练员不在场时由场上队长）可以重新指定1名不在场上的队员（被自由防守队员替换的原场上队员除外）为新的自由防守队员。

b.如果场上自由防守队员宣布不能继续比赛时，可由原队员替换上场，或立即重新指定替换自由防守队员。但是，这名自由防守队员不能参与该场剩余比赛。自由防守队员不在场上但宣布不能比赛时，也可重新指定自由防守队员。经宣布不能比赛的原自由防守队员不能参与该场后续的比赛。

c.教练员（教练员不在场时由助理教练员或场上队长）联系第2裁判员进行重新指定。

d.如果自由防守队员宣布不能继续比赛，重新指定不受次数限制。

e.如果教练员指定队长为新的自由防守队员是被允许的。

f.新指定的自由防守队员应在记录表的备注栏里做记录，随后的替换在自由防守队员管理表（或电子记录表）上做记录。

③拥有2名自由防守队员的球队：

一支球队在记录表上登记了2名自由防守队员，当其中1名自由防守队员不能继续比赛时，该队有权只使用1名自由防守队员比赛；该队不得再指定新的自由防守队员，除非另一名自由防守队员也不能继续比赛。

如果自由防守队员被判罚出场或被取消比赛资格，他可以被第2自由防守队员替换。如果该队只有1 名自由防守队员，则有权指定新的自由防守队员。

（八）参赛者的行为

1. 行为要求

（1）体育道德：参赛者必须了解并遵守正式排球规则。参赛者必须以良好的体育道德行为服从裁判员的裁定，不允许进行争辩。如果有疑问，可以并只能通过场上队长提请解释。参赛者不得有任何目的的影响裁判员判断或掩盖本队犯规的动作和行为的表现。

（2）公正竞赛：参赛者的行为必须符合“公正竞赛”的精神，不仅对裁判员，而且对其他工作人员、对方、本方以及观众都要尊重，有礼貌。比赛中，本队成员之间的交流是允许的。

2. 不良行为以及判罚

（1）轻微的不良行为。对轻微的不良行为不进行处罚，但第1裁判员有责任防止运动队出现接近被处罚程度的行为。使用两种形式：

①通过场上队长进行口头警告；

②向相关队的成员出示黄牌，虽然没有处罚，但要登记在记录表上，警告该队其行为已经接近被处罚的程度。

（2）给予处罚的不良行为。队里的成员对裁判员、对方、同伴或观众的不良行为，按程度分为3类。

①粗鲁行为：违背道德准则或文明举止，或有任何轻蔑的表示。

②冒犯行为：诽谤或侮辱的言语或形态。

③侵犯行为：人身攻击、侵犯或威吓行为。

（3）判罚等级。第1裁判员根据不良行为的程度，分别给予判罚，判罚出场或取消比赛资格的处罚，登记在记录表上。

①判罚：用于全场比赛中任何成员的第1次粗鲁行为，判对方得分并发球。

②判罚出场：

a.任何成员被判罚出场都必须坐在判罚区域内，不得继续参加该局的比赛，没有另外的判处。场上队员被判罚出场必须立刻进行合法替换。教练员被判罚出场应坐在判罚区域内，失去该局的指挥权力。

b.某成员第1次出现冒犯行为，判罚出场，无其他判处。

c.同一成员在一场比赛中的第2次粗鲁行为，判罚出场，无其他判处。

③取消比赛资格：

a.任何成员被取消比赛资格必须离开比赛控制区域，不得继续参加该场的比赛，没有另外的判处。场上成员被取消比赛资格必须立刻进行合法替换。

b.某成员第1次出现侵犯行为，取消比赛资格，无其他判处。

c.同一成员一场比赛中出现第2次冒犯行为，取消比赛资格，无其他判处。

d.同一成员一场比赛中出现第3次粗鲁行为，取消比赛资格，无其他判处。

（4）处罚的实施。

①不良行为的处罚是针对个人的，对全场比赛有效，记录在记录表上。

②同一成员在同一场比赛中重犯不良行为时，按处罚等级加一级处罚（该成员接受的处罚要重于前一次）。

③对冒犯行为或侵犯行为的判罚出场或取消比赛资格，无须有先一次的判处。

（5）局前与局间的不良行为。任何局前与局间的不良行为，都应按规则进行处置，并记录在下一局中。

（6）不良行为的种类与红黄牌使用。

①警告：不处罚。

形式1：口头警告。

形式2：出示黄牌。

②判罚：出示红牌。

③判罚出场：单手出示红牌+黄牌。

④取消比赛资格：双手分别出示红牌+黄牌。

二、裁判员的职责、工作程序与法定手势

（一）裁判员的职责

1. 裁判员的组成

一场比赛的裁判员由第1裁判员、第2裁判员、记录员、4名（或2名）司线员等人员组成。国际排联世界和正式比赛另设一名助理记录员。裁判工作人员位置如图17-5所示。

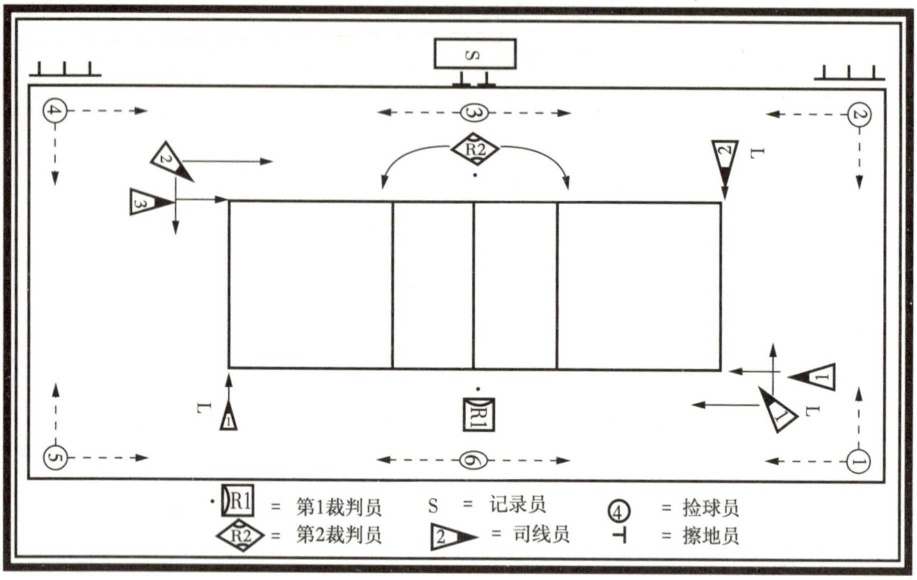

图 17-5　裁判工作人员位置图

2. 裁判员的工作程序

（1）比赛进行中只有第1裁判员和第2裁判员可以鸣哨。第1裁判员鸣哨发球开始比赛；第1裁判员和第2裁判员确认犯规发生并判明其性质，鸣哨中止比赛。

（2）在比赛中断期间，裁判员以鸣哨表示同意或拒绝某队的请求。

（3）裁判员鸣哨中止比赛后，应立即以法定手势表明。

①如果是第1裁判员鸣哨中止比赛，他/她应指出发球的队、犯规的性质、犯规的队员（必要时），第2裁判员不必重复手势，只需要站在接发球一方即可。

②如果是第2裁判员鸣哨中止比赛，他/她应指出犯规的性质、犯规的队员（必要时）并跟随第1裁判员指出发球的队。第1裁判员不用同时再出示犯规性质和犯规队员的手势，只指出发球队。

③如果后排队员或自由防守队员进攻性击球犯规，2名裁判员都有责任按上述过程做出手势。

④如果是双方犯规，他们都要按顺序指出犯规的性质、犯规的队员（必要时）、应发球的队（随同第1裁判员）。

3. 第 1 裁判员

（1）位置：第1裁判员坐或站在记录台对面的球网一端裁判台上执行其职责，其视线水平应高出球网上沿约50 cm。

（2）权力：

①第1裁判员自始至终领导该场比赛，对所有裁判员和队的成员行使权力。比赛中，第1裁判员的判定是最终判定。如果发现其他裁判员的错误，第1裁判员有权改判，甚至可以撤换一名不称职的裁判员。

②第1裁判员掌管捡球员和擦地员工作。

③第1裁判员有权决定涉及比赛的问题，包括规则中没有规定的问题。

④第1裁判员不允许对其判定进行任何讨论。

但当场上队长提出请求时，第1裁判员应对判定所依据的规则和规则的执行给予解释。如果场上队长表示不同意解释，并立即声明保留比赛结束后将抗议写在记录表上的要求时，第1裁判员必须准许。

⑤比赛前和比赛中，第1裁判员负责决定赛场条件是否符合比赛要求。

（3）职责：

①比赛前，第1裁判员检查场地、器材和比赛用球；主持双方队长的抽签；掌握两队的准备活动。

②比赛中，第1裁判员有权向球队提出警告，对不良行为和延误比赛进行处置。第1裁判员判定：

a.发球犯规和发球队位置错误，包括发球掩护；

b.比赛中击球的犯规；

c.高于球网和球网上部的犯规，以及主要是进攻一方的触网犯规；

d.后排队员或自由防守队员的进攻性击球犯规；

e.自由防守队员在前场区及延长区进行上手传球后，同伴在球高于球网处完成进攻性击球犯规；

f.球的整体从网下空间穿越；

g.后排队员完成拦网，或自由防守队员试图拦网。

③比赛结束后，检查记录表并签字。

4. 第 2 裁判员

（1）位置：第2裁判员站在第1裁判员对面，比赛场地外的网柱附近，面对第1裁判员执行其职责。

（2）权力：

①第2裁判员是第1裁判员的助手，当第1裁判员不能继续工作时，可以代替其执行职责。

②可以用手势指出其权限以外的犯规，但不得鸣哨，也不得对第1裁判员坚持自己的判断。

③负责管理记录员的工作和掌管准备活动区域中的队员。

④监督坐在球队席上的球队成员，并将他们的不良行为报告给第1裁判员。

⑤允许比赛间断的请求，掌握间断时间和拒绝不符合规定的请求。

⑥掌握各队暂停和换人的次数，并将第2次暂停和第5、6次换人告诉第1裁判员和有关教练员。

⑦发现队员受伤，可以允许特殊换人，或予以3 min的恢复时间。

⑧检查比赛场地的条件，主要是前场区。比赛中还要检查球是否符合比赛要求。

⑨监督判罚区域中受罚队的成员，并将其不良行为报告给第1裁判员。

（3）职责：

①在每局开始、决胜局交换场区，以及任何必要的时候，检查场上队员的实际位置是否与位置表相符。

②在比赛中，第2裁判员对以下犯规作出判断、鸣哨并作出手势：

a.网下穿越进入对方场区和空间；

b.接发球队位置错误；

c.拦网一侧的队员触网犯规或触及第 2 裁判员一侧的标志杆；

d.后排队员完成拦网和自由防守队员试图拦网犯规；或后排队员和自由防守队员进攻性击球犯规；

e.球触及场外物体；

f.第1裁判员难以观察时，球触及地面；

g.球的整体或部分从过网区以外过网，飞入对方场区，或触及他/她一侧的标志杆。

h.发球或第三次击球时，球从其一侧的标志杆上方或外侧通过。

③比赛结束后，检查记录表并签字。

5. 挑战裁判员

国际排联（FIVB）比赛、世界性比赛和正式比赛如果使用鹰眼挑战系统（VCS），则必须设置一名挑战裁判员。

位置：挑战裁判员在一个独立的工作区内执行其职责，该位置由临场技术代表决定。

职责：他负责监督挑战过程并确保该过程遵照现行的挑战规则进行。挑战裁判员在工作时应穿着正式裁判服。经挑战过程认定后，他将犯规性质告知第1裁判员。比赛结束后，他在记录表上签字。

6. 替补裁判员

国际排联（FIVB）比赛、世界性比赛和正式比赛必须设置一名替补裁判员。

位置：替补裁判员根据国际排联（FIVB）场地布局图标定的工作位置执行其职责。

职责：在工作时应穿着正式裁判服；当第2裁判员缺席或因故不能继续工作时或者当第2裁判员变为第1裁判员后，接替第2裁判员的工作；在赛前和局间管理换人牌（如果使用）；

如果球队席所配电子设备在每局前和每局进行中出现问题，应检查其运行情况；协助第2裁判员维护无障碍区的整洁；协助第2裁判员引导被判罚出场和被取消比赛资格的队员离开场地前往球队更衣室；管理在准备活动区及球队席的替补队员；在比赛开始介绍首发队员后，立即向第2裁判员递交4个比赛用球，并在第2裁判员核对站位后再向其递交1个比赛用球；协助第1裁判员指导擦地员的工作。

7. 记录员

位置：记录员坐在第1裁判员对面的记录台处，面对第1裁判员执行职责。

职责：根据规则填写记录表并与第 2 裁判员配合；通过蜂鸣器或其他声响通知裁判员以履行职责。

①记录员在比赛前和每局前：按照规定程序登记有关比赛和比赛队的情况，包括自由防守队员的姓名、号码，并获取双方队长和教练员的签字；根据位置表登记各队的开始阵容。如果没有按时接到位置表，应立即通知第2裁判员。

②记录员在比赛中：记录得分；掌握各队的发球次序，发现发球次序错误时，应在发球击球后立即通知裁判员；以蜂鸣器认可换人的请求，掌握并登记暂停和换人次数，并通知第2裁判员；对违背规则的非正常比赛间断请求要通知裁判员；每局结束及决胜局8分时，向裁判员宣布；记录警告、处罚的情况和不符合规定的请求；在第2裁判员指导下登记其他事件，如特殊换人、恢复时间、被拖延的间断、外因造成的间断等；掌握局间休息。

③记录员在比赛结束后：登记最终结果；如果有提出抗议的情况并得到第1裁判员同意，记录或允许队长将有关抗议的内容写在记录表上；自己在记录表上签字后，取得双方队长和裁判员的签字。

8. 助理记录员

位置：助理记录员坐在记录员的身旁执行职责。

职责：记录有关自由防守队员的替换；协助记录员工作；记录员不能继续工作时，替代记录员。

①比赛和每局开始前，助理记录员准备好自由防守队员管理表；准备好备用记录表。

②比赛中，助理记录员详细记录自由防守队员正常和特殊的替换；发现任何有关自由防守队员替换的犯规，用蜂鸣器通知裁判员；掌握技术暂停开始和结束的时间；操作记录台上的手动记分牌；监督记分牌的正确显示；必要时填写好备用记分表的有关内容，交给记录员。

③比赛结束后，助理记录员在自由防守队员管理表上签字备查；在记录表上签字。国际排联世界和正式比赛使用电子记录表，助理记录员协助记录员进行普通替换和自由防守队员替换。

9. 司线员

位置：如果是2名司线员，他们应该分别站在每位裁判员右手的场区角端，距场角1~2 m处，各自负责自己一侧的端线和边线。国际排联世界和正式比赛必须设4名司线员，站在无障碍区距场角1~3 m的位置上，各负责一条界线。

职责：

①司线员用旗（40 cm×40 cm）的旗示执行职责。

a.当球落在他们所负责的线的附近时，示以“界内”或“界外”；

b.触及接球队员身体后出界的球，示以“触手出界”；

c.示意球触及标志杆、发球和第三次击球后球从过网区外过网等；

d.示意发球击球时队员脚踏出场区（发球队员除外）；

e.发球队员脚的犯规；

f.队员击球时或干扰比赛情况下，触及司线员一侧标志杆高于球网上沿80 cm的部分；

g.球从标志杆外过网，并进入对方场区，或触及司线员一侧的标志杆。

②在第1裁判员询问时，必须重复旗示。

（二）裁判员的临场工作方法和程序

比赛过程中，裁判员除履行规定的主要职责外，还要遵循有关的操作方法与工作程序。

1. 第1裁判员的临场操作方法与工作程序

（1）开赛前：第1裁判员开赛前的主要工作是在规定时间召集双方队长到记录台前挑选场地或者发球权。挑场地发球权分为两类：一类挑选发球或接发球，另一类挑选场区，先选者在这两类中任选一项，后选者再选另一类中的一项。挑选工作完毕后，双方队长需在记分表上签字。裁判员将挑选结果通知记录员。

其次，第1裁判员对场地、器材、设备进行检查，包括球的气压、网高、场地画线、运动员席、记录台、裁判椅等。

（2）赛中：准备开赛时，待第2裁判员将第一个球递给发球队员，发球队员准备好后开始鸣哨。第1裁判员要面向发球一方，观察发球队有无犯规行为。比赛进行中，裁判员要随时注视球、队员以及他们与网的关系。

（3）第1裁判员同其他裁判员的分工配合：在发、接球时，第1裁判员主要看发球一方，第2裁判员看接发球一方。在网上扣、拦时，第1裁判员主要看扣球一方，第2裁判员看拦网一方。第1裁判员要经常用眼光同第2裁判员、司线员、记录员联系。要注意记录员、第2裁判员出示的提醒手势。

（4）赛后：第1裁判员主持退场式，并详细检查记分表，确认无误后，在其他裁判员签字后最后在记分表上签字。

2. 第2裁判员的临场操作方法与工作程序

（1）赛前：协助第1裁判员进行有关检查与准备工作，并参加挑选场地、发球权工作。

（2）赛中：队员接发球时，第2裁判员要观察、判断场上队员是否存在位置错误犯规。网上扣、拦时，第2裁判员主要看拦网一方从起跳到落地是否存在过中线、触网等犯规。第2裁判员的位置要根据球和队员的位置作前后、左右移动，以便对自己职权范围内的犯规作出准确判断。

(3) 第2裁判员在暂停时的操作方法：当教练员或场上队长在死球时用相应手势提出要求后，第2裁判员首先应鸣哨，然后看表掌握暂停时间，并且观察场上情况，双方有无其他犯规行为，同记录台进行联系，必要时要将暂停次数通知第1裁判员和教练员。暂停时间到第2裁判员鸣哨恢复比赛。

(4) 第2裁判员在换人时的操作方法：当教练员或场上队长在死球时用相应手势提出要求后，第2裁判员先鸣哨，然后到边线与进攻线交界处，面向记录台，先看记录员是否举单手以示合法替换，再让上下场队员在换人区进行替换，待记录员举双手示意记录完毕后，第2裁判员向第1裁判员高举双手，以示可以恢复比赛。

(5) 第2裁判员同其他裁判人员的分工配合：第1裁判员在比赛中不能轻易下台处理问题，因此只能通过第2裁判员进行问题处理。第2裁判员是枢纽，在第1裁判员、记录员、运动员之间起着上传下达的作用。第2裁判员应经常同第1裁判员交换目光，以示默契。第2裁判员对记录员工作起监督作用。

(6) 赛后：第2裁判员在双方队长签字后在记分表上签字。

3. 司线员临场操作方法与工作程序

(1) 司线员看线的操作方法主要是加强预判、抢好角度、看线等球、出旗果断。

(2) 司线员站立姿势：两脚开立，身体自然，重心居中，手持旗自然下垂。

(3) 司线员对犯规的判断以相应的旗示向第一裁判员示意，但当第一裁判员未注意，比赛继续进行时，司线员收回旗示，不得坚持。

4. 记录员工作方法要点

(1) 比赛前记录表的填写：

①在记分表上填写比赛名称、日期、地点及运动员姓名、号码等，请教练员、队长核对并签名，一经签名不得更改。

②根据第1裁判员通知，登记挑边结果，记录台左方队为A队，右方队为B队。并记清楚哪方是发球队，哪方是接发球队。发球队用“×”画掉S，接发球队用“×”画掉R。

③根据教练员交来的上场位置表，登记上场队员位置轮次与号码，记录完毕将位置表交给第2裁判员。

④临赛前要核对场上队员号码是否与记分表上位置轮次顺序相符。核对完毕，举双手向裁判员示意，核对有误，应立即通知第2裁判员进行处理。

(2) 比赛开始后记录表的填写：

①比赛开始后，登记该局开始时间。

②对发球轮次和得分的记录方法。第一个发球，在先发球队的发球次序第一轮表格内的数字1上画线，表示该位置的队员发球，同时，在接发球队第一轮表格内画“×”号，表示该队接发球。发球队得分时在该队右侧累计分栏上画“/”号，连续得分则连续画“/”号。发

球队失分后首先在对方（接发球队）的累积分栏上画“/”号，然后在对方（接发球队）下一发球轮次表格内的数字 1 上画“/”号，最后把发球队的当前分数记录在发球方的第一轮表格内。以后各轮次记录方法，以此类推。当6名队员轮转发球一次完毕后，再从数字2这一个栏开始记录发球轮次。

③换人的记录方法。某队请求换人时，应将替补队员号码填写在被替补队员号码下方格内，并在下方格内记下比分，将换人一方比分写在前面，并在某队比分上画号以示该队掌握发球权。被替补队员再次上场时，依前述方法记录，最后在替补队员号码上画圆圈，以示该名替补队员本局不能再上场替换队员。

④暂停的记录方法。某队请求暂停时，在该队累积分数栏下方格内，记上暂停时比分，记录要求同换人记录方法。

⑤第五局记录方法。某队得8分时，应及时通知裁判员让运动员交换场区，并将记分表上左方队发球次序队员号码等移到右方后半局的相应栏内。在原左边、右边的累积分下画“——”横线，表示换场前双方所得分数。换到右边的队在已得分数下也画“——”横线，换场后得分从此开始登记。发球轮次继续以此进行记录，左方队换人、暂停栏目的内容也要换到右方相应栏内。

⑥一局比赛结束后。应在两队最后比分上画一圆圈，表示该队最后所得分数，并将累积分栏中多余的分数画掉。最后填写结束时间。

⑦延误比赛的判罚和不良行为的判罚记在左下方相应栏目内。因对方被判罚所得的分必须在累积分数上画一圆圈。

（3）比赛结束后记录表的填写：一场比赛后，在记分表下方栏目填写有关汇总的内容。最后按以下顺序取得签名：记录员、双方队长、第2裁判员、第1裁判员。

（4）记录员工作方法要求：

①记录员必须认真、细致地做好临场记录工作，并且按照一定程序和工作规范进行临场记录工作。

②记录员登记完上场阵容表后，要注意保管和保密。

③记录员在对换人的暂停及判罚有关条文登录完毕后，应举双手示意，表示登记完毕，可以开始比赛。

④记录员有权提醒裁判员不符合规定的判罚。记录员对场上发球队员次序错误鸣哨并通知裁判员。

⑤正式比赛中设第2记录员，负责登记自由防守队员上下场的比分、号码及掌握技术暂停时间和局间休息时间。

（三）裁判员的法定手势和哨声要求

（1）裁判员的手势：裁判员必须以法定手势指出鸣哨的原因（犯规的性质或准许的比赛间断目的等）。手势应有短时间的展示。如果是单手做手势，

裁判手势和旗势

应用与犯规队或请求队同侧的手表示。

①第1裁判员的哨音与手势要求：

第1裁判员哨音总要求是：及时、果断、响亮，力争做到一成死球，即闻哨声。在开局和关键比分的哨声要加长、加重，在一般情况下，哨声可稍轻、短促，在有争议或来回球较多的情况下，哨声要加长、加重。

第1裁判员手势总要求是：大方、清楚、正确。手势要有短暂的展示时间。出示手势一般分3个步骤进行：第一步，一只手指向发球一方；第二步，另一只手指出犯规性质；第三步，必要时指出犯规队员。

②第2裁判员的哨音与手势：

第2裁判员的哨音除了及时、响亮外，还要求在第2裁判员职权范围内的判罚哨音要加长、加重。

第2裁判员在自己职权范围内的手势也是3个步骤：第一步是一只手指出犯规队员犯规性质；第二步是必要时指出犯规队员；第三步是另一只手指向发球一方。在自己职权范围外的手势，可以跟随第1裁判员做相同手势。

（2）司线员的旗示：司线员必须用法定的旗示表明犯规的性质，并有短时间的展示。司线员旗示总的要求是：出旗果断、准确、大方、有力。司线员应一手持旗，站在指定区域内。旗示后应有片刻停留与第1裁判员眼神交流后再自然收旗。

三、比赛仪式

如何进行比赛

裁判员必须在比赛前、比赛中和比赛后执行正式的比赛仪式。

（一）赛前

（1）17 min裁判员：检查球网的高度、松紧度、标志杆和标志带的位置。

（2）16 min第1裁判员召集双方队长在记录台前选边。

（3）15 min正式准备活动。

裁判员：第1裁判员鸣哨，并做出开始正式准备活动的手势，正式准备活动为每队分别练习5 min或两队合练10 min（2016—2017中国排球联赛竞赛规则规定：不允许分练），裁判员检查比赛用球、换人牌、记分表、蜂鸣器、队员服装和所有其他比赛必用器材（包括备用）。裁判员还应向司线员、捡球员、擦地板人员提出工作要求。

（4）12 min交取位置表。

裁判员：第2裁判员应把有教练员签字的位置表（2张需要一致）交给技术代表审查，无误后将其中1张交给记录员并在记录表上进行登记，另外1张由技术代表交给技术统计员。

比赛队：两队教练员应把第一局的位置表交给第2裁判员。

（5）5 min终止准备活动。

裁判员：第1裁判员鸣哨终止准备活动，并与第2裁判员一起到技术代表前请示比赛是否开始。

比赛队：第1裁判员鸣哨后，比赛队应立即停止准备活动回到队员席。如果需要更换衣服，应迅速到比赛场外更换，所有比赛队员应着正式比赛服装在队员席处就座。

（6）4 min宣布比赛开始和奏国歌。

裁判员：两名裁判员、司线员分别站在场地中央球网两侧，面向电视主机位和记录台。

比赛队：在裁判员的带领下，每队12名队员入场，列横队站在场地的中央，面向记录台。

广播员：宣布比赛名称，奏国歌。

裁判员：奏国歌后，第1裁判员鸣哨，双方队的成员在球网两侧握手致意，裁判员、司线员回到记录台前。

（7）2.5 min。

裁判员：奏乐后，第1、2裁判员、司线员入场，分列球网两侧面向记录台。被介绍完毕后，第1裁判员登上裁判台，第2裁判员回到记录台前，司线员站立于相应区域。

广播员：介绍裁判员、司线员；介绍比赛队（当第1裁判员登上裁判台后，重放短乐）。

比赛队：奏短乐后，首发队员和自由人坐在队员席上被依次介绍后挥动手臂上场（此时替补队员应在准备活动区），然后介绍主教练，介绍完毕后两队站好场上位置。

裁判员：介绍运动队完毕后，第2裁判员把4个比赛球交给1、2、4、5号捡球员，然后按位置表核对双方上场6名队员的位置。当核对完毕后允许自由人替换，同时看到记录员也核对位置完毕后，把第5个比赛球给发球队员。

（8）0 min比赛开始。

裁判员：第1裁判员看到一切准备就绪后鸣哨发球。

（二）比赛中

1. 局间休息

运动队：在每局比赛结束时，两队各6名比赛队员站在本场区端线处，在第1裁判员作出交换场区的手势后，运动员交换场区。当运动员越过球网，便可直接回到球队席处。

记录员：在第1裁判员鸣哨结束本局最后一个回合时，记录员应开始记录这一局的休息时间。当记录时间到达2.5 min时，记录员按响蜂鸣器。

比赛队：当记录的时间到达2.5 min时，在第2裁判员的示意下，按位置表的顺序站好场上位置。

裁判员：第2裁判员核对场上位置。捡球员把球交给发球队员。决胜局由第2裁判员把球交给发球队员。3 min时，第1裁判员鸣哨开始比赛。

2. 4—5 局间的休息

运动队：第四局比赛结束时，每队6名比赛队员站在本场区端线处，第1裁判员鸣哨后，运动员直接回到球队席处。

队长：决胜局休息时，到记录台前选边。

裁判员：在记录台前进行挑边。当记录台记录的时间到达2.5 min时，记录员按响蜂鸣器。

比赛队：当记录台记录的时间到达2.5 min时，在第2裁判员的示意下，按位置表的顺序站好场上位置。

裁判员：第2裁判员核对场上位置，然后把球交给发球队员。第1裁判员鸣哨开始比赛。

每次暂停时，第2裁判员应要求运动员靠近球队席，以便擦地员擦地板。

遇运动队进行鹰眼挑战时，按鹰眼挑战规则和程序进行。

(三) 比赛结束

运动队：在比赛结束时，每队6名比赛队员回到各自的端线处，第1裁判员示意后，运动员到网前相互致意，并离开比赛场区，回到本队的球队席处。

裁判员：两名裁判员站在第1裁判员一边的边线处，待运动员相互致意后，退场到记录台进行结束工作。

本篇小结

本篇详细阐述了排球运动竞赛组织者的工作内容，介绍了排球运动竞赛编排的基本知识和方法，说明了竞赛制度在排球运动竞赛中的运用方法与要求。明确了规则和裁判员的作用，介绍了裁判员的职责以及工作方法和工作程序。详细介绍了最新的排球运动竞赛规则，以及判罚方法等。

回顾与练习

1.回顾并熟悉排球运动竞赛组织的主要工作内容。

2.回顾并熟知排球运动竞赛编排的基本方法。

3.回顾并通晓排球运动的竞赛规则和裁判工作方法。

4.排球运动比赛中确定采用何种竞赛制度的依据是什么？

5.第1裁判员和第2裁判员的主要职责和临场操作方法有哪些?

6.结合学校排球运动比赛实际，制订一份完整的排球竞赛规程，并用“贝格尔”编排方法编排出13个参赛队伍的比赛程序日程表。

参考文献)))

[1] 中国排球协会. 2016—2017中国排球联赛竞赛手册[S].2016—2017赛季中国排球联赛组委会，2016.

[2] 国际排球联合会. 裁判工作指导和说明（2013—2016）[S].中国排球协会，译.中国排球运动管理中心，2016.

[3] 中国排球协会. 2015—2016中国排球联赛回顾[S].2015—2016赛季中国排球联赛组委会，2016.

[4] 黄汉升.球类运动：排球[M].3版.北京：高等教育出版社，2015.

[5] 李婷艳，皮凯亮. 鹰眼系统的引入对排球运动发展的影响[J].当代体育科技，2014，4（7）：154，156.

[6] 李钊.排球运动下的“鹰眼”能看多远：论“鹰眼”系统对排球运动竞赛发展的影响[J].当代体育科技，2014，4（20）：141-142.

[7] 徐元.排球竞赛规则修改的演变对排球运动发展的影响[J].当代体育科技，2013，3（5）：111-112.

[8] 中国排球协会.排球竞赛规则：2013—2016[M].北京：人民体育出版社，2013.

[9] 中国排球协会.排球竞赛规则：2009—2012[M].北京：人民体育出版社，2009.

[10] 高子琦，等.排球裁判法图解[M].北京：人民体育出版社，2002.

[11] 唐奎.排球竞赛裁判手册[M].北京：人民体育出版社，2000.

知识拓展和排球运动常用专业英语词汇中英文对照表